交易的世界

THE WORLD FOR SALE

金钱、权力与大宗商品交易商

Money, Power and the Traders
Who Barter the Earth's Resources

[英] 哈维尔·布拉斯 (Javier Blas) 　著
[英] 杰克·法尔奇 (Jack Farchy)

岳玉庆 ｜ 译

中信出版集团 ｜ 北京

图书在版编目（CIP）数据

交易的世界：金钱、权力与大宗商品交易商 /（英）哈维尔·布拉斯，（英）杰克·法尔奇著；岳玉庆译 . -- 北京：中信出版社，2022.8（2025.10 重印）

书名原文：The World for Sale: Money, Power, and the Traders Who Barter the Earth's Resources

ISBN 978-7-5217-4165-0

Ⅰ.①交⋯ Ⅱ.①哈⋯ ②杰⋯ ③岳⋯ Ⅲ.①商品市场—研究 Ⅳ.① F713.58

中国版本图书馆 CIP 数据核字（2022）第 050497 号

THE WORLD FOR SALE
Copyright © 2021, Javier Blas and Jack Farchy
Simplified Chinese edition © 2022 by CITIC Press Corporation
All rights reserved.
本书仅限中国大陆地区发行销售

交易的世界——金钱、权力与大宗商品交易商

著者：［英］哈维尔·布拉斯　［英］杰克·法尔奇
译者：岳玉庆
出版发行：中信出版集团股份有限公司
（北京市朝阳区东三环北路 27 号嘉铭中心　邮编　100020）
承印者：三河市中晟雅豪印务有限公司

开本：787mm×1092mm 1/16　印张：29.5　字数：329 千字
版次：2022 年 8 月第 1 版　印次：2025 年 10 月第 12 次印刷
京权图字：01-2021-6042　书号：ISBN 978-7-5217-4165-0
定价：78.00 元

版权所有·侵权必究
如有印刷、装订问题，本公司负责调换。
服务热线：400-600-8099
投稿邮箱：author@citicpub.com

目　录

前　言　最后的冒险家　// III

第 一 章　先　锋　// 001
第 二 章　石油教父　// 027
第 三 章　"城里的最后一家银行"　// 061
第 四 章　纸面石油　// 095
第 五 章　马克·里奇的倒台　// 117
第 六 章　历史上最大规模的停业抛售　// 139
第 七 章　受资本主义影响的社会主义　// 161
第 八 章　大爆炸　// 191
第 九 章　石油美元和贪官污吏　// 217
第 十 章　目标非洲　// 243
第十一章　饥饿和利润　// 269
第十二章　亿万富翁工厂　// 291
第十三章　拥有权力的商人　// 319

结　论　丑闻满天飞　// 349
致　谢　// 377
附　录　// 381
注　释　// 387

前　言　最后的冒险家

飞机开始降落，飞行中倾斜得厉害。

在遥远的下方，波平如镜的地中海不见了，出现在眼前的是广袤荒凉的北非沙漠，远处的地平线上升腾起一簇簇烟柱。

这是一架小型私人喷气式飞机，它在空中盘旋着，准备降落。乘客们都感到有些反胃，面无表情，使劲靠在座椅上。

这次商务旅行非同寻常，对伊恩·泰勒而言更是如此。泰勒从事石油贸易40年，曾经去过众多热点地区，既有委内瑞拉首都加拉加斯，也有伊朗首都德黑兰。然而，这次旅行却是一次全新的体验，因为目的地是利比亚的班加西，利比亚内战战事正酣。

只要朝舷窗外看一眼，泰勒就能立刻意识到此行所冒的风险。1 000英尺[①]之下，一架孤零零的北约无人机正在为己方军用飞机伴

[①] 1英尺约等于0.3米。——编者注

飞。泰勒，这位世界上最大的石油贸易公司——维多公司的首席执行官，此时此刻真希望英国政府联络人派来护送他的是一架像样的战斗机。

此时正值 2011 年年初，整个阿拉伯地区一片混乱，民众抗议浪潮席卷全国，后来人们将这些事件称为"阿拉伯之春"。反对穆阿迈尔·卡扎菲上校独裁统治 42 年的军队，不久前占领了利比亚东部最重要的城市班加西，并建立了自己的政权。

然而，这支由乌合之众组成的叛军陷入了困境。他们的燃料即将耗尽，军车需要柴油、汽油，发电站也需要重油。利比亚国内的炼油厂已经被迫关闭，只能通过几百辆卡车克服重重困难从埃及运来少量燃料。

战争进入白热化，战况格外惨烈，如果说有谁在这个节骨眼敢冒险给叛军提供补给，那就非伊恩·泰勒莫属。[1] 就是这个秃顶、精瘦、不知疲倦的人，把维多从一个中等规模的燃料经销商一举打造成了全球石油贸易巨头。在此过程中，他把维多公司变成了全球经济的强劲推手，维多公司每天的石油开采量足以供德国、法国、西班牙、英国和意大利 5 个国家使用。[2] 他的年龄在 55 岁上下，既散发着英国权贵阶层闲适从容的魅力，也具有石油交易商必备的冒险精神。他毫无畏惧，敢于带领维多涉足他人不敢尝试的领域。纵观全球，石油、金钱与权力密不可分。基于此，他从不回避具有更广泛地缘政治意义的交易。

几个星期之前，当出现了与利比亚叛军做交易的可能性时，泰勒丝毫没有犹豫。此前，维多公司中东分部接到了卡塔尔官方的电话。卡塔尔是海湾小国，但是天然气储量丰富，它已经成为利比亚反对派重要的政治保障和财政后盾，不仅充当叛军与西方政府之间的中间人，而且提供武器和现金。但是，要购买成品油并用油轮运送到战区，卡塔尔却无能为力。它需要一位大宗商品交易商的帮助。卡塔尔官方打来电话，就是想知道维多公司能否向班加西供应柴油、汽油和燃料油。

它给了维多4个小时的时间考虑并做出答复。但是，维多只用了短短4分钟就表示了同意。

这时却出现一个意想不到的大麻烦：叛军缺少资金。因此，维多只能从叛军控制的少数新油田获取原油作为报酬。理论上，这应该不存在问题：维多可以穿过地中海将燃料运送到班加西港口，同时通过管道将原油输送到靠近埃及边境、远离战火的沿海城市托布鲁克（见附录图1）。

泰勒和维多高层的其他人经过商量，迅速拿出了一个方案。对于维多这样的大型贸易公司而言，以一种商品交换另一种商品并非什么新鲜事，尤其是在面对资金紧张的客户时。其实，其他交易商也在争相参与同利比亚反对派的交易。但是，维多对此志在必得：它除了能运送燃料，还愿意向利比亚反对派提供贷款，为它提供资金。[3]

维多公司还有另一个优势：它与伦敦和华盛顿的政界都有联系。泰勒作为社会活动家具有与生俱来的政治家魅力，是执政的保守党的主要捐款人。他与伦敦商界和政界精英的人脉关系得天独厚。几个月后，他可能会出现在唐宁街10号，同其他金融家一起与首相共进晚餐。泰勒后来回忆说："显然，我参与这件事得到了英国人的许可。"[4]

英国外交部设有一个秘密的"石油小组"，想方设法阻止卡扎菲的军队通过国际渠道获得燃料或出售原油。美国政府解除了对利比亚的制裁，允许从维多购买利比亚的石油。当然，维多还得到了北约无人机的护航。

然而，尽管伦敦和华盛顿都支持维多的行动，但是英美两国不想为了维护维多的利益太过公开地进行干预。泰勒即将落地的这个国家战火纷飞，他心里清楚，一旦出了什么差错，他就只能依靠自己。

卡扎菲的部队可能会动用防空炮，这意味着传统的降落方式太过危险，因此飞行员选择加速降落。除了两名雇佣保镖和克里斯·贝克之外，小型飞机上只有泰勒一人。贝克身材魁梧，是新西兰人，负责维多的中东业务。

飞机降落让泰勒感到反胃，落地后发现的情况也没有让他得到更多安慰。2011 年的春天，班加西暴乱肆虐、动荡不安。一栋栋布满尘土的混凝土建筑簇拥在充满恶臭的潟湖周围，而几百公里之外就是战火前线，激烈的战斗正在进行，时不时传来隆隆的炮声，空气中硝烟弥漫。医院里臭气熏天，挤满了截肢者和其他伤员。街道上尘土飞扬，到处都是背着卡拉什尼科夫突击步枪的成年男子和男孩。

到了夜里，市内随时都会停电，每次持续几个小时。全副武装的青年巡逻队在市内的各条道路上设立了检查站。这种无政府管辖的状态催生了一伙武装暴徒。一年后，他们冲进美国领事馆，杀害了美国驻利比亚大使克里斯托弗·史蒂文斯。

班加西的市民遭受了几十年的独裁统治和持续数月的战争，都精疲力竭，蜷缩在家里。卡扎菲的儿子赛义夫·伊斯兰·卡扎菲在利比亚国家电视台发表了一次令人胆战的演讲，声称一定会继续疯狂的杀戮："我们将战斗到底，直到最后一个男人、一个女人、一颗子弹。"[5]

长期以来，班加西一直是利比亚的石油工业中心。利比亚最丰富的石油储备位于国家东部无人居住的广袤沙漠之中，与首都的黎波里相比，距离班加西更近，而的黎波里仍然牢牢地控制在卡扎菲手中。随着战火席卷全国，大部分油田已经废弃，利比亚的顶级地质学家和石油工程师经常晚上在班加西的大广场相聚，讨论国家的艰难处境。几公里外就是利比亚国家石油公司的区域总部，它坐落在一个废弃的警察局旁边，这个警察局在民众抗议的头几天就被反对派付之一炬，只剩下焦黑的外壳。

飞机刚刚着陆，泰勒和贝克就奔赴这个区域总部。迎接他们的人名叫努里·贝鲁恩，贝鲁恩是一位经验丰富的工程师，在内战爆发前就已经准备退休。2011年春天，他管理着持反对派立场的利比亚国家石油公司下属分公司，即将达成的协议可能会挽救这场革命。

泰勒即使打算跟反对派做生意，也得搞清楚交易的另一方是谁。在中东待过数十年的经验告诉他，个人承诺可能比一份精心起草的合同更重要。说到底，在与叛军政府打交道时，合同几乎形同废纸，因为叛军政府是由临时部门组成的，而且距离首都有1 000公里之遥。

泰勒对这次交易结果很满意。这是维多公司有史以来最冒险的交易之一，交易的另一方并非一个痴迷战争的蠢货，而是一位石油行业的专家。泰勒跟对方握了握手就返回了伦敦。他后来说："这是一场赌博，但是，是一场明智的赌博。"另一方面，贝鲁恩也很满意，维多公司给了他"最优惠的条件"，甚至连战争保险都没有费心去申请。[6]

维多公司的介入很快打破了战争的平衡。在北非空旷的沙漠地带，拥有充足的燃料一直是取得战争胜利的决定性因素。"二战"期间，素有"沙漠之狐"之称的德国元帅埃尔温·隆美尔率领的军队，在耗尽汽油和柴油后，就是在这里遭遇了失败。

现在利比亚叛军燃料充足，可以避免重蹈隆美尔的悲剧。由于维多公司出手相助，他们的坦克和"战术车辆"都有了动力。所谓的"战术车辆"，就是在皮卡平板车厢上临时焊接一挺机枪，这是叛军的首选。[7] 尽管有北约的空中支援和卡塔尔的财政援助，叛军仍然无法从班加西周围地区的据点向外推进。2011年春天泰勒抵达时，利比亚叛军的领土只包括班加西东部地区及其西南150公里的狭长海岸线。

叛军关键的战略目标是夺取占领地西面的石油重镇——布雷加、拉斯拉努夫和锡德尔，卡扎菲的拥护者通过这些地方仍然控制着利比亚的石油财富。维多公司运送完第一批燃料后，布雷加于7月17日落入叛军手中。几周内，叛军相继占领了拉斯拉努夫和锡德尔,并由此控制了苏尔特盆地的内陆油田。1959年利比亚正是在这个盆地首次发现了石油。

2011年10月,叛军已经把卡扎菲的效忠者逼到了苏尔特以西的一小片区域。某一天,一群叛军士兵突袭了卡扎菲的车队,对利比亚实行铁腕统治长达42年之久的卡扎菲落荒而逃,躲到了排水管道里。叛军把他拖出来,一通暴打,登时毙命。有人用手机拍下了这一可怕的时刻,传播到了世界各地。

不过,对维多公司而言,胜利还很遥远。2011年春天,泰勒和贝鲁恩在班加西达成交易之后仅仅过了几天,公司的计划就开始出现问题。尽管事先承诺他们交易要绝对保密,但是叛军同意出售石油以换取燃料的消息很快就传播开来。作为回应,卡扎菲的军队派人穿越沙漠,炸毁了关键的塞里尔–托布鲁克输油管,这条管道连接叛军控制的油田和地中海海岸的一个出口,维多公司原计划就在此接收输送过来的以抵付款的原油。克里斯·贝克神情严肃地回忆说:"叛军的原油暂时无法出口了。"[8]

这让泰勒感到进退两难。维多再也无法通过原油运输获得相应的报酬了。因为反对派没有建立政府,"中央银行"在国际上也不被认可,这就导致维多公司每交付一批燃料,它面临的财务风险就随之增加一分。如果泰勒继续提供燃料,那他实际上就是在用公司作为赌注,寄希望于叛军会赢得这场战争。

但他决定冒险一试。在此之前,他已经花了30年时间在中东建立网络。如果放弃与利比亚反对派的交易,他不仅会让他们感到失望,也会让自己在卡塔尔合作已久的伙伴感到失望——长期以来,卡塔尔一直是维多公司丰厚商业利润的来源。

泰勒的商界对手都认为，他之所以能安心地坚持与利比亚反对派进行交易，可能还有另一个原因：卡扎菲在西方银行账户存有被冻结的数十亿美元。如果战争结局对维多公司的交易不利，泰勒在西方政府的朋友可以确保使用这些冻结的资产偿还维多公司。（2011年9月，利比亚在西方的3亿美元资产被解冻，用来支付给维多公司。）[9] 作为瑞士维多公司的董事长，也是泰勒合作时间最长的伙伴之一，戴维·弗兰森坚持说："我们没有得到任何人的保证。我们听到的只是几句'你们不会有问题，去做吧'。"[10]

接下来的几个月，维多的油轮送来了一船又一船燃料。船只趁着夜色悄无声息地驶入利比亚的港口，按照命令卸完货后赶在黎明前悄然离去。有时，船员站在数十万桶高度易燃的燃料上，耳边屡屡传来吓人的枪炮声。

随着一次次运送燃料，维多公司的风险也越来越大。在5个月的时间里，维多公司向利比亚运送了30批汽油、柴油、燃料油和液化石油气。大家在等待战争结束、石油生产重启时，反对派政府对维多公司的欠款一度飙升逾10亿美元——这笔欠款足以威胁到维多公司的生存，而且如果战争结局不利，公司要想恢复元气，就必须克服重重困难。泰勒说："坦率地讲，这笔交易远远超出了预期，可能会导致非常严重的后果。"[11]

如果维多公司没有接受向反对派运送燃料的协议，而且在对方不付款的情况下继续运送燃料，很难说利比亚内战会是什么结局。会有另一个大宗商品交易商取代维多的位置吗？反对派政府会找到其他方法给叛军提供燃料吗？

无论如何，有一件事是不容置疑的：如果没有逾10亿美元的燃料以解燃眉之急，叛军肯定会被打败。2011年，位于班加西的阿拉伯海湾石油公司被反对派控制，班加西的一位官员阿卜杜勒贾利勒·马尤夫说："维多公司运送的燃料对军方非常重要。"[12] 这并非石油交易商第一次塑造中东历史，也不会是最后一次。

然而，对于利比亚而言，事情的结局并非皆大欢喜。在泰勒飞抵班加西之后的几年里，利比亚一次次陷入冲突。卡扎菲之死并没有终结战争：利比亚西部和东部的地方军阀继续混战，争夺石油资源。2014年，利比亚陷入第二次内战，直到我们写作本书时，战火仍在肆虐。卡扎菲倒台使整个地区更加动荡不安，因为利比亚军队的军火被偷偷走私到包括叙利亚在内的冲突地区，极端组织伊斯兰国在叙利亚开始站稳脚跟。[13]

利比亚境内尸体堆积如山，内战的影响波及整个中东地区，泰勒开始质疑他的干预是否明智。2019年，他对一位采访者说："很难说清楚我们是否做对了这件事。前几天我在思考利比亚问题，心里真的感到很难过，也许我们不应该那么做。"[14] 维多公司在利比亚的交易表明，大宗商品交易商在现代世界能产生巨大影响力。我们很少有人能像利比亚人那样亲身感受到它们的威力，但是不管我们是否知道，我们都是它们的客户。我们大多数人理所当然地认为，给汽车加满油、买一部新的智能手机、点一杯哥伦比亚咖啡……都是举手之劳。但是，几乎所有的消费都是以疯狂的国际自然资源交易为基础的。经手这种交易的都是大宗商品交易商，它们的办公室就在瑞士或新英格兰沉睡的城镇里。

这些大宗商品交易商很少引人关注，也很少有人细究，但是它们已经成为现代经济中至关重要的一环。没有它们，加油站将没有燃料，工厂将停止运转，面包店将没有面粉。用大宗商品交易行业的一位"先锋"——路德维希·耶西森的话来说，它们是"重要商品的国际交换者"。[15]

大宗商品交易商的影响力不仅局限于经济领域，它们对世界战略资源的控制，也让它们扮演着强大的政治角色。要了解现代世界中金钱和权力的相互作用，了解石油和金属如何从资源丰富的国家流出，了解现金如何流入大亨和盗贼统治者的口袋，就需要了解大宗商品交易商。它们通常标榜自己不关心政治，自己的动机是利润而不是追求权力。但是毫无疑问，维多公司与利比亚叛军的交易表明，它们塑造了历史。

在伊拉克，大宗商品交易商帮助萨达姆·侯赛因避开联合国的制裁出售石油；在古巴，它们与菲德尔·卡斯特罗用蔗糖换石油，助力古巴革命；它们还秘密地将数百万吨美国小麦和玉米卖给苏联，在冷战白热化时期支持莫斯科。伊戈尔·谢钦是俄罗斯石油巨头俄罗斯石油公司的老板，也是俄罗斯总统的盟友。有一次，谢钦需要在短时间内筹集100亿美元，他给谁打电话呢？当然是大宗商品交易商。

这些交易商是全球资本主义的最后一批冒险家：它们愿意在其他公司不敢涉足的领域开展业务，把冷酷无情与个人魅力结合起来，做强商业帝国。然而，尽管近几十年大宗商品交易商的重要性有所上升，但是其数量仍然相对较小：世界上很大一部分交易资源都掌控在少数几家公司手里，这些公司大多由少数人掌管。最大的5家石油贸易公司每天要经手2 400万桶原油、汽油和航空燃料等成品油，几乎相当于世界石油需求的四分之一。[16] 七大农业交易商经手的粮食和油籽接近全球的一半。[17] 全球最大的金属交易商嘉能可的业务占全球钴供应量的三分之一，钴是电动车辆的关键原材料。[18] 但是，即便是这些数字，依然低估了大宗商品交易商作为市场上行动最快、最有胆识的参与者所起的作用，它们的交易往往也是决定市场价格变化的主要因素。

作为过去20年来报道自然资源的记者，我们对集中在少数大宗商品交易商手中的权力和影响力感到震惊，同样也对人们——尤其是监管机构和政府——对它们知之甚少感到惊讶。在某种程度上，这是有意为之。大宗商品交易商多半都是私有企业，与上市公司相比，它们没有多少义务披露自己的活动信息。传统上，许多交易商将自己获取信息的优势视为一种竞争优势。因此，它们竭尽全力避免泄露任何有关自己的信息。正如2020年去世的伊恩·泰勒接受我们的采访时所说："我倒是希望你们不要写这本书。"[19]

因此，这一行业始终处于阴影之中，只不过偶尔能引发人们的兴趣——通常是在价格飙升或丑闻爆发时。在过去的四分之三个世纪里，关于这方面的著述可谓屈指可数。此外，除了少数个例，记者们已经试图放弃报道那些对提问保持沉默（偶尔还会发出律师函进行威胁）的公司。

这是我们在为《金融时报》和彭博新闻社工作时的亲身经历。

我们在21世纪初开始撰写有关大宗商品交易的文章时，对这些交易商产生了兴趣。自然资源行业的许多人似乎都认为，这些交易商是价格波动或政治事件的幕后操纵者。然而，大宗商品交易商几乎从未在公开场合或报纸上出现过。我们几乎没有几个同事听说过这些交易商，更不用说和它们交谈了。

第一次尝试联系它们时，我们才萌生了好奇心。嘉能可委托了一名内部金融家，礼貌但坚定地告诉记者可以去其他公司提出问题。它的第一个策略是试图说服我们不应该把兴趣放在这家公司。嘉能可当时已经是全球最大的大宗商品交易商，但是它说："我们是一家小公司，谁都不感兴趣。"它建议我们最好花时间去报道更有趣的公司。

世界上最大的农产品交易商之一路易达孚采用了一种更简单的技巧。该公司向记者提供了一名高管的电子信箱和电话号码，让记者去联系他，向他提问。但是，电话没人接，邮件也从不回复。经过数周尝试未果之后，这位令人难以捉摸的高管终于接了电话。他说，是的，当然看到了我们的电子邮件。那么他为什么一直不回复呢？即使回个"无可奉告"也好吧？这可是惯于拖延的公关人员最喜欢的托词。他神秘地回答说，他没回复本身就应该被视为一种回复。然后他就挂断了电话。

撰写本书起因于我们渴望了解和解释这些神秘的公司和幕后的人物。我们选择的时机恰到好处：我们产生兴趣之时，恰逢大宗商品交易商从阴影中一步步走到人们眼前。最引人注目的是，嘉能可于2011年上市，这是伦敦股市有史以来股票发行量最大的一次。

上市迫使该公司开始公开财务状况，接受投资者和媒体的提问。它的竞争对手也开始雇佣公关顾问，发布财务信息，接受记者采访。

为撰写本书，我们进行了一年多的调查研究。在此期间我们采访了100多位或在职或已退休的大宗商品交易商高管。有些人拒绝了我们，但是更多的人愿意和我们交谈，也许是随着时间的流逝，他们终于愿意敞开心扉，让外界了解他们的世界。我们与20多位嘉能可的现任和前任合伙人、托克公司尚在世的创始人以及维多公司的十几位现任高管和前任高管进行了谈话。在采访过程中，我们了解了大宗商品交易创造的巨额财富。在德国汉诺威附近一座装饰着现代艺术品的千年古堡里，我们采访了古堡的主人安迪·霍尔，他完全称得上是在世的、世界最著名的石油交易商。另一位退休的石油交易商邀请我们参观他在伦敦周围各郡的种马场。还有一位交易商邀请我们去了瑞士的一个高档滑雪胜地，在他的小木屋里接待我们。

尽管除了阿丹米公司（全称"美国阿彻丹尼尔斯米德兰公司"）之外，每家大宗商品交易公司的主要负责人都同意跟我们会面，但是它们中的大多数人在与我们打交道时都尤为谨慎。各大石油、金属、农产品交易商的首席执行官都接受了我们的采访。有些人比其他人更乐于提供信息。嘉能可的老板伊凡·格拉森伯格邀请我们到公司瑞士总部方形大楼的顶楼进行采访。当时，美国司法部正在对他的公司进行腐败和反洗钱调查。他坐在中间，律师和公关人员一左一右。采访持续了5个小时，中间一直争论不休，但是他一直在巧妙地回避我们的问题，而且坚持不让我们引用大段的谈话内容。

本书叙述的历史主要基于上述这些采访。当我们讲述历史事件或遭遇时，我们根据的是至少一个相关人员的讲述。如果不同的人对记忆的细节有分歧，我们也在书中做了说明。

这些交易商对我们是否坦诚相见，这一点就请读者自己来判断吧。谈及大宗商品交易中更可疑的角落时，我们收到了各种各样的回复。在谈话一开始，一位嘉能可前高管说："我要告诉你们的并非所有的真相，但是我讲的都是事实。有些事情我是不会告诉你们的。"还有一位交易商，每次谈到职业生涯中不光彩的时刻，他都会打住话题。他是不会像纸牌高手那样出牌的。我们问他如何在尼日利亚或伊朗达成如此有利可图的石油交易时，他的脸上闪过一丝微笑，眼睛闪闪发亮，一切都隐而不言。

我们并非仅仅依靠这些交易商自己的讲述。本书是我们用时20年对大宗商品交易商进行研究的结晶。在此期间，我们采访了数百名交易商，去过几十个国家和地区，既包括战乱中的利比亚，也包括美国的农业带，我们的采访对象覆盖了与这些交易商做生意的人、与它们有来往的政府官员以及受它们活动影响的普通公民。我们还收集了上千份文件，其中有许多从未公开过，这些文件详细介绍了交易商的财务状况、公司的关系网以及交易结构。

"大宗商品交易商"一词会让人联想到各种画面，既有芝加哥喧嚣的交易大厅，也有华尔街交易大厅一排排的电脑。但这本书的重点是那些买卖实物商品的公司和个人。正是它们控制着世界各地自然资源的流动，一种独具特色的政治和经济权力就集中在它们手里。

这一定义排除了华尔街银行和对冲基金，它们只是将大笔资金押在价格变动上，却从未接近过一桶石油、一蒲式耳[①]小麦或者一吨铜。该定义还排除了那些在世界各地拥有复杂网络销售铁矿石、铜或石油，但是经营范围只限于自己生产的商品的大型矿商和石油公司。

当然，大宗商品交易商的范畴有些模糊：一些大型石油公司，如英国石油公司和壳牌石油公司，也都是主要交易商，它们经手的不仅仅是自己油田开采的原油。类似高盛集团和摩根士丹利这样的银行，在历史上的不同时期，也曾经是大宗商品的重要交易商。日本综合商社的历史也很悠久，这种商社的主要作用是为日本制造商进口所需的自然资源，但它涉足国际大宗商品交易。不过，偶尔会带来灾难性的后果。

虽然本书偶尔会出现这样一些公司，但是我们的重点是那些既不生产也不消费大宗商品的公司和个人，其主要活动是交易商品——在全球范围内买卖和运输资源。这些公司有时被称为"独立交易商"或"贸易公司"。即便如此，我们也不能指望对历史上每种商品的每个交易商都进行详尽的描述。我们关注的是过去75年来主导石油、金属和农产品交易市场的公司，它们在全球经济发展中发挥了关键作用。

这些公司中有许多属于同一个商业王朝。今天嘉能可主导着大宗商品交易，但在20世纪80年代是马克·里奇公司占据主导地位，而在20世纪60、70年代则是菲利普兄弟公司。这些公司之间存在

---

① 英制1蒲式耳约等于36.37升。——编者注

着密切联系：马克·里奇是菲利普兄弟公司的一名高级交易员，后来他离开了该公司，创立了以自己名字命名的公司。当位于最高层的交易员将里奇逐出了他创立的公司后，马克·里奇公司才更名为嘉能可。

如今，嘉能可是全球最大的金属交易商、世界排名前三的石油交易商和全球最大的小麦交易商。嘉能可已经摆脱马克·里奇的阴影，成为一家业绩突出、利润丰厚的公司。公司位于瑞士一个安静的小镇，办公楼普普通通，但是它的交易范围非常广，既有加拿大的小麦，也有秘鲁的铜和俄罗斯的石油。在公司里，交易员仿佛都是老板格拉森伯格的"分身"——他们说话语调很快，早上和他一起跑步，其中好几个人和他一样，都是受过会计师培训的南非人。他们孜孜不倦，非常敬业，即使周日早上6点给记者打电话讨论事情也觉得很正常。

托克公司来源于同一个商业王朝。一群心怀不满的前马克·里奇公司的员工于1993年自行创业，成立了这家公司。目前，该公司是全球第二大石油和金属交易商。它一直保持着弱者心态，并且继承了创始人克洛德·多芬的法国风格。

在石油领域，最重要的交易商是维多公司，它的高管像英式贵族一样头顶自信的光环——这一点也很适合维多公司，它的办公室就在白金汉宫附近，多年以来一直担任首席执行官的伊恩·泰勒是唐宁街10号的常客。

在农业领域，美国嘉吉公司独领风骚，是全球最大的谷物交易商。公司建立在美国中西部的财富之上，一代又一代的嘉吉人都散发着平和自信的气质。作为盘踞行业顶峰时间最长的主要贸易公司，嘉吉公司同样具备大公司的典型特点——拥有自己的档案管理员和权威的公司历史，厚达三卷，共1 774页。

这些公司都是藏龙卧虎之地。里面的人出类拔萃，品貌俱佳，是闷头赚钱的工作狂。在大宗商品交易行业，女性并不多见。嘉能可是英国富时100指数公司中最后一个拥有全男性董事会成员的，该公司在2014年才任命第一位女董事。[20]在大宗商品交易行业，女性高管不到二十分之一。[21]一些最大的大宗商品交易商，如维多公司和托克公司，高管中没有一位女性。嘉能可在2020年3月发布的年度报告中表示，它不会实现投资者制定的目标，即在年底前让三分之一的高级管理层由女性组成。"时至今日，我们仍然发现聘用……女性担任高级职务是一种挑战。"[22]大宗商品交易商不仅没有实现性别差异，而且它们的高层还是男性占绝大多数，更有甚者，是白人占绝大多数。

大宗商品交易商的基本业务简单至极：在一个地方和时间购买自然资源，然后在另一个地方和时间出售——希望能从中获利。它们之所以能发挥作用，是因为商品供求往往存在矛盾。大多数矿山、农场和油田跟买家不在同一个地方。而且，并非每个铜矿商或者大豆种植户都有能力在世界各地设立办事处销售自己的产品。其次，很多时候，大宗商品市场要么供过于求，要么供应不足。这些交易商反应迅速，机制灵活，只要价格合适，它们会随时购买生产者的商品，如果有消费者愿意付款，它们就会马上出手。

举个例子说明实践中大宗商品交易是如何运作的。远的不说，就看看2020年油价暴跌。随着新型冠状病毒肺炎疫情在世界各地蔓延，航班停飞，人们被迫待在家里，油价一路下跌，有史以来第一次短暂出现在零元以下进行交易。机不可失，交易商随即介入抄底原油，储存起来等待需求恢复。有些交易商甚至以负价格买入，这意味着生产商自己掏腰包让交易商把石油运走。

大宗商品交易商都是出色的套利者，它们试图从一切价格差异中获利。它们一直在做交易，通常对大宗商品价格总体是涨还是跌漠不关心。对它们而言，重要的是不同地点、产品的不同质量或形式以及不同的交货日期导致的价格差异。通过利用这些价格差异，大宗商品交易商有助于提高市场效率，根据价格信号引导实现资源利用最大化。用一位学者的话说，它们是亚当·斯密"无形之手"的有形体现。[23]

在发展过程中，它们也成为全球贸易融资的重要渠道——愿意为石油生产商预付原油价款或通过赊账向制造商供应铜的影子银行。正如马克·里奇公司的前石油交易主管吉姆·戴利所言："石油只是一种货币。"[24]

虽然本书聚焦20世纪下半叶大宗商品交易商的崛起，但是它讲述的故事不限于此。大宗商品交易商让我们得以洞见现代世界是如何运作的——当今的世界，市场为王，国际企业似乎能够摆脱几乎所有的监管尝试，全球金融巨头比一些民选政客的权力还要大。

虽然大宗商品交易和商业本身一样古老，但是交易行业是在第二次世界大战后才开始呈现现代化形式的。在这一时期，贸易公司第一次真正实现全球化——而且，至关重要的是，石油开始成为一种可交易的大宗商品。此前，大宗商品交易前辈一直是在小打小闹，从20世纪50年代起，大宗商品交易商发现自己开始站在全球经济增长大潮的波峰浪尖。美国成为超级大国，力促世界各地贸易的发展，而早期交易商就是美国派出的使者。以美元计算，世界制成品和自然资源贸易从"二战"刚结束时的不足600亿美元，上升到2017年的逾17万亿美元，其中大宗商品占到四分之一。[25]

随着美国和欧洲以外的地区经济逐渐繁荣，大宗商品交易商开始成为弄潮儿。它们是最早一批在印度、俄罗斯、中国、印度尼西亚等国开设办事处的西方公司，比其他投资商发现"新兴市场"早了许多年。嘉吉首席执行官戴维·麦克伦南说："这不是为胆小鬼准备的。嘉吉的历史就是去别人不愿去的地方，那里是机会所在。无论是危机、威胁，还是高风险，都意味着机会。"[26]

本书的核心内容是四个发展变化，这四个变化一步步塑造了全球经济，也给大宗商品交易商带来了利益。

第一个发展变化是曾经受到严格管控的市场逐渐开放。首先是石油市场。被称为"七姐妹"的大型石油公司一直占据主导地位，但是在20世纪70年代席卷中东各国的国有化浪潮中，它们的主导地位开始动摇。从油井到炼油厂，再到加油站，整个石油供应链曾经都是由单一公司垄断的，但是突然之间，石油可以自由交易，原本固定的价格也开始变动。于是，中东酋长和拉丁美洲领导人开始出售石油，而大宗商品交易商则一视同仁地与他们打交道。在此过程中，这些交易商帮助创造了一种新型的全球政治力量——石油国家。

第二个发展变化是1991年苏联解体，一举改变了全球经济版图和政治忠诚网络。大宗商品交易商趁机再次大举进入，将自由市场规律带到了解体的计划经济中。在一片混乱中，它们成了经营困顿的矿山和工厂的主要生命线，甚至支撑起整个政府。作为交换，它们能够以极其优惠的条件获得自然资源。

第三个发展变化是21世纪头10年中国惊人的经济增长。中国在经济工业化进程中对大宗商品产生了巨大需求。例如，1990年中国的铜消费量与意大利持平；今天，地球上每生产两吨铜，就有一吨流入中国工厂。[27] 中国农村人口向城市转移，对粮食和燃料的进口产生了新的需求。国际大宗商品交易进一步发展，其价格随之大幅飙升。大宗商品交易商在世界各地寻找大宗商品，以满足源源不断的需求，促使中国与拉丁美洲、亚洲和非洲资源丰富的国家建立起了新型经济关系。

第四个发展变化是从20世纪80年代开始的全球经济金融化和银行业的发展。从前的大宗商品交易商需要有足够的资金支付它们购买的每一批金属或粮食，而现代交易商突然之间就可以使用借来的资金和银行提供担保，进行更大数额的交易，并筹集更多资金。

经过这4个发展变化，主导全球大宗商品交易的少数公司和个人的财富急剧增长，权力也越来越大。大宗商品交易商的目的是薄利多销，它们的交易量确实巨大：2019年，五大大宗商品交易商的交易额达到8 650亿美元，超过了日本的出口总额。[28] 该行业的利润同样令人震惊。马克·里奇公司在1979年的石油危机中赚取了丰厚的利润，应该可以列入美国十大营利性公司之一。在2010

年之前的10年，大宗商品交易一片繁荣，三家大宗商品交易巨头的利润总和超过了苹果公司和可口可乐等全球知名商业巨头的利润总和（见附录表1）。

更值得注意的是，瓜分这些利润的只是一小部分人。除了少数例外，大宗商品交易商运营的一直是私人公司，只在少数合伙人或创始人之间瓜分利润，公司为这些人创造了惊人的财富。维多公司仍然完全由员工拥有，仅在过去10年，就向其交易员兼股东发放了100多亿美元。嘉吉公司的家族中有不少于14位亿万富翁——这超过了世界上任何其他家族。[29] 历史上赫赫有名的谷物交易商路易达孚的财富几乎完全由一个人所有。嘉能可在2011年上市时缔造了至少7位亿万富翁。

大宗商品交易商拥有巨额资金，掌握着具有战略意义的资源，愿意在他人不敢涉足的领域开展业务，这为大宗商品交易行业中缺少道德的人提供了许多欺诈机会。很大程度上是因为它们的活动明显缺乏监管或者政府监督。

大宗商品交易商的活动之所以能够长期脱离监管，其中一个原因是它们都躲在国际金融体系中最不透明的角落里。它们往往是在公海运输商品，超出了国家监管机构的范围；它们常常通过离岸管辖区的空壳公司进行交易，这些交易商把自己的总部设在瑞士或者新加坡等以监管宽松著称的地方。正如苏黎世一家著名律师事务所所称："在瑞士，大宗商品交易活动几乎没有受到任何监管。"这家律师事务所名叫裴斯泰洛齐，它比大多数律师事务所都更了解真相，因为与公司同名的彼得·裴斯泰洛齐曾在前马克·里奇公司和后来的嘉能可担任律师长达30年，并在该公司担任董事一直到2011年。[30]

因此，大宗商品交易商登上媒体头条，往往都是因为它们被曝光了不法行为。最著名的例子就是马克·里奇，他对塑造人们对大宗商品交易商的看法起了关键作用。从许多方面看，马克·里奇都是现代大宗商品交易行业的缔造者之一。美国司法机关追捕他长达20年，其间他一直躲藏在瑞士。他被指控的罪名有两个：一个是逃税，另一个是在数十名美国人被扣留德黑兰当人质期间与伊朗进行交易。

大宗商品交易行业以行贿和腐败著称，我们采访过的一些交易商对此直言不讳。石油交易商贡渥集团的联合创始人兼首席执行官托尔比约恩·特恩奎斯特告诉我们："不幸的是，这件事一直困扰着大宗商品交易行业。业内有很多丑闻，这些丑闻的很大一部分永远都不会浮出水面。"[31]

我们还采访过另一位交易商，他在2002年之前一直是嘉能可的资深合伙人之一。他平静地告诉我们，他过去常常带着装满现金的手提箱定期前往伦敦。他说在那个时期，支付"佣金"对一家瑞士公司来说不仅合法，还可以免税。[32]

其他交易商对我们讲的都是些公关套话、老生常谈。他们说该行业过去从事过非法行为，但是现在这种做法已经不存在了，他们坚持对腐败采取"零容忍"态度。情况确实发生了变化。海外获得的"佣金"不再像以前那样减免纳税，现在银行对借贷公司会问更棘手的问题，许多大宗商品交易商都有合规部门担任内部"警察"。

然而，不断涌现的故事——其中一些是新近发生的——揭示了这一行业令人不敢恭维的一面。这表明在许多情况下，交易商为了获取利润，仍然置法律和道德于不顾。从刚果民主共和国、科特迪瓦、巴西到委内瑞拉，许多全球大宗商品交易巨头都受到了当地反腐检察官的关注。

但是，大宗商品交易商最糟糕的行为并不能界定整个行业。"不是每个好莱坞制片人都是哈维·韦恩斯坦，同样，并非每个大宗商品交易商都会行贿。"经营着一家中型金属贸易公司的马克·汉森说。[33]

然而，大宗商品交易商臭名昭著，并非仅仅因为它们涉及腐败领域。由于总部设在低税率的司法管辖区，许多交易商尽管利润极其丰厚，但是缴纳的税却少得惊人。在过去 20 年里，维多公司利润超过 250 亿美元，但只上缴了 13% 的税。[34]

尽管世人都开始意识到气候变化这一现实，但是交易商却迟迟不去变革，仍然严重依赖污染环境的大宗商品交易行业。煤炭是嘉能可利润的最重要来源之一，嘉能可是全球最大的煤炭出口商。格拉森伯格的职业生涯始于煤炭行业，曾吹嘘说世界对煤炭"如饥似渴"[35]，他现在仍然对煤炭充满狂热[36]。对许多顶级交易商来说，石油和天然气仍然至关重要。我们采访过的交易商似乎都没有受到道德上的困扰。交易商只是辩称，只要世界继续消费化石燃料，它们就会继续交易。然而，即使它们不担心自己给气候变化带来的影响，公众对化石燃料的争论仍然会对它们的生意构成威胁。

无论它们的前景如何,有一件事是明确的:在已经过去的四分之三个世纪中,大宗商品交易商已经成为世界上举足轻重、影响深远的角色。长期以来,人们对它们的活动知之甚少,而且低估了它们的重要性。

我们希望本书能够在一定程度上改变这种状况。

第一章

先　锋

西奥多·魏瑟尔刚靠近苏联边境，就感到不寒而栗。

1954年，从西欧前往苏联会让任何人都心生畏惧，魏瑟尔则更需要勇气。"二战"期间，他是一名德国士兵，曾在东部战线被苏联军队抓获并沦为阶下囚。如今他40多岁，对自己在苏联战俘集中营的日子仍然记忆犹新。这次出行是他恢复自由后第一次前往苏联。在踏上旅途的最后一刻，他仍然担心战争中遇到的人会认出他，所以他买了一顶红色的帽子，拉低帽檐遮住了眼睛。[1]

魏瑟尔踏上的是一次开拓之旅。在冷战主导西方公共话语之际，他却前往"共产主义之都"。1948年捷克斯洛伐克发生政变，西欧担心过分自信的苏联在家门口构成威胁，而美国则陷入红色恐慌之中，这种恐慌是由参议员约瑟夫·麦卡锡对共产党人进行公开谴责所煽动的。

但是，魏瑟尔并非那种轻易罢休之人。他既然已经从汉堡出发去购买石油，不达成交易绝不罢休。他沿着莫斯科宽阔空旷的公路一路前行，在一个为数不多的获准接纳外国人的酒店里入住，期待引起苏联政府的注意。

魏瑟尔并没有等很久。他很快就争取到了与叶夫根尼·古罗夫共进晚餐的机会，古罗夫是全苏石油和石油产品出口联合公司的负责人，这个政府机构控制着苏联的石油贸易。古罗夫强调意识形态，比许多人更早认识到石油作为战略武器的潜力。[2] 而魏瑟尔并没有意识形态的顾虑，他主要是为了利润而来。他的公司马巴纳夫特是一家业务遍布联邦德国的燃料分销商，但是当时正在亏损。魏瑟尔需要找到新的石油来源卖给他的客户，这就意味着要去几乎没人敢去的地方。

两人在哪里用餐、吃了什么东西，这些并未被记录在案，但是一位苏联高级贸易官员与新结交的一名前战俘坐在一张桌子旁，在克格勃的密切监视下彼此敬酒，肯定是极不寻常的一件事。谈判持续了一段时间，魏瑟尔的坚持终于得到了回报：全苏石油和石油产品出口联合公司出售给他一批柴油在联邦德国转售。然而，魏瑟尔的开拓精神将证明这次交易会付出高昂的代价，至少起初如此。回到德国后，由于他与冷战对手做交易，结果大多数石油产业都拒绝跟他合作。先前帮他在全国各地运输燃料的船运公司，现在也拒绝与他做生意，原因是公司的客户不愿意租用以前运输过苏联石油的船只。[3]

但是，魏瑟尔是个交际高手，宽阔的脸庞带着坦然的神情和迷人的微笑。他知道通过这次莫斯科之行，自己获得了一个最重要的东西,即从"铁幕"背后结交了一位联络人。第一次交易标志着一种关系的开始,这种关系将持续很多年,给他的贸易带来丰厚的利润。1956年,古罗夫回访了魏瑟尔,并在慕尼黑签署了一份为期一年的合同——向马巴纳夫特公司出售柴油。不久,这位德国商人又从苏联政府购买了原油。

早期与苏联的交易是魏瑟尔个人的胜利,这证明了他的勇气、毅力和魅力。但是,这些交易也说明了世界的变化趋势,魏瑟尔等大宗商品交易商将会在世界上发挥日益重要的作用。

经历了数十年的经济萧条、停滞和战争,世界正在进入稳定和经济繁荣时期。战争的恐怖已经被和平取代,这是一种通过美国不断增长的军事力量所维持的美式和平。20世纪40年代中期,人们在生活中实行价格控制和定量配给,到20世纪60年代,越来越多的美国、欧洲和日本家庭能够买得起电视、冰箱和汽车。1950—1955年,一半以上的美国家庭购买了电视机。[4]

随着自由贸易和全球市场取代民族主义和保护主义,到处都在开辟新的贸易路线。世界经济正以前所未有的速度增长,这导致自然资源消耗越来越大。这一时期被称为资本主义的黄金时代。[5]魏瑟尔已经认识到,这个崭新的世界为完全依赖国际贸易的公司带来了前所未有的机遇——在此之前,没有任何一家大宗商品交易商能够以世界为画布,舞笔弄丹青。

有此远见者,并非魏瑟尔一人。世界各地的新一代大宗商品交易商正在利用全球经济蓬勃发展所创造的各种机遇。身在纽约的路德维希·耶西森也持类似的看法,他是一位才华横溢、充满热情的年轻金属交易商，为了躲避纳粹德国的反犹太主义逃到了美国。他引领的菲利普兄弟公司独占鳌头，甚至与华尔街最大的几家银行展开竞争，催生了一个贸易公司家族，时至今日，这些公司仍主导着全球大宗商品市场。

明尼苏达州的小约翰·H.麦克米伦是一位谷物交易商。他接手管理家族公司后，决心扭转公司的命运。这就是嘉吉公司，后来成为美国最大的私人公司，麦克米伦的后代也因此跻身全球顶尖富豪之列。

上述三人是现代大宗商品交易行业的开拓者。他们的前辈关注的都是利基市场，他们则认识到整个世界正在成为一个市场。所有的东西都可以出售，潜在的买家遍布各地。在"全球化"成为经济热词前的几十年，他们创建的公司除了名称之外，实际上都以此为基础。随着国际贸易扩张并成为现代经济的核心，他们的公司将成为国际贸易的引领者，在从中获利的同时也塑造着国际贸易——打造一种将定义未来几十年大宗商品交易行业的商业模式。

从那时起，未来20年里，大宗商品交易行业将从一种小规模的行业转变为世界经济中最重要的行业之一。像魏瑟尔、耶西森和麦克米伦这样的交易商将成为新经济秩序的典范：积累非凡的财富，凭借手中掌握的自然资源而受到各国政府的欢迎。

这是一场在很大程度上被政治家和公众忽视的革命。只有在经历了数十年的平稳增长之后，世界才会明白大宗商品交易商在全球经济中的重要地位。到20世纪70年代，当人们认识到这一点时，地球上最富有的国家都已臣服在它们脚下。突然之间，决策者意识到大宗商品交易商——一个他们几乎没有意识到的存在——在世界能源、金属和食品领域已经积累前所未有的力量。

* * *

大宗商品交易的历史可以追溯到人类诞生之初，当时第一批定居下来的人类开始交易矿石和金属，也许是为了换取谷物。事实上，人类学家认为"以物易物"标志着现代人类活动的开端之一。[6]

但是，第一批与今天的交易商有点类似的大宗商品交易公司直到 19 世纪才出现。此前的数个世纪，一批批商业冒险家环游世界，寻找有价值的资源运回国内销售。其中最成功的是东印度公司，统治了印度次大陆长达几十年。

然而，随着工业革命的到来，资源贸易发生了变化。蒸汽轮船的发明意味着远距离的大宗商品交易不再受大风等恶劣天气的影响。运输货物的成本急剧下降，不仅可以长途运输茶叶、香料和贵金属，还能运输粮食和矿石等价格低的货物。此外，电报开创了一个近乎即时的全球通信时代。1858 年 8 月，第一条横跨大西洋的电报电缆开通，立刻把从伦敦向纽约传递信息的时间从接近两周缩短至几分钟。

随着这些技术的发展，第一批专门从事大宗商品交易的公司应运而生。商人蜂拥而至，买卖那些新兴工业时代产生的废金属和废渣。谷物交易商把粮食运送到不断发展的大都市，那里到处都是食不果腹的工人。

19世纪的金属贸易在欧洲工业中心地带发展起来，占据主导地位的是三家德国公司：阿龙·赫什父子公司、德国金属公司和贝尔·桑德海默尔公司。菲利普兄弟公司起源于这里，该公司后来的领导者就是路德维希·耶西森。1901年它的创始人尤利乌斯·菲利普在汉堡的公寓开始交易，1909年他的弟弟奥斯卡前往伦敦，创立了菲利普兄弟公司。

第一批大宗农产品交易商更加分散，不同的公司纷纷崛起，占据特定地区或利基市场。在世界粮食产地，人们成立粮食贸易公司，把小麦和玉米从农场运往城市。例如，美国的嘉吉公司成立于1865年，当时一位苏格兰移民的儿子建立了自己的第一座粮仓。

大宗商品交易在第一次世界大战和第二次世界大战期间陷入困境。整个欧洲的贸易王朝消失殆尽。随着纳粹军队步步推进，其中一些王朝背后的家族（许多都是犹太人）被迫走上逃亡之路。但是，并非所有人都及时逃了出去，尤利乌斯·菲利普就在荷兰被捕了，于1944年死于德国北部的一个集中营。

战争的结束给大宗商品交易商带来了许多新的机遇。欧洲和亚洲被毁掉的城市需要重建，因此需要钢铁、水泥和铜。原本被战时政府严格控制的自然资源贸易，在新的和平时代逐渐放开，而美国在世界舞台上的主导地位则预示着一个经济增长和市场开放的新时代。[7]

大宗商品交易先驱们的背景和成长经历截然不同：麦克米伦出

生在美国中西部的一个富裕家庭，耶西森是德国南部一个店主的儿子，魏瑟尔在汉堡的一个中产阶级家庭长大成人。他们都有一个共同点，即天生具有国际化视野，愿意环游世界寻找新的机遇。战争结束后，他们着手把自己的公司打造成真正的国际化企业，从经济全球化中获利，并在此过程中塑造世界经济。

这意味着要采取一种大宗商品交易行业继任者仍然认同的观点：到世界各地去，把政治——而且在很多情况下也要把道德——放在一边。他们与社会主义国家和资本主义国家进行交易，与贪婪的当地商人或政府官僚进行交易，目的只有一个，那就是为了获得利润。正如菲利普兄弟公司早期的一位交易员所说："菲利普兄弟公司有一条基本原则：生意至上，政治事务不是生意。"[8]

在上述三个人中，路德维希·耶西森最能代表早期交易商的环球旅行模式。耶西森目光敏锐，智慧过人。为了逃避席卷欧洲的反犹太主义，他于1937年前往美国。他很快就在纽约的菲利普兄弟公司从事废金属交易，尽管刚刚起步的事业因第二次世界大战停滞不前，但是他的雄心壮志丝毫未减。

1946年，耶西森已经成为菲利普兄弟公司的资深交易员，他决心将公司打造成一家全球企业，于是开始环球旅行。耶西森当时36岁，精力充沛，面对战争后的满目疮痍，他看到的尽是商机。他从纽约出发，去了日本、印度、埃及、德国和南斯拉夫。当时的航班不定期，旅途漫长颠簸，直到多年以后，洲际商业航空旅行才逐渐普遍。

第一章　先锋　009

但是，耶西森根本不把旅行中的这点困难放在心上。他被一位同事称为"菲利普兄弟的带头人"，对即将到来的经济繁荣信心十足。[9]他在世界各地雇了数十名新交易员开设办事处。

耶西森已经谢顶，但是精力充沛，厚厚的眼镜框掩盖不住他那炯炯有神的目光，年轻的交易员团队都对他尊重有加且忠心耿耿。戴维·滕德勒说："我们都把耶西森当成父亲一样的人，他愿意给年轻人提供机会。"滕德勒的成长就归功于他的悉心指导，到20世纪七八十年代，滕德勒成了菲利普兄弟公司的掌门人。[10]

1957年耶西森接管菲利普兄弟公司时，公司拥有约50名员工，是一家经营废金属和矿石的中型贸易公司。在他的领导下，公司一跃成为独占鳌头的金属交易商。公司的基因将在大宗商品交易员之间代代相传，去缔造一个继续主宰全球大宗商品市场的贸易公司大家族。

正如魏瑟尔在石油领域所做的那样，耶西森也开创了与社会主义国家进行金属贸易的先河。在1946年的世界之旅中，南斯拉夫便是让他获益匪浅的首批国家之一。菲利普兄弟公司与垄断南斯拉夫金属行业的尤戈金属公司签订了一份合同，购买其出售的全部金属产品，将铁托领导的社会主义国家与美国的资本主义政府联系起来。[11]到1950年，公司每年交易的金属价值为1 500万~2 000万美元，这个数字比该公司几年前的全部销售额还要高。[12]

到20世纪50年代末，菲利普兄弟公司还从苏联购买铁合金，从民主德国购买生铁。1973年，该公司在其年度报告中自豪地宣称，"多年来已经与苏联以及东欧其他国家做了大量生意"。因此，它是首批获准在莫斯科设立办事处的10个美国公司之一。[13] 这些交易商甚至从冷战对手手中购买金属作为美国的军事储备。对耶西森而言，政治影响无关紧要，唯一重要的就是生意必须有利可图。

小约翰·H.麦克米伦和耶西森来自不同的世界，他比耶西森大十多岁，成长于美国中西部一个富裕的苏格兰裔家庭。但是，两人都对交易业务充满热情，精力异常充沛，常常让试图跟上其步伐者精疲力竭。

麦克米伦，人称"小约翰"，出生在大宗商品交易商之家。在他之前，他的父亲就在经营嘉吉公司，他是在明尼阿波利斯商会的大厅里接受训练的，交易员大喊着互相发号施令。接受这种训练很难，但是至关重要——在嘉吉公司，最大的侮辱是被看作"商人"，而不是"交易员"。

"小约翰"长着方下巴，留着整齐的小胡子，总是打扮得很帅气，是家族企业领袖的不二人选。他有着中西部人的沉稳冷静，是一个注重创新的商人。据他儿子描述，他"极其不安分，总是在搞发明创造。在父亲眼里，公司是第一位的，甚至比家庭都重要"。[14]

在20世纪50年代初，麦克米伦意识到公司需要新的发展方向。嘉吉公司太保守，只关注美国市场，并没有投身到繁荣的国际贸易中去。麦克米伦对自己的高级职员说："太遗憾了，我们忽视了大宗商品出口业务。"[15]

在某种程度上，这种忽视是因为嘉吉公司运气好，位于世界上增长最快的产粮地区之一。公司的业务非常稳定,主要是将小麦、玉米和大豆从美国中西部运送到东西海岸蓬勃发展的大都市。嘉吉公司的欧洲和南美竞争对手被迫向海外开拓新业务,而它却不用这么做。

麦克米伦改变了这一点,就像菲利普兄弟公司的耶西森和马巴纳夫特公司的魏瑟尔一样,他开始向全世界扩张。1953年,他组建了Tradax国际公司,这是他为进军全球市场迈出的第一步。1956年,他在日内瓦开设了Tradax办事处,作为嘉吉公司的国际贸易中心。他选择日内瓦,是因为这座城市具有"先进的旅游和通信设施"、多语种传统和"有限的公司税收"。[16]Tradax办事处的设立,标志着瑞士与国际大宗商品交易商之间长期盈利的伙伴关系的开始。

就像菲利普兄弟公司和马巴纳夫特公司一样,麦克米伦的战略也使嘉吉公司与社会主义国家建立起新的经济联系。但是,其他先驱者是从社会主义国家向西方进口商品,但是嘉吉公司却反其道而行之,把剩余的美国农产品出口到世界其他地方,包括"铁幕"后面的那些国家。美国政府通过发放大额补贴鼓励这种贸易,旨在支持那些农产品大获丰收但国内供过于求的农民。华盛顿划拨数十亿美元推动农产品出口,助力美国粮食销往世界各地。谷物交易商则帮助运输美国粮食,其中嘉吉公司出口的美国粮食总量在1955—1965年间翻了两番。[17]

最初,这些粮食都出口到了美国的盟国。但是,很快嘉吉公司和其他农产品交易商也开始向社会主义国家出售粮食。首先是匈牙利，它在1963年末从美国购买了1 000万美元的粮食。接下来，嘉吉公司派遣交易员前往莫斯科谈判一笔更大的交易，即销售4 000万美元的小麦。与社会主义国家建立的新业务给嘉吉公司带来了福音：1964年，嘉吉公司宣布创下了有史以来第二高的年度利润。公司对股东们说，苏联业务"如同潜在的火花"。[18]

售出价值数百万美元的美国小麦，此举在华盛顿引起了轰动。港口工人纷纷罢工，拒绝为向苏联运送粮食的船只装货，工会敦促会员抵制嘉吉公司和其他大宗商品交易商，一些立法者甚至试图阻止向苏联销售粮食，但是均以失败告终。

这场骚动是最初的例证之一，它揭示了大宗商品交易的政治性质，也展示了交易商作为国际贸易先驱日益强大的力量。在东西方之间建立新贸易路线的过程中，嘉吉公司和其他先驱者正在推动美国和苏联之间达成商业和解，这让政治家们措手不及。然而，没过几年，美国与莫斯科在1963—1964年间的交易，看起来似乎将扩大为一系列规模更大的交易，而且更具有爆炸性政治影响。

嘉吉公司的国际化战略取得了巨大成功。麦克米伦于1960年去世，尽管他无法见证公司登上全球贸易的顶峰，但是毫无疑问，正是他让嘉吉走上了这条成功之路。嘉吉现任首席执行官戴维·麦克伦南说："麦克米伦是天才，嘉吉的国际扩张就是他的功劳。他是这家现代公司的缔造者。"[19]

接下来是西奥多·魏瑟尔。如果说耶西森和麦克米伦接手的是19世纪就已建立的金属和谷物贸易行业，那么魏瑟尔就是独

第一章 先锋 013

辟蹊径者，凭一己之力开拓了一项新业务。纳粹德国战败后，他结束了在苏联的战犯生涯，回到自己的国家，却发现原来在石油公司的工作已不复存在。正是这一点鼓励着他去实现自己的创业梦想。

为了启动新项目，魏瑟尔花了 7 万德国马克（相当于今天的 10 万美元）买下了一家名叫马夸德和巴尔斯的休眠公司，主要是为了获得进出口许可证，当时德国在形式上仍然被他国占领，因此许可证弥足珍贵。当魏瑟尔在 20 世纪 50 年代前往莫斯科时，这家公司已经在整个早期成品油市场以电报地址"马巴纳夫特"广为人知，这个地址是其商号"马夸德和巴尔斯纳夫特产品"的缩写。

但是，魏瑟尔并非仅仅开辟了一条新贸易路线，他帮助开创了一个前所未有的新行业。1954 年魏瑟尔启程前往莫斯科时，并没有真正的国际石油贸易——只有少数几家拥有近乎无限市场力量的大公司。1859 年美国在宾夕法尼亚州的泰特斯维尔首次发现石油后，石油贸易在 19 世纪曾经短暂地繁荣过。但是，当约翰·洛克菲勒为他的标准石油公司收购了美国几乎所有炼油产能的控制权后，石油贸易戛然而止。城里只有一个买家，没有竞争，也就没有市场。[20] 石油价格的决定权属于洛克菲勒。

美国政府在 1911 年解散了标准石油公司，但石油市场仍然被大型寡头企业垄断，这些经过合并的公司包括油井、炼油厂和零售店。到 20 世纪 50 年代，石油市场由 7 家被称为"七姐妹"的大公司控制，它们是今天的埃克森美孚、荷兰皇家壳牌、雪佛龙和英国石油公司的前身。它们大多都是标准石油公司解体后衍生的公司。购买原油需按照每个地区的炼油厂设定的"标价",而这种做法始于洛克菲勒。除了被这些大型寡头企业垄断的市场之外,几乎不存在国际贸易。

在国际石油市场早期,"七姐妹"担心魏瑟尔等独立交易商会对自己的市场力量构成威胁,因此避免与它们打交道。要打破"七姐妹"对石油市场的严格控制,就需要创造力和冒险精神,而魏瑟尔就是这项任务的最佳人选。魏瑟尔被朋友们亲切地称为"西奥",他是天生的冒险家,喜欢满世界旅行。他去陌生的国度商务旅行,哪怕一次待几周或者几个月,他也以苦为乐,从不在意。

他坐头等舱环游世界时会订满一排座位,摆放着随身携带的几个大箱子,里面装满了各种文件。[21]1951年,他开始了为期3个月的非洲之旅,即将穿越一个面临剧烈动荡的大陆,因为法国、比利时和英国的前殖民地很快就要获得独立了。他从摩洛哥的丹吉尔和美国的卡萨布兰卡前往塞内加尔的达喀尔,再到比属刚果的伊丽莎白维尔和利奥波德维尔(今天的卢本巴希和金沙萨)。他到处去为马巴纳夫特公司洽谈合同,争取向非洲大陆供应燃料。

魏瑟尔与莫斯科达成协议后,成为第一个绕过石油巨头俱乐部并在其控制网络之外交易原油的独立交易商。魏瑟尔从苏联回来后,石油巨头们为惩罚他的傲慢无礼,立即拒绝与他做生意。它们有充分的理由对此感到担忧:魏瑟尔的贸易不仅标志着国际石油交易商的崛起,而且标志着苏联石油出口开始大幅增长。

1954年,当这位马巴纳夫特老板第一次前往莫斯科时,苏联的石油产量相对较小，几乎全部供应给了社会主义国家。[22] 这不属于"七姐妹"的控制范畴，这也并未影响到它们的石油帝国。

然而，魏瑟尔开拓的这条出口路线很快就会对全球石油出口市场产生巨大影响。在20世纪50年代以前，苏联的石油主要来自里海的巴库油田，对这片宝藏的开采利用从19世纪就已经开始了。如今地质学家开始在伏尔加-乌拉尔盆地开发新的矿藏，苏联的石油产量在1955—1960年间翻了一番。[23] 苏联取代委内瑞拉成为世界第二大石油生产国，仅次于美国。

盆地油田的开发正好赶上了莫斯科政治风向的转变，因为苏联领导人尼基塔·赫鲁晓夫急于推动对外贸易的发展，全苏石油和石油产品出口联合公司等苏联贸易机构开始变得更加活跃。苏联对所谓自由世界的原油和成品油出口量从1955年的每天11.6万桶增加到1965年的100多万桶。[24] 石油出口运动成为西方外交官开始宣称的"苏联经济攻势"的最明显体现。

大宗商品交易商正在悄无声息地改变着世界经济秩序。它们正在西方市场和供应商之间建立贸易联系，而这种联系此前一直被封锁在"铁幕"之后。它们这样做有助于消除寡头企业对大部分市场的垄断。用不了几年，这种连锁反应将会波及全球。

* * *

然而，魏瑟尔、耶西森和麦克米伦之所以重要，并不仅仅是因为他们的经济影响，他们还创造了一种沿用至今的大宗商品交易模式。

在过去，交易员只专注于某些地区或市场，而马巴纳夫特公司、菲利普兄弟公司和嘉吉公司则致力于在全球范围内控制自己交易的大宗商品。在第二次世界大战之前，菲利普兄弟公司等金属交易商专注的交易是先达成出售协议，才能够买进一批金属。废品站可能会给菲利普兄弟公司打电话，愿意出售几百吨废金属。然后，菲利普兄弟公司会向其他交易商发电报，如果有交易商愿意购买，而且价格能带来利润，公司差不多会同时同意这些金属交易。[25] 另一种业务是代表生产商销售，每吨收取固定费用。这种交易安全而且可预测，但是几乎不可能获得巨额利润。

在耶西森的领导下，菲利普兄弟公司更加雄心勃勃，开始做规模更大、时间更长的交易。它开始跟生产商谈判长期采购交易，经常以贷款作为交换条件。此时，公司拥有了全球供应交易网络——一个"交易账簿"。当市场错位导致价格大幅上涨或下跌时，这个交易网络可能会带来极其丰厚的利润。公司专门经营铜、铅、锌业务的厄恩斯特·弗兰克解释说："总是备好货，坚持不懈，等真正出现短缺时，如果有货可售，就能大赚一笔。"[26]

更大规模的交易需要金额更大、期限更长的合同，这就需要通信录上积累更多大宗商品供应商和消费者。先驱者们不断培养人际关系，花费大量的时间和金钱去建立重要的商业联系。这种对人际关系的关注受到业内人士的推崇，同时赋予了一些贸易公司一种旧时代才有的魅力，即使在电子邮件和视频会议取代面对面会晤成为主要的商务交流形式之后，依然保持着这种魅力。例如，据说在金属交易商钏砂铭，午餐招待不好客户要比一笔交易赔钱更有可能被炒鱿鱼。[27]

在新兴的石油贸易领域建立网络尤其重要，因为如何出售本国的大量石油资源往往取决于少数政府官员。魏瑟尔是建立人际关系的天才，他能和任何人成为朋友。每年他都会在纽约中央公园的圣莫里茨酒店举办盛大派对，摆满大量香槟和来自世界各地的美味佳肴，款待自己所有的石油业务联系人。他已经与全苏石油和石油产品出口联合公司的古罗夫建立起了关系，但是他的生意伙伴并不局限于社会主义国家。在匹兹堡，他与海湾石油公司那些态度强硬的高管进行亲切交谈。在得克萨斯州，他与富裕的亨特家族拥有的亨特石油公司签订了一份合同。在中东，他与最有权势的酋长和石油官员称兄道弟，其中就包括沙特石油部长艾哈迈德·扎基·亚马尼，他将其视为私人朋友。

最精明的交易商通过这种全球关系网络获得对世界经济状况的认知，这是其他人无法赶超的。它们不仅出资为全球各地的办事处招募交易员，还投资搭建通信系统，确保信息能够迅速在公司内部共享。几十名工作人员天天筛选电报，提取宝贵的信息。1981年菲利普兄弟公司的一位高管曾夸口说："除了美国国防部和中央情报局，我们的通信系统可能是世界上最先进的。"[28] 这种复杂的市场情报网络催生了一种保密文化，因为交易商都对自己的深刻见解秘而不宣。

交易商的情报网络具有巨大价值，因此它们在进行市场投资时比竞争对手更为明智。1956年苏伊士危机期间，以色列、法国和英国军队进入埃及,嘉吉公司驻日内瓦的交易员预测航运成本会上升。随后,危机导致苏伊士运河关闭,船只被迫绕行非洲,结果航线加长,运费飙升。嘉吉公司能够将政治洞察力和市场洞察力巧妙结合,最终得到了回报。[29]建立尽可能大额的合同组合,从联系人网络中尽可能获取信息,然后利用这些信息去交易、赚钱,这就是早期交易商策略的精华所在。

但是,比交易商的商业模式更为重要的或许是先驱者们对待员工的方式。先驱者向继任者传递一种企业文化,这种文化对交易员的影响一直持续到今天。早期贸易公司的起源和风格不同,但是它们都强调勤奋、忠诚和伙伴关系。

初级雇员都要接受艰苦的学徒训练。在菲利普兄弟公司,每个年轻员工的职业生涯都始于公司最卑微的工作,要去不同的部门轮换,直到老板相信他熟悉了公司的基本业务,而且对公司忠心耿耿。1919年,15岁的门德尔·伯恩伯格被尤利乌斯·菲利普聘为学徒。他回忆说,平常每天早上8点上班,拆邮件,整理邮件,然后把邮件和电报准备好,送到邮局,直到晚上10点才下班。

几十年后,情况并未发生多大变化。费利克斯·波森在20世纪50年代中期加盟菲利普兄弟公司,后来成为马克·里奇公司的高管。他也是从收发室开始,不停地忙着电报编码和解码。他回忆说:"如果你不想努力工作,就不应该加入菲利普兄弟公司。"[30]

一代又一代的年轻交易员都是从这一步登堂入室的。这段经历不仅让学徒学会大宗商品交易的基本原理,而且还学会了坚毅、细心和谦虚。后来,他们许多人都成为世界顶级大宗商品交易员,其中包括1954年在纽约开始实习的马克·里奇。

在贸易公司，多年的学徒生涯会培养出一种忠诚感。魏瑟尔把员工视为家人，原谅他们的缺点，甚至过分宽容。但是，能够让菲利普兄弟公司的交易员紧密团结在一起的，不仅仅是共同的经历，还有共同的经济利益。1956年，菲利普兄弟公司向大约40名员工派发股票，由此诞生了几名百万富翁。这种由几十名股东组成、没人占主导地位的合伙结构成为后来出现的贸易公司的典范。这种模式将公司的顶级交易员凝聚在一起，让他们有更大的动力为公司效忠。1981年，耶西森说："我们对待员工就像对待家人一样。我们总是团队合作。谁也不会一意孤行，强人所难。这一直是我们公司的优势。"[31]

这是一种行之有效的商业模式。到了20世纪70年代，大宗商品交易商已经成为新经济秩序的重要参与者。嘉吉公司的利润从1940年的100万美元上涨到1970年的2 400万美元。[32]1947年菲利普兄弟公司的利润为55万美元[33]，到1970年利润为3 870万美元[34]。这些交易商所做的不仅仅是利用全球贸易的增加来赚取财富，它们还促进了全球贸易，组织航运和融资，帮助全球的买家与卖家建立联系。

但是，即使大宗商品交易商的规模和能力不断增强，世界对日益强大的它们仍然置若罔闻。毕竟，多年来大宗商品供应充足，价格一直很低。很少有人注意到几家交易商在世界各地的自然资源流动中已经起着举足轻重的作用，而且这种流动对全球繁荣日益重要。随着20世纪70年代世界上最重要的大宗商品价格飙升，这些交易商很快就会从自我满足中清醒过来。粮食是最基本的大宗商品，而第一次冲击便来自粮食市场。

1972年的夏天见证了嘉吉公司的成功。在小约翰·H.麦克米伦的门徒埃尔温·克尔姆的领导下，公司已经发展为一家销售额达50亿美元的企业，号称世界上最大的农产品交易商。外界批评它与"铁幕"背后的国家建立联系，但是它安然无恙。这几年嘉吉公司过得并不轻松，20世纪60年代末被市场误导，差点连成本都保不住。但是，克尔姆坚决支持嘉吉全球扩张，带领公司度过了经济低迷期，对国际业务的兴趣丝毫未减。

因此，1972年夏天，当负责谷物贸易的苏联国企全苏粮食出口联合公司的负责人尼古拉·别洛乌索夫抵达纽约时，嘉吉公司果断决定与他合作。别洛乌索夫在希尔顿酒店与嘉吉谷物贸易主管沃尔特·巴尼·桑德斯举行会晤，经过谈判后达成在明年购买200万吨美国谷物的协议。从各方面看，这在当时都算得上一笔很好的交易。[35]

但是，结果却让嘉吉公司万万没有想到。别洛乌索夫缺乏趣味，但是身材高挑，能讲一口几乎没有口音的流利英语。他可能是在社会主义体制下出生并接受教育的，但是做起贸易却和美国对手一样目光敏锐。他到达纽约后不仅给嘉吉公司打电话，而且还给它的每个竞争对手都打了电话。

每家贸易公司都迅速行动起来。嘉吉公司竞争对手的高管们立即从遥远的巴黎和布宜诺斯艾利斯等地飞抵纽约。许多人都还记得1963—1964年的那笔销售交易，当时苏联从嘉吉公司购买了4 000

万美元的粮食。但是，这一次莫斯科的目标远不止于此：一个单调乏味的苏联官僚即将达成农业贸易史上最大的一笔交易。

别洛乌索夫跟最大的谷物交易商挨个进行谈判。在会见嘉吉公司的人之前，他先会见了康地谷物公司的董事长兼老板米歇尔·弗里堡，并达成一笔购买价值4.6亿美元的美国小麦和其他主食的交易——这是当时最大的大宗商品交易之一。后来，他会见了路易达孚公司、邦基集团、库克工业公司和安德烈公司的人。[36] 别洛乌索夫向所有公司采购粮食。每家贸易公司都认为只有自己公司与苏联人达成了一大笔交易，但基本上不清楚其他公司卖出了多少。

弄明白别洛乌索夫到底购买了多少粮食后，交易商们意识到美国的粮食将无法满足苏联的订单，也无法满足美国国内消费和日本等其他进口国的需求。由于苏联农作物歉收，国内可能发生大规模饥荒，受此风险的刺激，别洛乌索夫总共从谷物交易商那里购买了将近2 000万吨谷物和油籽。他采购的小麦总量非同寻常，高达1 180万吨，几乎相当于美国小麦收成的30%。针对这笔销售交易，市场方面清楚地意识到美国显然没有足够的粮食同时满足国内消费、传统进口商的需求以及苏联的额外采购。

小麦、玉米和大豆价格飞涨，引发了美国一代人都没有经历过的粮食通胀。7月3日，就在苏联人开始与康地谷物公司谈判之前，堪萨斯州的小麦价格为每蒲式耳1.44美元；不到10周，价格上涨了60%。更加糟糕的是，在跟苏联交易一年之后，小麦价格涨了两倍，玉米和大豆价格也在攀升。随着谷物价格上涨，肉类价格也直线上升。[37]这一事件被称为"粮食大劫案",公众怒不可遏。

面对义愤填膺的公众,嘉吉公司做出回应,竭力证明自己没有从美国人忍饥挨饿中获利。成立107年来,嘉吉公司首次公开了自己的交易信息。它甚至委托审计人员编写了一份报告,证明对苏联的销售造成了亏损。有一点千真万确:别洛乌索夫比西方的谷物交易商聪明多了。各家粮食交易商一直守口如瓶,结果却事与愿违。它们都对自己的合同秘而不宣,因此当它们意识到与苏联达成协议的公司并非自己一家时,都蒙受了损失。交易商卖出的粮食不是现货,而是希望以后去公共市场采购。因此,当它们同时去采购时,价格已经暴涨。嘉吉公司告知国会,苏联销售合同导致的损失高达66.1万美元。[38]

但是,在这些损失的背后却隐藏着一个黄金时期。嘉吉公司并未告知国会,它已经通过在市场上投机下注赚了数百万美元。嘉吉公司报告称1972年会计年度的净收入为1.078亿美元[39],比前一年增长了近170%。嘉吉公司的一位高管说:"这一年的利润创了纪录,销售额创了纪录,吨位创了纪录,利润率创了纪录,问题创了纪录,费用创了纪录,交通堵塞创了纪录,价格和管制创了纪录,阿司匹林药片创了纪录,员工的数量创了纪录,他们的业绩也创了纪录。"[40]

许多利润并非来自从农民手中购买实物粮食然后卖给消费者的传统业务,而是来自纯粹的投机。嘉吉在市场上的押注主要是通过瑞士的Tradax公司进行。在明尼阿波利斯附近的嘉吉公

第一章 先 锋 023

司总部，交易员很少对粮价——即交易员口中所说的"统一价格"——走势进行押注。但是，Tradax 的情况就有所不同。意识到苏联采购将会导致小麦短缺后，交易员认为小麦价格会上涨，便下了巨大的赌注。Tradax 说："我们用统一价格大量采购小麦，伺机溢价出售。"当然，他们赌赢了：Tradax 在 1972 年的利润达到了创纪录的 6 017 万美元[41]，超过波音、高露洁－棕榄等美国巨头同年的收入。[42]

在美国政府的眼皮底下，向美国最大的地缘政治对手出售大约 10 亿美元的粮食，足以显示大宗商品交易商手中积累的力量。由于美国在"二战"后的 10 年间已成为世界首屈一指的粮食供应国，这些贸易公司都成了美国出口浪潮的先锋，充当美国粮食销往世界各地的使者。然而，与真正的使者的不同之处在于，这些交易员并非美国政府的雇员——美国政府不仅没有什么能力对他们进行监管，而且在交易发生之前，美国政府对这些交易几乎一无所知。由于慷慨的出口信贷，苏联以最低价进行的采购得到了美国纳税人多达约 3 亿美元的资助。[43] 1972 年 9 月，《纽约时报》头版头条出现了一个刺眼的标题：《苏联粮食交易被称为"政变"》，公众的反应不但迅速，而且激烈。[44]

别洛乌索夫在纽约酒店的交易，让世界认识到了大宗商品交易商的巨大影响力。经过 20 年的全球增长，世界消耗的自然资源比以往任何时候都多。它比过去更加依赖与这些资源相关的国际贸易。这就意味着世界比以往更加依赖少数几个人，即魏瑟尔、耶西森、麦克米伦和他们的继承人。这些大宗商品交易的先驱都围绕着流动的商品打造自己的产业。

　　但是,苏联突然袭击美国粮仓只是前奏。很快,谷物市场刚刚经历的那种混乱,将影响对20世纪经济最关键的一种大宗商品,也就是魏瑟尔20年前从苏联巧妙购买到的资源——石油。

第二章

石油教父

1968年4月25日,中央情报局将"总统每日简报"直接送到了林登·B.约翰逊的办公桌上。这份绝密文件是世界新闻的简要概括,堪称中央情报局版《读者文摘》。

这一次,总统浏览了关于越南战争、苏联和中国弹道导弹研发的最新消息,随后将目光转向一条石油地缘政治讯息。美国的情报组织负责人认为这条讯息值得总统关注。

简报开头说道:"以色列即将绕过苏伊士运河,修建一条直径42英寸[①]的石油管道。"旁边附了一张地图,标示了这条管道的路线。它的起点位于红海沿岸以色列的港口城市埃拉特,向北穿过以色列境内,到达地中海沿岸的阿什凯隆。修建这条管道意味着以色列将和另一个国家结成石油与钢铁联盟,而这个国家有可能成为美国的头号敌人。中央情报局总结道:"伊朗是唯一可能为这条管道

---

① 1英寸为2.54厘米。——编者注

提供大量石油的国家。"[1]

这条管道的建设以及中央情报局对它的关注,表明石油在世界经济中扮演着越来越重要的角色,而且也与中东狂热的政治势力密切相关。对美国政府而言,这个问题越来越令人担心。到20世纪60年代末、70年代初,世界更加富裕,对石油的需求也大幅增加。1948—1972年,美国的石油消费增长了两倍,这一幅度前所未有,不过还无法与其他地区相提并论。同期,西欧的石油需求增长了14倍,而日本增长了100多倍。[2]

与此同时,"七姐妹"似乎越来越难以掌控市场。从1954年魏瑟尔苏联之行开始的一系列事件,使石油资源丰富的国家在西方大型企业网络之外销售原油变得更为容易。市场已经开放,莫斯科的石油售价远低于"七姐妹"规定的价格。

1960年8月,西方寡头企业的垄断权力所遭受的侵蚀已经到了一个关键节点。随着苏联的石油削弱了它们的市场主导地位,新泽西标准石油公司(埃克森美孚的前身)的高管在没有与石油生产国政府协商的情况下,擅自将中东石油标价下调了7%,这让酋长们怒不可遏。石油生产国对收入减少感到不满,对于没有征求它们的意见就降价感到愤怒,因此迫切要求采取行动。一个月后,沙特阿拉伯、委内瑞拉、伊朗、伊拉克和其他几个国家的石油部长齐聚巴格达。经过4天磋商,他们于1960年9月14日宣布成立石油输出国组织(OPEC),简称"欧佩克"。

这是20世纪60、70年代能源工业转型的第一步。在欧佩克的支持下,成员国越来越坚定地将石油资源收归国有,而获准留下来的外国公司将被迫向东道国缴纳更多利润和税收。

这一变化标志着一个时代的开始,欧佩克从此将颠覆石油市场和世界经济,结束七大石油公司的主导地位,将巨大的权力交给大宗商品交易商。随着石油生产国实现了石油工业国有化,这些交易商成为将本国原油输送到国际市场的重要渠道。谁能购买或出售石油,将来更多是由交易商而不是大型石油公司决定,这使中东、非洲和拉丁美洲的新兴石油国家获得了更多自主权。

因此,这些交易商成了引领全球变革潮流的先驱,促使原本在美国寡头企业的管理下被小心翼翼调控的经济,转变为"市场即上帝"的混乱自由模式。在接下来的10年里,油价大幅波动,从美国到伊朗各地泛起的政治动荡重新勾勒出全球经济的轮廓。此时,有个商人率先看到了这个新时代的种种可能性,并想方设法抓住了机遇,他的名字就是马克·里奇。

当时,里奇是菲利普兄弟公司一名年轻的交易商,他刚好发现魏瑟尔在十多年前就已证明的事实,即原油是可以交易的。里奇后来成为全球石油市场的掌控者,但是他的机遇起步于在伊朗的秘密支持下以色列修建的埃拉特至阿什凯隆石油管道。

以色列和伊朗是两个貌合神离的盟友,即使在1979年伊斯兰革命前也是如此,但是经济利益把它们拴在了一起。伊朗出售石油,以色列购买石油,两个国家都希望找到一种办法,不用经过苏伊士运河就能将石油从波斯湾运到地中海。

这两个国家花了几年的时间秘密修建石油管道,但是进展缓慢。1967年,随着紧张局势升级,以色列对埃及和叙利亚发动了突然袭击，于是一切都发生了变化。作为回应，埃及总统贾迈勒·阿卜杜勒·纳赛尔关闭了苏伊士运河。虽然战争不到6天就宣告结束，但是苏伊士运河直到1975年才重新开放。运河关闭得非常突然，导致15艘船被困长达8年之久。

关闭苏伊士运河对全球贸易产生了严重影响。无论当时还是今日，苏伊士运河都是石油市场的重要运输通道，是将石油从伊朗、沙特阿拉伯或阿拉伯联合酋长国的大片油田，运往欧洲和美国的最佳直接路线。纳赛尔总统关闭运河后，中东的石油运输被迫绕道非洲之角，导致交货延误，成本猛增。

伊朗和以色列也做出回应，加速规划一条全长254公里的管道，绕过苏伊士运河，从红海一直通到地中海沿岸。两国代表举行秘密会晤，商讨细节。在国王的亲自干预下，两国同意成立一家合营公司，即跨亚石油公司，总部设在瑞士，负责修建和管理这条新石油管道。伊朗人利用列支敦士登的空壳公司来掩盖自己持有该公司一半股份的事实，而以色列人则借助一家巴拿马实体公司掩人耳目。[3]即使在今天，以色列《国土报》仍将该公司描述为"以色列最神秘的公司"。[4]

此时，步入这个神秘世界的就是大宗商品交易商。欧洲的石油进口国担心如何处理管道运输的石油，害怕会激怒抵制以色列的阿拉伯国家。伊朗人和以色列人也需要帮助，以便保持新贸易路线畅通无阻，但是还有谁比那些新型交易商更适合出手相助呢？它们只需要一部电话和敏锐的智慧，就能够在世界上任何地方交易石油。一次千载难逢的机会正摆在雄心勃勃、锐意进取的交易商马克·里奇面前。

这个即将成为石油市场教父的人,于1934年出生在比利时安特卫普的一个犹太家庭,取名马塞尔·戴维·赖克。他的父亲在德国长大,靠卖纺织品和鞋子为生,他的母亲是比利时人,他本人从小就会说德语和法语。

与当时菲利普兄弟公司的许多交易员一样,他的早年生活受到纳粹势力崛起的影响。1940年5月,就在德国军队进入安特卫普的前一个星期,他的父亲驾驶着一辆专门购买的黑色雪铁龙,载着全家去了法国。他们从法国登船去了摩洛哥,在难民营待了几个月。最终,他们成功拿到了美国签证。1941年,6岁的马塞尔来到了美国,当时的他一句英语也不会说。

他们一家人先住在纽约的一位阿姨家,然后搬到费城,最后去了堪萨斯城。可以说,马克·里奇(马塞尔为自己取的美国名字)差不多每年都在不同的学校上学。[5] 从那一刻起,里奇一直有一种挥之不去的感觉,觉得自己是局外人。也正是在这段时间,他发现自己对商业充满激情。到20世纪40年代末,他们一家搬回了纽约,里奇利用业余时间帮助父亲打理生意,进口制作麻袋的黄麻。他的高中毕业纪念册上写道,少年里奇梦想的工作就是"从商"。[6]

里奇就读于纽约大学,但是并未毕业。通过父亲的熟人介绍,他去了菲利普兄弟公司实习。1954年,他19岁,开始在位于派恩街70号的公司上班,公司设立在一座摩天大楼里面,距离金融区的华尔街不远。他跟所有的实习生一样,也从收发室的工作开始干起。

然而，里奇是不会在收发室待很久的，他的天赋和干劲有目共睹。费利克斯·波森曾与里奇在菲利普兄弟公司共事，后来又在马克·里奇公司共事。他回忆说："里奇是一位了不起的同事，一个非常聪明的家伙，能讲多种语言，工作起来非常努力。"[7]当时，公司的另一个同事记得里奇总是早上第一个到达公司的人，等其他年轻的同事8点30分慢慢悠悠进来时，他会用讽刺的口吻向他们说声"下午好"。[8]没过多久，他就从收发室调去了执行部门，然后开始和公司的一位资深交易员共事。

在这一阶段早期，里奇将商业智慧和冒险欲望结合起来，这使他取得了惊人的成功。里奇负责汞贸易，汞矿是一种利基产品，由于没那么重要，所以完全可以交由初级交易员负责。在历史上，人们曾经使用汞提取银、制作温度计、治疗梅毒。到了20世纪50年代，人们开始制作汞电池，主要用于军事装备中。里奇确信对汞的需求会迅速增加，因此便着手与生产商谈判以保证供应。他的判断很快就被证明是正确的，因为华盛顿开始不断发出汞资源稀缺的严重警告。1954年中期，政府启动了一项大规模的汞储备计划，计划购买的汞几乎相当于全球汞产量的三分之一。马克·里奇储备的汞瞬间成了紧俏商品。

从那时起，里奇成为菲利普兄弟公司一颗冉冉升起的新星，被派往世界各地寻找商机或者解决问题。他在玻利维亚待了6个月，在古巴革命后飞往古巴与菲德尔·卡斯特罗的新政府进行谈判，先后在南非、印度和荷兰待过一段时间。1964年，30岁的里奇被任命为马德里的办事处经理，牢固地奠定了他成为公司下一代领导者的地位。

里奇在需要他人时善于施展魅力，但是他没有几个亲密好友。一位曾与他共进晚餐的矿业高管依然记得他为人友善，但是态度冷漠。[9] 里奇激发了许多员工对他的无限忠诚，但是他们心里都清楚里奇把什么放在第一位。"他的生意和爱好就是一回事。"当时还是初级交易员的丹尼·波森回忆说。那天，他在里奇的豪华轿车外等候到深夜，结果发现里奇一直在车里，身边堆满当天的电传，他仍在就业务问题进行激烈的争论。[10]

他这种对待工作的"专一"也体现在人际关系中。即使他表现得热情慷慨，也总是让人觉得他是在试图从对方身上获取一些信息或好处。罗克·贝纳维德斯家族在秘鲁拥有一家矿业公司，他回忆去里奇家赴宴时说："他是一位热情好客的主人。"贝纳维德斯这顿酒喝得酣畅淋漓，他回到酒店时已经"烂醉如泥"。但是，这次会面仍然让里奇得偿所愿，拿下了一份购买贝纳维德斯家族矿产的10年期合同。[11]

* * *

里奇并非菲利普兄弟公司的第一位石油交易员，这一荣誉属于公司驻米兰办事处的主管艾伦·弗拉克斯。1969年，弗拉克斯在拜访突尼斯的客户时听说有人可能要出售2.5万吨石油。

弗拉克斯是一位来自曼彻斯特的金属交易商，他对石油知之甚少，当然菲利普兄弟公司的其他人也是如此。但是，他认为石油交易和金属交易并没有太大差别。他打了几通电话，找到一位愿意购买这批货的炼油商。经过几天谈判，他跟突尼斯人谈好了价格，然后立即以稍高的价格售出。这笔交易实际上没有任何风险，菲利普兄弟公司最终从中获利约 6.5 万美元，这在当时算得上一大笔钱。弗拉克斯说："这是一笔背对背交易，不涉及货物存储，费用预先支付，所以十拿九稳。"[12]

但是，里奇天生雄心勃勃，加上对这种新型大宗商品的狂热，意味着他很快就会取代弗拉克斯，成为菲利普兄弟公司主要的石油交易员。"我当时在一家大宗商品交易公司工作，'七姐妹'的寡头垄断即将结束。世界急需一套新的系统，把石油从生产国销往消费国，这恰恰就是我所做的。"他在 2013 年（他去世的前几年）告诉传记作者。[13] "我只是觉得，尽管有'七姐妹'，还是可以进行石油交易的。"他早期成功的关键就是参与了埃拉特至阿什凯隆的输油管道项目。

通过这条管道进行的是秘密交易。在交易方伊朗那边，油轮在波斯湾装满伊朗的石油，船员告诉港口管理方，他们要驶往"直布罗陀海峡，等待指示"。但是，油轮却永远不会出现在直布罗陀。相反，油轮会秘密开往埃拉特，卸掉石油，空船回到伊朗。注意到这些油轮的人都只能猜测油轮可能去哪里卸货。1970 年，《星期日泰晤士报》发表了一篇关于这种石油交易的报道，称其为"油轮消失之谜"。[14] 这笔交易的以色列方也同样高度保密。以色列政府完全封锁了对任何船只在其港口装载原油供应欧洲客户的报道，因此整个运输过程始终无人知晓。

如果没有同事平卡斯·格林相助,里奇不可能成功完成这一交易。格林后来成为他一生的合作伙伴。格林,昵称"平克",是通过交易铬这种不锈钢合金起家的。早在1968年,伊朗就是世界第八大铬生产国,格林经常往返于德黑兰洽谈生意。[15]

格林带来了伊朗联系人,而且还精通航运,素有"海军上将"的美誉。里奇的优势是喜欢冒险,要把石油运到市场上就需要冒险精神。他说:"管道就在那里,我认为很有吸引力。人们不愿意使用这条管道,是因为要经过以色列境内。"

但是,里奇丝毫没有犹豫。他和格林兴致勃勃地开发利用这条管道,把伊朗的石油销往欧洲各地。尽管这条石油管道在政治上太过敏感,但是石油买家无法拒绝菲利普兄弟公司提供的购买便宜货的机会。里奇说:"价格方面有很大的优势。用管道运输伊朗原油要比绕道非洲运费低得多。"

"老板"——以色列人所指的伊朗国王,感到欣喜万分:这条254公里的管道省去了约22 000公里绕道非洲的路程,使伊朗的石油远比地中海地区其他对手的石油更具成本竞争优势。1969年12月,石油开始在管道中流淌,次年,162艘油轮把近7 500万桶(大约每天20万桶)石油卸下来,通过管道运输。

然而,菲利普兄弟公司内部却认为以色列石油管道存在风险。由于没有为管道运输的石油投保,里奇受到了公司老板们的严厉批评,担心自己会被解雇。[16]但是,老板的训斥并没有让他放慢脚步。这些年来,他先是为菲利普兄弟公司,后来又为自己的公司,通过埃拉特至阿什凯隆的管道运送了6 000万~7 500万桶伊朗石油。用他的话说,这是"非常重要的生意"。[17]

* * *

里奇涉足石油交易的时机真可谓是千载难逢。

1960—1970年,尽管独立石油交易商带来的挑战越来越大,但是"七姐妹"在很大程度上已经控制市场,因此油价几乎没有变动。作为中东原油基准的阿拉伯轻质原油,20世纪60年代初的价格为每桶2.08美元,10年后的价格为每桶1.80美元——这是因为魏瑟尔等人将苏联出口的原油不断推向市场,从而导致油价下跌。但是,到20世纪70年代初,这一趋势发生了逆转,油价开始上涨。石油市场正在酝酿一场危机。虽然几乎没有人关注,但是导致这场危机的因素却有目共睹。

1971年,美国总统理查德·尼克松放弃了一直支撑美元价值的金本位制。他的动机几乎与石油无关,更多的是想促进美国经济。但是,这对石油市场的影响却非同小可。由于中东国家出售石油均使用美元结算,美元贬值导致它们的收入也相应贬值。有鉴于此,在欧佩克成员国内部,有人呼吁政府从西方公司手中夺回对本国自然资源的控制权。从阿尔及利亚到伊拉克,石油生产国都要求从石油产业中分享更多收益——而在此之前,石油产业主要掌控在"七姐妹"手中。很快,这些国家的要求更加强硬,要求实行全面国有化。[18]沙特阿拉伯长期以来一直抵制这一趋势,也开始通过沙特阿美石油公司提出要入股控制巨大石油储备的美国公司。石油生产国纷纷起来反抗，开始打破"七姐妹"对全球石油市场的邪恶控制。

这些公司别无选择，只能提高价格。到1971年，阿拉伯轻质原油的价格为每桶2.24美元，1972年为2.48美元，1973年上涨到3.29美元。更糟糕的事情还在后头。1973年4月，美国外交官詹姆斯·埃金斯在《外交》杂志上发表了一篇文章《石油危机：这次狼真的来了》。[19] 无论是否读过这篇文章，马克·里奇都相信石油价格即将飙升。

1973年春，伊朗国家石油公司提出卖给里奇和格林100万吨石油（约750万桶）。这是一笔大订单，但是存在一个问题：伊朗政府希望以每桶5美元的价格出售这批石油，而不是市面上每桶3.29美元的官方价格。格林当时正在德黑兰参加谈判，确信油价会进一步上涨，便同意了这笔交易。这是一场赌博，但却是经过深思熟虑的。根据联系人透露，里奇和格林获悉石油市场即将有大事发生。他们不确定到底是什么大事，但是仍然接受了这笔交易。

耶西森听说此事后勃然大怒。他激动地说："不负责任。他们太不负责任。"[20] 几个月来，耶西森一直在敦促里奇和格林放慢脚步，告诉他们要规避不必要的风险，"不要让公司冒险"。他说自己和纽约的同事都感到"震惊"，因为在他们达成的一些交易中"并未同时完成相应的销售"[21]。与20年前耶西森开拓的金属交易不同，里奇和格林无法消除市场突然波动给他们的石油合同带来的风险，因为交易商锁定价格的石油无他处可供交易。里奇和格林买下一批石油后，当场就确定了价格。如果价格上涨，他们就大赚一笔；如果价格下跌，损失也同样巨大。

与伊朗达成的交易是压垮耶西森的最后一根稻草。这笔合同价值3 750万美元。如果价格没有像他们希望的那样上涨，他们被迫以官方价格出售石油，里奇和格林将遭受近1 300万美元的损失。在当时，对菲利普兄弟公司而言，这是一笔巨款。

在经过跨越大西洋的疯狂喊话之后，耶西森已经忍无可忍。他命令里奇和格林立即找到买家，把这批伊朗的石油处理掉。后来成为菲利普兄弟公司石油交易主管的托马斯·奥马利回忆说："没有人能控制他们俩，或者控制这种生意，因为生意场瞬息万变，而他们俩的动作太快了。"[22]

尽管如此，里奇和格林还是毫不费力地找到了买家——他们将石油以每桶5美元多一点的价格卖给了美国炼油商阿什兰石油公司（简称AOC，现在属于美国马拉松石油公司），这一价格足以让他们小赚一笔。这应该算是向他们的老板发出的一个信号：里奇和格林对市场的看法是正确的。到1973年年中，显然每桶3.29美元的官方价格已不再等同于真实的价格。石油的买卖价格已经超过每桶5美元，但是耶西森并不在乎。然而再过几个星期，他就会明白自己错得有多离谱。

1973年9月，国际石油公司和欧佩克在维也纳举行了会谈。对许多人而言，世界石油价格大幅上涨显然只是时间问题，而不是上涨与否的问题。在一次电视采访中，日本首相发出了令人觉得可怕的警告："显而易见，10年后将发生石油危机。"但是，事实证明更像是在10天后发生石油危机。[23]

1973年10月6日，以色列全国一片静默，正在纪念犹太教最神圣的日子——赎罪日。与此同时，埃及和叙利亚则摩拳擦掌准备开战，试图夺回1967年失去的领土。当天下午，埃及军队越过苏伊士运河，叙利亚军队则进入戈兰高地向以色列同时发起进攻。

随着战争激烈进行，欧佩克与西方石油公司在维也纳举行的谈判在进入第二个月时陷入了僵局。生产商希望石油价格翻倍，但是在政府的压力下，石油公司准备最多提价15%。谈判室又闷又热，烟味弥漫，会议常常持续到深夜。阿拉伯国家的石油官员们散发着有关这场战争的简报，他们对西方政府暗中支持以色列感到愤怒。石油公司的高管们可以感觉到公众的情绪对他们越来越不利。他们担心欧佩克成员国会把石油当作武器。

埃克森公司的乔治·皮尔西和壳牌公司的安德烈·贝纳德代表石油公司主持谈判，请求总部给予指导。公司便把问题交给了各自国家的政府，结果得到的回复几乎是一致的：华盛顿、东京、伦敦和其他几个欧洲国家的政府皆下达指令，要求公司坚持立场。它们认为，世界经济将无法承受欧佩克要求的油价大幅上涨。

1973年10月12日，也就是战争爆发后6天，石油高管们在洲际酒店顶层的套房拜访沙特石油部长谢赫·亚马尼。他们带着坏消息前往。其实他们并没有任何消息，这些公司就是不愿意满足欧佩克的要求。亚马尼是具有多年经验的沙特外交官，已经为漫长的谈判之夜做好了准备。由于担心无法达成协议将给中东带来更多混乱，他警告石油商他们的立场是错误的。沙特石油部长为其中一人倒了一杯可乐，慢慢地往里面挤了一点酸橙汁，等待高管们的下一步行动。

但是，他们却没有什么行动。皮尔西是个粗犷的工程师，无暇顾及外交礼节。对他来说，再谈下去已经没有什么意义。亚马尼叹了口气，当着高管的面开始给其他部长打电话，告诉他们这个坏消息。他打电话给巴格达，用阿拉伯语焦躁不安地交谈，然后对这些石油商说："他们对你们很生气。"凌晨时分，住在同一家维也纳酒店的科威特石油部长穿着睡衣来到他们的房间，但是也没有什么好讨论的。[24]

最后，这伙人不欢而散。他们离开亚马尼的套房时，一位高管问接下来会发生什么。沙特石油部长回答说："听广播吧。"[25]

几天后，石油部长们在科威特召开了会议，从科威特电台传出的报道很快便证明里奇和格林对油价上涨的赌注很有先见之明。10月16日，他们宣布单方面涨价70%。亚马尼欣喜若狂。他说："这一刻我已经等了很久。现在时机终于到了，我们的商品可以自己做主了。"[26]

第二天，即10月17日，欧佩克会议再一次举行，这次参会的仅限于阿拉伯成员国。随着战火肆虐，一些部长主张对以色列以及包括美国在内的盟友进行全面经济封锁。会议结束时，阿拉伯国家宣布石油产量每月减产5%，"直到阿拉伯人对以色列提出的政治要求得到满足"[27]，并对美国和他们认为对以色列友好的其他国家实施禁运。油价稳定、让人乏味的旧时代结束了。从现在开始，这种世界上最重要的大宗商品的价格将取决于中东的政治形势。

油价飙升至每桶11.58美元，比几个月前里奇同意从伊朗购买原油的价格高出1倍还多。从菲利普兄弟公司手中接过合同的阿什兰石油公司发了大财。如果允许里奇和格林留住合同，他们本可以获得非同寻常的利润：一笔交易就可以获利近5 000万美元，远远超过菲利普兄弟公司一年的收入。

里奇和格林明白，石油市场正在进入动荡期。这是交易商而不是大公司占据支配地位的时代。早期市场编年史学家简·纳斯默斯写道："我们见证的是石油产业重心的转移。石油产业的权力中心不再是石油公司位于伦敦、纽约和旧金山的总部，而是在交易商开展业务的瑞士湖畔小镇。"纳斯默斯还写道："苏黎世、日内瓦和巴塞尔都有办事处提供石油，交易规模之大，足以让以前的大型石油公司感到满意，而现在大型石油公司也是它们的客户。"[28]

对于全球经济和世界政治而言，这是天翻地覆的变化。几十年来，石油已经悄然成为世界经济健康发展的关键商品。多年以来，市场不仅保持平稳，而且可以预测。但是，油价放开以后，一夜之间翻了三四倍，迎来了一个前所未有的波动时代（见附录图2）。从"二战"持续到现在的全球经济繁荣戛然而止。经济学家开始沮丧地谈论"滞胀"问题，这是经济衰退和高通胀的结合体，给整整一代人留下了心理创伤。美国比其他任何国家都提倡使用汽车，因此受到的冲击尤其深刻。突然之间，美国司机开始排起队给汽车加油。

中东油田的国有化打破了"七姐妹"几十年来精心建立和培育的寡头垄断体系。欧佩克成员国控制了自己的石油资源，将石油美元从石油公司的金库转移到了自己的金库。西方国家开始担心自己会依赖中东石油，这种担忧将是接下来半个世纪外交政策的主要影响因素。[29]

* * *

越来越多的石油销售不再受"七姐妹"的控制，马巴纳夫特集团和菲利普兄弟公司等独立交易商的机会越来越多。由于控制的市场越来越少，"七姐妹"失去了支配价格的能力。因此，价格是在买卖双方不和谐的竞争市场中设定的，控制市场的是大宗商品交易商。

石油市场开始趋同于小麦、咖啡、铜等其他大宗商品市场，交易商长期以来一直充当这些市场的中间商，推动了全球贸易的顺利发展。价格飙升意味着利润可能非同寻常。菲利普兄弟公司等老牌大宗商品交易商很快就意识到，与几十年的金属交易相比，买卖原油可以赚更多的钱。很快，它就拓展了谷物、咖啡和糖交易业务。从"粮食大劫案"中赚得盆满钵满的农产品交易商也开始寻找其他市场。1972年，嘉吉公司以595万美元收购了金属交易商坦南特父子公司，从而涉足金属行业。[30] 接下来的几年，嘉吉公司还将涉足钢铁和石油行业。第一批能够同时从事能源、金属和农产品交易的全球大宗商品交易公司出现了。

石油也让交易商更加接近权力。各国政府往往将金属、矿产和农产品视为战略敏感资源。但是石油却不同：涉及的资金更多，石油生产国政府几乎完全依赖石油美元。交易商与阿拉伯酋长、非洲首领和拉丁美洲独裁者广交朋友，而疯狂寻找廉价石油的西方政府则向交易商寻求石油供应。石油从哪里来呢？似乎只有处在全球金融和政治中心的交易商知道答案，但是他们并没有告诉任何人。"我们为什么要引导蜜蜂去寻找蜂蜜呢？"在20世纪70年代油价飙升期间，菲利普兄弟公司的一名高管透露道："这么说吧，我们从世界各地获取石油，然后分销到世界各地。"[31]

* * *

马克·里奇甚至也无法预见1973年发生的一切。在菲利普兄弟公司，他和格林正在为眼前的事情激动不已：如果不是上级缺乏勇气，他们本可以发一笔大财。尽管如此，他们的石油交易业务仍然获得了丰厚的利润：菲利普兄弟公司1973年的税前收入达到创纪录的5 490万美元，比前一年增长了75%。

但是里奇并不高兴。菲利普兄弟公司的老板不仅束缚了他们的手脚，阻止他们充分发挥潜力进行交易，而且也没有给他们足够的报酬。因此，里奇开始劝说耶西森给他们加薪。当时里奇的年收入包括奖金在内约为10万美元，但是他和格林每人想要50万美元（相当于今天的300万美元左右）。与一些高管的奖金相比，这笔钱似乎并不起眼，但是对耶西森而言却高得离谱。

连续几个星期，公司内部都在进行激烈斗争。里奇说，他和格林的石油交易带来了数千万美元的利润，明年还会实现数千万美元的利润。耶西森则比较保守，他认为公司从石油交易这个疯狂的新行业中抛售获利，应当谨慎。耶西森后来回忆道："里奇拿到手的

第二章 石油教父 045

这些石油合同，对方是各种各样的卖家，很多都是非同寻常的政府，石油市场不断上涨，这些合同都能兑现吗？价格飙升，国际局势动荡不安，难道不会导致合同取消吗？很多里奇认为会盈利的东西，很可能会造成巨大损失。"[32]

1974年2月，里奇从马德里飞往位于瑞士楚格镇的菲利普兄弟公司欧洲总部，试图达成协议。耶西森正在滑雪度假，阿尔卑斯山是其中一站。这个大宗商品交易市场上的老江湖再次与自己年轻的门生就报酬问题发生冲突。里奇索要100万美元，作为格林和自己的报酬。针对这一要求，耶西森建议里奇回到纽约，并指定他为菲利普兄弟公司的接班人，但是里奇并不退让。他告诉耶西森自己很感兴趣，"前提是能就报酬达成一致"。可是耶西森不为所动：他一手扶植的这家公司将交易员视为家人，不允许有太多个人野心。原则上，他只会满足里奇和格林的一小部分要求。[33]

里奇已经和格林讨论过了，于是便告诉老板自己要离开，去成立自己的公司。耶西森也许是一时傲慢，也许是没有理解这番话的意义。他祝里奇好运，穿上滑雪靴，带着菲利普兄弟公司的欧洲业务负责人去了滑雪道。里奇告诉他的传记作者："我不得不离开。尽管我并不想离开。我在这里待了20年，我喜欢这家公司。我喜欢耶西森，我以为他也喜欢我。"[34]

几天后，耶西森接到了从楚格和马德里打来的紧急电话，假期被迫中断。离开公司的不仅仅是里奇和格林，还有其他资深交易员。菲利普兄弟公司的高层大为震惊。菲利普兄弟公司提供的工作是终身性质的，极少有人被解雇或选择离职，投奔竞争对手贸易公司的更加罕见。

耶西森备受伤害。在1979年的一次采访中，他敞开心扉，说里奇的离去是他生命中"极其悲伤的一章"，"他们就像我自己的儿子。我从零开始培养他们，一直到他们成才，他们却背弃了我"。[35]（情况也许如此，里奇可能会讽刺地回答，"但是他在遗嘱中忘记了我"。）[36] 在耶西森和里奇分道扬镳的几天后，菲利普兄弟公司的欧洲高管聚在年度报告会场合影时才获悉这一消息。他们发现里奇没有出席会议，感到十分惊讶。耶西森宣布坏消息说："趁着谣言还没出现，我想把事情说清楚。里奇和格林索要的奖金太高了，打破了我们的规矩和传统。他们已经离开了。从现在开始，我们都要团结起来。"[37]

6个星期后，也就是1974年4月3日，里奇走进楚格的一家律师事务所，注册了自己的新公司：马克·里奇股份公司。那一天开启了大宗商品交易的新时代。马克·里奇将主宰这个行业长达20年，定义20世纪八九十年代大宗商品交易商的流行形象。里奇创立的公司还将催生另外两家巨头：嘉能可和托克。这是一个始于菲利普兄弟公司的商业王朝，时至今日仍然主导着大宗商品市场。

如果把菲利普兄弟公司比作一台机器，那么从某些方面看，里奇就是这台机器的理想产品。他精于世故，富有想象力，品貌兼优，工作勤勉。一位竞争对手评价说："这个行业成功的秘诀是发现市场趋势。在我认识的人中，马克·里奇总能最快发现这种趋势。"[38]

但是，从其他方面看，里奇觉得菲利普兄弟公司的做法太僵化、太保守，而这家受人尊重的老牌公司及经理人又觉得里奇太喜欢冒险。多年以后，里奇与麾下的一位年轻交易员分享了自己的商业理念。他拿起一把刀，把手指贴在刀刃上，说道："交易员经常会行走在危险边缘，稍不留神，就会坠入深渊。"[39]

然而，在1974年4月，他的第一项任务是确保自己的公司在起步之初不会遭遇失败。离开菲利普兄弟公司后，里奇一下子失去了信贷额度、客户和全球办事处网络。和他一起共事的除了格林，还有其他几个从菲利普兄弟公司跳槽的交易员：马德里办事处的约翰·特拉福德、雅克·哈奇尔以及楚格办事处的亚历山大·亚历克·哈克尔。这5个人成了最初的合伙人，总投资100多万瑞士法郎（约合32.5万美元）。里奇是向家人借的钱，其他人把所有的积蓄都投到了新公司。此前，特拉福德一直是里奇在马德里的助手，为了筹集资金，他卖掉了自己的汽车——一辆普通的西雅特131。[40]

这个未来大宗商品交易市场上规模最大、实力最强的公司，在创业之初却毫不起眼。菲利普兄弟公司对创建马克·里奇公司的这些交易员跳槽出走感到愤怒，因此想方设法破坏他们的公司，但是于事无补。同当前一样，20世纪70年代的大宗商品交易公司从银行获得贷款至关重要。菲利普兄弟公司的高管前往各家银行，提醒他们要防备这些新人："你们不能相信这些家伙，他们缺乏诚意。"[41]

但是，他们的策略失败了。这些银行家都还记得几个月前耶西森向他们介绍里奇，说他是可能的继任者。包括信孚银行、大通曼哈顿银行和巴黎荷兰银行在内的许多银行，都不顾警告向这家羽翼未丰的公司发放了贷款。在巴黎巴银行，里奇与资深银行家克里斯蒂安·韦耶开始了长达数十年的合作。里奇和韦耶将共同推广信用证的使用，作为石油贸易融资的主要方式。信用证实际上是贸易公司付款的银行担保，已经使用了数个世纪，但是在石油交易中，它允许公司支付最少的保证金进行大量石油买卖。[42]巴黎巴银行，也就是后来的法国巴黎银行，将成为大宗商品交易商的最大投资方。

里奇再一次完美地把握住了时机。他重返商界，这时的石油市场仍然处于史无前例的大动荡之中。马克·里奇公司几乎立刻就获得了第一笔利润，这要归功于团队中最年轻的成员约翰·特拉福德。经过他的精心策划，公司从法国石油公司埃尔夫（道达尔的前身）手中收购了尼日利亚石油，然后出售给美国俄亥俄州的炼油公司——标准石油公司。具有讽刺意味的是，这种相当保守的背对背交易正是菲利普兄弟公司高管喜欢的交易风格。第一笔利润高达16.5万美元。但是，里奇和格林很快会进行风险更大、利润更高的交易。到年底，仅仅经过8个月的运营，账户显示公司收益为2 800万美元。第二年，利润为5 000万美元。到1976年，即运营的第三年，马克·里奇公司的盈利能力就超过了菲利普兄弟公司，收益高达两亿美元。[43]

在菲利普兄弟公司，石油也带来了创纪录的利润。在经历了里奇离职的最初冲击后，公司迅速重组，让托马斯·奥马利负责石油交易。尽管金属对菲利普兄弟公司来说仍然很重要，但是石油却越来越耀眼。截至1973年，公司一年的税前利润从未超过3 500万美元，但是从1974年到20世纪70年代末，每年的利润都超过1.25亿美元。[44]到1977年，石油占其收入的三分之一以上，使公司交易的其他150种大宗商品相形见绌。[45]

但是，并非只有马克·里奇公司和菲利普兄弟公司从事石油交易。石油市场的财富吸引了许多想发财的公司，它们突然能够获得不再被"七姐妹"控制的石油，希望从新发现的价格波动中获利。从1975年至1980年，独立石油贸易公司的数量猛增到300多家，不过许多公司在进入市场后很快就破产了。[46]这是一个勇敢的新世界，充满了大胆的赌徒和快速到手的财富，后来被称为"鹿特丹市场"。

* * *

20世纪70年代中期，鹿特丹成为石油贸易中心。鹿特丹港口是欧洲最大的港口，一排排的起重机像教堂的尖塔一样耸入天空，下面是几十个低矮的圆柱形储油罐。鹿特丹处于大西洋和波罗的海港口之间的战略位置，越来越多的俄罗斯石油都经过这些港口运输，因此鹿特丹是欧洲石油市场的中心。在其全盛时期，每周都有来自沙特阿拉伯、伊朗、尼日利亚、科威特和其他地方的巨型油轮，在连接北海和鹿特丹的深水运河中航行，最后在城市外围卸下原油。几个大型炼油厂将原油加工成成品油，然后用驳船沿莱茵河逆流而上，送到北欧大部分地区的买家手中。整个地区弥漫着石油的气味，仿佛一个巨大的加油站。

但是，20世纪70年代的鹿特丹不仅仅是一个巨大的港口。面对当时迅速发展的石油工业，它成了全球石油市场的清算中心。过去几十年中，"七姐妹"发现自己的石油库存过多或过少时，就会互相交换一船船的石油，现在鹿特丹市场也提供同样的服务。"七姐妹"仍然在迅速衰落，20世纪70年代它们在国际石油贸易中所占份额从90%下降到42%，其中大部分石油最终都是在鹿特丹拍卖的。[47]

1973年"七姐妹"失去对油价的控制后，油价的决定权转移到了欧佩克手中。但是，这一地位仍然依赖过去"七姐妹"的寡头垄断体系，在这种体系中，价格一旦公布，就会得到尊重。随着交易商的崛起，定价权稳稳地转交给了自由市场，而且不可逆转：不久，鹿特丹的石油交易价格就与欧佩克公布的价格大相径庭。鹿特丹很快就成为新兴"现场"石油市场的基准——之所以这么说，是因为石油的买卖可以（在现场）立即交货，而不是在将来的某个日期。

在鹿特丹从事石油交易的交易商，没有几家真正把公司设在荷兰，它们都是在楚格、日内瓦、伦敦、摩纳哥或纽约的办公室里进行谈判。但这并不重要。鹿特丹成了缺乏约束的新兴石油市场中心，也是疯狂投机的代名词，因此名声也遭到破坏。新一代独立交易商会直接买卖一船船的原油和成品油，就仿佛赌场的筹码一样。

它们疯狂追求利润，以让对手付出代价为乐。英国石油公司驻鹿特丹首席交易员说："这是一片丛林……有许多非常狡猾的人。"[48]另一名交易员将这种竞争描述为，一群鲨鱼捕捉到对手陷入困境的迹象就会迅速出击，"在鹿特丹，有些人的鼻子非常灵敏。你感到害怕的一瞬间，他们就能嗅到"。[49]

过去石油价格非常低、十分稳定，现在已经截然不同。1974—

第二章 石油教父 051

1978年，石油交易价格在每桶10~15美元，这放在几年前是不可想象的。对那些既有理性获得石油合同，又有勇气押注价格的交易商来说，这种情况太令人兴奋了。人们可以在几天或几周内发一笔大财，但是损失可能比收益来得更快。荷兰一些贸易公司，包括Vanol、Transol和Bulk Oil，都曾经在莱茵河运输燃料，后来成为重要的交易商。另一家荷兰公司维多，是成品油市场上的重要交易商，只不过数年后它才开始涉足原油市场。西奥多·魏瑟尔的马巴纳夫特公司靠赚来的利润，建立了世界上最大的储油企业之一"欧德油储"，该公司的资产遍布五大洲，价值高达数十亿美元。

很快，其他冒险家和商人也都纷纷进军石油贸易行业，其中有马里姆派克斯（Marimpex）的格尔德·鲁特尔（Gerd Lutter）、滨海公司的奥斯卡·怀亚特、得克萨斯海湾石油公司的戴维·查默斯以及科氏兄弟。为了达成石油交易，鲁特尔花费多年时间讨好苏联和伊朗的官员，在种族隔离顶峰时期向南非提供了数百万桶石油。怀亚特是美国石油大亨，在第一家天然气公司几乎破产后，开始拓展贸易业务，成为中美石油贸易的先驱。后来，他还成为萨达姆·侯赛因和穆阿迈尔·卡扎菲的朋友。查默斯专门从事与伊拉克的贸易。查尔斯·科赫和戴维·科赫将来自美国的家族炼油公司变成了全球石油交易商。

大型石油公司也开始在石油贸易中展示自己的实力。在此之前，各大石油公司一直在经营自己的原油，分销自己的成品油，本来对石油贸易不屑一顾。然而，随着中东的石油国有化浪潮，它们自己的石油供应开始枯竭，被迫从其他国家购买。现在，它们在鹿特丹创建子公司来挑战交易商：壳牌创建了佩特拉（Petra）；英国石油公司成立了安若（Anro）；埃尔夫成立了科埃尔夫（CorElf）。[50] 除了石油生产和精炼之外，这些公司目前仍然是主要的石油交易商。

但是，鹿特丹的蛮荒市场吸引了大批求财者、赌徒和海盗，其中最重要的当数约翰内斯·克里斯蒂安·马丁努斯·奥古斯汀·玛里亚·多伊斯。与马克·里奇一样，他将成为20世纪七八十年代石油市场的主导人物之一，是不受约束的自由交易商的代表。多伊斯与菲利普兄弟公司保守的交易理念背道而驰。他不惧怕玩政治，与伊朗阿亚图拉、阿拉伯酋长和苏联官员交往密切，甚至成为阿曼苏丹的顾问。他在石油价格上孤注一掷，有时一次就赚数亿美元，有时也会一次赔数亿美元。石油经纪公司PVM的前高管比尔·埃米特曾多次与他打交道，评价说："约翰·多伊斯神秘莫测。他总是试图在幕后进行操纵。"[51]

与里奇截然不同的是，多伊斯想方设法避开公众的关注。他很少在公共场合讲话，只接受过几次采访，让窥探其盈亏者无从下手。他一向谨慎行事，但还是有几次上了新闻头条，比如俄罗斯和哈萨克斯坦政府想联手石油巨头雪佛龙，从中亚修建一条价值数十亿美元的石油出口管道，结果被多伊斯横插一腿，后者想在此过程中发挥关键作用。这是一次经典的多伊斯式操作，他会让几个不同的政府相互竞争，从而获取最大利润。最终，美国副总统阿尔·戈尔亲自出面干预，将多伊斯踢出了这个项目。

多伊斯顶着一头乱蓬蓬的沙色头发，仔细地梳起了斜分，穿着超大翻领的细条纹西装，看起来仿佛是一个从记录了20世纪80年代金融行业疯狂交易的电影《华尔街》中走出来的人物。然而，他的生活方式更像是邦德系列电影中的反派。在百慕大基地，他在187英尺长的三桅游艇上招待商务伙伴和朋友。他的随从通常包括两只英国牧羊犬、一队保镖和一位靓丽耀眼的女助手。他拥有两架湾流私人喷气式飞机，经常搭乘它们飞往世界各地。弗里索·恩特是荷兰《新鹿特丹商报》的记者，他是少数几个能够采访到多伊斯的记者之一。他说："他有一栋大别墅，穿着比基尼的女孩在里面懒洋洋地躺着或者坐着。一个女孩会给他拿来一份商务电传，他告知'同意'或'不同意'，然后女孩就会离开，去执行他的命令。"[52]

多伊斯于1942年出生于荷兰的奈梅亨，20世纪70年代初通过JOC石油公司首次涉足大宗商品交易。[53]他很快就成功地与全苏石油和石油产品出口联合公司建立了合作关系，这也是西奥多·魏瑟尔在他20年前成功扯上关系的那家公司。1976年11月在巴黎的一次会议上，他成交了一笔梦寐以求的交易：一份1977年出口价值数亿美元的苏联原油合同。1977年1—6月，莫斯科向多伊斯交付了39批石油。JOC石油公司支付了前6批石油的贷款后，并未支付剩下的价值1.01亿美元的33批石油贷款，尽管它已经将这些石油卖给了其他人并从中获利。[54]双方都声称交易存在违规行为，随之而来的是漫长的仲裁程序。在接下来的10年里，多伊斯一直小心翼翼，提防着克格勃派出的刺客。[55]

然而，与莫斯科的争议并没有妨碍多伊斯继续开拓业务。由于JOC石油公司卷入法律纠纷并蒙受了损失，多伊斯干脆创建了一家名为环球石油的新公司。[56] 此时，他已经完善了针对 20 世纪七八十年代自由石油市场所设计的一种商业模式：利用石油接近发展中国家的政府，然后借助关系通过交易石油赚钱。某日，他飞往马耳他进行项目谈判，计划建造一座炼油厂[57]；隔日，他又出现在博茨瓦纳洽谈一份合同[58]；随后，他现身土耳其，主动借给土耳其政府两亿美元购买石油。[59]

因为石油交易，多伊斯会前往全球商业最黑暗的角落，与大宗商品交易商、军火贩子和间谍不期而遇。[60] 多伊斯在与无赖国家打交道时总是从容不迫，结果业界的幽默人士打趣说，跨国石油公司的缩写词"TWO"应该代表"第三世界石油"（Third World Oil）。与否认对政治有兴趣的马克·里奇不同，多伊斯喜欢肯定自己在石油市场的影响力，以此实现政治目的。对他而言，金钱代表着政治影响力。有人问他为什么金钱如此重要，他回答说："你难道不明白这是权力的问题吗？金钱意味着权力，就这么简单。"[61]

* * *

多伊斯代表着石油市场的重心从"七姐妹"向交易商转移。到 20 世纪 70 年代末，里奇和多伊斯等人已经积累了几年的财力和影响力。但是，一场新的中东危机即将重塑石油市场，给他们带来更多的财富，赋予重要的地缘政治意义，并吸引世界各国政府的注意。

1979 年 2 月 1 日，一架飞机在德黑兰着陆。从里面走出来一位留着白胡子、身穿黑色长袍的老人。他在乘务员的搀扶下小心翼翼地走着。他就是阿亚图拉·鲁霍拉·霍梅尼。他在流亡15年后回到伊朗，这标志着伊朗革命达到高潮，全球石油市场也开始进入新时代。

这位78岁的老人坚定地对支持者大声说："我们正在取得成功，但这只是第一个阶段。"[62]1973—1974年的中东危机，让末代波斯国王穆罕默德·礼萨·巴列维拥有了大量石油美元，他利用这些财富举办了闻名全球的奢华宴会。但是，就在霍梅尼回国的几周前，巴列维离开了伊朗，表面上是去度假，实际上再也没有回来。

对于石油市场而言，伊朗革命就像一道闪电。伊朗是欧佩克第二大石油生产国，仅次于沙特阿拉伯。当霍梅尼抵达德黑兰时，一场石油危机已经酝酿了几个月。自1978年初，伊朗东南部的石油工人一直都在罢工。年初时，伊朗的石油产量达到每天550万桶左右；到年底，产量仿佛涓涓细流，已经微不足道了。[63]

伊朗革命对石油市场上每家公司的影响并不相同。脱胎于盎格鲁–波斯石油公司的英国石油公司遭受的打击最为严重。由于与伊朗签订了合同，英国石油公司在伊朗革命之前已经拥有足够的原油，不仅能满足本国炼油厂的需要，而且还能供应其他炼油厂。但是风云突变，英国石油公司的员工被迫撤离，资产也被伊朗收为国有，结果石油供应完全被切断。不用说满足外国炼油厂，即使供应自己的炼油厂，英国石油公司也需要购买石油。由于日本的炼油厂严重依赖英国石油公司及其他公司供应的伊朗原油，结果也出现了短缺。一些美国炼油厂陷入了同样的困境。

尽管沙特阿拉伯提高了石油产量，用来弥补伊朗的减产，但是在1978年末和1979年初，欧佩克的官方油价不断飙升，先是每桶18美元，后来又升至每桶28美元。实际上，市场价格涨得更高。在现货市场，石油以每桶40美元或更高的价格易手——甚至有传言称有的交易价格达到每桶50美元。假定在几年前，这个价格肯定会让人觉得匪夷所思，当时油价曾经连续10年稳定在2美元。

油价已经彻底摆脱"七姐妹"的控制，这个动荡的新市场开始由里奇和多伊斯这样的交易商掌控。此时，世界急需石油。一夜之间，伊朗的石油供应被切断，各个公司一片绝望。现在，石油来自何处，费用几何，这些都不再重要。大西洋里奇菲尔德公司（ARCO，今英国石油公司的一部分）高管詹姆斯·莫里森说："我们必须走出去，找人找地方购买原油。"[64]

对交易商来说，轻松获利的秘诀就是通过长期合同以官方价格购买石油。然后，随着现货市场价格飙升，它们可以以每桶高出5美元甚至10美元的价格转售购买的石油。那么，交易商如何获得利润如此丰厚的合同呢？当时一家大型石油公司的一名高管说："要想得到合同，交易商就必须向有关各方支付一笔少得可怜的佣金，有时还需要送上'牛皮纸信封'。"[65]

毫无疑问，在世界偏远地区做生意，"牛皮纸信封"或"佣金"是必不可少的。但是，20世纪70年代的石油危机催生了一种新的腐败经济：全球石油行业被重新收归国有，负责决定谁能获得合同的不再是大型石油公司的高管，而是薪酬微薄的政府官员。由于油价飙升，这些官员突然之间便拥有了至高无上的权力，将一份份价值数百万美元的合同交付给精明的石油交易商。

里奇是那种为了获得石油不惜一切代价的交易商。当时，要拿到一份伊朗石油合同，需要在伊朗国家石油公司找对人，支付大约12.5万美元。[66]里奇对他的传记作者说："行贿是为了能够做生意。这种费用对购买或者出售石油的政府都是有利的。"[67]他认为付费打通关系并无不妥。虽然美国已经出台了反腐败法律，但是一些欧洲国家还没有。在瑞士，甚至可以把"疏通费"（企业界经常用这个词代指"贿赂"）列为可免税的开支。

这些交易商在1973年第一次石油危机中表现不俗。这一次利润的确惊人：据4名前高管称，马克·里奇公司在1979年的利润超过10亿美元（其中一位高管表示，官方账目显示税后利润略低，约为7亿美元）。

石油交易行业的其他公司也在大把赚钱。虽然马巴纳夫特公司在全球的影响力不及马克·里奇公司，但是它那一年也实现了2亿马克（略高于1亿美元）的利润。[68]此前，菲利普兄弟公司的税前利润从未超过2亿美元，但是1979年高达4.43亿美元，1980年则上升到6.03亿美元。[69]嘉吉公司在1979年和1980年的利润分别为1.78亿美元和2.69亿美元。[70]

现代人习惯了动辄数十亿美元的大数字，很容易忘记这些利润在当时有多大。菲利普兄弟公司将会把这笔意外利润用于收购所罗门兄弟公司（华尔街最著名的投资银行之一）。马克·里奇公司1979年的利润使其成为当年美国最赚钱的十大公司之一，与通用电气和福特汽车等巨头并驾齐驱。

然而，与这些公司不同的是，马克·里奇公司只属于少数几个人,并对自己的活动秘而不宣,而且几乎不受监管。在20世纪70年代,政治家开始意识到自己对这些大宗商品交易商几乎一无所知。这些交易商一年之内就向苏联出售了价值10亿美元的谷物,现在似乎控制了油价,但是他们却束手无策。

第一种对策是提高透明度。美国农业部开始公布全球粮食市场的供求预测,国际能源署也对石油行业采取了同样的做法。时至今日,交易商仍在密切关注这些机构的报告。

但是,当涉及对交易商进行实际控制的问题时,监管机构却一筹莫展。在1979年的七国集团会议上,法国、联邦德国、意大利、日本、英国、加拿大和美国的领导人敦促石油公司和欧佩克成员国"约束现货市场交易",并考虑建立"国际石油交易登记册"。[71]这是历史上第一次承认大宗商品交易商是一种不可忽视的力量。但是,对市场进行监管的努力毫无进展,鹿特丹的赌场继续暗中开展活动。

* * *

在接下来的10年,石油市场发生了根本性的变化,这种变化重新界定了之后几十年世界获取能源的方式。

全球石油市场不再由"七姐妹"进行寡头垄断,"七姐妹"在中东、非洲和拉丁美洲从事的几乎是殖民石油交易。取代前者的是马克·里奇这样的交易商,他们渴望风险,没有历史负担,有时也没有道德包袱。通过交易,他们推动了现代世界一个重大地缘政治事件的发生:石油储量丰富的国家掌控了本国的自然资源,石油美元作为国际金融中的关键要素强势崛起，石油国家作为全球政治中的一股力量迅速壮大。

石油价格放开了，不再由伦敦或纽约的几家大公司的董事会与美国和欧洲政府协商决定。从此以后，石油这种世界上最重要的商品的价格将由竞争激烈的鹿特丹市场决定。这种转变不仅限于石油领域。金本位制的崩溃意味着美元的价值也开始由市场决定。在世界各地，西方政府和机构对世界经济的控制正在放松，一个更加残酷无情的资本主义新时代应运而生。

属于大宗商品交易商的时代已经到来。

第三章

"城里的最后一家银行"

20世纪80年代初,一个星期五的下午,牙买加内阁部长们发现国库没钱了。

下午6点左右,矿业和能源部长休·哈特还在议会上,有人汇报说一位中央银行官员正忧心忡忡地等着与他谈话。哈特走到外面,这个官员汇报的信息很简单:牙买加国库已经空空如也。中央银行筹集不到资金支付一批石油的费用。

这位官员补充说:"顺便说一句,我们到星期天就没有石油了。"

哈特回忆说:"我当时真是束手无策。"[1]

牙买加是一个位于加勒比海的岛国,此前每个月都会购买30万桶石油,供应首都金斯敦的一家炼油厂,这家炼油厂也是牙买加唯一一家炼油厂。每个月中央银行都会为支付石油费用提供1 000万美元的担保。但是,这个月中央银行资金不足,无法购买石油。没有石油,牙买加的炼油厂就会停止生产汽油、柴油,国家的加油站将不得不关闭。

哈特原本是律师,后来在他的连襟兼牙买加总理的劝说下步入政坛,因此他清楚目前局势的严峻性。更何况,牙买加的经济仍在恢复中。20 世纪 70 年代,牙买加爆发石油危机,国家遭受重创,还引发了政治暴乱,金斯敦的街道变成了硝烟弥漫的战场。到 20 世纪 80 年代初,虽然牙买加最严重的暴乱时期已经过去,但是国家社会经济结构仍然十分脆弱。

哈特把电话打给了威利·斯特霍特,这也许是他能想到的唯一能帮助牙买加摆脱这场危机的人。这个身材高大、具有政治家风范的德国商人经营着马克·里奇公司设于纽约的一家子公司。这家贸易公司在牙买加倾注了大量精力——这个风景秀丽的加勒比海岛国是世界上最大的铝土矿和氧化铝生产国之一,两种矿物都是生产铝的原材料。[2] 马克·里奇公司则是全球最大的铝交易商。

斯特霍特说:"休,真的很抱歉,我帮不了你。我觉得这次没人能帮你。"万不得已,斯特霍特告诉了他马克·里奇在楚格的家庭电话:"但是我提醒你,现在是瑞士凌晨两点,我是不会现在给他打电话的。"

哈特从未和里奇交谈过,在这之前他只跟斯特霍特打过交道。他拨打了楚格那边的电话,心里忐忑不安。睡眼惺忪的马克·里奇接通了电话。

哈特开口说道:"里奇先生,我叫休·哈特,您可能不认识我。"

里奇回答:"哦,你说错了,我对你很了解。你凌晨两点吵醒我到底有何贵干呢?"

哈特答道："嗯……这只是一件生死攸关的小事。"他解释了牙买加面临的困境。

"那你希望我做什么呢？现在是周五凌晨两点，你们的中央银行不可能筹到 1 000 万美元。还能怎样呢？"

哈特向他求助，电话那头沉默了片刻。

"你一小时后给威利打电话。"里奇吩咐道，随后便挂断了电话。

等哈特再次把电话打给纽约的斯特霍特时，一艘满载石油的油轮正驶往牙买加。根据里奇的安排，原本运往美国东海岸的一船委内瑞拉原油中途会在金斯敦停留。周六晚，距离牙买加石油耗尽前不到 24 小时，这艘油轮卸下了 30 万桶石油。

这次交易展现了马克·里奇通过控制石油市场拥有的巨大权力。20 世纪 70 年代的石油危机让大宗商品交易商赚得盆满钵满，它们不但获得了新的财政实力，而且还具备其他投资者难以匹敌的胆识。到 20 世纪 80 年代，把赌注押在其他公司不敢押的地方，成为大宗商品交易商的显著特征。

牙买加就是一个典型的例子：这个国家正处于破产边缘，贷款人唯恐避之不及，但是里奇甚至没有签署任何合同，就交付了牙买加政府 1 000 万美元的石油。不过，这次冒险是值得的。牙买加政府不会忘记里奇在危难之际出手相助使其免于破产。在接下来的几十年，这个加勒比岛国将成为里奇及其继任者的利润源泉。

哈特回忆说："那是我经历过的最紧张的时刻之一。坦白说，我认为那可能会导致政府垮台。"

* * *

马克·里奇与牙买加的交易，标志着20世纪七八十年代世界经济发生的转变。从牙买加到沙特阿拉伯，从圭亚那到秘鲁，全球经济几十年的增长已经刺激了世界各地对大宗商品生产进行大规模投资。经过一波国有化浪潮，中东、非洲和拉丁美洲的各国政府现在已经掌握对本国生产的大宗商品的控制权。权力从美国及欧洲大型石油矿业公司转移到了第三世界的各国政府手中，这为大宗商品交易商打开了一扇机遇之窗。这些交易商充分利用这些机会，成为许多重拾信心的国家与全球金融体系之间的纽带，推动美元流向没有其他资金来源的政府和领导人。

这一点在铝工业表现得最为明显。"二战"后的经济繁荣让铝成为全球最抢手的金属。铝比铜便宜，比钢重量轻但用途更广。铝的消费量之所以大幅上升，是因为它广泛应用于飞机、汽车和白色家电，而这些产品都是新消费主义时代的象征。

在战争之前，铝一直是一种相对小众的材料。由于战争中需要生产大批飞机，因此制造商对铝的需求空前猛增。为满足军队的需求，政府鼓励美国人收集家中的铝制废品。为此，纽约一家广播电台还播出了一档名为"贡献废铝、保卫国家"的节目，儿童也可以用收集到的铝箔纸球换取免费的电影票。[3]

到"二战"结束时，面对即将到来的铝消费热潮，铝工业已经具备强大的供应能力。铝土矿的产量从1945年的100万吨增加到1970年的1 000万吨。[4]这进而刺激了全球对铝土矿的争夺，这种红褐色的铝土产自几内亚、澳大利亚以及牙买加内陆有名的蓝山地区。铝土矿首先会被提取为白色粉末状的氧化铝，最后再被加工成金属铝。

就像石油市场曾经被"七姐妹"主宰一样，几十年来，铝市场也一直被几家大型公司主导，主要是北美公司。美国铝业公司是由铝提炼工艺的发明人于1888年创立的，它的市场统治地位至高无上，结果美国一家法院在1951年迫使该公司将其国际资产完全剥离，这些资产归到加拿大铝业集团旗下。到1955年，以美国铝业公司和加拿大铝业集团为首的6家最大的铝业公司，控制了社会主义国家以外88%的铝土矿、91%的氧化铝和86%的铝。[5]在20世纪六七十年代的大部分时间，即使是来自社会主义阵营的国家的铝，也是由生厂商在"君子协定"的约束下销售的，这一协定阻止了铝自由流入市场。[6]

与石油市场一样，大型生产商曾经控制着金属市场价格，它们会公布在每个地区出售金属的价格。但是，就像石油一样，这种情况从20世纪70年代开始改变。一种"资源国有化"趋势席卷全球，新独立的后殖民国家争取从前统治者手中获得更大的自治权，飙升的价格让大宗商品行业成为有利可图的追逐目标。

在铝工业中，国有化始于与委内瑞拉接壤的圭亚那，圭亚那是世界第五大铝土矿生产国。[7]1971年3月1日，圭亚那议会立法允许将本国的铝土矿业国有化，其中包括加拿大铝业集团的一家子公司，这是当时圭亚那最大的企业。这一举措在西方国家的董事会会议室和首都引发了轩然大波。

美国中央情报局警告称:"世界铝土矿产业的营销模式和投资计划,正受到加勒比海地区民族主义萌芽的威胁。"[8]但是,美国中央情报局并不认为圭亚那国有化会获得成功:它预测六大公司将会避开圭亚那生产的铝,导致其铝土矿和氧化铝无人问津。然而,中央情报局没有考虑到菲利普兄弟公司。这家公司的两名高管飞抵圭亚那首都,说服政府同意将全部铝土矿和氧化铝出售给他们。[9]一年后,美国中央情报局指出,圭亚那在出售氧化铝的过程中得到了他人的帮助,这就是"锐意进取的新代理——位于纽约的菲利普兄弟公司"。[10]

对交易商而言,牙买加是一块更大的风水宝地。到20世纪60年代,这个岛国成为世界上最大的铝土矿石生产国和最大的氧化铝供应商之一,多数大型铝业公司都来这里投资。1974年,牙买加富有魅力、信奉共产主义的总理迈克尔·曼利采取了一项惊人举措:增加政府在铝土矿和氧化铝中获得的利润份额,从而向贸易公司打开了大门。就像欧佩克将石油产业收归国有化一样,他试图攫取更大份额的产业利润,但最终以政府拥有大部分铝土矿和氧化铝精炼厂的股份而告终。因此,到20世纪70年代末,牙买加政府已经可以销售铝土矿和氧化铝了,但是缺乏销售或运输方面的专业知识。对交易商来说,这可是梦寐以求的机会。

冷战在逐步升级,到20世纪70年代末,美苏争霸正在牙买加首都金斯敦街头上演。牙买加有忠于两个主要政党的帮派,一个与莫斯科有联系,另一个与美国关系密切,它们在金斯敦展开了一场腥风血雨的地盘争夺战。当时,一位美国大使回忆说,每天早上大使馆的门前都会躺着一具新的尸体，要想出门，他就必须从尸体上跨过去。[11]

左翼革命者在这一地区进展迅速。加勒比海沿岸国家格林纳达的政权在一场政变中被推翻，革命者迅速与古巴和苏联结盟。在尼加拉瓜，桑地诺阵营在苏联的支持下夺取了政权。

正是基于这一背景，曼利才让美国惴惴不安。他与菲德尔·卡斯特罗交往密切，同时与苏联达成各种交易。他的政党在 1980 年的选举中失利后，美国决定支持他的对手爱德华·西加领导的新政府。

提供的支持途径便是铝土矿。不久前当选美国总统的罗纳德·里根邀请西加到白宫做客，这也是里根总统邀请的第一位外国领导人。里根深信"市场的魔力"，他利用美国强大的经济资源去扭转该地区的政治局势，而牙买加正是他的政策的核心。[12] 1982—1984 年，他命令美国储备机构采购总计 360 万吨的牙买加铝土矿，这相当于牙买加铝土矿产量的六分之一。[13] 这对牙买加是莫大的帮助，但是牙买加迫切需要现金。于是，马克·里奇公司伸出手，预先向牙买加政府支付了最终出售给美国的铝土矿的费用。[14]

马克·里奇公司的曼尼·魏斯是协助完成这笔交易的交易员之一。他说："我们没赚多少钱，这样做是为了与牙买加建立关系。"这是牙买加政府与大宗商品交易商之间产生深度交集的开始。所以，后来休·哈特才在深夜给马克·里奇打电话，希望寻找一船石油。

但是，这并非马克·里奇公司帮助这个加勒比海沿岸国家的唯一方式。像 20 世纪七八十年代的许多发展中国家一样，牙买加严重依赖国际货币基金组织（IMF）提供的贷款。但是，国际货币基金组织对牙买加实行了严格限制，其中包括定期满足某些贷款条件。牙买加政府账户有时会因差几百万美元而达不到要求。

于是，牙买加政府便转而求助马克·里奇公司。有一次，哈特回忆说，他曾打电话给斯特霍特，告诉他牙买加政府急需 500 万美元，才能满足国际货币基金组织的条件。这个德国商人马上筹集到了资金。马克·里奇公司再次"拯救"了牙买加政府，甚至连合同都没有签。这样的交易需要伪造账目：为了满足国际货币基金组织的要求，马克·里奇公司存入牙买加政府账户的资金不能显示为债务。哈特说："这当然是一笔债务，但是从来没有显示为债务。我们在账面上不欠他们一分钱。"

事情没有到此为止。牙买加政府想从埃克森公司的一家子公司手中回购本国的炼油厂，马克·里奇公司便也借给了它资金。这家贸易公司甚至还资助了牙买加国家队参加 1984 年洛杉矶奥运会，并资助一支雪橇队参加 1988 年冬奥会——迪士尼电影《冰上轻驰》讲述的就是这支参赛队原本不可能的奥运之旅。[15]

在评论家看来，马克·里奇在牙买加的支配地位至高无上。一位美国官员说："他几乎控制了牙买加的经济。"[16]

但是哈特说，如果没有马克·里奇，牙买加"国将不国"。30 年后，哈特仍然与曾在马克·里奇公司工作过的一些交易员保持着友好关系。

他说："毫无疑问，马克·里奇对我们帮助很大。我们的关系非常好。当然，他们赚了很多钱。他们的确从中赚了很多钱，他们应该赚。但是，我们做得一样好，甚至可能比仅仅依靠某个地方的公共市场做得更好。"[17]

* * *

对马克·里奇公司而言，与牙买加建立关系开启了一系列令人眼花缭乱的交易，这些交易从加勒比岛一直延伸到美国的工业中心地带。这些交易将让马克·里奇公司在全球铝市场中独占鳌头，而且会获得数亿美元的利润。与一个贫困政府建立关系，如何才能获得经济效益呢？下面就看看马克·里奇公司的交易员是如何做到的吧。

到20世纪80年代中期，铝工业进入了一个严重的低迷期。原因在于能源成本。虽然铝是地壳中最常见的元素之一，但是要将其转化为纯金属，需要分两步走，而且代价高昂：第一步是从铝土矿到氧化铝，第二步是从氧化铝到铝。这个过程需要消耗大量能源。

生产一吨铝消耗的电量，相当于一个美国家庭一年的用电量。制铝的能耗相当惊人，因此交易商戏称铝为"凝固的电"。有鉴于此，大多数冶炼厂都建在电力廉价的地方，比如有水力发电的西伯利亚、地热发电的冰岛或者富含天然气的中东地区。

在1973年之前，铝业公司都不太担心电费问题。但是，随后油价飙升，导致能源成本过高，铝工业陷入危机。

与此同时，铝工业的定价权正在从大公司向伦敦金属交易所转移，商人都在这里交易金属。从氧化铝到厨房铝箔，铝生产链中每种要素的价格都越来越以伦敦金属交易所的报价为基准。由于消费出现停滞，伦敦金属交易所价格开始下跌。

20世纪50年代至60年代，牙买加的氧化铝工厂都建在燃油电力公司附近，特别容易受到油价飙升的影响。因此，牙买加的铝工业遭到了重创。氧化铝和铝土矿产量骤降。[18]1984年，一家名为雷诺兹的大型铝业公司宣布终止在牙买加的铝土矿业务。随后，到1985年，美国铝业公司工厂的经理走进哈特的办公室，宣布公司将在几天内关闭工厂。[19]

哈特意识到这可能会对牙买加经济产生毁灭性后果，便迅速草拟了一份拯救氧化铝工业的计划。他决定让政府收购这家工厂。但是，他面临的问题是没有资金实施自己的计划。要想实施计划，他必须找到愿意购买氧化铝的人，但是这并非易事。市场供过于求，铝价暴跌。更糟糕的是，氧化铝会吸收空气中的水分，不能长期储存。于是，哈特坐上了前往瑞士的飞机，去见唯一能出手相助的人：马克·里奇公司的交易员。

斯特霍特和魏斯没有丝毫犹豫。他们经过洽谈，同意从美国铝业公司旗下的牙买加铝厂购买氧化铝，并签订一份为期10年的合同。他们还将提供燃料油和烧碱，这两种材料是工厂的主要投入成本，他们还会预付部分资金，帮助牙买加政府从美国铝业公司手中收购股份。

他们同意为牙买加氧化铝提供预付现金和市场销售，因此拿到了最低价。大部分供货将以伦敦金属交易所铝价9.25%的价格出售。[20]这笔交易实在太划算了：世界银行在数年后评价这笔交易时指出，这个比例"要比惯用的合同条款低了约25%"。[21]

这是马克·里奇公司最赚钱的交易之一，这笔交易就此拉开了序幕。经济衰退不仅让牙买加的氧化铝生产商承受压力，世界各地的铝冶炼厂——那些将氧化铝加工成铝产品的工厂，也都陷入了财政困境。于是，马克·里奇公司提出与苦苦挣扎的冶炼厂进行交易：他们将向这些公司提供氧化铝，然后再回头收购它们生产的铝。这种以原材料换取成品的交易被称为"来料加工"，这种交易方式以前也曾出现于石油或锌工业，但马克·里奇公司将其引入了铝工业。

魏斯说："它就像野火一样蔓延开来。"马克·里奇公司就像"一家不需要费心生产的生产商"。[22] 在1986年的几个月时间里，它在美国的子公司与俄勒冈州、俄亥俄州和南卡罗来纳州的冶炼厂达成来料加工协议[23]，与牙买加政府签订合同购买氧化铝，加上这些来料加工铝的交易，让马克·里奇公司成为当时世界上最大的铝交易商，能与美国铝业公司和加拿大铝业集团等工业巨头展开竞争，但是自己的公司并没有真正经营过任何冶炼厂。1987年，该公司又前进了一步，在南卡罗来纳州首府查尔斯顿外的芒特霍利镇购买了一家铝冶炼厂27%的股份——这是它的第一笔重大资产投资。它还就这家冶炼厂一半的产品签订了来料加工协议。

这次时机把握得恰到好处。1987年初，魏斯确信铝价将大幅上涨。巴西一直被视为铝供应大国，但是巴西的铝工业因停电遭受了打击。[24] 在其他地方，不断上涨的电价导致铝的产量减少。而且，在20世纪80年代初经济衰退之后，美国经济开始加速发展。马克·里奇公司早已做好通过来料加工交易获利的准备，这些交易保证了铝的稳定供应。但是魏斯深谋远虑，他开始直接在伦敦金属交易所购买铝，押注铝的价格会上涨。

铝价不仅上涨，甚至一路飙升。汽车和家用电器对铝的需求迅速增长，导致铝库存告急，降到了危险的水平。铝用户争相购买铝，甚至买空了与伦敦金属交易所关联仓库的库存。魏斯也加入其中。在巅峰时期，魏斯的头寸——马克·里奇公司的老板——将他的仓库储量设为10万吨，超过伦敦金属交易所仓库的剩余总量。

这真是一场完美风暴。从1985年的低点到1988年6月的高点，铝价翻了两番还多，并产生了深远影响——甚至把厨房的主要用品铝箔的价格都推高了三分之一以上。[25]

魏斯已经垄断了铝市场。他并未拥有世界上所有的铝——哪怕举马克·里奇公司的全部财力也做不到，而且他也不需要去拥有。在伦敦金属交易所以及其他期货交易所，交易商会买卖特定日期交割商品的合约。日期一到，卖出期货合约的交易商必须将商品交付买家。对伦敦金属交易所仓库而言，这意味着将仓库中的金属交付出去。

但是，在1988年夏天的铝交易市场上，伦敦金属交易所仓库里没有足够的金属可供交付。这让卖出铝期货的人都陷入了困境。由于没有足够的金属库存结算合约，他们避免违约的唯一办法就是回购已售出的合约。这很可能意味着要从魏斯手中购买。

但是，购买费用高得令人咂舌。即时交割的铝价飙升至每吨4 290美元，这比3个月内交割的铝价高出1 000多美元，这说明铝已经极其短缺。鉴于差价如此惊人，一些交易对手开始用大型喷气式飞机将铝从美国运往鹿特丹附近的伦敦金属交易所仓库，以便尽快进行交易。[26] 这时，魏斯正在把数百万美元的收益收入囊中。

市场价格上涨得快，下跌得也快。日本交易商开始出售存货以缓解市场紧缩。但是，马克·里奇公司通过在东京的联系人得知日本出售存货后，已经出售了自己的头寸。魏斯说他并不打算垄断市场，他只是预见到铝的供应会严重不足。"这种困境不是任何人都能想到会出现的，能想到的人只是运气好罢了。"[27]

即便如此，它还是让马克·里奇公司发了大财。到1988年，金属部门已取代石油部门成为公司的主要利润来源。[28] 那一年，仅仅依靠铝就赚了超过1亿美元。[29]

但是，由于马克·里奇公司获得了丰富的铝资源，牙买加反对派政客们声称政府被精明的大宗商品交易商利用了。1989年大选后，前总理迈克尔·曼利重掌政权，承诺调查前政府与马克·里奇的交易。但是，他很快就见证了这家交易商的影响力。面对有利可图的交易，马克·里奇不可能不战而退。更何况，牙买加政府仍然需要这家交易商的资金。

针对前任政府与里奇之间的关系，新任矿业部长休·斯莫尔曾经是最猛烈的批评者之一。斯莫尔访问委内瑞拉时，一位委内瑞拉部长把他拉到一边，先是赞扬了马克·里奇公司的优点，然后建议说对这家公司的态度不必那么友好，这样也许"最符合牙买加的利益"。不久之后，斯莫尔前往加拿大与铝业巨头加拿大铝业集团进行谈判。有关马克·里奇的话题再次被提起。这一次，加拿大人给斯莫尔放映了一部纪录片，详细介绍了这家贸易公司对全球铝业的重要性。[30]

斯莫尔去跟威利·斯特霍特会晤，斯特霍特同意根据马克·里奇公司的合同小幅上调氧化铝的价格。[31] 但这并非易事。斯特霍特希望牙买加政府公开宣布放弃对马克·里奇进行任何调查。斯莫尔对这个交换条件感到不满，拒绝了请求。然而，牙买加别无选择：它仍然需要里奇的资金。6月底，曼利在议会宣布，他已经从马克·里奇公司获得了一笔4 500万美元的新贷款，帮助政府满足国际货币基金组织设定的条件。他说："如果说马克·里奇对牙买加有利，那他就是对牙买加有利。"这虽然不符合斯特霍特要求的道歉，但已经非常接近了。[32]

对马克·里奇公司以及后来的嘉能可而言，牙买加在近30年中一直是可观利润的来源。例如，在2005年前后，随着大宗商品价格飙升，嘉能可支付给牙买加政府的氧化铝价格还不到市场价格的一半，这要归功于多年前签订的合同。从2004年到2006年的短短3年里，如果牙买加政府在现货市场出售氧化铝，而不是出售给嘉能可，那么它将获得3.7亿美元的额外收入。[33] 嘉能可在这笔交易中获得的利润也大致是这个金额，这样推测应该是合理的。

作为回报，在近30年的时间里，马克·里奇公司和嘉能可将向牙买加提供近10亿美元的资金。[34] 卡尔顿·戴维斯是牙买加前公务员事务部长，曾与马克·里奇公司进行过多次谈判。他说："嘉能可和以前的马克·里奇公司的确称得上是城里的最后一家银行。"[35]

在牙买加的交易是大宗商品交易商获得新影响力的典范。由于拥有空前强大的金融实力以及对大宗商品市场的掌控力，马克·里奇公司等交易商利用了牙买加等国家的经济弱点。随着西方大型石油公司和矿业公司的退出，加上几乎没有监管审查，而且华尔街银行尚未发现新兴市场，大宗商品交易商便获得了充分的行动自由。

* * *

20世纪80年代初，马克·里奇并非唯一占据优势的大宗商品交易商。那个时代的华尔街以奢华放纵著称，不过大宗商品交易员的薪水和品味也丝毫不落下风。马克·里奇公司的交易员系着昂贵的爱马仕领带出现在伦敦梅费尔区的办公室；一些交易员对价格高昂的可卡因上瘾；在圣诞节派对上，公司甚至会给员工发放跑车作为礼物。

这些交易员能够获得巨额财富，在很大程度上受益于不断变化的全球政治格局。牙买加的财政困境绝非特例。20世纪70年代油价飙升，许多石油进口国陷入混乱。在整个拉丁美洲，债务危机摧毁了中产阶级，数百万人陷入贫困，国家濒临崩溃。与此同时，从尼加拉瓜到安哥拉，莫斯科和华盛顿在世界各地发动代理人战争，贸易禁运日趋严重。

发展中国家不仅仅对铝土矿行业实施国有化。各地的政府正在从美国大公司手中夺取大宗商品市场的控制权。20世纪六七十年代，全球最大的四个铜出口国——智利、秘鲁、刚果民主共和国和赞比亚共和国，将部分或全部矿业国有化。[36] 对那些愿意与之交易的国家而言，社会主义国家组成的阵营成为更加重要的铅、锌和石油的来源。大宗商品市场在世界各地开放。供应链变得更加分散，大型石油和矿业公司的权力逐渐削弱。价格开始由市场决定，而不是取决于少数占主导地位的公司，于是大宗商品交易商迅速抓住了风口机遇。

大宗商品交易商与那些他人眼中的困难国家建立联系时，发现这些国家资金短缺，虽然充满风险，但是利润巨大。1981年，世界银行的一位经济学家创造了"新兴市场"一词，用来描述一些快速发展的国家。这些国家正在从默默无闻的第三世界中脱颖而出，但是大宗商品交易商已经率先发现了它们。[37] 巴西、印度尼西亚、印度等国家在今天是主流投资者的必选之地，但在当时，资本世界却并未涉足那里。

在新兴市场，大宗商品交易商不单单是买卖原材料。相反，它们将业务扩展到商业银行和私募股权领域，前一天向尼日利亚政府贷款，后一天就去投资秘鲁的凤尾鱼加工厂。大宗商品交易商实际上是在进行资本套利：先是在工业化国家筹集资金，之后投资于新兴市场，借机谋求更丰厚的利润。

然而，这是一个充满风险的世界，受政治危机、外汇管制和繁文缛节的困扰和约束。但是，如果把握好时机，交易商可能会大获成功。例如，在巴西和阿根廷，投资只需短短两三年就能收回成本，但是在发达国家则需要10年或更长时间。[38] 这些贸易公司相信自己会得到回报：没有它们，这些国家就无法出口货物赚取宝贵的硬通货。

马克·里奇既喜欢冒险，又愿意和任何人做生意，对他这样的大宗商品交易商来说，新兴市场是一种理想的环境。如果左翼政府将资源产业国有化呢？这些交易商就会前来帮助它们出售商品。如果右翼政府在军事政变中夺取了权力呢？同样，改成它们也需要有人帮助出售商品。

牙买加发生的事情恰好如此。该国左翼政府与莫斯科达成一笔交易，用铝土矿换取苏联制造的拉达汽车，马克·里奇帮助解决了物流问题。下届政府用铝土矿与美国政府交换美国谷物和奶粉，马克·里奇则充当了中间人。

来自一家法国大公司的竞争对手抱怨说："这几乎是不公平竞争。在大多数公司，如果你提出借钱给牙买加，它们会把你扔出窗外。"[39]20世纪80年代，"大多数公司"都不愿与之打交道的国家越来越多。如何划清界限是个人选择问题。一些交易商乐于在印度或菲律宾等棘手的国家做生意，但是却拒绝与战区或贫弱落后的国家打交道。对另一些人而言，在世界任何角落都能开展公平的游戏。

马克·里奇与任何人打交道都不会心存顾虑，包括那些遭受经济制裁的人。马克·里奇公司的高级合伙人埃迪·埃格洛夫说："实行禁令，只有平民百姓受苦。我们根据自己的规则做生意，而不是他人的规则。"[40]因此，里奇喜欢与奥古斯托·皮诺切特的智利右翼政府做生意，也喜欢与丹尼尔·奥尔特加的尼加拉瓜左翼政府做交易。他的目标是金钱，并非政治。

* * *

在20世纪80年代,所有棘手的地方都成了大宗商品交易商的"游乐场",但是在实行种族隔离制度的南非,交易商的非道德交易方式最为明显。置道德于不顾的回报是巨大的。埃里克·德·图克海姆曾是马克·里奇公司的财务主管,后来成为托克公司创始合伙人。他回忆说:"当时每个人都在和南非做生意。"[41]里奇本人声称,与南非做生意是他"最重要、最赚钱的"生意。[42]

然而,少数石油贸易公司和高管的财富,在很大程度上是通过延长南非黑人的苦难积累起来的。石油是南非的"阿喀琉斯之踵"。非洲大陆的其他地区石油资源丰富,但是南非的地质条件却与石油无缘。多年来,南非国内唯一的汽油是通过煤炭提炼出来的,这种昂贵的提炼工艺是"二战"时期纳粹德国首创的。因此南非想要石油,就需要进口。

在1948年实行白人统治后的几年间,南非一直能够对外自由贸易。在华盛顿和伦敦的许多人眼里,它的种族隔离法律似乎没有什么不正常,因为他们愿意支持一个冷战时期的盟友。

但是,随着时间的推移,实行种族主义的南非政府承受的压力越来越大。英国首相哈罗德·麦克米伦于1960年在开普敦的一次演讲中体现了这种态度上的转变。他说:"变革之风正在非洲大陆兴起。无论喜欢与否,民族意识的增强是政治事实。我们必须接受这一事实。"[43]南非白人警察进行屠杀的新闻引起全世界震怒。1964年,南非被禁止参加东京夏季奥运会,这是诸多此类禁令的第一次。[44]尽管南非在世界体育和文化活动的舞台上受到抵制,但是其经济并未受太大影响。石油仍可以自由供应。

1973年,这种情况开始改变,因为石油输出国中的阿拉伯成员国发现南非与以色列交好,便对南非实施了石油禁运。几年之后,到1977年,针对南非首都比勒陀利亚一年前对索韦托起义实施暴力镇压的行为,联合国实施了不具约束力的贸易禁运。然而,南非可以依靠伊朗国王继续保证石油供应,因为国王并不在意其他国家的想法。南非约80%的石油供应来自伊朗,而伊朗的一些炼油厂完全以波斯原油为原料。然而,1979年的伊斯兰革命在一夜之间终结了这种贸易,至少从官方来看如此。阿亚图拉·鲁霍拉·霍梅尼掌权后,伊朗就停止直接向南非出售石油。

比勒陀利亚不得不向大宗商品交易商求助。它们帮助南非从伊朗、苏联、沙特阿拉伯和文莱获得石油——当然是有代价的。由于几乎没有石油生产国允许向南非出售石油,这些交易都是秘密进行的——至少没有公开进行。在许多情况下,政府官员对此视而不见,他们愿意获得外汇收入,有时甚至还能拿到贿赂。在那个时代,卫星还无法追踪水面上的每艘轮船,因此交易商可以轻而易举地隐藏自己的行动。有一次,马克·里奇承包了一艘名为"达格里"号的油轮,并告诉船长涂掉油轮的名字。船长听到这个要求后大吃一惊,便通过电报回复说:"在任何情况下,我都不会下令涂掉油轮的名字,但是如果天气允许,我可以用帆布把名字盖上。"[45]

交易商还在内部通信中使用密码指代那些不受欢迎的国家。在维多公司的电报中,南非被称为"郁金香"。[46]在马克·里奇公司内部，南非被称为"乌多"，这是根据负责南非业务的交易员乌多·霍斯特曼命名的。伊朗轻油被称为"三号原油"。马克·克兰德尔在20世纪90年代初成为马克·里奇公司的石油主管，之后他与别人共同创立了托克公司。雪佛龙子公司加德士在南非拥有一家炼油厂。克兰德尔回忆起20世纪80年代末在得克萨斯州与加德士高管会面的情况：每个人都用暗号交谈，避免被美国当局找麻烦。"我们在达拉斯和几个美国白人男孩坐在一起，说道：'那么，你认为明年会比今年更容易获得三号原油吗？'"[47]马克·里奇公司的石油业务是在约翰内斯堡办公室的一个特殊房间里进行的，房间里有专用电传线路，门上还挂有一把锁。[48]

尽管使用了各种手段，但是线人网络和使用的保险报告还是让非政府组织航运调查局追踪到了多笔交易。根据航运调查局的追踪调查，从1973年1月至1993年12月，共有850多艘油轮在南非卸货。这份名单记录了当时进行石油交易的主要公司，其中大部分货物是由马克·里奇公司、环球石油公司和马里姆派克斯公司交易的。但是，它们并非独自行动：其他主要运送石油的公司包括英国石油、道达尔、荷兰皇家壳牌等石油公司，其次是维多公司等大宗商品交易商。

种族隔离结束之后，南非解密了与石油交易相关的文件，人们对此有了更多了解。在南非石油贸易早期，多伊斯及其环球石油公司独占鳌头。例如，在管理南非石油储备的战略燃料基金会，有位官员的备忘录显示，1982年多伊斯供应的石油占南非采购石油的一半以上。[49]20世纪80年代早期，这个荷兰人牢牢地控制着南非，结果高级官员们齐心协力想实现供应来源多样化，他们便从比勒陀利亚前往纽约和汉堡，分别拜访马克·里奇公司和马里姆派克斯公司。

如果没有这些交易商，实行种族隔离制度的南非经济肯定在多年前就已经崩溃。南非的一位部长克里斯·霍尼斯后来承认，比勒陀利亚购买石油比购买武器困难得多，石油禁运"本来可以摧毁"种族隔离政权。[50] 对交易商而言，这是一种利润丰厚的交易。据1978—1989年担任南非领导人的P.W. 博塔说，从交易商那里购买原油让国家在过去10年中额外花费了220亿兰特（超过15亿美元）。[51] 根据1979年的一份合同，里奇以每桶33美元的价格向南非出售数百万桶原油，这些原油是他以每桶14.55美元的官方价格买进的，溢价近127%。[52] 被称为"大鳄鱼"的博塔告诉当地一家报纸："我们必须花这笔钱，我们不能让汽车和柴油机车停下来，否则我们的经济生活就会崩溃。我们付出了代价，我们至今仍然受到影响。"[53]

这些交易商并不是通过对市场的深刻认识去赚钱的。他们只是愿意抛开道德原则去赚更多的钱。与南非的交易受到质疑时，他们回答说自己做的一切都是合法的。1986年，英国广播公司在伦敦的一次会议上成功地堵住了多伊斯，那是他唯一一次接受电视采访。在被问及与南非的交易时，这个荷兰人的回答让人难以捉摸，但是他坚持认为自己无论做什么，都没有任何问题。他说："不管在哪个国家开展业务，我们都不会违反法律。使用假文件？我认为这是非法的。但是，要说盖住货船的名字，嗯，这个我不太确定……我是说,如果你家后院有艘船,你盖住它的名字,这是违法的吗?"[54]

里奇的回答甚至更加罔顾事实。"我完全反对种族隔离。我们都反对种族隔离。"但是他接着说:"南非人需要石油,但是由于禁运,人们不愿意卖给他们。我们同意卖给他们石油,是因为我们觉得这并不违法。"[55]

* * *

面对20世纪80年代的禁运和政治倾向,交易商学会了伪装和欺骗。根据政治方针,贸易被划分为三种情况:许多国家拒绝将本国产品出售给南非;其他国家拒绝从某些国家采购;有些国家出售给政治盟友的价格,跟出售给敌人相比存在差异。

于是,能够绕过这些限制的交易商便得到了获利机会。这经常意味着它们能够提供文件伪造石油或金属的来源国。据当时的一位资深交易员说,马克·里奇公司有一整柜来自世界各国的邮票和海关表格。[56]交易商需要证明它们的石油是在波多黎各装的船吗?没有问题。要证明它们的货物已经运到新加坡了吗?容易得很。

对马克·里奇公司而言,科布科便是那个时期最好的伪装。通过它,世界上最富有的大宗商品交易商可以伪装成世界上最贫穷国家的官僚。[57]

科布科成立于20世纪80年代初,即总部位于比利时布鲁塞尔时髦街区的布隆迪商业公司。表面上看,科布科是一家贸易公司,在国际市场上购买原油供应给布隆迪。布隆迪是非洲内陆的一个贫穷小国,位于大湖地区,与卢旺达、坦桑尼亚和刚果民主共和国接壤。1962年,布隆迪才从比利时手中独立出来,经济仅靠咖啡、茶叶和自给农业维持,是世界上最贫穷的国家。[58]布隆迪人口1 000万左右,年人均生活费仅为275美元,大约是索马里和阿富汗人均的一半。

表面看来,人们可能会认为科布科是布隆迪政府的一个官僚前哨。如果给位于布鲁塞尔的玛丽·德帕日7号的公司办公室打电话,"恩多洛先生"就会接起来电话。

然而,这家公司其实是马克·里奇公司的一个幌子,说明公司是为了追求利润而欺骗他人。"恩多洛先生"并非布隆迪的官员,而是马克·里奇公司在欧洲的交易员,不言而喻,他的真实名字其实也不叫恩多洛。他甚至都不在布鲁塞尔——接电话时可能正在欧洲或非洲的某个城市,可以让人安排好电话线路,看起来就像是从比利时首都打出来的。

恩多洛先生本人同意在只使用化名的情况下讲述其中的内幕。据他自己说,科布科的故事始于他在报纸上读到的一篇文章,内容是关于一个非洲国家派遣代表团前往石油资源丰富的利比亚,以优惠条件获取原油供应。那是20世纪80年代初,世界仍然在经历第二次石油危机,油价徘徊在每桶30美元左右。对许多非洲国家而言,燃料贵得令人望而却步,因此它们转向生产石油的邻国寻求帮助。不结盟运动是冷战期间试图与华盛顿和莫斯科保持距离的一个国际组织,此时仍然相对团结,组织中最贫穷的国家可以依靠较富裕的成员国摆脱困境,特别是欧佩克成员国,它们愿意以折扣价向非洲国家出售原油。美元利率接近20%,对许多非洲国家而言,获得软贷款购买石油与获得廉价石油同等重要。[59]

马克·里奇公司的交易员灵光一现:利用贫穷的非洲或拉美国家作为自己公司的幌子,获取廉价石油,甚至是更廉价的资金。于是,科布科应运而生。根据官方说法,这家公司是一家合资企业,里奇和布隆迪政府各持一半股份。从理论上讲,一切都是光明正大的:它的成立甚至得到了布隆迪国家议会的正式批准。其实,里奇公司交易员的计划简直就是无稽之谈。小小的布隆迪不可能成为有资质的国际石油贸易企业的候选地。首先,它是内陆国家;其次,它的石油消耗量非常小,一艘油轮的原油就足以满足它6年多的需求;最后,科布科没有向布隆迪提供一桶石油——不过它倒是帮助一些布隆迪官员中饱私囊了。[60]

这位组织成立合资企业的年轻交易员接管了科布科,并使用"恩多洛先生"这个名字开始经营。他选中伊朗作为布隆迪潜在的石油来源。通过马克·里奇公司在德黑兰安排的联系人,他为布隆迪总统组织了一次伊朗首都之旅。恩多洛先生给非洲伙伴下达了明确指示:他希望以欧佩克官方价格(每桶27~28美元)购买原油,这远低于当时的现货市场价格(每桶30~35美元)。支付条件非常优越:由于布隆迪是不结盟国家,它在两年内不需要支付石油费用。实际上,这相当于两年的无息贷款。科布科向伊朗方面表示,马克·里奇公司将负责安排所有运输细节,原油将在肯尼亚蒙巴萨的炼油厂进行加工,然后从那里用卡车运往布隆迪高地。

伊朗的伊斯兰革命政府对此表示同意。

在接下来的几个月里，马克·里奇公司派油轮前往波斯湾运输原油。官方显示所有石油都运送到了肯尼亚的蒙巴萨。但是实际上呢？恩多洛先生说当然不是。他补充说："但是，我们的全部文件都可以证明这些石油是在蒙巴萨卸的货。"其实，马克·里奇公司将石油都转移到了全球市场并以高价销售。这些原油的一部分销往南非，南非的种族隔离政权甚至愿意高于现货价格购买。

里奇赚得盆满钵满。科布科支付给伊朗人的官方价格与现货价格之间的差价为每桶5~8美元，带来了4 000万~7 000万美元的利润，不过恩多洛先生现在已经记不住准确的数字了。他能记清的是极其优惠的支付条件带来的利润。科布科两年内不必向伊朗付款，但是无论谁向它购买原油，都必须在30~60天内付款。这让马克·里奇公司有机会将这些现金投资于金融市场一年或更长的时间，把接近20%的利息收入囊中。恩多洛先生还清楚地记得这笔两年期贷款的利润有多丰厚：公司额外获得了4 200万美元的利润，几乎相当于它在现货市场上转售原油的利润。

布隆迪获得了提供服务的费用：每桶20美分，这算是一笔小财。尽管恩多洛先生不愿透露这笔钱是否进入布隆迪国库，但是与马克·里奇公司赚的数百万美元相比，这笔钱实在是微不足道。

里奇心满意足。他给自己庞大的商品帝国的每个办公室都发了一份电传："我们需要更多科布科这样的公司。"里奇如愿以偿。据当时公司的另一位资深石油交易员称，到20世纪80年代末，马克·里奇公司已经在非洲各地建立四五家这样的企业。[61]

* * *

尽管马克·里奇在20世纪80年代占据着主导地位，但是他做的有些事情还是引起了关注，这种情况是他不想看到的。

在里奇的商业帝国中，他把伊朗放在了核心地位，在某种程度上，这也是他后来失败的原因。20世纪70年代，伊朗一直是他通过埃拉特至阿什凯隆管道项目获取丰厚利润的交易来源。它巩固了科布科协议神奇的影响力。他运往南非的大部分石油都来自伊朗。1979年的革命并未让他止步不前：就在阿亚图拉·鲁霍拉·霍梅尼回来的那天，平卡斯·格林立即飞往德黑兰，说服伊朗继续向马克·里奇公司出售石油。[62]

几个月后，一群暴徒袭击了美国驻德黑兰大使馆，绑架了几十名美国外交官，囚禁了他们一年多。作为对绑架事件的回应，美国总统吉米·卡特发布了几项行政命令，冻结了伊朗在美国的资产，实施全面贸易禁运，而且不久之后又明确禁止与伊朗进行石油贸易。[63]

无论是出于法律还是道德原因，许多美国人可能已经终止与德黑兰的交易。然而，里奇并没有被吓倒。毕竟，他建立了一家大获成功的企业，部分原因就是他愿意规避禁运。大宗商品交易业务的国际性意味着没有哪个政府能够有效地对其进行监管。即使美国政府禁止与伊朗进行石油贸易，这也无法阻止瑞士的公司与之进行交易，比如马克·里奇公司的楚格分公司。别人质问他在人质危机期间是否为购买伊朗石油而感到愧疚，里奇回答说："我觉得很好。"[64]

因此，1980年春天，在约翰·多伊斯走进他位于曼哈顿的办公室，提出购买伊朗石油时，里奇觉得这并不稀奇。[65]多伊斯和里奇是那个时代的两大石油贸易巨头——他们的石油交易量最大，承担的风险最大，而且没有政治顾虑。当时有52名美国人在德黑兰被扣为人质，这对他们来说也并不重要——重要的是要达成一项协议。多伊斯来找里奇的目的，是希望达成一笔巨大的交易——出售超过两亿美元的伊朗石油。

从7月到9月，里奇的贸易公司向多伊斯的环球石油公司交付了8船原油和燃料油，最终在9月30日交付一批价值56 463 649美元、共计1 607 887桶的伊朗原油。资金从环球石油公司在巴黎兴业银行的账户转到里奇在纽约的账户，再从纽约转回巴黎，最终转到伊朗中央银行在巴黎银行的账户上。[66]

这笔交易将改变马克·里奇的人生轨迹，或许还会改变大宗商品交易行业的历史。它标志着一场长达20年的司法斗争的开始，这场斗争将里奇列入了联邦调查局的"十大通缉犯"名单。

大约在他与多伊斯进行伊朗石油交易的同时，美国检察官正在立案起诉里奇税务欺诈。当发现他与伊朗的交易时，检察官明白自己中了大奖。没想到一个复杂的税务案件竟然变成了一个大宗商品交易商进行不道德交易的故事，这不但激怒了美国的当权派，也让里奇遭到公众的谴责。

1983年，大陪审团起诉马克·里奇，他一夜之间成了名人。他的故事读起来就像好莱坞惊悚片的情节：一个腰缠万贯的大宗商品交易商逃税漏税；与伊朗阿亚图拉·鲁霍拉·霍梅尼的亲信进行石油贸易；检察官深夜在肯尼迪机场的跑道上拦截了一架瑞士航空公司的飞机，防止文件被偷运出境。

这个案子引起了全世界的关注。记者纷纷飞到楚格，在瑞士小镇的街道上悄悄跟踪，希望能一睹里奇的风采。只见他在保镖的陪同下，从办公室偷偷溜到马路对面自己开的餐馆。他的形象传遍了全世界，他就像哑剧中的恶棍：乌黑的头发向后梳着，手里夹着一根长长的雪茄。一直是局外人的里奇坚称自己被冤枉了。他说："我被塑造成工作狂、孤独者、赚钱机器，这太可怕了，但是这不是事实。其实，我是一个谦虚、安静的人，从来没有做过任何违法的事情。"[67]

饱受高昂油价之苦的美国人对他的抗议并不在意。通过报纸上关于马克·里奇及其交易商团队的大量报道，他们才发现大宗商品交易商一直在赚取巨额利润。而且，里奇竟然是20世纪福克斯电影公司的神秘股东，拥有50%的股份，这让他那好莱坞式的经历更加传奇。大宗商品交易商的公众形象由此诞生。在交易行业内，马克·里奇案件被当成一个警示故事，提醒大宗商品交易商应该远离公众视线。

在检察官的全部指控中，让里奇受到舆论法庭谴责的一项指控是，在伊朗革命政府将美国公民扣为人质之际，他仍然在跟伊朗进行交易。但是，本质上此案涉及的交易与伊朗无关。它关注的是美国石油部门错综复杂的规定，根据这些规定，新油田的石油售价可以高于老油田的石油售价。起诉书称，通过一系列的复杂交易，里奇和他的公司逃税金额超过 1 亿美元。负责此案的联邦检察官先是桑迪·温伯格，后来是鲁迪·朱利亚尼。朱利亚尼后来成为纽约市长，之后又成为唐纳德·特朗普总统的私人律师。他们称这是美国历史上最大的税务欺诈案。如果所有罪名成立，里奇将面临长达 300 年的监禁。

里奇的律师对起诉书提出质疑，称这是一起税务案件，而不是刑事案件。许多其他公司也从事过类似的活动，并支付了巨额罚款，但没有受到刑事指控。例如，埃克森公司在 1983 年就因对"旧石油"收取"新石油"价格而被罚款 8.95 亿美元。[68] 1986 年，曾经跟马克·里奇进行过交易的大西洋里奇菲尔德公司以 3.15 亿美元的价格解决了争端。[69] 里奇的律师还辩称，尽管里奇确实与伊朗有交易，但他代表一家瑞士公司进行交易，他们认为这种交易是应该被允许的。

他们的抗议无关紧要。马克·里奇公司最终支付了两亿多美元用来解决对它的指控。但是，里奇和格林个人的事情却并未解决。他们不想面对审判，所以逃离了美国，再也没回去过。1983 年被起诉时，他们已经离开纽约，搬到了受瑞士政府保护的楚格。

里奇放弃了美国国籍，拿到了西班牙和以色列的护照。对许多美国人来说，这本身就是一种背叛行为。里奇的私人律师爱德华·贝内特·威廉斯听到里奇出逃的消息后非常震惊。他说："马克，让我告诉你吧。你对美国国旗吐了口水，你唾弃陪审团制度。无论判决如何，你都罪有应得。我们本可以争取最轻的处罚，但是现在你完了。"[70]

最终，里奇和格林并未面临牢狱之灾或受到任何经济处罚。他们作为逃亡者在世界各地被美国执法官追捕了近 20 年，克林顿总统在 2001 年 1 月卸任前的最后一刻赦免了他们，这主要是因为以色列总理和西班牙国王等人精心策划的游说活动。这一赦免在华盛顿引发了罕见的共鸣——民主党和共和党联合发出谴责。里奇的前妻丹尼丝曾经是民主党和克林顿总统图书馆的最大捐赠者。来自加州的民主党国会议员亨利·韦克斯曼传统上是克林顿的支持者，他也认为这次赦免是一次"可耻的判决失误，这一点必须要承认，因为视而不见将违背正义的基本原则"。[71]

里奇重获自由，但是 20 年来逃避美国司法制裁的经历却留下了印记。这个乐于征服世界的商人多年来一直被限制在少数几个国家出入，乘坐飞机往来于瑞士、西班牙和以色列的住所之间。一直是局外人的里奇，已经变得谨小慎微、满腹怨恨、疑心重重。

然而，他的生意却蒸蒸日上——与牙买加、南非、布隆迪和安哥拉的交易便是证明。面对一个被冷战分裂、被政治封锁的世界，他采用了在菲利普兄弟公司学到的大宗商品交易模式，使之更具侵略性和全球性，而且更愿意冒坠入深渊的风险。他曾准备将公司的更多资金投入困难、腐败和经济脆弱的国家——在此过程中，马克·里奇将成为投资新兴市场的先驱。除了金属和石油之外，马克·里奇公司还从事农业交易，成为全球大宗商品交易的领头羊。公司甚至通过威利·斯特霍特经营的子公司继续在美国开展业务，而这家子公司的实际控制人是里奇的合伙人亚历克·哈克尔。

其他大宗商品交易商要么被迫效仿他的风格，要么放弃在马克·里奇公司占据主导地位的国家做生意。这样的转变，甚至让里奇的老东家菲利普兄弟公司也陷入了困境。

然而，这个行业正在发生更多变化。这一次，这些变化并非被马克·里奇驱使。随着大型生产商被迫放弃对自然资源的控制权，大宗商品的金融市场开始扩大并愈加狂热。随着市场的金融元素变得越来越重要，一种不同的交易商——与马克·里奇及其同代人完全不同的交易商——开始主宰大宗商品行业。

第四章

纸面石油

电话中传来一个日本人的声音，一下子把安迪·霍尔从睡梦中惊醒。

霍尔的家位于康涅狄格州的格林威治，这是一个富裕的郊区，距离纽约有一个小时的路程。此时才凌晨1点，霍尔正在家中睡觉，电话突然响了。

"伊拉克的坦克开进科威特城了！"那个日本人说。

霍尔一下子清醒了。作为全球最大石油贸易公司之一的负责人，他将公司数百万美元的资金——也可能是自己的职业生涯——押在了石油价格上涨的预测上。伊拉克和科威特控制着全球20%的石油储备，这两个国家已经开战，这几乎可以肯定他赌对了。

打电话的是菲布罗能源公司驻东京办事处的下属，他负责在霍尔睡觉时密切关注石油市场。

"市场情况怎么样？"霍尔问道。

电话里回答说:"全都是买石油的,没有卖石油的。"[1]

霍尔放下电话。这个高高瘦瘦的男人如禅宗信徒般沉着冷静,很少流露感情。但是,他非常清楚这个消息的重要性。他的交易将给自己掌管的菲布罗能源公司带来数亿美元的利润。菲布罗专门经营石油贸易,隶属于菲利普兄弟公司。

1990年8月2日凌晨,伊拉克共和国卫队的4个师入侵邻国科威特。共和国卫队是伊拉克的精锐部队,直接由萨达姆·侯赛因指挥。两天后,它控制了科威特这个酋长国。

不到48小时,萨达姆·侯赛因控制了世界第四大石油储备及其生产的大部分石油。[2]联合国安理会做出回应:对伊拉克实施"所有商品"禁运。[3]

石油市场的反应果然不出霍尔所料。截至纽约早盘,布伦特原油的价格已经上涨15%,而布伦特原油是一种广泛使用的石油价格标杆。3个月内,油价翻了一番,峰值高达每桶40多美元。这是1979年以来最严重的一次石油危机。

对菲布罗能源公司和安迪·霍尔而言,海湾战争无异于隆重的发薪日。短短几周时间,霍尔的油价赌注便带来了6亿~8亿美元的利润。[4]这笔交易融合了地缘政治洞察力和对市场的深刻领悟,也充分利用了石油市场上的许多新型金融工具。扣除成本后,菲布罗能源公司的年收益高达惊人的4.92亿美元。[5]

自20世纪70年代经济危机以来,石油市场逐步发展,安迪·霍尔等交易商渐渐占据上风。霍尔办事认真,勤于思考,宁愿待在康涅狄格州的公司认真分析市场,也不愿在非洲国家之间来回穿梭。他对马克·里奇和约翰·多伊斯的交易风格嗤之以鼻,尽管他们两人曾经利用在石油资源丰富国家的人脉关系网大发横财。

20世纪80年代末、90年代初,能源贸易领域正在发生另一场革命。就其方式而言,这场革命与几十年前一样意义重大,当时西奥多·魏瑟尔和其他石油贸易先驱打破了"七姐妹"对市场的控制,改变了石油的定价模式。现在,石油定价模式正在发生第二次变革。这次变革要归功于期货和期权带来的美好新世界,推动者是霍尔及其支持者。

这些新型金融产品允许交易商对虚拟石油的价格下注,因而有助于降低风险。现在,交易者们不必担心价格的不利变动会导致破产,因此可以锁定实物石油交易的价格,以追逐带来更大利润的合同。但是,期货和期权也使投机成为可能:石油市场走向押注玩轮盘赌从未如此容易。

从1987年起,科林·布赖斯就在摩根士丹利担任石油交易员。他说:"其实,正是华尔街人创建的衍生品市场开始为市场带来额外的驱动力,这些衍生市场面向并销售给终端用户、航空公司、船用燃料消费者等。"布赖斯后来负责摩根士丹利银行的大宗商品业务。他说:"那是20世纪90年代的游戏了。"[6]

石油市场金融化开辟了一种全新的经营方式。华尔街的精英已经彻底改变抵押贷款和垃圾债券市场,到20世纪80年代末,他们将注意力转向了石油市场。有了新型金融工具,他们向一系列新参与者开放了市场,这些参与者对一桶真正的原油不感兴趣,而是乐于交易名义数量上的"纸面石油"。这其中包括养老基金会等金融投资商以及航空公司和航运公司等石油用户，它们都希望为油价上涨投保。

于是，期货、期权和其他类似的金融产品出现了。其实，它们不是什么新生事物。一个世纪以来，铜和锡交易商一直在伦敦金属交易所买卖期货。芝加哥交易所和其他地方的谷物交易商也是如此。早在1697年，日本的大米经销商就开始交易期货，据说因此建立了世界上第一个期货交易所。[7]然而，对石油而言，这种市场直到20世纪80年代才出现。

顾名思义，商品期货合约是在将来某个时间交付商品的合约。建立期货市场为石油交易商提供了一系列全新的选择：他们不再局限于现场买卖石油，而是可以买卖几周、几个月甚至几年后交割的石油。

凡是购买期货合约并持此合约直至到期日者，都会收到一宗商品；另一方面，卖出期货合约者必须在到期日交付商品。石油期货市场出现后，交易商可以提前数月使用期货合约买入或卖出石油。但是，这些新型工具的使用范围远不止于此。大多数人并不会守着期货合约直至到期日——相反，他们会买卖期货，就像买卖一桶又一桶石油一样。期货允许交易商（以及任何人）押注市场走向，但不必接触石油实物。因此，就有了"纸面石油"的说法。

期货有多种作用：一些人利用它进行投机，另一些人则利用它对油价的风险敞口投保或进行"对冲"。假设一名交易商购买了一批石油，并计划在一个月后出售。与其在这个月苦苦等待油价上涨，不如立即通过出售期货合约锁定一个已知价格。现在，如果石油价格下降，交易商卖出的期货合约价值也会下降，交易商可以以更低的价格回购。如果石油价格上涨，交易商在期货合约上就会亏损，但是可以从实物石油增值中赚取同等数额。无论哪种方式，交易商都可以利用期货市场锁定石油价格，降低风险。

期权则提供了更大的灵活性。通过一定的费用——"权利金"，期权为交易商提供了选择权但并非义务，可以以预定的价格、在预定的时间买入或卖出期货合约。期货和期权的价值源于基础商品的价值，因此合称金融衍生品。

衍生品的出现给石油市场带来了巨大变革。西奥多·魏瑟尔和马克·里奇等早期石油交易商无法为自己的交易进行保险以防价格变动。如果他们今天买进石油，第二天油价暴跌，他们就得承担全部损失。当然，如果价格固定，就不会出现问题。然而，20世纪70年代的石油危机让石油交易充满了风险。

这种情况在20世纪80年代有了变化，一切都要归功于另一种商品——不起眼的美国土豆。一个多世纪以来，商品衍生品一直在纽约商业交易所进行交易，交易场内人们疯狂争吵，交易商也因行为不端而臭名昭著。20世纪70年代，当马克·里奇、约翰·多伊斯等交易商通过买卖石油大赚特赚时，纽约商业交易所的交易商却痴迷于土豆期货。土豆期货合约在交易所是最受欢迎的合约。但是，1976年5月，交易所的交易商出现了债务违约，这是当时大宗商品期货最大的一次违约。纽约商业交易所蒙受了一场灾难，濒临破产。交易所董事会不顾一切想维持生存，便寻找其他大宗商品取代土豆成为下一个明星衍生品合约。经过再三讨论，他们决定拿石油碰碰运气。

石油衍生品并非全新事物：早在一个世纪前，在1859年美国开始生产商业石油后不久，期货和期权就已经存在了。短时期内，全美至少有20家交易所开始进行石油期货交易。[8]但是，在洛克菲勒控制了石油行业后，原始的石油衍生品市场就像实物石油现场交易一样走向了终结。

1983年3月30日，纽约商业交易所推出了以俄克拉何马州库欣交付的西得克萨斯中质原油为基础的轻质低硫原油期货合约，这些合约重塑了石油市场。这种轻质低硫原油是一种低密度、低硫原油。美国大西洋里奇菲尔德公司在库欣拥有一个主要的储存中心。

在当代，石油交易商第一次能够对冲自己的交易。这种影响是巨大的：突然之间，交易商可以不冒任何风险进行更大规模的交易。而且期货市场的存在提供了一系列全新的可能玩法，尤其对于同时涉足实体和金融领域的人而言更是如此。华尔街的赌场文化已经渗透到石油世界，从这种模式碰撞中获利最多的正是安迪·霍尔。

* * *

霍尔的学习生涯始于石油巨头英国石油公司，当时该公司及同行"七姐妹"的势力已经日渐衰弱。还在上学时，他就以学徒身份加入了这家公司。公司资助他去牛津大学学习，毕业后给他提供了一份工作。当时是1973年，正值第一次石油危机爆发。

很快，他就去了公司的控制中心调度科工作，这里决定着英国石油公司开采的每桶石油的最终去向。这是一个庞大的工程：英国石油公司的前身是盎格鲁－波斯石油公司，每天开采600多万桶石油，其中大部分来自其在伊朗控制的油田，但是并没有交易这些石油。调度部门的工作是安排在自己公司的炼油厂精炼石油，然后运往自己公司的加油站进行销售。

然而，1979年伊朗伊斯兰革命剥夺了英国石油公司生产的大部分石油，公司很快就被迫做出改变，派霍尔前往纽约为公司交易石油。最初，他只是为英国石油公司自身的供应链服务。但是，他很快就对交易产生了兴趣。如果他看到一船石油看起来很便宜，不管公司需不需要，他都会买入，然后再转手倒卖并从中获利。此前，在英国石油公司和其他综合性石油公司内部，与第三方交易被视为有失身份。但是，霍尔没有时间理会这种传统观念。他回忆道："就这样，我们开始疯狂地进行石油交易。"[9]

这位喜欢冒险的年轻英国交易商很快就引起了几家主要贸易公司的注意。菲利普兄弟公司和马克·里奇公司几乎同时给他提供了一份工作。1982年，他加入了菲利普兄弟公司，不到5年，他开始管理公司的石油部门，并将其更名为菲布罗能源公司。第一次海湾战争巩固了他作为同时代最成功石油交易商的声誉。在正确预测中国崛起后，他将会继续赚取数亿美元。2008年，他的个人收入超过了1亿美元，被誉为"原油之神"。

在英国石油公司和后来的菲布罗能源公司，霍尔都精心计算推动石油市场的政治经济因素，押上高风险赌注，然后平静地等待自己的判断得到验证，由此形成了闻名于世的个人交易风格。1991年，霍尔对一名采访者说:"我们不像其他华尔街公司那样到处搜刮钱财,想方设法坑蒙拐骗。只要我们的分析有效,我们就会坚持自己的立场。"[10]

1990年,霍尔以自己特有的信念,开始了井喷式的交易。尽管其他石油交易商都认为霍尔是坚定的牛市论者,总是喜欢押注油价上涨,但是在1990年初,霍尔确信石油市场已经供过于求。对任何关注错综复杂的石油市场的人而言,这算不上什么新鲜事,只不过意味着原油卖不出去,储油罐会装满油。这年年初,经济合作与发展组织(OECD)富裕成员国的原油库存达到了自1982年以来的最高水平。[11]

20世纪80年代前半期的油价平均每桶曾超过30美元,到了90年代已跌至不到20美元(见附录图2),欧佩克成员国中石油储量丰富的国家感受到了经济压力。它们开始在与其他成员国商定的产量配额上作弊,希望能偷偷地增加几桶产量,赚取几美元的额外收入。结果却导致价格被压得更低。

在所有欧佩克成员国中,伊拉克是最需要提高油价的国家。伊拉克刚刚结束了与伊朗的长期战争,处于几乎破产的境地。国家面临重建,耗资巨大,还需要偿还大约400亿美元的贷款,其中很大一部分要还给邻国科威特、沙特阿拉伯和阿拉伯联合酋长国。[12]随着油价跌破每桶20美元,萨达姆·侯赛因面对要偿还的债务时几乎束手无策。1990年初,他告诉外交官,他可能会被迫停止支付伊拉克战争退伍军人的养老金。

如果说伊拉克是最需要提高油价的国家,那么科威特就是欧佩克成员国中最臭名昭著的骗子。1990年伊始,科威特已经悄悄地向一些炼油厂打了折扣,前提是它们愿意购买更多的原油。科威特无视对欧佩克的承诺,希望通过增加产量来弥补石油收入下跌。拥有4家炼油厂的菲布罗能源公司很快就清楚了科威特的动向,这更坚定了霍尔的判断:油价正在走低。

供过于求导致油价被压低,但是6个月后交割的石油期货合约跌幅尚且没有那么快。这种价格差异为富有创造力的交易商提供了机会,而在不断发展的金融石油合约领域,菲布罗能源公司多年来一直是主要的创新者之一。霍尔意识到,他购买一桶石油储存起来,6个月后倒手转售就可以获利。在过去,这样的交易是一种高风险的押注,意味着紧张地期待6个月后石油价格如愿上涨。但是,20世纪80年代中期,期货市场的出现改变了这一局面。1990年春天,霍尔可以购买一桶石油,在同一天通过期货合约确定6个月后的价格,这样就可以锁定利润。

如此一来,唯一的问题就是寻找储存石油的地方。陆地上的油罐都满了,因此霍尔决定租用一支"超大型油轮"船队,打造成海上石油储存设施。这样就不用把原油从一个港口运送到另一个港口,只需要把油轮装满,停泊在公海上,每天支付一笔滞期费就可以了。在海上储存石油并非创新之举,但是在此之前从未有独立的交易商如此大规模地储存石油。霍尔回忆说:"我们是油轮租用大户。所以,我对租船公司的人说:'嘿,你们能否租给我们一艘巨型油轮,选择收取6个月的滞期费呢?'那个人问道:'你为什么要这么做呢?'我告诉他只管回答行不行,他回复说:'当

第四章 纸面石油 105

然，我们可以出租。'"[13]

霍尔开始大规模地操作这种交易。他租用了十多艘超大型油轮，每艘能容纳约200万桶石油。他在买进原油的同时，以更高的价格卖出期货合约，实际上已经锁定了利润。他只需要足够的信贷来购买石油，并至少持有6个月。但是，这并不是问题——自1981年以来，菲布罗能源公司已经与所罗门兄弟公司合并了，虽然这是一次痛苦的合并，但是这次合并界定了该行业在20世纪80年代大部分时间的发展趋势。因此，霍尔获得了华尔街最大的信贷额度之一。在巅峰时期，他坐拥价值约6亿美元、按当时的价格计算共计3 700多万桶的石油。霍尔在交易中投入了巨资，所罗门兄弟公司负责人约翰·古弗兰虽然一向对日常的石油业务不感兴趣，但还是打电话询问了有关情况。[14]

不过，他很快就放心了。这是一笔完美的交易：价格锁定在期货市场上，无论油价发生什么变化，菲布罗能源公司都会从这笔交易中赚钱。

油价没有在低谷徘徊多久。6月下旬，萨达姆·侯赛因公开指责科威特过度开采原油，并威胁要采用某种方式解决问题。接下来的几周，他的言辞更加充满火药味。他在7月中旬说："伊拉克人永不会忘记这句格言：'脖颈可断，生路不可断。'啊，全能的主啊，请您为我做证，我们已警告过他们了。如果言语已不能保护伊拉克人民，我们就必须采取有效措施，让一切回归正常，夺回被剥夺的权利。"[15]

此时，在康涅狄格州，霍尔正在阅读《纽约时报》刊登的萨达姆的讲话。他很快断定，中东爆发战争的风险很大，不能掉以轻心。于是，他做了一个大胆举动，决定赎回储存在油轮上的石油的部分套期保值合约。他这样做冒了很大的风险。从这时起，菲布罗能源公司就没有了对冲保护，用交易商的话来说就是开始了"裸奔"，石油市场接下来无论发生什么事都可能带来风险。这是一场传统意义上的赌博，但是如果没有新的期货世界，这是不可能发生的。霍尔利用衍生品市场在不承担任何风险的情况下积累了大量石油，然后瞬间将其变成了油价上涨的赌注。如果油价下跌，他将会面临巨额损失。

但是，波斯湾的事态正不可逆转地朝着战争的方向发展。8月1日，科威特拒绝接受巴格达提出的一长串要求，沙特阿拉伯从中斡旋的伊拉克和科威特的谈判以失败告终。[16] 第二天，伊拉克共和国卫队在众多直升机和坦克的掩护下，越过边境攻入科威特。

* * *

霍尔的油轮俨然变成了提款机。他购买的这些石油每桶价格不到20美元。3个月后，随着科威特和伊拉克停止向世界市场供应石油，同样数量的石油以每桶超过40美元的价格易手。霍尔对价格的赌注获得了丰厚的回报。但这并非事情的全部：甚至油轮上的其他石油，那些仍然被套期保值的部分，也带来了巨额利润。石油现货价格因伊拉克入侵科威特而飙升，但6个月后交割的期货价格涨幅较小。6月份，每桶石油的现货价格比6个月后交割的期货价格低了2美元；但是到10月份，价格就比期货高出了8美元。霍尔利用期货保护了石油价格，锁定了一笔薄利；现在，他可以通过在现货市场出售自己的石油，然后赎回价格较低的套期保值合约来获得更大的收益。通过这种方式，现金源源不断地被他收入囊中。

"我们赚了6亿美元，然后7亿、8亿。"霍尔说。

然而，这笔交易还没有结束。冲突持续了1990年这一整年，全世界的石油交易商通过美国有线电视新闻网的播报，实时关注着每一次变化。美国滨海公司的交易员奥斯卡·怀亚特利用自己与萨达姆的私人关系，想救出24名美国人质，因此比他人更了解这次战争。怀亚特是一个坚韧不拔的得州人，自1972年以来一直在购买伊拉克石油。1990年12月，他不顾白宫坚决反对，飞抵巴格达，成功说服萨达姆将一批扣押在伊拉克当人肉盾牌的美国人带回了国。[17]

此时，美国距离参战越来越近，而霍尔依然看好市场。1991年1月，为了解放科威特，美国终于发动了沙漠风暴行动，进行压倒性的轰炸。

对石油市场而言，这的确令人扫兴。市场已经做好长期战争和全球石油供应进一步短缺的准备。但是，看到巴格达只是用几枚飞毛腿导弹回应美国的袭击，几乎没造成破坏，石油交易商意识到美国将很快战胜伊拉克。与此同时，华盛顿开放了战略石油储备，出售了数百万桶石油。

市场迅速起了反应，结果非常残酷。不到24小时，布伦特原油暴跌近35%。这是石油市场有史以来最大的单日跌幅。1991年1月，霍尔一夜之间损失了1亿美元。菲布罗能源公司前一年财源滚滚，但是却在1991年出现了赤字。[18]

* * *

随着期货、期权及其他衍生品合约的出现，石油市场金融化为交易商提供了各种各样的机会。霍尔在第一次海湾战争中巧妙地利用了这些衍生品。这很快便导致大宗商品交易商发生了分化。一些传统能源交易商坚持使用自己熟悉的方式进行石油交易，买卖实物石油，通过差价获利。但是，另一些人在新创建的金融市场中看到了更好的交易机会。押注石油市场的下一步走势从未像现在这样容易。在20世纪70年代，一夜之间损失1亿美元是无法想象的，但是20年后这样的事情的确会发生。

20世纪六七十年代的交易商是在收发室学习业务，通过模仿马克·里奇和约翰·多伊斯为成功不惜冒险的作风中逐渐成熟的。如今，精通华尔街金融运作的年青一代的数学天才加入了他们的行列。贸易公司逐渐分化为两种：一种专门从事"业务开发"，员工会飞到遥远的国家，宴请当地有权有势的石油大亨；另一种自称"交易商"，员工紧紧盯着手机和电脑屏幕，买卖金融合同，通过业务开发人员带来的实物交易赚钱。

不仅仅是华尔街的金融工具进入了石油市场，华尔街的银行也开始交易石油。凭借低廉的融资成本和熟练掌握的新型石油金融工具，高盛和摩根士丹利等银行迅速成为主要的石油交易商，它们被戏称为"华尔街的炼油商"。新一代石油交易商利用在现货市场获得的信息进行巨额金融押注，或者利用金融市场促成新的现货市场交易。菲布罗能源公司的安迪·霍尔、高盛集团的斯蒂芬·塞姆利茨和斯蒂芬·亨德尔，以及摩根士丹利的尼尔·希尔和约翰·夏皮罗等交易商，都成了游走在实物世界和金融世界之间获取利润的专家。

传统贸易公司努力适应时代的变革。20世纪70年代的宽松货币政策吸引了一批新人进入市场。此时，交易商之间的竞争异常激烈，几乎没有哪家老牌公司能与来自华尔街的新手在规模上进行竞争，这些新公司可以为交易员提供巨额资金。

这是引发变革的动力，它在一家著名的大宗商品交易公司里的小型社会中体现得淋漓尽致。而且，具有讽刺意味的是，这家公司就是安迪·霍尔所工作的菲利普兄弟公司。20世纪80年代，这家老牌公司竟然被一家银行先吞并后出售，而这家银行的做法恰恰体现了华尔街随心所欲的文化。

随着伊朗革命的进行，菲利普兄弟公司坐上了石油市场的过山车，于1979—1980年达到顶峰。[19]当时，公司的利润总计超过10亿美元。[20]1979年9月，《商业周刊》对该公司进行了介绍，杂志封面刊登的照片是耶西森，旁边的标题是"一个拥有90亿美元但鲜为人知的超级交易商"。在文章中，董事长耶西森及其钦点的继任者公司总裁戴维·滕德勒自豪地介绍了公司的全球影响力和独步天下的实力。

然而，巨额利润掩盖了菲利普兄弟公司所处的困境。滕德勒回忆说："大家当时都开始担心，我也开始担心，好日子到头了。我们需要开拓业务。"高昂的能源价格已经让美国和大多数欧洲国家陷入衰退。"石油危机对石油交易有利。但是,其他的一切呢?"[21]

滕德勒和耶西森认为菲利普兄弟公司应该多元化发展,转向一种新的大宗商品:货币。滕德勒获悉美国最大的私人投资银行所罗门兄弟公司正在融资。很快,双方一致同意菲利普兄弟公司将接管所罗门兄弟公司,创建一个名为"菲布罗－所罗门"的新公司。[22] 这次合并于1981年8月3日宣布,震惊了整个金融界。《金融时报》称该公司为"华尔街诞生的新兴世界力量"。[23] 滕德勒将掌管新公司,二号人物是所罗门公司雄心勃勃的老板约翰·古弗兰。

然而,企业联姻往往以不幸告终,菲利普兄弟公司的大宗商品交易员和所罗门兄弟公司的债券交易员的蜜月期短得可怜。在公司合并时,菲利普兄弟公司的传统金属交易业务利润已经下跌,苦苦挣扎。相比之下,由于债券交易的繁荣,所罗门兄弟公司的银行家们却赚得盆满钵满。当时,包括大宗商品在内的所有市场,都因新型金融工具的发展而发生变革,因此菲利普兄弟公司的交易员无法跟上所罗门兄弟公司同行的脚步。

1982年年底,古弗兰已经被提拔为联合首席执行官。几个月后,菲布罗－所罗门公司把大宗商品交易业务一分为二:过去的菲利普兄弟公司将处理金属交易,名叫菲布罗能源公司的新分支将专门负责石油交易。1974年接替马克·里奇的托马斯·奥马利成为这个新部门的主管,这个部门从其他大宗商品交易商所在的纽约搬到了康涅狄格州的格林威治。公司架构上滕德勒是老板,但是实际上奥马利可以做任何想做的事。[24]

菲利普兄弟公司的金属业务持续下滑。试图剥离金属部门失败后，滕德勒于1984年10月离开了公司。[25] 不久，菲布罗－所罗门直接更名为所罗门。这个马克·里奇曾经初试牛刀的金属部门已经无法与市场同步发展，在市场上的影响日渐式微。1990年，马克·里奇公司买下它剩余的金属合约后，它在屈辱中走向了终点。

然而，石油行业仍然在蓬勃发展。奥马利于1986年离开后不久，霍尔便成为菲布罗能源公司的负责人。他扩大了公司的业务范围，在现货市场每天交易超过100万桶石油，投资炼油厂和油田，而且最重要的是，他投资期货和期权。在此过程中，他横跨实物交易和巨额金融交易两个领域——不仅在世界各地运输石油，还代表航空公司和投资者进行衍生品交易——从而确保这家历史悠久的贸易公司至少有一部分会在石油交易转型中保持兴旺繁荣。

* * *

然而，并不是只有菲利普兄弟公司在20世纪80年代末、90年代初的市场中苦苦挣扎，石油市场的金融化让所有早期发展起来的贸易公司都举步维艰。仅靠与几个欧佩克成员国的部长或一些国有石油公司的官员建立良好关系已经不够了。要在新环境中取得成功，需要把人脉关系、雄厚财力、地理范围和使用新型衍生品市场所需的金融知识结合起来。资金雄厚的华尔街银行进军石油市场，意味着那些20世纪70年代主宰石油市场的交易商已经意识到自己力不从心。有些无法适应变化的公司破产倒闭，其他公司试图去接受期货和期权，结果引发了灾难性的后果。

20世纪70年代，大宗商品交易是快速致富的途径，吸引了所有人，但是现在却丑闻满天飞，公司纷纷倒闭。奥地利联合钢铁集团是当地最大的国有企业，1985年其内部交易部门在石油市场投机中损失了近1亿美元，因此不得不求助政府摆脱困境。[26] 从事钢铁等金属交易的德国克洛克纳集团在石油交易中损失了大约4亿美元。[27] 1989年，意大利交易商费鲁奇声称从事大豆交易亏损了1亿美元，公司最终破产，总裁自杀身亡。[28] 以专门经营糖而闻名的法国贸易公司苏克敦集团公司损失了2.5亿美元，其中部分损失来自石油市场。[29] 德国历史上久负盛名的金属交易商联邦德国金属有限公司在一笔大型石油交易中出现失误，造成了14亿美元的损失。

约翰·多伊斯和马克·里奇都是20世纪70年代的代表人物，因此最能体现一个时代结束的，莫过于多伊斯环球石油公司的倒闭。1987—1989年，多伊斯试图达成石油市场有史以来最大胆的交易之一。这是一次标志性的多伊斯计划，集无与伦比的政界关系和石油市场的金融实力于一体。

多伊斯的交易点就在布伦特原油市场。

布伦特油田距离设得兰群岛约190公里，深约140米，于1976年开始开采原油，并迅速成为石油交易商的黄金标准。早期，布伦特原油是英国石油公司和壳牌石油公司等北海石油生产商减少税收的巧妙途径。这些公司买卖货物的时间会安排得恰到好处，以此向英国当局表明，它们的销售价格低于原本的销售价格，这一过程被称为"税负转嫁"。

20世纪80年代中期，由壳牌运营的布伦特油田以及其他几个注入其管道系统的油田，每月生产的原油足以装满45艘油轮，每艘油轮装载约60万桶原油。此时，布伦特原油也已成为一种全球基准：中东、俄罗斯、非洲和拉丁美洲的各种原油定价都参照北海的石油成本。除此之外，这个实物市场还支撑着几个层次的金融衍生品，包括1988年以来在伦敦国际石油交易所推出的一项石油期货合约。如果一名交易商能够影响布伦特原油的价格，那么这种影响全球都能感受到。

布伦特原油的价格特别容易受到挤压。每月的货物批次相对较少，这就意味着任何控制其中大部分货物的一方，都可以对其他市场发号施令。这个实物市场过去乃至现在几乎不受任何监管，而且交易商的购买量没有法律限制。

1987年夏天伊始，石油公司维护海上平台，导致北海油田产量下降，多伊斯着手购买能力范围之内的所有石油。迈克·洛亚是多伊斯在伦敦的顶级交易商之一，1月份交割的布伦特原油合约共有42份，结果他抢购到41份，由此推动了价格上涨。[30] 即使以20世纪80年代不择手段的北海市场标准来看，这也是一次大胆之举。他的一位助理回忆道，多伊斯并不满足于仅仅垄断布伦特原油市场——他想垄断的是全球石油市场。[31]

接着，多伊斯试图策划一笔史无前例的地缘政治交易，即让欧佩克和非欧佩克产油国的生厂商达成减产协议。该协议将导致石油价格飙升，让多伊斯拥有更多财富。欧佩克和非欧佩克的对话由阿曼苏丹国和阿拉伯联合酋长国牵头，而这两个国家都与多伊斯联系密切。多伊斯还与欧佩克成员国部长通电话，建议他们该怎么做，何时以及如何向市场泄露他们的意图。[32]

但是，《华尔街日报》所称的这个"世界欧佩克"计划，在遭沙特否决后以失败告终。在布伦特原油市场，壳牌公司和其他交易商联手打破了多伊斯的垄断。油价没有上涨，自然也没有带来利润，多伊斯被迫收手，油价下跌后损失了约 6 亿美元。[33] 他经营的环球石油公司以 5.13 亿美元的价格，将其宝贵的美国炼油帝国卖给了太阳公司（今太阳石油公司）才得以幸存。[34]

这次垄断的失败是多伊斯的转折点，也是石油市场的转折点。这位在同代人中最乖戾的石油交易商，将在整个 20 世纪 90 年代继续进行交易，但是环球石油公司再也无法恢复往日的八面威风和统治地位。大宗商品交易行业的老将一个一个地被新一代交易员取代，比如安迪·霍尔，他们不仅能够在实物石油市场上站稳脚跟，而且在期货和期权的新世界也游刃有余。

很快，多伊斯的主要竞争对手马克·里奇也遭遇了麻烦。

第四章 纸面石油 115

第五章

马克·里奇的倒台

瑞士小镇楚格宛如一幅宁静的画，鹅卵石街道从中世纪的老城区一直通向一处静谧的高山湖泊。从20世纪50年代菲利普兄弟公司率先在这里开设办事处以来，这座小镇就一直吸引着大宗商品交易商，因为这里有些公司的税率是世界上最低的。但是，在四四方方的办公楼之间，仍然能瞥见连绵起伏的农田，这是保留下来的樱桃园遗产，在交易商到来之前，小镇就已经因为樱桃园而闻名遐迩。

不过，在1992年年底，马克·里奇公司并不平静。马克·里奇贸易帝国的总部位于楚格镇中心，在钢架玻璃结构的方形大楼里，一场风暴正在肆虐。这家世界驰名的大宗商品交易公司的资金正在枯竭。财务部门的主管每天都要打紧急电话，力图挽救公司。

兹比涅克·扎克（Zbynek Zak）的办公桌就是风暴中心所在。扎克身材高大挺拔，留着浓密的小胡子，他的职责是确保里奇的金属交易员拥有足够的交易资金。"我们还能从哪里弄到钱呢？"扎克越来越绝望地问:"我们怎么支付明天的账单呢?"[1]

扎克出生在捷克斯洛伐克,1968年苏联入侵时,他沦为难民移居德国。扎克做过工程师、顾问和银行家,后来加盟马克·里奇公司,负责处理财务问题。到了1992年,尽管马克·里奇公司已经是世界上占据主导地位的自然资源交易商,它的财务状况却日益脆弱。

大宗商品交易商的业务严重依赖银行,银行提供担保和贷款,让公司能够使用贷款进行买卖。每一天它的需求都随着大宗商品价格的波动而变化:如果价格上涨,同一批石油或金属的成本就会更高;如果价格下跌,成本也会降低。马克·里奇公司有三名金融专家,他们的职责就是确保交易员资金充足,避免公司因资金短缺被迫提前出售石油、金属或谷物。

这三名专家与瑞士、伦敦和纽约的银行都有联系。他们每天会不停地打电话,问有谁在哪家银行还可以贷款吗?也许有顾客即将为一批货物付款,提供一些现金?也许他们忽视了一些可以用来抵押贷款的石油库存?

扎克回忆说:"面对这种情况,财务人员简直就是在做噩梦。"

尽管公司完全依赖银行,但是金融家却被视为寒酸的高管。交易员才是公司的"蜂后":他们乘坐令人恐怖的航班前往可怕的地方洽谈大宗商品交易,他们把公司的资金押注在大宗商品市场上,他们把最多的奖金拿回家。自马克·里奇公司成立以来,执行委员会成员从来没有一位是财务专家。在公司成立的前几年,甚至没有财务总监——平卡斯·格林(马克·里奇最初的合伙人)亲自处理

与银行的关系。²

但是，到了20世纪90年代初，马克·里奇公司的交易员已经开始遭遇交割困难。20世纪七八十年代让世界瞠目结舌的利润已成为遥远的记忆，这家全球最强大的大宗商品交易公司一直被偏执和背后中伤困扰。

1992—1993年，关于公司未来的斗争达到高潮，这将永久改变大宗商品交易的格局。这是占统治地位的大宗商品交易王朝最新的家族斗争——激烈的斗争始于菲利普兄弟公司，然后持续到马克·里奇公司。等到马克·里奇公司董事会会议的争吵尘埃落定时，这家企业王朝便诞生了两名新成员：嘉能可和托克。

这场危机实际上终结了马克·里奇本人的职业生涯，也结束了他在全球大宗商品交易行业长达数十年的巅峰生涯。20世纪七八十年代是海盗式的冒险时代，一个大宗商品交易商只要资金雄厚，敢作敢为，就可以无视所有的规则和道德规范而逍遥法外。马克·里奇这一统治时期的结束，为整个大宗商品交易时代画上了句号。尽管后来的几代大宗商品交易商将继续按照马克·里奇的模式进行交易，但是这个行业再也不会给人以同样无法无天的感觉了。

对诞生于马克·里奇公司的嘉能可和托克的创始人而言，1992年马克·里奇公司遭遇的危机是一种成长，这个经历将影响他们的交易方式——而且由于他们公司的影响力，还将影响整个行业的发展。他们仍然是马克·里奇公司这所学校的毕业生，但是里奇最后时期的狂妄自大给他们留下了创伤，因此他们谋求分享自己公司的所有权和控制权，形成紧密团结的集体以保证长期运营下去。

此外，就在这位声名狼藉的世界大宗商品交易商临近退休之际，他的继任者利用了卸任交班带来的机会，藏身到暗处，将大宗商品交易行业变成了秘密堡垒。通过摆脱这位逃亡创始人的不良声誉，他们进一步融入更广泛的金融行业，为未来的发展奠定了基础。在将来，他们会把马克·里奇的冒险精神与华尔街的资本实力结合在一起。

* * *

到20世纪90年代初，马克·里奇最初的合伙人已经全都退休——甚至连平卡斯·格林也不例外。即将与里奇分道扬镳的妻子丹尼丝也卖掉了自己的股份，在公司成立初期，丹尼丝的家人曾为公司提供资金。[3] 每次里奇都会组织收购即将离职股东的股份，因此自公司成立以来，里奇第一次拥有了这个以自己名字命名的贸易公司的控股权。

年近五十的里奇仍然掌管着自己的公司。在他麾下，是四个三四十岁的年轻交易商。首先是威风八面的德国人威利·斯特霍特，他曾带领美国分公司度过了起诉危机，现在负责金属和矿产交易。在伦敦，语速很快的布鲁克林人曼尼·魏斯和斯特霍特一起策划打造了马克·里奇公司在铝市场的统治地位。然后是克洛德·多芬，他是一个充满魅力、衣着得体的法国人，负责石油交易。在荷兰，还有丹尼·德雷富斯，一个老谋深算的商人，负责经营粮食贸易。

里奇承受着职业和个人生活的双重压力。经过激烈争吵后，他和丹尼丝的婚姻以失败告终，他的家人都搬了出去，他的女儿确诊患有癌症。联邦政府官员继续对他进行追捕。一家与里奇有关的西弗吉尼亚州铝冶炼厂在与工人发生纠纷后，工会掀起了一拨反对里奇的宣传攻势，他们前往世界各地，沿途不断散发"通缉犯：马克·里奇"的海报。[4]

过去的合伙人没有谁能提供建议，里奇孤立无援，一步步陷入困境。丹尼·波森是当时马克·里奇公司驻莫斯科办事处的负责人，他的父亲是一位早期合伙人。他说："我认为他没有发疯，但是我觉得他发生了什么事情。"[5]

1991年初，里奇从美国请来了自己的私人律师，帮助他管理公司。律师鲍勃·托马扬是来自得克萨斯州奥斯汀市的花花公子。他更擅长在家里玩摩托艇，而不是处理运输铜矿石的物流问题。此时，里奇独自处于高位，怀疑交易员们在密谋推翻他，于是他让托马扬担任"看门人"。在这些交易员中，有许多人在菲利普兄弟公司或马克·里奇公司供职了几年甚至几十年，已经通过一系列枯燥低薪的工作证明了自己的能力。突然之间，他们发现自己要听从托马扬发号施令。

资深石油交易员马克·克兰德尔回忆说："他把托马扬安置在自己办公室外面的位置。你想跟马克说话，他会打发你去见托马扬。"[6]

公司的氛围变了。马克·里奇公司仍然处于世界之巅，但是已经与过去有所不同。那些从前见证过业务上的辉煌、风险和黑幕的交易员，如今都被办公室政治吞噬了。魏斯、斯特霍特和其他人敦促里奇将股份更广泛地分配给员工，但是里奇不为所动。从他身上看不到要给年青一代让路的迹象。

里奇对一位采访者说："我热爱这个行业，这是我想继续做的事情。我喜欢授权，但与此同时，在重大决策和金融风险方面，我拥有最终决定权。"[7]

交易员们都梦想自己有朝一日能接管公司，但是现在觉得已经沦为听命于远方主人的契约奴仆，不再是一个刺激的商业企业的合作伙伴。菲利普兄弟公司的天才里奇，当年离职就是因为耶西森的公司收益份额分配不公，缺乏交易自由，而现在里奇却在自己的公司重蹈覆辙。

克兰德尔说："这不仅仅是钱的问题……这是钱的问题，这是归属感的问题，这是感觉自己对公司组织方式有一定发言权的问题。"而马克自己藏在托马扬身后，让大家都变成了附庸。他让大家看起来就像一群娼妓。"[8]

摊牌已经不可避免。第一次冲突发生在里奇和斯特霍特之间。这位德国交易员在苏黎世的一所大学做了一次演讲，讨论了自己公司的业务。此时的里奇已经越来越偏执，认为这是不服从命令的表现。斯特霍特此前恳求他减少股份，已经引起他的怀疑。如今，他命令斯特霍特卷铺盖走人。[9]

更多的人将步其后尘。石油交易主管克洛德·多芬在里奇的统治下已经郁闷了多年。1992年夏天，他的父亲去世了。多芬认为自己受够了，于是在7月初辞职，告诉里奇自己打算回法国经营家族的废金属生意。

里奇给魏斯打电话，魏斯是当时唯一留在伦敦的高级交易员。里奇恳求说："回到楚格，担任公司的总裁吧。"魏斯不同意。[10] 他都快 40 岁了，已经腰缠万贯，家人都在伦敦定居，他想多花些时间陪伴他们。他告诉里奇，不管发生什么事，他都想休个长假。

"如果你想走，最好现在就走。"里奇厉声说。[11] 于是，魏斯于 7 月 8 日辞职，距离多芬辞职刚刚过了几天。

此时，马克·里奇公司正在发生一场全面危机。但是更糟糕的事情还在后面。

20 世纪 80 年代末、90 年代初，大宗商品交易行业中许多人的日子都不好过。当时市场形势严峻，美国陷入衰退，行业内公司不断倒闭——如约翰·多伊斯曾试图垄断布伦特原油市场，结果却遭遇灭顶之灾。得益于与南非的石油交易、铝贸易以及在俄罗斯不断增长的业务，马克·里奇公司安然度过了这段时期，没有出现危机。但是，这种情况即将改变。

当公司里资格最老的交易员还在吵来吵去、互相厮杀时，马克·里奇自己就已经启动一笔风险极高的大额交易。

这笔交易始于 1991 年，当时伦敦的金属交易员戴维·罗森贝格已经说服里奇支持他垄断锌市场的计划。对里奇的交易员而言，持有大量头寸，甚至通过控制大量可买到的货物垄断市场并非什么新鲜事。1988 年，魏斯针对铝产品就采用了这种方法，效果很好。但是，正如约翰·多伊斯在布伦特市场所发现的那样，这种策略存在适得其反的多种可能性。交易商垄断市场、人为推高价格后，所冒的风险有两个：一是会导致消费者推迟购买，二是促使供应商增

第五章　马克·里奇的倒台　125

加供给。也许很容易获得很大的市场份额，但是出售材料且同时获得利润就需要技巧和经验。

为了这笔锌交易，罗森贝格争取到了外部支持，即世界上两家最大的锌生产商的支持：一个是西班牙的阿斯图里亚纳锌业公司，另一个是德国金属公司。这三家公司开始着手购买大部分可买到的锌。罗森贝格购买了大量期权合约，以此吓唬其他交易商。这三家公司曾一度持有伦敦金属交易所90%以上的锌股票。[12]

伦敦金属交易所的董事会由金属市场的一群要员组成，他们负责确保事态不会严重失控。到1992年6月，他们感觉到除了干预已经别无选择。于是，交易所规定，任何出售锌但无法交付给交易所的公司，都可以支付一笔固定费用推迟交付——这实际上就限制了罗森贝格和合作者的潜在利润。

其他资深交易员都试图让里奇相信，这个计划注定要失败。但是，里奇本来就怀疑有人企图推翻他，所以根本听不进去。他似乎下定决心要向交易员们证明，自己仍然有能力完成一笔惊人的交易。

伊萨克·克鲁夫是马德里办事处的经理，同时也是负责与阿斯图里亚纳锌业公司联络的关键人物。7月中旬，他飞到里奇在西班牙马尔贝拉的家中，试图说服他改变交易计划。此刻，里奇正准备登上自己的游艇，便递给他泳衣和一瓶啤酒，请他上船。但是，他没有心情听克鲁夫说话。

"你想干什么？"他问道。听到克鲁夫的解释后，里奇勃然大怒。

"不要多管闲事！"他咆哮着说。[13]

1992年9月份，锌的价格再次上涨，达到两年来的最高点。但是，这将是最后的欢呼。德国金属公司决定不再垄断，于是开始销售。结果锌的价格出现暴跌。两个月内，价格下降了四分之一以上。[14]

罗森贝格的锌头寸成了巨大的负担。与期货市场上的所有交易商一样，马克·里奇公司并没有全额支付锌合约的价款，而是"以保证金的形式"买入。这就意味着马克·里奇公司向银行和经纪人支付了一笔定金，由后者代表公司购买合约。价格上涨，自然皆大欢喜。但是每次价格下跌，银行和经纪人就要求马克·里奇追加存款，这一程序被称为"追加保证金"。

就这样，扎克和其他金融专业人士都发现公司的资金快被掏空了。每天银行都会要求数百万美元的追加保证金，扎克必须得拿出这笔现金。扎克回忆称："我们说，'伙计们，我们不能这样做生意。我们差不多就快没有现金了。'"[15]

交易员们最终说服里奇出售了庞大的锌头寸——这项任务花了几个月的时间才得以完成。但是，里奇已经受到了伤害。他想重现年轻时辉煌交易的努力失败了。他的贸易公司因锌交易造成的损失高达1.72亿美元。[16] 这是市场性质不断变化的标志——到20世纪90年代，大宗商品交易要想取得成功，不仅需要勇气和广泛的人脉，还需要具备对不断变化的衍生品世界的认识以及管理风险的能力，而不是把公司的赌注都押在一笔交易上。在这个变化的新世界，马克·里奇看起来越来越跟不上时代的步伐。

* * *

马克·里奇公司内部弥漫着悲观的情绪。留在公司的交易员开始向里奇施加压力。无论是个人还是团队，他们都告诉里奇，他需要想方设法减少自己在公司的股份，并且请回斯特霍特。

与此同时，他们开始为公司的倒闭做准备。在楚格，斯特霍特、扎克和负责公司铝资产的克雷格·戴维斯已经酝酿成立新公司了，他甚至都找好了办公室。在伦敦，多芬开始给石油团队的一些老同事打电话，问他们是否愿意和他一起创办新公司。

1993年2月，石油团队集体辞职。对跟公司有联系的银行而言，这是最后一根稻草。银行让里奇采取措施阻止这场危机。里奇找来了广受欢迎的亚历克·哈克尔做中间人。哈克尔曾是里奇最初的合伙人之一，手下还雇佣了许多其他年轻的交易员。

于是，在1993年初的一个冬日，一群交易员在伦敦相聚，主持聚会的人是石油交易前主管多芬。一同前来的还有多芬曾经的团队成员：克兰德尔、格雷厄姆·夏普和埃里克·德·图克海姆。在多芬离开后，克兰德尔晋升为马克·里奇公司的石油交易主管。去年夏天离开的另外两位资深交易员斯特罗特和魏斯也参与了讨论，最后一位是调解员哈克尔。

多芬和他的团队写了一份一页纸的宣言，列出了重返公司的条件。最后的结果是一场大变动：里奇应该逐步卖掉所有股份，他应该离开管理层，而且公司也会改名。

魏斯说："我认为他们列出的条件很残酷。"[17]

面对背叛了自己的交易员，里奇最初同意了他们的要求，但是他的自尊心受到了伤害。毕竟，他还是个商人。克兰德尔说："里奇要达成协议，肯定会尝试重新谈判。如果真的可能，他还会对生什么样的孩子重新谈判呢，这可是他的本性。"[18]

几天后，里奇给在法国的多芬打电话说："你们这些人有点太苛刻了，我觉得这一切发生得有点太快了。"里奇打电话时，克兰德尔也在电话里偷听。于是，里奇开始尝试重新谈判。他暗示收购公司可能会持续几年的时间，而且在此期间他也将留在公司。多芬大发雷霆。"我们要跟里奇一直谈判到死吧！"他怒气冲冲地说道。[19]他告诉里奇谈判告吹，自己准备单干。

几天后，斯特霍特打电话给多芬和克兰德尔，问他们是否介意他再跟里奇谈一谈。多芬已经失去了耐心，但是斯特霍特同意不妨一试。斯特霍特在谈判方面一向精明，因此他设法放下自尊，同意了里奇的一些条件。几周后，即 1993 年 3 月 8 日，他们宣布达成协议。这看起来很像多芬谈判中想要的协议，只是做了一些细小的调整：几个月内，马克·里奇将出售足够多的股份，不再拥有公司的控股权；斯特霍特将重新担任首席执行官，但是里奇将继续担任董事长；公司将保留马克·里奇这个名字。[20]

"在这个时候采取这些举措，并没有什么特别之处。"斯特霍特对记者说，故意对把握时机的重要性轻描淡写，"将公司控制权移交给少数股东是一项长期计划。"

在与公司办公室一街之隔的格拉斯霍夫餐厅，斯特霍特和里奇在一个气氛冰冷的包间会面并签署了合同。[21]他们并没有握手。律师觉得没问题后，里奇就直接起身走了出去。他离开时回头看着斯特霍特，咆哮着警告说："我仍然拥有公司的不少股份——你要好好记住。"[22]

11月29日，星期一，股份转让完成，马克·里奇正式将持股比例降至27.5%。[23] 其余股份属于大约200名员工。员工们有权购买里奇剩下的股份，但他们必须使用现金。"里奇从来没有想到我们会有这笔钱。"马德里办事处的负责人克鲁布说。他可能是当时与里奇关系最密切的高管了。[24] 或许里奇曾经希望凭借少数股权在几年后重新掌控自己的公司。

但是，斯特霍特想到里奇临别时丢下的那句狠话，决定与他断绝一切联系。他开始寻找资金来源，买下里奇剩余的股份。由于这几年一直举步维艰，传统银行都不愿意借给公司更多资金。斯特霍特和交易员们便讨论邀请马丁·埃布纳进行投资，埃布纳是一位打着领结的亿万富翁，被誉为瑞士的头号企业掠夺者。但是，埃布纳曾经以收购瑞士公司的股份并鼓动变革而闻名，因此他将拥有对公司经营方式的发言权。斯特霍特还未摆脱跟里奇争执带来的痛苦，因此他持否定态度。[25]

接下来发生的是一场古怪的企业政变，这种政变只会出现在20世纪90年代俱乐部式的瑞士商界。斯特霍特的救星并非咄咄逼人的基金经理或华尔街银行，而是瑞士最大的财团之一。全球最大的大宗商品交易商马克·里奇公司的最新投资者是瑞士罗氏制药公司。得益于安定这种药物，这家公司才来到斯特霍特的门前。

罗氏公司在1963年推出的这种黄色小药丸很快就成了世界上

最畅销的处方药，并因1966年滚石乐队的热门单曲《妈妈的小帮手》而名噪一时。对罗氏公司而言，这种小药丸就是一台自动取款机，让这家家族企业一跃成为全球巨头。但是1985年安定在美国的专利到期，导致公司制药业务利润大幅下滑。

但是，罗氏公司的确拥有资金，而且是大量资金，这些资金都是在财源滚滚的年份通过出售安定积累的。到20世纪90年代初，它已经拥有90亿美元了。[26] 因此，在首席财务官亨利·B.迈耶的监督下，罗氏公司开始将现金储备用于一系列与制药无关的投资。1994年，在马克·里奇的财务顾问海因茨·保利的介绍下，这家制药公司拯救了斯特霍特。与埃伯纳不同，罗氏公司对如何运营公司不感兴趣——它只想赚钱。斯特霍特同意以约1.5亿美元的价格出售给罗氏公司15%的股份，承诺在日后回购这些股份，并保证罗氏公司将获得一定的投资回报。

最终，马克·里奇可能会被永久踢出公司。在马克·里奇公司内部，人们正在为公司酝酿新名字。交易员们在走廊里踱来踱去，翻阅希腊语字典，想找一位合适的神的名字。最后，一位顾问想出了"嘉能可"这个名字，它是"全球"、"能源"、"大宗商品"和"资源"几个词的缩写。1994年9月1日，马克·里奇公司正式改称嘉能可国际公司（Glencore International）。两个月后，公司宣布与为躲避追捕而逃亡瑞士的马克·里奇断绝一切关系。

这让里奇备感震惊。仅仅一年半的时间里，他的前雇员就获得了公司的全部所有权，将他的名字从公司一笔抹去。他们以极低的价格买下了里奇的公司，部分资金来自公司自身的资源和交易利润。

据几位前合伙人说，几个创始人的离职和锌交易损失，导致公司账面价值缩水至略低于 10 亿美元。这意味着里奇以 70% 的股份拿到了大约 7 亿美元。[27]

他后来对为自己立传的人说："我很脆弱，其他人能感觉到，所以他们趁机采取了行动。他们简直是用刀抵着我的喉咙。"[28]

马克·里奇这位曾经雄霸天下的大宗商品交易商被推翻了。但是，他的继任者们正在排队接替他的位置，他们都奉行马克·里奇的哲学思想——前往任何地方，敢冒任何风险，把顾虑全都抛诸脑后。

* * *

在与里奇谈崩后，石油交易前主管多芬并未浪费任何时间。

就在第二天晚上，他把所有最亲密的合伙人召集到自己家中。他家位于伦敦北部雷丁顿路，这里绿树成荫，十分清静。多芬告诉他们他不会再和里奇合作了。他说："因此，大家都必须自己做出决定。"[29]

这场辩论力求速战速决。和多芬一起讨论的还有另外 5 个人。这些人包括克兰德尔、夏普和图克海姆的石油团队。图克海姆曾经跟多芬谈判让他回到马克·里奇公司。另外两人是丹尼·波森和安东尼奥·科梅蒂，他们将负责新公司的金属业务。另立门户意味着承受风险。他们将抛弃里奇与世界各地的大宗商品销售商和采购商以及银行建立已久的良好关系。

这 6 个人当时大多都是三四十岁，他们决定成立一个新的贸易公司。他们把自己的积蓄集中起来作为公司资金，其中大部分是多芬的积蓄，同时他们还投资了多芬在法国的家族企业。图克海姆回忆说："我们一开始的股权资本约为 1 200 万美元，在当时算是相当大的一笔资金。"[30]

当时，石油交易商夏普已经敲定该公司的第一笔交易：从罗马尼亚国有石油公司购买一批汽油。罗马尼亚首都布加勒斯特一方想出售汽油，但是它需要知道卖给谁。因此，新公司需要一个名字。

多芬不愿重蹈覆辙，拒绝用自己的名字给新公司命名。为了加速业务启动，有人提出让他们购买一些在荷兰注册的休眠公司。现在，他们必须抓紧选择用什么名字。可供选择的有"跳伞者"（Skydiver）、"黑心"（Blackheart）和"托克"（Trafigura）。[31] 大家都认为"跳伞者"对于一个雄心勃勃的大宗商品交易商来说不够理想，"黑心"听起来有点海盗意味，即使对交易行业也是如此。所以，他们选定了"托克"。

这家新公司成了这些创始人的毕生事业。多芬出生在商业世界，是法国北部诺曼底一个废品商的儿子。1977 年，20 多岁的他加入马克·里奇公司，被公司派往设在玻利维亚的办事处，并迅速晋升为铅锌交易主管，后来成为石油主管。他是个传统商人，工作起来不知疲倦，出差计划也非常苛刻。经过他的安排，托克公司的员工能在周日上午永久使用日内瓦机场最早的降落空位，希望每周能多挤出几个小时的工作时间。

多芬还从传统商人那里学到了取悦他人的能力——不管是卑微

的玻利维亚矿工，还是非洲国家的总统。埃德蒙多·维达尔是托克公司设在墨西哥城分支的负责人，后来接管了公司在拉丁美洲的业务。维达尔至今都记得多芬的记忆力有多么不可思议——他知道什么样的小礼物能够让他们会见的每个墨西哥矿业巨头感到最满意。对这个人，他会送一瓶干邑白兰地；换一个人，他就送一盒巧克力。维达尔回忆说："这个人太棒了，他太善于交际了。"[32] 在其职业生涯中，多芬与安哥拉和尼日利亚的石油供应商以及拉丁美洲的买家都建立了良好的关系；他从秘鲁和墨西哥的几十个小矿山购买矿石，然后运送给需求巨大的中国买家。

多芬要求很严格，如果谁跟不上他的步伐，他就冲谁发脾气，而且他对着装、待客和守时都有严格的要求。但是，他有一种俏皮的幽默感。一位前员工记得，在一次长途飞行中，经过数小时紧张的工作后，多芬突然站起来宣布："先生们，酒吧开门了。"[33] 在托克掌舵的25年里，他成了整整一代交易员的导师，是一群喜欢冒险的大宗商品交易员的领导者，这些人把努力工作和人际关系都当作重中之重。

* * *

然而，尽管多芬魅力非凡，他和他的交易员团队仍然要花数年的时间从零打造托克公司。相比之下，对嘉能可而言，这个过程则更为简单。从第一天起，嘉能可的生意就十分兴隆。摆脱了马克·里奇这个有争议的名字，嘉能可就可以充分利用新的机遇了。

1983年，马克·里奇成了美国司法部追捕的逃犯。从此以后，美国的银行就没有向里奇的公司提供过贷款，甚至一些欧洲银行也退避三舍。

然而，就在完成收购、公司更名的几天后，扎克接到了摩根大通的电话。这家美国银行询问是否能提供帮助。后来，德意志银行也打来电话。再然后，是高盛。扎克说："对我这样的金融家来说，这简直就是快乐天堂。"[34]

一系列新的机遇呈现在眼前。嘉能可获得了信用评级，这标志着来自华尔街看门人的认可。它开始通过新的投资者群体进行各种新形式的融资：从美国商业票据市场获得短期融资，1995年获得第一笔银团贷款，第二年，进行了首次私募，将公司债务出售给了美国养老基金会和保险公司。

20世纪80年代末，嘉能可已经开始投资冶炼厂和矿山等资产。但是，公司尚未通过发行长期债券为投资融资。现在，随着债券市场向嘉能可开放，斯特霍特及其团队可以自由投资澳大利亚、哥伦比亚、哈萨克斯坦和俄罗斯的资产。

嘉能可的交易员们保持着他们从里奇那里继承下来的勤奋工作和高期许的文化（这也是里奇从菲利普兄弟公司学到的）。卢西奥·吉诺维塞于20世纪80年代末加入嘉能可，后来升任莫斯科办事处的负责人。"在嘉能可，这里就像是一片丛林，"他说，"你必须每一天、每一年都要有表现，而且是出色的表现，否则你就有麻烦了。要么表现自己，要么死亡。"[35]

现在，一个由12名高级交易员组成的新集团开始执掌嘉能可，这个集团被一些人称为"G12"或"十二使徒"。斯特霍特是他们的领袖，现在作为一个全球商业帝国的总司令，他已得心应手。他会乘坐飞机环游世界，第一天还在和一位西伯利亚铝业大亨一起猎熊，第二天就会在加勒比海的游艇上与客户吃喝玩乐。在这群冉冉升起的新星中，有一个人后来掌管了整个公司，他就是伊凡·格拉森伯格。

过去，马克·里奇公司一直在为合作伙伴创造巨额财富，但是现在嘉能可却史无前例地成了百万富翁工厂。股份很快就分给了大约350名交易员，尽管斯特霍特、德赖弗斯和G12的其他成员持有其中相当大一部分。（在有据可查的21世纪头5年，公司的12位高管拥有26.7%~44.4%的股份。）每年，嘉能可交易员都会拿到：（1）薪水；（2）按其交易利润10%计算的现金红利；（3）根据书面文件按持股比例分享公司的净利润。此外，如果交易员离职，他积累的利润将在5年内支付完毕。

单靠奖金就足以让大多数交易员暴富。1998—2001年，也就是斯特霍特执掌嘉能可的最后4年，公司平均每年向几百名交易员支付1.1亿美元的奖金。[36] 股份收益甚至更高。20世纪90年代，公司每年的平均利润为1.5亿~2亿美元，这个数字在21世纪前10年上升到了数十亿美元。[37] 仅斯特霍特自己就很可能获得了其中的10%~15%。股东花名册上也挤满了千万富翁。还有一个因为税收争议闹得沸沸扬扬的例子，一个澳大利亚煤炭交易员为公司工作了15年，但是没有晋升高管职位，于2006年离开了公司，同时拿到了1.6亿美元的巨款。[38] 据可靠推测，自成立以来，公司已经将

100多人变成了亿万富翁。

马克·里奇公司的争夺战不仅迫使里奇进入半退休状态,还重塑了大宗商品交易行业。里奇开创的交易方式将在嘉能可和托克两个公司中继续存在。而且由于抛弃了里奇这个带有污点的名字,并避免了自己的名字上头条,这两家公司将会更深入地融入全球金融体系。它们不仅将继续主导全球石油和金属市场,还将成为全球资源领域的投资商,筹集到马克·里奇做梦也想不到的巨额资金。

对斯特霍特及其合作伙伴来说,梦想已经成真。他们以相对低廉的价格收购了马克·里奇的股份,确实是一次巨大的成功。克兰德尔说:"收购里奇的股权是他一生中做过的最好的交易。这是一座金山。一旦买下里奇的股权,他们只要站在山下拿着桶接黄金就可以了。"[39]

第六章

历史上最大规模的
停业抛售

戴维·鲁本正坐在办公室里,一个男子一瘸一拐地走了进来。鲁本的生活将因为这个人发生改变。

故事发生在1992年5月苏联解体不到一年的莫斯科。鲁本等铝交易商面临的局势一片混乱。多年来,他只与苏联这一家供应商打交道。可是,现在它却不复存在了。

鲁本只知道在俄罗斯购买铝比世界任何其他地方都便宜很多。不管是谁,只要有可靠的货源,拿到世界市场上销售都会发大财。

坐在鲁本面前的就是这样一个人。列夫·切尔诺伊出生在中亚,小时候因小儿麻痹症导致残疾。他长着一双蓝眼睛,脾气非常暴躁。在苏联的计划经济被自由竞争的经济取代之后,他和其他许多精明能干的商人一样,生意做得如火如荼。

当鲁本和切尔诺伊坐在一起交谈时,周围的整个世界正在崩溃塌陷。由于国家是唯一的买家,现在买家需求不再,庞大的苏联制造业陷入了停滞。俄罗斯政府取消了日用品价格控制，随着卢布贬值，面包、牛奶和奶酪的价格飙升。普通俄罗斯人辛苦一生的积蓄一夜之间化为乌有。靠退休金生活的人挤在冰冷的街角，变卖一切能卖的东西，只为凑点钱混口饭吃。

当时，俄罗斯正处于无政府状态。切尔诺伊来到了鲁本的办公室。他曾同意向鲁本的环球公司出售少量铝，但是一直没有交货。这在当时的俄罗斯很正常，但这次却非同寻常，因为切尔诺伊这次是专门来道歉的。

鲁本的环球公司（与约翰·多伊斯的环球石油公司没有任何关系）已经是金属交易商小圈子里的老牌公司。鲁本长着一张圆脸，表情率真，很容易让人以为他很幼稚。在生意上，鲁本志存高远，敢冒风险，但是不拘小节。他不想听切尔诺伊因为没能交货而道歉。让他真正感兴趣的是，切尔诺伊似乎知道在后苏联时代的俄罗斯——这个美丽的新世界，从什么地方可以买到铝。

切尔诺伊开始解释，但是鲁本打断了他的话。

鲁本对来访的客人说：“告诉我，我就会让你成为亿万富翁。”[1]

* * *

对大宗商品交易商来说，苏联的解体是一件惊天动地的大事，是自20世纪70年代石油市场摆脱"七姐妹"控制以来，大宗商品交易行业历史上最重要的事件。在解体之时，苏联的石油产量超过了世界上任何一个国家，同时也是世界上最大的金属和粮食生产国之一。现在，苏联却从一个封闭的体系瞬间变成了世界经济中杂乱无序的一部分。

20世纪90年代初之前，苏联与外部世界的贸易一直受到国家的严格控制。突然之间，俄罗斯的铝、铜、锌、石油和煤炭涌入了全球市场。短期内，俄罗斯和其他苏联国家几乎都没有可用于出口商品的基础设施，没有国际销售专业知识，也缺乏与金融世界的联系。

像鲁本等大宗商品交易商趁机填补了空白，将俄罗斯庞大的自然资源产业与世界其他地区连接起来，也给俄罗斯带来了宝贵的外汇收入。这使交易商变得尤其重要——无论是对整个工业的生存，还是对国家经济的发展，或者是对谁将从经济混乱造成的破坏中发财致富。

到苏联解体时，大宗商品交易商已经在莫斯科做了几十年的生意。1954年西奥多·魏瑟尔就曾前来购买石油。整个20世纪六七十年代，嘉吉公司和其他谷物交易商都定期来访。1973年，菲利普兄弟公司是第一批在莫斯科开设办事处的美国公司之一。

在整个上述时间段，交易商在苏联的交易是高度集中的。全国的对外贸易都是由少数几个国家机构负责的。在金属方面，有全苏杂货进口公司（也经营出口）；在粮食方面，有全苏粮食出口联合公司（它也洽谈进口，就像在"粮食大劫案"中所做的那样）；在石油方面，有全苏石油和石油产品出口联合公司。

这些交易商都在想方设法讨好管理这些机构的苏联官员。为了金属交易，马克·里奇公司在20世纪七八十年代的合伙人费利克

第六章　历史上最大规模的停业抛售　143

斯·波森与全苏杂货进口公司的老板们建立了密切关系,以帮助他的公司成为苏联国际金属贸易的主要合约方。波森记得全苏杂货进口公司的老板们"喜欢应邀去赴宴"。[2]

在20世纪80年代末,苏联中央集权体制开始发生变化。戈尔巴乔夫实施改革计划后,岌岌可危的苏联体制慢慢开始向私营企业开放。1987年,苏联第一次允许具有创业天赋的年轻个体经营小型企业,即合作社。他们中的许多人都是国家未来的商界寡头。合作社将满足公众苏联政府机构无法满足的需求——进口电脑、经营彩票或倒卖演出票。他们利用即将崩溃的低效率的苏联体制,低价购买过剩的材料,或者为需要想办法花掉预算的官僚提供服务。年轻的企业家有时会设法搞到大宗商品,有时会找到出口这些商品的途径。于是,他们就和大宗商品交易商有了交集。

这些交易商再次发挥自己精湛的说服技巧。阿尔乔姆·塔拉索夫是苏联新生代企业家之一,20世纪80年代末在他宣布成为苏联第一个合法百万富翁后一举成名。像其他许多人一样,他是在苏联经济的阴影下通过投机取巧发财致富的。一天,他偶然发现了购买燃油的机会。这种情况是苏联体制低效率的缩影:乌克兰的一家炼油厂生产燃油,供应当地发电站。遇到暖冬,发电站使用的燃油减少,导致炼油厂供过于求。由于没有如何处理这些燃油的指示,炼油厂厂长只好吩咐员工在附近的森林里挖洞,把燃油统统倒进去。

了解到这种情况后,塔拉索夫很快就发现自己有大量苏联燃料油可以出售。因此,他引起了马克·里奇公司交易员的注意,他们正在想办法绕过国家交易机构的限制进行交易。在回忆录中，塔拉索夫回忆了他"难忘的"第一次英国之行。

他写道："里奇手下负责购买石油和石油产品的人立刻就看到了机会：一个绝佳的漏洞终于打开，这将允许他们绕过国家进行交易，不仅不受限制，而且也不用上报！于是，他们决定好好款待我，想全力保住自己的头号客户。"[3]

马克·里奇公司的团队竭尽全力，以确保塔拉索夫能够心满意足地返回苏联。经过他们的精心安排，塔拉索夫住进了皮卡迪利大街艾美酒店的套房。他们在泰晤士河上租了一条船，邀请管弦乐队上船为他演奏。到了晚上，他们也会确保他的一切需求都得到满足。塔拉索夫回忆说："他们租下了几家夜总会，告诉我只要我愿意，我可以把任何舞女带回房间。所有的费用都已经用公司账户支付。当然，对我这个苏联人而言，他们的安排深深触动了我脆弱的内心深处，很快我就理所当然地认为马克·里奇公司是世界上最好的外国公司。连续几天，我尽享美味佳肴，观光钓鱼，欣赏管弦乐队的演奏。最后，我当然签下了这份合同。"[4]

在苏联解体之际，各色人物纷纷出现。苏联的经济处于下滑状态。人们达成了各种疯狂的交易。苏联同意以17艘潜艇、一艘巡洋舰、一艘护卫舰和一艘驱逐舰作为购买百事可乐的交换条件，从而使百事可乐公司一度短暂地拥有世界上最强大的海军之一。海军舰艇被当成废品出售，百事可乐公司的董事长曾经对白宫开玩笑说："我们解除苏联武装的速度比你们还要快。"[5]

多年来，马克·里奇公司一直是苏联金属贸易的主导力量，这要归功于费利克斯·波森对全苏杂货进口公司老板们的栽培。但是，后来克格勃开始调查他们的关系，这导致了马克·里奇公司失宠。[6] 结果，其他金属交易商毫不犹豫地趁机出手。菲利普兄弟公司达成了一笔收购苏联镍的交易，这可是了不起的成就，因为苏联的镍产量占全球的四分之一。当提到全苏杂货进口公司向菲利普兄弟公司出售的数量时，合同上只是简单地写着："苏联全部出口品。"[7]

再就是戴维·鲁本的环球公司。

鲁本于1938年出生于印度的一个伊拉克裔家庭。20世纪50年代，鲁本十几岁时就已经移居伦敦，当时几乎身无分文。[8]他很快就开始从事金属贸易，1958年加盟了芒斯塔金属公司，从事废旧金属交易。他决心在英国立足，便与自己的哥哥西蒙一起投身商界。哥哥是鲁本最亲密的朋友和知己，已经开始投资房地产。戴维·鲁本说一口稍带口音的英语，对与英国上流社会和英语语言有关的东西怀有移民式的热爱，尤其喜欢填字和拼字游戏。

西蒙是一位事无巨细的管理者，喜欢了解每一个经营细节，而戴维是一位有远见卓识之人，并不关心具体细节。戴维的儿子说："我父亲很有大局观，不注重细节。如果他说了一句话，他希望人们能把他的话转化成整套商业计划。"[9]

戴维·鲁本甚至在从事金属交易生涯的早期就去过苏联、中国和朝鲜，那时他到处寻找金属以进行交易。[10]1974年，他加入了一家由美林证券部分持股的金属贸易公司，3年后与自己的团队一起离开，开始自己创业。

于是，环球公司于1977年3月应运而生。公司起步时规模很小，资本只有200万美元,在伦敦和纽约都设有办事处,但鲁本很快就在铝和锡的贸易中找到了立足之地。然而,到了20世纪80年代末,鲁本对金属行业的兴趣越来越小。此前,在一个旨在控制锡价的政府间计划失败后,他曾针对伦敦金属交易所发生的一场危机争论了几个月。哥哥西蒙也诊断出患有癌症。他感到精疲力竭,便离开了生意场。

* * *

苏联的动荡惊醒了退出生意场的鲁本。自从20世纪70年代开始,环球公司在这个社会主义国家一直是重要的存在,它向全苏杂货进口公司出售锡,然后购买铝。但是,1992年当切尔诺伊走进鲁本在莫斯科的办公室时,苏联的整个体制正在崩溃。自20世纪80年代末以来,燃油交易商阿尔乔姆·塔拉索夫等人一直在削弱苏联中央机构对大宗商品出口的主导地位。1991年当整个国家解体时,这种削弱趋势已经由涓涓细流汇成了汹涌的浪潮。

解体中的苏联就如同一场大宗商品停业清仓大甩卖。石油、铝和铬等宝贵资源的价格可能仅为国际市场价格的四分之一。[11] 对交易商而言,如此低价就像一笔奖赏,令人垂涎三尺,难以拒绝。在投身其中的同时,交易商也帮助建立了一种新型经济体系。以前是苏联经济规划者决定了资源和现金在全国的流动方式,而现在扮演这一角色的是西方大宗商品交易商。

苏联庞大的工业企业受到了冲击。之前,工业体系指导它们生产何种产品，把产品运往何处，为它们找到原材料，给它们发放现金以支付工人工资，但是现在这个系统却戛然而止。矿场、油田、炼油厂、冶炼厂，甚至政府部门都没有钱支付工资，也无力购买维持运营的物资。绝望之余，它们开始直接与当地的投机商人或外国大宗商品交易商达成交易，彻底结束了全苏杂货进口公司等政府机构的主导地位。

此外，经济迅速下滑意味着国内需求崩溃，而可供出口的商品数量增加。几个月后，一些把金属出售给全苏杂货进口公司的交易商发现自己又买回了同一批金属，而且包装都没变，因为重点已经从满足苏联的工业机器变成了想方设法筹集资金。

对苏联国家的公民来说，这个时期可谓举步维艰。曾几何时，苏联帝国是何等强大，而眼下却出现了食物、衣服和现金短缺的状况。在苏联最后的日子，资金如同洪水般大量流失，新国家俄罗斯通货膨胀严峻，卢布崩溃。

然而，对西方大宗商品交易商而言，赚取巨额利润的机会无处不在。嘉能可公司交易员、后来负责铬铁合金业务的戴维·伊斯洛夫解释道："你们拥有如此庞大的生产设施，却没有销售渠道。这时来了几位优秀的西方交易员，他们说：'你们的所有产品我们都要，然后帮你们运到港口。'我们的交易就这样开始了。"[12]

在一个崩溃的经济体内做生意，交易员必须善于随机应变。他们会以每小时20美元的价格租用整架飞机，装上一箱箱的香烟和尊尼获加威士忌，这些东西是在西伯利亚城镇的偏远机场用来购买燃料的唯一"货币"。[13] 濒临崩溃的城镇都在苦苦挣扎。交易员会前往庞大的矿山和冶炼厂，这些矿山和工厂的老板都是苏联时代的"红色经理"，他们会在早上喝一杯或几杯伏特加，然后才开始开会。

1992年5月，鲁本前往莫斯科，目的是想了解这种新秩序，弄清楚自己是否可以有所作为。此时，整个苏联经济体系都在重组，他意识到这是一次千载难逢的机会。

对他构成障碍的是苏联工业组织方式的复杂性、隐秘性和反直觉性。以铝为例，苏联曾经是全球第二大铝生产国，仅次于美国。铝广泛应用于航空航天工业，对这两个冷战大国具有重要的战略意义。但是，苏联的铝工业并不集中，而是分散在全国各地。最重要的一些氧化铝精炼厂位于乌克兰最西部以及靠近蒙古边境的哈萨克斯坦东部。将氧化铝提炼为铝的大型冶炼厂一般位于俄罗斯的西伯利亚地区，距离出海港口数千公里。而且，由于距离遥远和新确立的边境线，这里的氧化铝供应也被切断了。

像列夫·切尔诺伊一样的人也纷纷来到这个混乱的地方。切尔诺伊出生于1954年，在塔什干长大。塔什干是一个熙熙攘攘的大都市，也是苏联位于中亚地区的重镇，但是存在一些尚待完善之处。和其他早期苏联企业家一样，切尔诺伊也是在苏联摇摇欲坠的体制阴影下走上经商之路的，利用体制的低效率谋取利益。他和哥哥米哈伊尔（他把自己的名字音译为迈克尔·切尔诺伊）一起，通过经营一家制鞋合作社赚了第一笔钱。他们租用了一家工厂闲置的场地和设备，购买了苏联体制下过剩的皮革和PVC废料。[14]当时，世界的确需要切尔诺伊兄弟与所有人保持联系，既包括莫斯科的官僚，也包括塔什干街头的权力掮客。[15]

随着苏联的解体,切尔诺伊兄弟很快就从制鞋业转向木材和铝等大宗商品交易。列夫·切尔诺伊一直在向哈萨克斯坦北部一家氧化铝厂的经理们销售产品。但是,就像苏联的其他企业一样,这些经理缺少现金。于是,他们就使用氧化铝"付款"。这些氧化铝需要在俄罗斯西伯利亚的克拉斯诺亚尔斯克的一家铝厂加工。铝厂也缺乏资金,所以就使用铝支付。

1992年5月那天,切尔诺伊在莫斯科向鲁本解释铝就是这么来的。但是,耳听为虚,眼见为实——鲁本还是想亲自看看。切尔诺伊丝毫没有犹豫:他提议两人应该搭乘下一班飞机前往西伯利亚。

那天正值星期五。鲁本表示反对,因为他一直在计划回伦敦度周末。另外,他并未准备好去西伯利亚,而且他连干净的衬衫都没有。

但是切尔诺伊却坚持要去。

于是,鲁本就这样第一次来到克拉斯诺亚尔斯克市。这座城市是17世纪由一支哥萨克军队建立的,后来成为苏联的一个重要工业中心。这里曾经设有一个苏联秘密基地,生产用于原子弹的核燃料。不过,这个基地在任何地图上都是找不到的。

克拉斯诺亚尔斯克市拥有100万居民,铝是其主要工业,市内有数不清的风格相同的公寓楼,其间点缀着一栋栋带有精美雕花的老式木房子。鲁本要参观的铝厂位于叶尼塞河的一个拐弯处,由一排排大厂房组成,每个厂房延伸长达半公里,里面摆满了盛放金属液体的大罐子。在几百公里以外的布拉茨克还有一个"姊妹厂",

这两个厂合起来就是全球最大的铝冶炼厂。

对鲁本来说,这次经历可谓大开眼界。克拉斯诺亚尔斯克冶炼厂的经理很担心,因为他没有足够的钱从市里购买食物。鲁本当场同意把款项预付给他,到时他可以用铝偿还。

鲁本深信自己无意中发现了一个千载难逢的好机会,便飞回了伦敦,说服哥哥到俄罗斯投资。他们拿出自己的大部分资产,再借了一些钱,全部投资俄罗斯的铝工业。他们要和列夫·切尔诺伊建立合作关系。

"列夫给我提供了如何在俄罗斯做生意的蓝图。"戴维·鲁本后来说。[16]

在克拉斯诺亚尔斯克,鲁本的环球公司与合作伙伴达成了一项协议——向工厂提供所需的氧化铝,工厂用生产的铝付款。20世纪80年代,马克·里奇公司的交易商威利·斯特霍特和曼尼·魏斯在牙买加和美国率先采用了这种交易方式。在环球公司等交易商的引领下,这种"来料加工"交易很快在俄罗斯铝业中流行起来。

戴维·鲁本负责把俄罗斯的铝销往世界各地,而列夫·切尔诺伊则负责处理生产交货等事宜。鲁本说:"列夫答应让下属住在工厂里,坐着火车到处跑,确保铝能准时交货。"[17]

鲁本兄弟解决资金问题,切尔诺伊发挥自己在当地的影响,他们的合作被证明是非常成功的,环球公司很快就成了俄罗斯铝业的主导者。它不仅仅进行来料加工交易。当俄罗斯政府开始抛售主要工业公司的股票时,环球公司立即出手买下了俄罗斯三大铝冶炼厂的股份。它还修建了新的基础设施,比如俄罗斯远东的一个港口,用来从澳大利亚进口氧化铝。

在苏联解体时，环球公司最大的潜在竞争对手马克·里奇公司却陷入了内讧，没有及时行动，结果坐失良机。此时，马克·里奇公司已经改名为嘉能可，以后将成为环球公司在俄罗斯最难对付、最具韧性的竞争对手。但是，在1992—1993年这一关键时期，它的实力遭到了削弱，并没有明确目标。这意味着对环球公司真正形成竞争的只有规模较小的公司，如新兴贸易公司AIOC、杰拉德金属公司和欧洲太阳矿业公司，后者是马克·里奇公司的前交易员与维多公司成立的一家合资企业。

在俄罗斯做生意，要承担巨大风险。保护私有财产的规则正在制定之中，关于是否允许环球公司等交易商继续持有俄罗斯自然资源行业的股份还不得而知。但是，在众多交易商中，只有鲁本甘愿冒险，因为他得到了切尔诺伊的鼓励。"我们是冒险者。正因为这一点，我们才来到俄罗斯。也正是因为有风险，在俄罗斯才看不到任何大型生产商，比如美国铝业公司和加拿大铝业集团。"戴维·鲁本说。他指的是美国和加拿大最大的铝生产商。"它们不愿意承担风险。只有我们这样的人才愿意。"[18]

在苏联解体后的一片混乱之中，大宗商品行业再次形成一种表面秩序——在新资本主义的俄罗斯，指导大宗商品生产和供应的不是苏联计划委员会，而是鲁本等交易商。

"在俄罗斯最困难的几年，我们跟环球公司的合作，对俄罗斯铝工业的复苏、基础设施的改造、为工厂提供营运资本和扩大生产能力都做出了重要贡献。"列夫·切尔诺伊说，"多亏了我们的努力，俄罗斯的铝工业才没有崩溃，俄罗斯才保住了自己的地位，成为世界铝市场的领导者之一。"[19]

* * *

根据一家投资银行的评估，到1994年第一轮私有化结束，环球公司在俄罗斯所有最大的铝冶炼厂都持有股份，而且都建立了贸易关系，这使环球公司成为世界第二大铝业公司，仅次于美国铝业。[20] 加上来料加工业务，环球公司经手的铝大约占到俄罗斯铝出口量的一半，有时可能更多——它供应的铝占全球铝产量的5%~10%。[21]

鲁本兄弟在俄罗斯下的大赌注得到了惊人的回报。环球公司由几十个甚至数百个实体组成，分布在从蒙特卡罗[22]到萨摩亚[23]的不同行政管辖区，但是从未公开过任何财务信息。据竞争对手和前雇员估计，在鼎盛时期，它的年收入可达数亿美元。1992—1997年负责环球公司物流业务的加里·布施说，来料加工业务"特别有利可图"。据他估计，20世纪90年代环球公司从与俄罗斯开展的这种业务中赚了大约30亿美元。[24]

早期俄罗斯国内铝的交易价格仅为全球价格的若干分之一，尤其是在卢布暴跌时期。当时，西方世界交易铝的利润率只有每吨5美元。但在俄罗斯，交易商每吨可以赚200美元，甚至更多。冶炼厂对氧化铝的需求使交易商在谈判来料加工业务时占据上风。后来，这个行业开始私有化，交易商能够以低廉的价格买下主要工业资产。

"我们赶上了一个财源滚滚的市场。"鲁本说。[25]

从俄罗斯出口的铝像浪潮一样波及全球市场。1990—1994年，超过250万吨的铝涌入伦敦金属交易所。[26]1988年，在曼尼·魏斯导致市场紧缩时，铝价一度涨到每吨4 000美元，如今则暴跌到了1 000美元。鹿特丹港是伦敦金属交易所的关键交货点，金属源源不断地运送到这里，结果仓库爆满，只好把金属堆放在外面。

对交易商而言，这是一个利润丰厚但充满危险的行业。[27]在苏联废墟中看到机会的国际商人并非只有鲁本兄弟。资源产业能让人一夜暴富，因此吸引了当地想发财的人，其中也包括犯罪分子。很快，环球公司等交易商发现当地的大亨和黑帮与自己展开了竞争。

在整个金属交易领域，苏联被称为"野蛮的东方"，这里是高风险的前沿阵地，只有勇敢者或莽撞者才敢前来冒险。俄罗斯知名寡头罗曼·阿布拉莫维奇后来在伦敦一家法庭上说："每三天就有一个从事这一行业的人遇害。"[28]

1995年，暴力事件蔓延到莫斯科街头。菲利克斯·利沃夫是莫斯科大宗商品交易公司AIOC的代表，他不仅充满自信，而且魅力十足，一直在推动与克拉斯诺亚尔斯克冶炼厂开展更多业务。但是，即使这个敢于冒险的商人也在担心生命安全。那年秋天，他带着几个保镖，动身前往莫斯科谢列梅捷沃机场，准备飞往哈萨克斯坦。

利沃夫雇来的保镖陪他去了机场安检处，看着他通过了金属探测门，然后返回了莫斯科。但是，利沃夫并没有登上飞机。在安检处和登机门之间的某个地方，两名身着制服的男子走了过来，告诉他跟他们走。一天后，他的尸体被人发现，身上满是弹孔。[29]

对于 AIOC 这家金属公司来说，这起谋杀是难以承受的打击。几个月后，它就倒闭破产了。

随着 AIOC 公司的消失，嘉能可在国际大宗商品交易商中成了环球公司的主要竞争对手。在克拉斯诺亚尔斯克，铝冶炼厂厂长与威利·斯特霍特相处得十分融洽，便邀请他及其团队到四周布满沼泽的针叶林进行为期三天的猎熊之旅。[30]

然而，熊并非嘉能可交易员面临的唯一危险。嘉能可的铁合金交易员戴维·伊斯洛夫正准备登机飞往哈萨克斯坦的阿拉木图，去完成一笔商业交易，突然嘉能可派驻阿拉木图的代表告诉他不要登机。他要会见的那个人已经死亡，有人发现他吊死在城郊的一个旅馆房间里。"我现在走进餐馆的时候，仍然面朝门坐着——这就是从那时候养成的习惯。"伊斯洛夫说。[31]

在克拉斯诺亚尔斯克，人们展开了最激烈的控制权之争。戴维·鲁本认为 20 世纪 90 年代中期环球公司被迫退出冶炼厂正是由这种竞争引起的。"1994 年，他们抢走了我们在克拉斯诺亚尔斯克的股份。"[32] 鲁本说，"这就产生了一个真空，吸引了众多竞争者，每个人都在争夺权力"。[33]

根据俄罗斯媒体的统计，共发生数十起与金属交易有关的谋杀案，媒体将这场斗争称为"伟大的爱国铝战争"。受害者既有环球公司的合作伙伴，也有它的竞争对手，不过鲁本一直否认他或他的伙伴参与了谋杀活动。他在 2000 年说："对环球公司在俄罗斯参与非法活动的任何指控都毫无根据。请让我在此澄清这一点。无论我

第六章　历史上最大规模的停业抛售　　155

们在哪里工作，环球公司都秉持一种不可动摇的原则和准则。我们不止一次成为非法行为的受害者。"[34]

* * *

然而，到20世纪90年代末，环球公司的麻烦接踵而至。环球公司在哈萨克斯坦已经遇到了困难，因为在一场逃避纳税的纠纷后，当地合伙人抢占了环球公司的资产。[35] 俄罗斯正在发生政治转变，领导人鲍里斯·叶利钦年事已高，权力正被削弱，弗拉基米尔·普京伺机成为下一任总统。他身边的人都支持俄罗斯成为更强大的国家，反对外国拥有俄罗斯的自然资源财富。与此同时，当地铝业大亨奥列格·德里帕斯卡已成为铝业一股不可小觑的力量。20世纪90年代初，他曾经与环球公司合作，但是现在已经自立门户。

鲁本兄弟悄然决定开始套现。他们在哈萨克斯坦解决了诉讼问题，获得了大约2亿~2.5亿美元的赔偿。[36] 他们与合作伙伴达成了一项协议，将自己在俄罗斯的铝资产以5.75亿美元售价出售给罗曼·阿布拉莫维奇管理的一个集团。鲁本兄弟谈起那些年的情况时说，多年来获得的利润加上套现所得，使他们拥有了"一笔巨额现金"。[37] 西蒙·鲁本在2000年说："近些年行业结构发生了变化，新公司不断涌现。我们看到有机会以优惠条件放弃一些利益，因此我们就积极争取。"[38]

鲁本兄弟并未坐享其成。他们拿出在苏联的冒险所得，投资伦敦房地产市场，买下了梅费尔区的大片土地。与20世纪90年代初把所有赌注都押在俄罗斯相比，这一决定更加有利可图。据《福布斯》报道，截至2020年，在英国富人榜上，他们兄弟二人的公司分别排在第四和第五位，人均财富估计为68亿美元。他们成了保守党的主要捐赠者，与首相来往密切。[39] 鲁本兄弟家族基金会向牛津大学捐赠了8 000万英镑，由此牛津大学在2020年宣布将成立30年来的第一个新学院——鲁本学院。[40]

　　对嘉能可来说，情况则完全不同。环球公司退出后，嘉能可在俄罗斯金属行业便失去了最大的竞争对手。德里帕斯卡最初是从距离克拉斯诺亚尔斯克几百公里的萨彦诺戈尔斯克铝冶炼厂抢购了股份，后来一直在大举收购俄罗斯其他铝业机构的控制权。此时，嘉能可成了他最密切的合作伙伴。2000年，德里帕斯卡达成协议，将俄罗斯大量铝业资产整合在一起，成立了俄罗斯铝业公司，他的冶炼厂再次需要氧化铝和现金。于是，嘉能可及时出手相助。据嘉能可莫斯科办事处前负责人伊戈尔·维什涅夫斯基说，嘉能可为俄罗斯铝业公司融资1亿美元，并向其供应氧化铝。他说："我们救了俄罗斯铝业公司，因为我们为他们进行了第一次融资，还向他们供应了氧化铝。"[41]

　　当时担任嘉能可首席执行官的伊凡·格拉森伯格意识到德里帕斯卡是正在崛起的俄罗斯铝业之王，便以朋友的身份向他示好。他们一起去斯坦福桥球场的VIP（贵宾）包厢观看切尔西队的比赛，这支球队是德里帕斯卡的同胞——铝业大亨罗曼·阿布拉莫维奇于2003年买下的。[42] 在球场他们与英国的权势阶层和名人有了接触。2007年，嘉能可、德里帕斯卡和另一批俄罗斯投资者同意合并各自的铝资产。这笔交易让俄罗斯铝业公司实际上垄断了俄罗斯铝市场,而嘉能可则是它与世界的纽带。

* * *

苏联的解体重新绘制了世界地图,一个崩溃的帝国诞生了几个新的国家,制造了一批新的亿万富翁寡头,他们的资金将在未来几十年流向世界各地。鲁本兑现了当初对切尔诺伊的承诺——两个人都发了大财。

但是,鲁本的影响力远远超出了自己的银行存款:松散的环球公司将成为新一代俄罗斯精英的精修学校,这些精英都是未来的寡头。正如切尔诺伊在2004年的一次采访中吹嘘的那样:"在俄罗斯的商业精英中,几乎一半都是我的门徒。"[43]

而且,这样干的不仅仅环球公司一家。20世纪90年代曾任嘉能可莫斯科办事处主任的卢西奥·吉诺维塞说:"我们赞助了一些寡头。他们开始成为其中一些公司的所有者,我们为他们提供资金。"得到吉诺维塞赞助的这些寡头,现在也位列俄罗斯最富有的顶级阶层。[44]

大宗商品交易商和俄罗斯未来精英的合作产生了广泛的影响。大宗商品交易商向早期的寡头们展示了如何出口自己的商品,帮助他们获得种子资本,然后通过种子资本在俄罗斯经济私有化时买下大量的经济资产。这些交易商将俄罗斯人与西方金融界联系在一起,在某些情况下帮助他们掌握了大宗商品交易商数十年来一直使用的避税港和境外空壳公司技巧。

例如，谷物交易商安德烈公司总部设在洛桑，它的交易员与当时势力最大的寡头鲍里斯·别列佐夫斯基建立了关系。别列佐夫斯基聪明、善变、傲慢，在20世纪90年代一度是俄罗斯最富有、最有影响力的人——用2004年在莫斯科遭到暗杀的著名美国记者保罗·克列布尼科夫的话来说，他是"克里姆林宫的教父"。安德烈公司的交易员向别列佐夫斯基说明如何将他的公司打造成基于无记名股票的瑞士实体机构——这意味着公司所有者并不在任何股东名册上。[45] 别列佐夫斯基在安德烈公司总部所在地的湖边小镇洛桑建立了一系列实体。作为交换，这家瑞士贸易公司成为别列佐夫斯基许多企业的合伙人。有几年的时间，其中一家企业几乎经手了俄罗斯国际航空公司的全部外汇收入，包括外国航空公司使用俄罗斯领空获得的巨额款项。俄罗斯国际航空公司是俄罗斯的国家航空公司，别列佐夫斯基持有它的股份。[46]

俄罗斯政治和商业权力性质向私有化转换，这非常契合大宗商品交易商的需求。曾为嘉能可驻莫斯科办事处负责人的维什涅夫斯基解释道："大家都想选一个合伙人。到底选谁呢？谁能带来滚滚财源呢？谁能增强财政实力呢？对幸存下来的各方而言，这是个双赢的局面。"[47]

* * *

对大宗商品交易商而言，这里就是财富之源。那些敢于冒险前往苏联"野蛮的东方"的投资者都获得了巨额利润,并非仅仅在俄罗斯的金属行业交易商才出现蓬勃发展的局面。苏联解体改写了从拉丁美洲到东亚的几十个一直受莫斯科庇护的国家的经济版图。任何地方都有大宗商品交易商的身影。

第七章

受资本主义影响的
社会主义

古巴革命陷入了困境。自从1959年菲德尔·卡斯特罗掌权以来，这个加勒比岛国一直依赖莫斯科的救济。但是，现在苏联已经不复存在，对古巴的经济支持也突然中断。古巴是设在美国后院的社会主义前哨，当时面临着各种物资短缺，无论是汽油、食品还是药品。

大街上的猫纷纷失踪，一只只出现在了餐桌上。路上没有车辆，因为压根儿就没有汽车燃料。历史上赫赫有名的海滨中心已经濒临崩溃。

但是，在20世纪90年代中期，一座光彩熠熠的现代大厦从古巴首都的废墟中拔地而起，这就是中央公园旅馆。大楼有意大利大理石墙体，镶嵌着玻璃，楼顶是棕榈树环绕的游泳池。这栋建筑既像炫目的娱乐宫殿，又体现了对共产主义的宣传，看上去很不和谐。旅馆正面带有拱形门窗，是新殖民主义风格，内部设有四家餐厅、一排商店和一个雪茄酒廊。宽敞的大厅里摆满了热带植物，墙上挂满了古巴革命英雄的肖像,这些英雄警惕地注视着摩肩接踵的美国游客和欧洲商人。

这家旅馆象征着卡斯特罗拯救国家经济的最后希望。他孤注一掷,放宽了对外国投资的限制,向大批富有的游客开放古巴的白色沙滩和殖民城市,想以此保持革命的活力。1999 年,这家拥有 281 间客房的旅馆盛大开业,卡斯特罗最亲密的顾问之一、古巴"事实上的总理"卡洛斯·拉赫称赞这个耗资 3 100 万美元的项目为古巴旅游业树立了榜样。在未来的岁月中,它将被官方认定为古巴第一家五星级酒店,接待来自世界各地的领导人和名人,包括美国众议院代表团、阿根廷足球运动员迭戈·马拉多纳、坎耶·维斯特和金·卡戴珊。[1]

古巴作为那片土地上的社会主义前哨,建造这座豪华酒店,是谁在为它买单呢?在经济危机的阵痛中,是谁无视美国制裁的风险,愿意在哈瓦那投资呢?它既不是精明的欧洲酒店开发商,也不是卡斯特罗的社会主义盟友。古巴第一家五星级酒店的第一个投资者不是别人,正是维多公司。

这家大宗商品交易商于 1994 年启动该项目,进军酒店业务。这是一次与传统迥异的决定,超越了公司大宗商品交易的传统业务。在雄心勃勃的原油交易商伊恩·泰勒的激励下,维多公司几年来一直在向古巴出售燃料,但是古巴资金短缺,当时已债台高筑。因此,维多公司正在想方设法把钱赚回来,而旅游业似乎是最佳机会。"古巴的经济增长将通过旅游业实现。"维多公司对哈瓦那的负责人恩里克·卡斯塔尼奥解释说。与此同时,他宣布斥资 1 亿美元在古巴建造 6 家酒店。[2]

维多的酒店战略显示苏联解体对全世界产生了巨大影响。根深蒂固的贸易网络和经济依赖关系一转眼就分崩离析。许多外国投资者不愿拿着资金和声誉到那些直到最近还属于苏联势力范围的地方冒险。但是大宗商品交易商却截然不同：它们支持资金短缺的国家通过赊账的方式供应石油和食品，它们为之前属于社会主义阵营的各个国家的项目投资，它们还将自然资源供应从中央计划者青睐的对政治有利的供应链转移到价格最高的地方。

这就是维多公司在古巴建造豪华度假村的原因。从此之后，这里只使用市场逻辑。这是一门大师课，讲述大宗商品交易商是如何超越政治的——它们正在介入古巴，取代旧时的苏联体系，并在此过程中帮助维持卡斯特罗等人的社会主义政权运转。而它们做的这一切都是通过与伦敦和纽约的金融市场建立联系来实现的。

全球经济版图中有如此大的一块区域需要重新分割，对交易商而言无疑是一份厚礼，能趁机开辟一大块新地盘，提供更多大宗商品交易的机会。20 世纪 90 年代初，投奔俄罗斯的交易商发了横财；但是在整个社会主义世界，发财的机会甚至更多——从拥有大量石油资源的安哥拉，到黑海的重要炼油中心罗马尼亚，再到拥有丰富矿藏的哈萨克斯坦。在那个时代，冷战造成的意识形态分歧消失了，唯一重要的就是经济和钱。当然，至少从 20 世纪 50 年代起，这一直是交易商从事交易的核心原则，而且它们欣然接受了自己在新经济秩序中的角色。

* * *

如果说有一个交易商体现了那个时代的精神,那就是伊恩·泰勒。像过去的交易商一样,他拥有必备的冒险精神,随时待命飞往哈瓦那会见菲德尔·卡斯特罗,或者飞往马斯喀特会见阿曼苏丹,甚至飞到饱受战争蹂躏的班加西与利比亚反对派达成协议。但是,他比马克·里奇和约翰·多伊斯等交易商更为圆滑,在政治上也更加老练。甚至当他代表维多公司到世界各地寻找石油进行贸易时,他也会确保公司的名字在西方权力的走廊上得到认可。

1956年,伊恩·泰勒出生于伦敦西南部一个有着苏格兰血统的家庭。他在曼彻斯特长大,父亲是这里的化工巨头英国卜内门化学工业有限公司(ICI)的高管。他成为石油交易商纯属偶然。他在牛津大学学的是哲学、政治学和经济学,这些课程被认为是通往政治生涯的捷径。但是,泰勒为了挣更多的钱,申请了几家公司的工作。收到工作录用通知后,他发现其中一份工作的年薪比其他工作高出200英镑。于是,他接受了这份工作,这家公司就是壳牌公司。

泰勒小时候就对冒险充满兴趣,这有助于他在石油贸易领域大显身手。跟随父母移居革命前的伊朗后,泰勒喜欢在德黑兰度过学校假期。年轻时,他曾经搭便车从伊朗到了阿富汗的首都喀布尔。当壳牌公司招聘新人前往委内瑞拉首都加拉加斯工作时,泰勒欣然接受了这个机会。

泰勒不会讲西班牙语,但是却像其他年轻人一样酷爱旅游。1979年,在石油市场动荡之际,泰勒来到了加拉加斯。不久,他就在加拉加斯一家高档酒店的游泳池边与欧佩克的部长们一起喝起了啤酒,而这些部长都是来委内瑞拉首都参加会议的。对这位年轻的石油交易员而言,这段时光的确激动人心。他走遍了整个中美洲,在海地、多米尼加共和国和巴巴多斯买卖成品油。他在苏里南时正好遇到了政变,不得不在一家妓院过夜,因为这是城里唯一一栋两层建筑,比流落在大街上要稍微安全一些。他去牙买加时,壳牌公司给他配备了一把枪(但是并没有教他如何使用)。

"真是太美妙了,太有趣了。"泰勒这样评价自己在加拉加斯的时光。[3] 正是在加拉加斯,他结识了克里斯蒂娜,并在彻夜狂欢后的凌晨向她求婚,最终喜结连理。

泰勒的下一站是新加坡,这里是开发亚洲石油市场的前沿。结果,他很快就脱颖而出。他精力充沛、热情高涨,并将这种精力和热情同样投入商业活动和社交生活。他聪敏过人,富有魅力,所到之处广交朋友。

摩根士丹利石油业务负责人科林·布赖斯说:"泰勒之所以成功,关键是因为他属于少数健谈、善于沟通和联络的人,而且他能够将这些优点转化为商业利润。"布赖斯在石油市场拥有丰富的经验,许多年都是泰勒最难对付的竞争对手之一。[4]

泰勒的商业意识首先引起了维多公司的注意。戴维·贾米森是维多公司早期的合伙人,当时负责公司的亚洲业务。他曾将一大批燃油运往新加坡,然后出售给其他分销商。在所有这些分销商中,伊恩·泰勒是唯一一个正确计算出贾米森交易成本的人。

贾米森回忆说:"我从他身上几乎没赚到钱。我一直记着这件事,所以就邀请他共进午餐,告诉他必须到维多公司来工作。"[5]

有些顶级交易员举止粗鲁,恃强凌弱,但是泰勒却截然不同,他擅长社交,因此能够在人际关系至关重要的行业取得成功。他可以像任何政治家一样侃侃而谈,让听者心服口服,他本能地知道如何赢得众人的支持,记住他人家庭生活的细节,始终信守自己的承诺。他具有天生的表演者的魅力。一位同事记得泰勒曾经说过,如果他可以和世界上任何人互换身份,他一定会选择当时世界著名的音乐人"王子"普林斯。有位石油交易商同行回忆说:"他总是喜欢引人注目,如果是在舞池跳舞,他绝不满足于默默地移动脚步。"[6]

泰勒的个人风格非常适合那个时代。冷战结束标志着美国霸权时代的开始,一个逃避美国司法追捕的人不可能再像马克·里奇曾经那样领导一家大型大宗商品交易公司。全球大宗商品交易的扩大、期货和期权的兴起,使市场变得更加高效,贸易公司需要具备一定规模才能获得成功。为此,它需要不受限制地进入金融市场,并获得美国和欧洲银行的信贷额度——最重要的是,它需要得到尊重。泰勒正是确保维多公司在伦敦和华盛顿的权势集团中拥有朋友和人脉的人。在接下来的几十年里,维多公司将继续像马克·里奇那样行走在刀锋上,但是泰勒的闲适魅力和越来越多的联系人赋予了公司在那个时代所需要的体面形象。

泰勒从事石油交易几十年,积累了大量财富,完全有能力一掷千金,满足个人嗜好——他购买了一辆银色的阿斯顿·马丁和大量的艺术藏品。但是,他真正酷爱的一直是贸易。多年后,在与喉癌抗争时，他陷入了昏迷，但是他产生的幻觉仍然是天才商人的幻觉。他回忆说："我以为……自己飘浮在太空中，在为地球进行交易谈判。"[7] 手术几天后，他就回到了交易大厅，对此维多公司的同事们并不感到意外。

* * *

20 世纪 90 年代初，古巴是大宗商品交易商追逐的炙热之地。泰勒是一颗冉冉升起的新星，即将在维多公司担任最高职位。他对前往古巴丝毫没有犹豫。菲德尔·卡斯特罗很快就把他视为忠诚的同志，而维多则成为古巴经济困难时期的关键债权人。

维多并不是第一家发现古巴潜在利润空间的贸易公司，这个荣誉属于马克·里奇公司。自 20 世纪 60 年代以来，苏联就通过以石油换糖的大规模交易支持古巴。莫斯科为古巴提供了 90% 甚至更多的进口石油，但大部分都是以补贴价格出口。而这个加勒比海岛国糖产量巨大，是当时世界上最大的糖出口国，它生产的糖大部分都运往了俄罗斯。[8] 这种做法在政治上合情合理，但是却不合商业逻辑：苏联的石油更接近欧洲的炼油厂，而距离古巴更近的国家可以轻易地向古巴提供石油。与古巴进行糖交易也面临同样的问题。

20 世纪 80 年代末，马克·里奇公司的交易员制订了一个解决低效问题的计划：他们将委内瑞拉和墨西哥的石油运往古巴；作为交换，苏联的石油将被运往意大利和地中海其他地方的炼油厂。同样，古巴的糖可以销往美洲的其他国家，而俄罗斯和东欧附近的供货商可以满足其糖需求。这样安排，对双方都有利。对古巴人和苏联人而言，可以节省数百万美元的运输成本。据一个直接参与此事的人说，马克·里奇公司的"利润非常可观"[9]。

苏联开始解体时，古巴突然对这些交易商有了更多需求。没有了莫斯科的支持，卡斯特罗被迫接受国际市场上石油和糖的价格。1990年8月，伊拉克入侵科威特，古巴感受到了油价飙升的巨大冲击。食糖价格暴跌，似乎所有市场都在密谋对抗古巴。

古巴几乎无法承受这种打击，经济进入了困难时期，这段时期被称为"和平年代的特殊时期"。没有莫斯科的援助，古巴的各种基本产品都出现了严重匮乏。卡斯特罗告诉古巴人民要做好最坏的打算。他在1990年1月说："我们不能自欺欺人。我们没有大型石油或天然气管道，也没有电力线路或铁路通信。我们只能出口一些原材料和食品。我认为它们并非毫无价值，但是完全不像能源那样具有强大的影响力。"[10]

卡斯特罗现金短缺，急需石油，但是已经别无选择。于是，他把目光转向了大宗商品交易商。马克·里奇公司是第一个参与古巴石油换糖交易的公司，但是没过多久，里奇的竞争对手也纷纷飞到古巴寻找商机。

泰勒很快便发现了机会。几年前加入维多公司时，他的部分职责就是在原油交易方面挑战马克·里奇公司和菲布罗能源等公司，而古巴恰好有潜力成为大客户。当时，由于马克·里奇公司内部发生矛盾，泰勒经过努力，很快就让维多公司取而代之，成为古巴的主要大宗商品交易商。他成了菲德尔·卡斯特罗的马拉松式晚宴[①]的常客，在哈瓦那革命宫坐到深夜，聆听这位频繁抽雪茄的古巴领导人畅谈天下，从地缘政治一直讲到大宗商品市场的复杂性，偶尔还会向听众提个问题，检查他们有没有睡着。一个是世界上为数不多的社会主义国家领导人之一，一个是最热心的资本家，两人之间的关系并不和谐。然而，他们的关系至关重要：在古巴经济形势绝望之际，交易商为卡斯特罗提供了一个解决经济问题的方案。

泰勒和其他交易商设想的计划是升级苏联时代的食糖换石油协议，进入资本主义时代。实际上，这些交易商将扮演莫斯科之前的角色。他们同意在收获前几个月就购买古巴的糖，为古巴政府提供急需的资金。然后，哈瓦那政府将用这笔资金从交易商手中购买石油和燃料。接下来，古巴用糖偿还交易商，从而完成整个交易循环。交易的一方是大宗商品交易商和愿意为此提供资金的一批欧洲银行，另一方是负责糖、金属和石油交易的两家国有公司——古巴糖业出口公司和古巴矿物与金属进出口公司。

维多公司是冷战后古巴吸引来的最积极的大宗商品交易商之一。1992年，它设立了糖交易业务，在瑞士成立维多糖业有限公司，这是维多和古巴政府的一家合资企业。[11]巅峰时期，公司经手的糖占据全球自由交易糖的5%。[12]维多甚至短暂地在吉尔吉斯斯坦投资了一家制糖厂，将古巴产的一部分甘蔗运送到这里。[13]到1993年，维多公司向古巴矿物与金属进出口公司运送了价值3亿美元的

[①] 这里是指卡斯特罗举办宴会的时间过于漫长。就像曾经做过一次7小时15分的演讲一样，卡斯特罗举办宴会有时长达7个半小时，甚至十多个小时。——译者注

燃料。[14]

对卡斯特罗而言，在国家最困难之际，正是这些交易商出手相助，拯救了古巴的财政。古巴的部长们为筹集资金焦头烂额，但是这群来自资本主义国家的交易商却没费吹灰之力。在与苏克敦集团的蔗糖贸易负责人塞尔日·瓦尔萨诺会面后，卡斯特罗说："我不知道你们是怎么借到这10亿多美元的，但是我们将优先偿还这笔钱。"[15]

如果没有这些交易商，古巴政府在20世纪90年代初肯定无法筹集到资金。它依赖维多这样的公司——甘愿冒着巨大风险，将赌注押在古巴政府是否讲信用上。在此过程中，因为古巴经济陷入困境，维多公司积累了大量财务风险。相对于当时的贸易公司规模，这个赌注很大胆，就像20年后维多公司与利比亚反对派的交易一样。戴维·弗朗桑回忆道："相对于我们公司的规模，这种投资风险很大，太愚蠢了。"弗朗桑是维多公司在百慕大的代表，负责公司在古巴的许多投资。[16]

维多并不是看到古巴潜力的唯一一家公司。马克·里奇公司前石油主管克洛德·多芬没有忘记古巴石油交易初期带来的利润。创立托克公司后，他很快就前往古巴寻找商机。在他达成的交易中，有一笔是托克公司帮助古巴的石油和成品油库存解决融资问题。

但是，对这些交易商来说，赚钱并非轻而易举。古巴偿还贷款的能力，在很大程度上取决于糖的价格、甘蔗作物的收成和国际市场石油价格之间的微妙平衡。由于缺乏进口化肥和杀虫剂，古巴的糖产量在20世纪90年代初大幅下降，使情况变得更加糟糕。[17]产量从1989—1990年的800万吨减少了一半多,到1994—1995年只有330万吨。[18]

那些向古巴出售石油的交易商,本来指望在将来能够从古巴进口糖,结果糖产量大幅减少,这意味着要等待几年甚至几十年才能把钱拿回来。交易商前往哈瓦那常常不是为了签署新协议,而是为了保证能够履行过去签署的协议。随着糖类作物产量下降,交易商就只能别出心裁,通过其他方法拿回报酬。

对维多公司来说,收回在古巴投资的方法是涉足酒店业务。到20世纪90年代中期,卡斯特罗已经认识到必须向外国资本打开国门,寻找糖以外的外汇收入来源。旅游业似乎是理所当然的解决方案。这位古巴领导人决心为大宗商品交易商朋友们找到合适的投资项目,于是用船载着泰勒及维多团队的其他成员在海岛四周巡视,寻找除了中央公园以外的酒店投资地点。有一次,这些大宗商品交易商乘坐卡斯特罗的一架苏联米-8私人直升机在白色沙滩之间飞行。由于加勒比海的天气十分炎热,他们都浑身冒汗地坐在飞机配备的大型皮革扶手椅上。弗朗桑说:"我们当时都在想方设法运送石油,通过某种方式赚钱。"[19]

早在20世纪90年代初,美国政府就开始调查这些商人在古巴的活动。自从古巴革命以来,美国一直对古巴实行禁运。1996年,美国国会通过了《赫尔姆斯-伯顿法案》,加强了对古巴的封锁,并惩罚在古巴做生意的非美国公司。

意识到与华盛顿对抗的风险,维多公司创建了一个从瑞士到百慕大的公司网络,防止在古巴的交易受到美国监管机构的影响。它的酒店投资是通过黎明控股公司与古巴国家旅游公司一起进行的。其中，维多公司的股份属于百慕大和瑞士的一系列空壳公司：第一个空壳公司是日出有限责任公司（百慕大），它的所有者是维多能源（百慕大）有限公司，而这个能源公司又属于维多控股有限责任公司，这是维多公司的一家瑞士控股公司。[20]

交易商在讨论古巴业务时会使用暗语，将其称为"海岛交易"[21]。维多公司小心翼翼，不让它在休斯敦或纽约办事处的任何人参与这些交易。弗朗桑回忆说："不能涉及美国人、美国实体、美元，与美国有关的都不行。"

尽管表面大张旗鼓，但是维多公司的心思并未全放在酒店业务上。就在宣布进军古巴酒店业务几年之后，维多公司悄然出售了自己的酒店业务，但它仍在努力维持与古巴的关系。泰勒此时已经是维多公司的首席执行官，他每年都会访问古巴，好让古巴人永远记得在最困难时是谁帮助了他们。有一次，他在哈瓦那见到了英国贸易部长，两个英国人不知不觉和卡斯特罗一直坐到凌晨4点。他们喝光了古巴窖藏的最后两瓶1956年产的波尔多葡萄酒，这是法国总统弗朗索瓦·密特朗送给卡斯特罗的礼物。[22]

在座的一个是石油交易大亨，一个是英国政治家，一个是社会主义革命的游击队领袖，这的确是一个奇怪的组合。然而，在某种程度上这符合时代的特点。在那个时代，金钱比意识形态更为重要，大宗商品交易商的影响力延伸到了世界各地越来越多的总统官邸。

正如中央公园酒店的第一任经理所说："这场始于1959年的革命，正在资本主义的影响下日益适应现代社会。"[23]

* * *

苏联解体的影响波及了全世界，大宗商品交易商也相时而动，准备从政治格局的变化中谋取利益。这为在更多国家、以更大规模发展和买卖大宗商品提供了新的机会。苏联解体后诞生了从波罗的海的立陶宛到中亚的土库曼斯坦等15个新国家。随着冷战的结束，世界上许多由美国和苏联提供资金和武器引发的冲突宣布停火。莫桑比克、安哥拉、尼加拉瓜、萨尔瓦多和危地马拉的长期内战也终于落下帷幕。

从某些方面来说，在俄罗斯以外的地区，这种转变更为艰难。社会主义阵营的其他东欧国家不仅必须想法或多或少地向资本主义制度转变，而且还失去了许多人赖以生存的苏联的救济。从中美洲到中亚，各国都不得不与市场打交道，而在此之前它们都是依赖莫斯科的雄厚财力。几乎无论是哪种情况，大宗商品交易商都伸出了援助之手。

20世纪90年代，要想在资本主义的前沿蓬勃发展，就必须愿意在各种危险的地方做生意。在中亚与阿富汗接壤的塔吉克斯坦，马克·里奇公司和当时的嘉能可在苏联解体最血腥的冲突期间为政府提供资金，购买其主要出口产品铝。后来担任嘉能可莫斯科办事处负责人的铝交易商伊戈尔·维什涅夫斯基回忆说："实际上，这是一笔令人震惊的生意，因为发生的是一场内战。有点冒险，因为没有人真正知道这场权力斗争将何去何从。"[24]

其次，还要求交易商具有创造性，想方设法从那些没有能力为

第七章　受资本主义影响的社会主义　175

他们的服务或商品付钱的国家获利。那是一个疯狂的以物易物时代——很少有国家或公司手头有现金,因此交易商成了用一种商品交换另一种商品的专家。

"有些人不顾一切地想出售东西,但是他们却不知道如何出售,因为全苏杂货进口公司即将倒闭,而且没人知道怎么付款。后来,我们意识到不必非得用现金支付,可以用别人需要的东西来支付。"[25] 丹尼·波森说。1992年波森曾担任马克·里奇公司莫斯科办事处的负责人,后来离职联合他人创办了托克公司。

马克·里奇公司绝非个例。在乌兹别克斯坦,嘉吉公司同意通过以货易货的方式,用苏联加盟共和国乌克兰的玉米购买棉花。[26] 瑞士交易商安德烈公司是世界第五大谷物交易商,也擅长易货交易。它向古巴提供奶粉,并接受雪茄作为报酬。它还用谷物交换北朝鲜的金属。[27]

但是,在所有试图从混乱的后社会主义国家获利的贸易公司中,维多公司的转变是最引人瞩目的。20世纪90年代初,该公司一直是一家中型企业,主要经营成品油;到90年代末,它已成为世界上最大的石油交易商。从1990年到1999年,公司交易额增长了两倍。[28]

"维多是世界上最大的独立石油经销商。"公司可以一直自夸到90年代末,"没有任何一家其他公司能像维多这样以实际交易覆盖全球的所有市场"。[29]

维多公司起步时的规模要小得多。1966年8月,两个30岁出头的荷兰人——亨克·菲托尔和雅克·德蒂杰创办了这家公司,他们在莱茵河上用驳船买卖成品油，打算碰碰运气。他们利用"菲托尔"和"石油"两个词中的字母为新公司命名。他们的初始资本是1万荷兰盾（当时约合2 800美元），是从菲托尔父亲那里借的。德蒂杰记得菲托尔的父亲提醒他们俩说："你们有6个月的时间——如果干不好，就退出。"[30]

这两位交易商很幸运。他们在石油交易领域迈出第一步的时候，恰逢石油市场即将迎来一个繁荣时期。他们把经营的地盘设在鹿特丹，而鹿特丹即将成为全球石油市场之都。到1967年年底，仅仅经营了17个月，公司的第一笔利润就达到了240万荷兰盾（约合67万美元）。[31]

更多的利润继续被纳入囊中，维多公司将业务扩展到了荷兰以外，在瑞士、伦敦和巴哈马设立了办事处。1973年，也就是第一次石油危机发生的那一年，维多公司赚了大约2 000万美元。[32]同年，菲利普兄弟公司的税前利润为5 500万美元。[33]它开始寻找新的投资场所，甚至成立了一家子公司投资艺术。维多公司在其年度报告中指出，这家子公司"很有吸引力，它把投资意识和收藏家爱好融为一体"[34]。它投资的对象包括现代绘画、俄罗斯人物画像和中国微型画像。

1976年，在开始合作10年后，德蒂杰和菲托尔分道扬镳。他们在风险偏好上发生了冲突：菲托尔想把交易利润用于油田投资；德蒂杰则更为保守，倾向于做贸易。菲托尔拥有90%的股份，他离开公司后，德蒂杰接任总裁一职。大部分股份（72%）由他和其他三名高级员工占有。[35]在鹿特丹运河沿岸，在一座小巧的玻璃外墙办公楼里，德蒂杰经营的公司即将在成品油市场占据重要一席。这个荷兰人穿着剪裁考究的西装，抽着昂贵的雪茄，把人际关系处理得非常融洽，经常带着鹿特丹石油工业的精英们轮番出去吃午餐。[36]

但是，对维多公司而言，归根结底是鹿特丹的荷兰交易商和英国伦敦的交易商之间的一场比赛，这场比赛将决定维多未来20年的命运。随着石油交易世界演变成鹿特丹市场的赌场，冒险和投机已经蔚然成风。戴维·贾米森回忆说，他"做的投机生意越来越多"[37]。贾米森以后将接替伊恩·泰勒，当时他正负责维多公司的伦敦办事处。但德蒂杰仍然对潜在的不利价格走势感到不安，因为这可能会导致他的公司在一夜之间倒闭。德蒂杰的谨慎得到了回报：虽然早期的许多交易商在开始交易的几年内就消失了，但是维多公司却屹立不倒。

到20世纪80年代中期，维多公司每天处理的成品油约为45万桶。这使它在某些利基市场占据了重要地位，比如向发电站供应燃料油，或者在欧洲大陆用驳船运输柴油。但它还没有在世界上最大的市场——原油市场上崭露头角。早在20世纪70年代初，维多公司就涉足原油行业，在瑞士设立了一家名为"原油贸易公司"的子公司。但是，维多公司一直在极力寻求认可，它在1970年的年报中指出："要说我们的原油贸易公司在市场上已经受到热烈欢迎，这的确是夸大其词，因为大型石油公司从来不会对悄然出现在生产商和消费者中间的中介机构抱有好感，这是公开的秘密。"[38]

这种不利形势使维多公司直到20世纪80年代中期才开始经营

原油。但是，它与东欧集团的各个国家的贸易机构建立了良好的关系。然后，随着苏联石油产量急剧上升，除了通常的成品油外，苏联还提出向维多公司出售原油。在前几批货物亏损之后，维多公司的管理层决定他们应该雇用一个熟悉原油的人。于是，他们找到了壳牌公司的年轻交易员伊恩·泰勒。这个决定非常有先见之明：因为社会主义秩序的崩溃为维多公司等交易商开辟了各种新的供货渠道，原油将成为维多公司的未来。

在1985年加入维多公司后，泰勒一路高升。1990年，大约40名交易商以2.5亿荷兰盾（约1.4亿美元）买下了德蒂杰和其他早期合伙人股份，泰勒便是其中之一。这次管理层收购由荷兰银行（ABN）提供资金，维多公司的荷兰交易商之一托恩·冯克出任首席执行官。

那些年，泰勒在世界各地奔波，打造了维多公司在原油市场的地位。苏联的解体引发一波新的资本流入国际市场，为维多公司创造了绝佳机会。泰勒不仅仅在古巴看到了潜力。维多公司还在莫斯科设立了一个前哨，吸引了喜欢冒险刺激的交易商，其中一位交易商驾驶苏联的军用吉普车，戴着夜视镜，关掉车头灯，拉着来访的高管在红场参观。[39]维多公司还强势进入其他苏联加盟共和国，与哈萨克斯坦、土库曼斯坦等国家达成协议。

然而，在苏联这个"野蛮的东方"，维多公司并非事事顺利。公司最大的失策是涉足金属市场，试图效仿环球公司、马克·里奇公司等追求铝交易的惊人利润，但是结果却没有那么幸运。1991年，维多公司和一伙前马克·里奇公司的员工成立了一家合资企业——欧洲太阳矿业公司，从事金属交易。公司开局不错，与俄罗斯的铝冶炼厂达成了来料加工协议，并收购了一家俄罗斯锌厂。公司甚至在荒凉的工业城市车里雅宾斯克投资了一家酒店——这与它在古巴的冒险投资类似。

但是在1995年，欧洲太阳矿业公司的资金开始大量流失。最大的问题是该公司所说的"收到了大量不合格的铝板"。[40]实际情况则是公司上当受骗。公司购买了价值数千万美元所谓的铝，然后这些金属就开始生锈——显然，这并不是铝。维多不得不花费9 600万瑞士法郎（约8 500万美元）来维持欧洲太阳矿业公司的运营。[41]

泰勒不仅在东欧的前社会主义国家进行石油交易，他还重返童年时经常涉足的伊朗，在维多的荷兰合伙人已经建立起来关系的基础上谋求进一步的发展。他从利比亚的卡扎菲上校和阿曼苏丹那里购买石油。他还冒险进入了尼日利亚，而这个国家是非洲不断发展的石油工业的贪污腐败中心。

1995年，冯克退休，泰勒成了维多公司的首席执行官。这是伦敦办事处与鹿特丹拉锯战取得的胜利。现在，维多公司完全体现了英国人的特点，丢弃了荷兰管理层的保守。"伦敦开始掌控公司的发展，荷兰人的控制减少了。"泰勒说，"荷兰人很棒，但是他们只想朝九晚五，不想加班。这很快就让他们无法适应公司的要求。"[42]

此时，维多公司更加锐意进取，更喜欢冒险去世界一些最棘手的角落买卖石油。这是把维多公司打造成真正意义上的全球贸易公司的绝佳时刻：前社会主义阵营融入全球经济，为交易商发展壮大提供了难得的机遇，手机和互联网等技术的日益普及使跨越天南海北以及在不同时区进行交易变得更加便捷。到 90 年代末，维多公司已经差不多超过嘉能可，成为全球最大的石油交易商，[43] 而泰勒也即将在大宗商品交易行业的史书中奠定自己的地位。

* * *

东欧剧变后的混乱局面，对那些能够成功应对的大宗商品交易商来说是一种福音。但在 20 世纪 90 年代初，去那里从事贸易也具有挑战性：规章制度不断变化，有时相互之间还会发生直接冲突；从工厂到总统官邸，各个层面都腐败不堪；经常发生血腥冲突，到处都是野蛮的权力掮客。正是由于这些原因，许多西方公司对这些地区退避三舍。那些不顾一切进入这些地区的大宗商品交易商虽然账户资金暴增，但是声誉受到了玷污。

例如，尽管南斯拉夫在一系列残酷的战争中四分五裂，但是维多公司仍然为其提供燃料。联合国已经对卷入波斯尼亚血腥冲突的塞尔维亚领导人斯洛博丹·米洛舍维奇政权实施制裁。后来，在 1995 年年底达成和平协议后，制裁被解除。维多立即开始向米洛舍维奇领导的国家运送燃料。与客户发生争端后，维多付钱雇了一个臭名昭著的塞尔维亚军阀帮助解决问题。泰勒在维多公司的得力助手鲍勃·芬奇飞赴贝尔格莱德（塞尔维亚首都），会见一个拖欠维多款项的人。这个化名阿尔坎的军阀也参加了这次见面，维多为此支付了 100 万美元。不管巧合与否，欠维多的债务很快就还清了。一年后，阿尔坎被指控犯有反人类罪，包括对数十名波斯尼亚

第七章 受资本主义影响的社会主义

人进行种族清洗。[44]这件事情公开后，芬奇说："我见过阿尔坎一次。我同意，这件事情看起来的确不太妙。"[45]（维多说自己的员工在见面前并不知道阿尔坎是谁，他们付钱给他是因为担心自己的安全。）[46]

嘉能可在这些地区的表现也并非总是令人钦佩。马克·里奇已经离开公司，但是嘉能可在很大程度上仍是他创建的公司：敢于冒险，善于创新，愿意篡改规则。

1995年4月28日，在里奇永远离开公司的几个月后，嘉能可与罗马尼亚的一个政府机构签署了一项向该国供应石油的协议。这项合同并无特别值得注意的地方。但是数年后，当此事作为一场法律诉讼的一部分浮出水面时，它提供了一扇窗口让大家了解嘉能可的内部运作——也让人得以了解在苏联解体后的混乱世界中，大宗商品交易商们所从事的各种不道德行为。

对石油交易商而言，罗马尼亚是一个重要客户。黑海沿岸的康斯坦察港使罗马尼亚成为重要的区域枢纽。罗马尼亚的炼油能力接近每天50万桶，在可以满足自己消费的同时，向内陆邻国出口大量过剩的汽油、柴油和其他石油产品。

自马克·里奇时代以来，嘉能可就一直在罗马尼亚开展业务，1995年签订的合同就是这种关系的延续。根据协议，嘉能可同意向罗马尼亚供应某些预先商定的原油品种——伊朗重油、来自埃及的苏伊士海湾混合原油以及来自俄罗斯的乌拉尔原油。

并非所有的石油都是相同的。炼油厂通常加工40~50种不同的品种。每一种石油都有自己的化学指纹：一种是看起来像橘子酱的重质原油，精炼后会产生大量的燃油，但几乎不包含柴油和汽油；还有类似食用油的轻质原油，能生产更多的汽油和石化产品。每种石油的硫、重金属和其他杂质含量都不相同。每种石油都有自己的价格。嘉能可同意交付给罗马尼亚的三种石油都是广受欢迎的石油等级，市场价格也众所周知。

但是，嘉能可并未兑现承诺的石油等级。相反，在几年的时间里，嘉能可交付了其他各种价格便宜得多的石油，并伪造了文件蒙蔽罗马尼亚人。嘉能可再次使用马克·里奇开创的埃拉特至阿什凯隆输油管道，在阿什凯隆港把不同的石油混合起来，看上去类似协议中答应的石油等级，但是这些混合的石油其实是来自也门、哈萨克斯坦、尼日利亚和其他地方的其他品种的原油。这些混合石油从来就不是一模一样的，都是由嘉能可使用手头的石油混合而成的。只不过目标始终如一，那就是模仿嘉能可合同中规定的石油等级的化学组成，这样对公司来说成本更低。嘉能可一度将原油与便宜得多的成品油进行混合，然后把这种新的混合油当成原油供应给罗马尼亚。

这证明利用东欧前社会主义国家谋取利益是何等容易，在这些国家很少有官员了解大宗商品交易的复杂性，而那些了解内幕的官员往往一笔小钱就可以买通他们。在英国高等法院的一项裁决中，大法官弗洛克斯裁定嘉能可制造了"一套假文件"，包括舱单、商业发票和保险协议。法官在结束判决时表达了"对嘉能可欺诈行为的强烈愤怒和不满"，并命令嘉能可向罗马尼亚人支付 8 900 万美元的赔偿金。[47]

*　*　*

尽管苏联解体给富有创造力的交易商带来了很多机会,但是20世纪90年代对大宗商品交易行业仍然充满挑战。当时,全球经济处境艰难,大宗商品价格一直很低,交易商很难赚取巨额利润。接二连三的经济危机袭击了几个大宗商品交易商大量投资的国家和地区:首先是1994年的墨西哥,其次是1997年以后的东南亚,然后是1998年的俄罗斯主权债务违约,最后是次年的巴西金融危机。

成本也在上升。20世纪90年代,在联系更加紧密、更加金融化的市场,大宗商品交易商仅靠供应某一特定市场已经不够,越来越有必要在世界的每个地区都设立办事处。这意味着要为建立昂贵的办事处网络和雇佣更多员工提供资金。

更糟糕的是,由于新兴市场危机严重影响了大宗商品需求,交易商在油田、炼油厂、饲料场、矿山和冶炼厂等资产的投资上陷入了困境。1998年,平均油价仅为每桶12美元,是伊朗革命以来的最低水平。

对大宗商品交易行业而言,这是一个达尔文式的整合时期,只有最强者才能生存。托克公司是在1993年伴随着这些动荡开始运营的,最初的几年举步维艰。托克的创始人之一格雷厄姆·夏普说:"我们低估了规模,不知道白手起家如此艰难。"[48] 该公司最初的账目显示利润为360万美元,1993—2000年,它的年收入为2 000万~3000万美元。嘉能可从1992年锌亏损中恢复了过来,但是利润仍远低于鼎盛时期,1998年仅为1.92亿美元。具有象征意义的是,嘉能可离开了马克·里奇公司时期使用的办公室，搬到了数里以外的巴尔村，巴尔村的起点就是楚格镇的终点。维多公司在成为石油市场主导者的道路上也经历过几个可怕的时刻：1997 年，由于在加拿大纽芬兰收购的一家炼油厂出现了问题，维多几乎破产。[49]

农业交易商遇到的困难日益严重。安德烈公司在 2001 年土崩瓦解。1998 年的新兴市场债务危机，让康地谷物公司的资产证券化部门——康地金融公司措手不及，最终倒闭。康地谷物公司将谷物交易业务出售给了主要竞争对手嘉吉公司，价格大约为 4.5 亿美元，外加现有库存的市值。[50]

随着大宗商品交易行业的整合，主要大宗商品生产商也在进行同样重要的类似整合——这一过程进一步缩小了交易商的竞争舞台。

从 20 世纪 80 年代初开始，石油公司就一直是重要的交易商。此时，"七姐妹"已经意识到不能继续忽视蓬勃发展的石油现货市场。但是，现在许多公司却退缩了。埃克森在 1998 年收购了美孚，雪佛龙在 2000 年收购了德士古。无论是埃克森还是雪佛龙，都不具备它们所收购公司的根深蒂固的贸易文化，因此曾经强大的美孚和德士古的贸易部门迅速萎缩。1999—2000 年，法国石油巨头道达尔与竞争对手菲纳和埃尔夫阿奎坦合并，将三家公司的交易业务合并为一家。类似的事情也发生在采矿业。比利登和佩希尼等公司在经营采矿和冶炼业务的同时曾经营重要的贸易业务，但是由于并购，也基本上退出了市场。

在这种疯狂的交易中，两家大型石油公司脱颖而出，它们不仅保留而且还扩大了自己的交易部门。在千禧年之初，英国石油公司和壳牌公司都对交易业务进行了重组和集中，成为维多、嘉能可和托克等贸易公司的强大竞争对手。

多年来，这两家公司对自己的交易业务一直秘而不宣，它们的交易活动的细节几乎从未被报道过。但是，据对这两家公司交易业务有直接了解的人士透露，它们每天经手的石油都超过1 000万桶，是自己产量的几倍。就像对独立交易商一样，这种交易对英国石油公司和壳牌公司也算得上利润丰厚：英国石油公司每年的税前交易利润通常在20亿~30亿美元之间，壳牌交易利润的目标是40亿美元。

在金融衍生品领域，它们的交易部门与贸易公司一样具有创新精神。例如，20世纪90年代末，英国石油公司将一大笔资金分配给计算机进行交易，这实际上是在算法交易成为金融市场主导力量之前很久发生的事。英国石油公司的交易策略是由公司内部一位被称为"Q book"的数学专家设计的，交易包括黄金和玉米在内的数十种大宗商品期货。

它们的市场情报和贸易公司的情报一样精准。从安迪·霍尔时代开始，英国石油的交易商从未害怕下大赌注——直到现代，它们还一直保持着这种无所畏惧的精神。例如，当2016年油价跌至不到每桶30美元的低点时，英国石油公司的交易商在期货市场上仍然押下了大笔赌注，认为油价将会上涨。这是一个冒险的举动：由于该公司拥有世界各地的油田，油价波动已经构成巨大风险。然而，交易商们认为石油价格已经下跌得如此厉害，以后只能上涨。事实证明它们是对的，这个赌注带来了数亿美元的利润。

然而，尽管英国石油公司和壳牌公司利用20世纪90年代的整合建立了庞大的贸易业务，但是它们还不准备在前社会主义国家等风险最高的市场与贸易公司一决高下。因此，哪怕那里的市场极其庞大，它们还是把许多最有利可图也最具政治影响力的交易留给了交易商。在2020年之前一直担任英国石油公司首席财务官的布赖恩·吉尔瓦里说，因为在有些国家会存在风险，英国石油公司是不会去做交易的。"我们是否可以获得比现在更多的价值呢？绝对可以。我们准备去冒这个险吗？肯定不会。我可以给你一份国家名单，你知道这些国家在哪儿。"[51]

对一些交易商而言，熬过20世纪90年代意味着要去全球更加冒险的角落；对其他人而言，这意味着更多的不确定性。那个时代推动整合的唯一动力既不是交易商，也不是石油巨头。安然公司最初是一家古板的管道公司，但随着天然气和电力市场的自由化，它一跃成为全球最大的大宗商品交易商之一。

整个20世纪90年代，安然一直是交易行业的一股强大的力量，它吸纳年轻聪明的交易员，收购竞争对手的贸易公司，重新定义贸易公司的交易方式，重新规划大宗商品交易市场。正如金融创新已经开始彻底改变石油市场，安然公司凭借自己聪明的年轻交易员团队和庞大的游说预算，把电力和天然气从一个沉闷的监管行业变成了赌场，在这里可以发财致富，转眼之间也会损失惨重。[52]

安然公司最初从天然气和电力起家，后来试图征服大宗商品交易行业的其余领域。2000年初，它以4.45亿美元的价格外加部分债务收购了当时全球最大的铜交易商MG——德国金属公司旗下备受尊敬的金属贸易公司。[53]它还试图将业务扩展到石油交易领域，投标购买维多公司。伊恩·泰勒及其合伙人拒绝了这个提议，从而避免了一场灾难：安然公司提出用自己的股份支付维多公司股东，但是这些股份很快被证明毫无价值。[54]

在网络公司泡沫时期，安然公司是华尔街的宠儿。它不需要在石油市场与马克·里奇、约翰·多伊斯甚至安迪·霍尔等人竞争，它只需要创造新的市场。在掌控了天然气和电力之后，它将开始交易用于传输数据的光纤电缆的使用权。在安然的互联网平台上，一切都可以买卖。一位前安然交易员说："我们几乎相信仅仅靠意志就能创造出一个市场。"[55]

然而，现实却平淡无奇。这家公司简直就是一个危机四伏的纸牌屋。它对投资者和监管机构隐瞒债务，极力夸大利润。安然创造了一种文化，鼓励交易商操纵市场，利用自己的主导地位欺骗客户。[56]安然公司由于大规模做假账申请了破产，于2001年12月倒闭。[57]公司首席执行官杰弗里·斯基林和董事长肯尼思·莱都被判犯有多项共谋和欺诈罪。它的倒闭是美国企业史上规模最大的倒闭案例之一，把歪歪扭扭的安然标志变成了不当行为的象征，同时也标志着大宗商品交易行业一个极具挑战时期的终结。在这段时期，只有最强大的公司得以幸存。

* * *

东欧剧变后，出现了如今大宗商品交易行业的轮廓。到21世纪初，几家大型交易商已经在石油、金属和农业领域积累了庞大的市场份额——这种局面非常稳定，直到今天也是如此。在农业方面，嘉吉公司在吞并康地谷物公司后，约占美国全部谷物出口的40%。[58]在石油领域，维多已经发展成为顶尖交易商；嘉能可在金属行业独占鳌头。在它们身后，托克也在迅速发展。只是北美的天然气和电力市场仍存在激烈的竞争，因为华尔街银行和贸易公司都在争相填补安然公司留下的空白。

大宗商品交易商经历了20世纪90年代疯狂而危险的交易，它们的生意遍布世界各地，从社会主义的古巴一直到迅速发展的东欧资本主义国家，这其中还包括一些独裁和遭遇失败的国家。最重要的是，这10年残酷整合的幸存者已经发展成为强大的自然资源交易商，它们比以往规模更大，也更全球化。

有一点交易商们可能还没有意识到，但是这将很快成为它们通往新财富时代的门票。一个需求自然资源的重要新客户即将出现，这将彻底改变它们的业务——这个新客户就是中国。

第八章

大爆炸

2001年6月底，一个炎热潮湿的上午，米克·戴维斯正坐在伦敦北部家中的办公桌前。他向远处眺望，看到的是绿树成荫的汉普斯特德希斯公园。

"斯特拉塔"（XSTRATA），他接着打出一个标题："快速发展计划"。

在给最亲密助手的这份6页的备忘录中，他列出了针对斯特拉塔的计划。斯特拉塔是一家正在苦苦挣扎的小型瑞士上市控股公司。他指示助手们在全球寻找可以收购的矿业公司。[1]

戴维斯43岁，蓄着胡子，挺着大肚子，看上去更像泰迪熊，而不是毫不妥协的企业收购者。但是，在这个南非人可爱的外表下面却隐藏着自信和野心。

几个月前，他接到了一个老熟人打来的电话，这个熟人就是嘉能可即将上任的首席执行官伊凡·格拉森伯格。格拉森伯格的建议很有吸引力——他问戴维斯是否愿意执掌嘉能可持有39%股份的斯特拉塔,帮助扭转局面。

戴维斯欣然接受了这个建议。他的职业生涯爬升得很快,最初是在其国家南非做会计,后来一举完成截至当时矿业史上最大的一笔交易:合并澳大利亚大型铁矿石生产商BHP和伦敦上市公司比利登(Billiton)。由于在新成立的必和必拓(BHP Billiton)公司几乎没有希望获得最高职位,他欣然接受了格拉森伯格的提议。

到6月底,他处于休假状态,非常悠闲,有充裕的时间制定把斯特拉塔变成世界上最大的矿业公司之一的战略。

他的计划的核心是押注大宗商品价格。此前一段时间,由于价格低迷,矿业公司及投资者深受其害,如今情况正在慢慢好转。戴维斯开始相信大宗商品价格即将上涨。几个月前,他在担任比利登公司财务总监时访问过中国,认为中国即将迎来一个重要的工业化阶段,对自然资源的需求会越来越大。

他在2001年6月27日上午11点42分的备忘录中写道:"大宗商品价格肯定处于或接近最低点。供给侧限制正在加剧,未来几年中国的需求肯定将见证边际利润扩张,所以现在是采取行动的时候了!"

事实证明戴维斯的预测是正确的,而且超出了他最大胆的预期。在接下来的10年,中国将进入惊人的增长期,这将改变自然资源行业。此时,中国已成为世界上最大的原材料消费国,这些原材料种类繁多,包括钢铁、石油、镍、大豆、羊毛、橡胶等,价格也因此涨到原来的3~4倍。这将使斯特拉塔成为嘉能可旗下最有价值的公司，而继承了菲利普兄弟公司和马克·里奇公司衣钵的嘉能可，也将转变为交易商和采矿商的混合体。这是自20世纪70年代以来大宗商品交易商从未遇到过的发财机遇，但是却很少有人预见这一点。

* * *

中国是世界上人口最多的国家，但在20世纪90年代末之前，大宗商品交易商都未把中国放在首要地位。多年来，菲利普兄弟公司、嘉吉公司和马克·里奇公司等都在东京运营亚洲业务，而不是在香港、北京或上海。

大宗商品交易行业过去习惯将中国视为向世界其他地方出口原材料的国家。中国原油为加州的汽车提供燃料，中国煤炭为日本发电厂提供原料，中国大米填满了亚洲其他国家的肚子。很少有人认为中国有一天会成为原材料的主要买家。中国人口规模庞大，成为影响全球大宗商品供需态势的最重要因素之一，可能只是时间问题。但是，没人知道究竟是什么时间。

中国经济的转变始于1978年，当时戴维斯还是南非罗德斯大学的学生。这一年在北京召开的中共中央会议上，新的领导集体为中国指明了新的发展方向，结束了"文革"造成的混乱状态，提出改革开放，呼唤一个新的经济时代，接受有限的资本主义，更多地接触外面的世界。当时的国家领导人邓小平提出："现在我国的经济管理体制权力过于集中，应该有计划地大胆下放。"[2]

这次转变给中国带来了长达数十年的迅速发展，1980—2010

第八章 大爆炸

年，中国经济以平均每年10%的速度增长。在19世纪欧美工业革命以来最大的经济变革中，中国成了世界工厂，生产从家用电器到iPhone（苹果手机）的一切产品。2008年，中国一天的出口额就能超过1978年全年的出口额。[3]

中国的经济工业化带来了中国人口的大规模城市化。改革开放以前，生活在城市地区的人口不到20%。在随后的40年中，大约有5亿中国人移居到城市，到2017年，城市人口比例提升至近60%。[4]

在1978年开始改革开放后，中国经济迅速繁荣，但是直到很久以后才对大宗商品市场产生重大影响。要理解其中的原因，就有必要考察一下一个国家的财富与自然资源消费之间的关系。

在大多数情况下，一个国家消费的大宗商品数量取决于两个因素：一是人口数量，二是收入水平。然而，这与大宗商品需求的关系并不是一条直线。[5] 只要一个国家仍然相对贫穷，即人均年收入低于4 000美元左右，人们就会把大部分收入花在生存所需的基本必需品上，即衣服、食物和住房。更重要的是，贫穷国家的政府没有钱对大宗商品密集型的公共基础设施进行重大投资，比如发电厂和铁路。即使一个非常贫穷的国家迅速发展，也不意味着会对大宗商品产生大量额外需求。

富有的国家也是如此。一旦一个国家的人均收入超过1.8万~2万美元，家庭就会把额外收入花在更好的教育、健康、休闲和娱乐方面，这些服务需要的大宗商品相对较少。这些富裕国家的政府通常已经建好所需的大部分公共基础设施。

在两个极端之间，存在一个影响大宗商品需求的"甜蜜点"。

在人均收入超过 4 000 美元后，国家通常会进行工业化和城市化，从而在经济进一步增长和额外商品需求之间形成一种强劲的、有时甚至不成比例的关系。戴维斯在起草斯特拉塔备忘录时，中国正好达到了这个适合大宗商品需求的临界点：2001 年，人均国内生产总值达到 3 959 美元。[6] 戴维斯的分析并非基于详细的经济模型，而是根据旅行见闻，他知道中国即将有大事发生，这会极大地带动大宗商品市场。

中国家庭开始把额外收入花在消费品上，如冰箱、洗衣机和其他电器，并将自行车换成了汽车。国民饮食也在发生变化：餐桌上除了米饭，还多了猪肉和家禽。与此同时，北京市及其他直辖市和地方省市开始进行基础设施建设，规模相当于"二战"后欧洲和日本的重建。它们铺设了数千公里的高速公路和铁路，建造了数十座发电厂和机场，短短几年内一座座城市如雨后春笋般出现，医院、学校和购物中心一应俱全。

中国即将超过大宗商品需求临界点时，又发生了一件大事，进一步拉动了经济增长。2001 年 12 月 11 日，中国正式加入世界贸易组织。[7] 这预示着中国将进入一个更为强劲的经济增长阶段。与此同时，外国对中国的投资也出现激增。中国经济在 1980—1989 年间增长了 50%，随后的 10 年里增长了 175%，而在加入世贸组织后的 10 年间增长达 400% 以上。[8]

这对大宗商品需求的影响是巨大的。1990 年，中国的铜消费量与意大利大致相当，不到全球需求的 5%。到 2000 年，中国的消费量几乎是意大利的 3 倍。到 2017 年，中国占全球铜需求的一半，消费量接近意大利的 20 倍。[9]

再看石油。在 1993 年之前，中国一直是原油净出口国，在世界市场上出售的石油甚至超过了欧佩克的一些成员国。但是，中国的油田很快就无法满足国内需求了。从 1993 年起，中国成为净进口国。然后，当中国达到大宗商品需求"甜蜜点"时，石油需求飙升。2001 年，中国的原油进口量为每天 150 万桶，到 2009 年，进口量又增加了两倍。到 2018 年，中国已成为世界上最大的石油进口国，每天在国际市场上购买近 1 000 万桶石油，相当于沙特的全部产量。在短短几年内，中国已成为世界上最大的大宗商品消费国。

中国是进入大宗商品需求"甜蜜点"的重要国家，但不是唯一国家。在世界范围内，除了北美、欧洲和日本等工业化国家之外，许多国家的经济都有了长足发展，到了需要更多自然资源的阶段。这种资源密集型的同步增长创造了经济学家所说的大宗商品"超级周期"，即原材料价格远高于长期趋势的一段较长的时间，这种情况会超出正常的商业周期，通常会持续数十年。[10]

正常的大宗商品价格周期是由农作物歉收或矿山关闭等供应冲击造成的，持续时间往往很短：价格上涨刺激额外供应，降低需求，从而使市场重新平衡。而超级周期则是由需求主导，持续时间更长，它往往与全球经济的快速工业化和城市化相吻合。例如，第一次现代大宗商品超级周期是由 19 世纪欧洲和美国的工业革命触发的，第二次是因为"二战"前全球重整军备，第三次是因为美式和平带来的经济繁荣以及 20 世纪 50 年代末、60 年代初欧洲和日本的重建。第四次始于世纪之交，当时中国和其他新兴经济体进入了大宗商品的"甜蜜点"。[11] 这从根本上改变了全球大宗商品市场的结构。1998—2018 年，七大新兴市场（属于金砖四国的巴西、俄罗斯、印度、中国，外加印度尼西亚、墨西哥、土耳其）占全球金属消费增长的 92%、能源消费增长的 67%、食品消费增长的 39%。[12]

针对这些需求增长，大宗商品行业并未做好准备。20 世纪 90 年代的低油价已经迫使许多矿商、石油公司和农民大幅削减成本，因此当消费激增时，这些公司和个人无法提高产量。

需求失控和供应停滞对价格产生了爆炸性的影响。原油价格在 1998 年曾跌至不到 10 美元的最低点，到 2004 年年中升至 50 美元以上。镍的价格在同一时期翻了两番。铜、煤、铁矿石和大豆价格均出现大幅上涨，但这只是未来的前奏。到 20 世纪 90 年代结束时，它们都将打破纪录。

大宗商品的价格飙升，使澳大利亚、巴西、智利、沙特阿拉伯和尼日利亚等大宗商品资源丰富的国家获得了丰厚的利润，这同时也创造一种良性循环：中国和其他国家的经济增长带动大宗商品的需求和价格，刺激大宗商品资源丰富的国家进一步发展，进而需求更多来自中国的制成品。2004—2007 年，全球经济增长速度平均超过 5%，新兴市场的平均增长率接近 8%，这都是多年来的最高水平。

* * *

戴维斯在 2001 年坐下来写备忘录时，并没有预料到这一切。但是不出几年，大宗商品热潮就将斯特拉塔从一个陷入财务困境、令人厌恶的公司，变成嘉能可最有价值的部门。执掌这家大宗商品交易公司的人，在这次超级周期中最终表现得几乎比世界上任何人都出色。他将和戴维斯联手经营大宗商品交易和采矿业。这个人就是伊凡·格拉森伯格。

格拉森伯格出生于 1957 年 1 月 7 日，在南非约翰内斯堡的一个中产阶级家庭长大。在市内密切团结的犹太社区中，大多数人都来自立陶宛，格拉森伯格一家也不例外：格拉森伯格的父亲山姆出生在立陶宛，而他母亲布兰奇的娘家姓是维伦斯基，意思是"来自维尔纽斯"。

年轻的格拉森伯格在约翰内斯堡北部一个安逸的郊区长大，街道两旁都是树木，大房子四周由混凝土墙和铁栅栏防护。他就读于附近的海德公园中学，学习成绩并不突出，但是性格直率，非常自信。一位老师回忆说："他并非特别害羞，并不认为老师讲的东西总是正确的。"[13]

格拉森伯格总是充满成功的渴望。哥哥马丁接管了家族生意，进口和销售各种箱包，而格拉森伯格在服完兵役后，马上开始从事初级会计工作，月薪约 200 兰特（230 美元）。同时，他报名了威特沃特斯兰德大学学习会计。1982 年，他搬到洛杉矶，在南加州大学攻读工商管理硕士。

他的竞争本能并不局限于事业。格拉森伯格从小就是一名运动员，不久便参加了竞走比赛。竞走是一种摆动胯部、扭动臀部的运动，参赛者必须在保持双脚不离开地面的情况下以最快速度完成一段路程。格拉森伯格曾希望参加1984年洛杉矶奥运会，但由于反种族隔离运动的浪潮，南非运动员被禁止参赛。

在他的余生中，他一直是个健身狂人，大多数早晨不是在跑步，就是在游泳，并在嘉能可内部创造了一种狂热的体育文化：整支交易商团队会去楚格周围的山上集体跑步或骑自行车，而不是吃午饭休息。大宗商品交易将很快取代体育，占据格拉森伯格的主要时间和精力。1994年他37岁时，用令人尊敬的3小时34分钟跑完了纽约马拉松。后来，他继续在瑞士参加铁人三项，一直到50多岁。[14]

格拉森伯格于1984年4月加盟马克·里奇公司，当时该公司仍受到美国司法系统的关注。（针对该公司的诉讼直到当年晚些时候才结案。）格拉森伯格开始在约翰内斯堡办事处工作，那里设有一个单独的房间，门上挂着锁。他负责组织南非的石油进口业务——尽管联合国对南非实施禁运，但这仍是公司的主要业务之一。当被问及他对帮助实行种族隔离的南非避开禁运有何感想时，格拉森伯格笑着回答说，公司并没有违反任何法律，只是把煤炭运送到需要的国家而已。[15]

格拉森伯格加盟的煤炭业务如同一潭死水，年景好时才能赚几百万美元。它的老板是乌多·霍斯特曼，一位老派的德国交易商，他的主要爱好是收藏非洲当地的艺术品。霍斯特曼感觉格拉森伯格是个威胁。他曾向公司当时的高级合伙人费利克斯·波森抱怨说，这个年轻的南非人会毁掉煤炭生意。[16]

事实上，情况正好相反。当时煤炭没有期货市场，限制了复杂

第八章 大爆炸 201

交易策略的可能性。因此，关键是投机取巧，不择手段，与生产煤炭的南非、澳大利亚或哥伦比亚的矿工讨价还价，与消耗煤炭的日本、韩国和德国的发电厂讨价还价，与双方建立关系并利用这种关系。

在这方面，格拉森伯格表现出色。聘用他时助其一臂之力的波森说他是一个"实干家"。格拉森伯格结识了每一位值得结识的煤炭买家和卖家。市场发展很慢，可以追踪记录发生的每一笔交易——而且，格拉森伯格的知识更是渊博。不久，他搬到澳大利亚，负责那里的煤炭部门，然后又负责嘉能可设在香港的办事处。1990年，他取代霍斯特曼成为嘉能可在楚格的煤炭主管。[17]

他已经被公司视为一颗冉冉升起的新星，几年后他将巩固自己未来领导者的地位。约瑟夫·伯曼于1990年加盟公司，后来成为铝业部门负责人。他说："我加盟公司后，格拉森伯格来到楚格，那时他已经名声在外。"当时马克·里奇已经处于职业生涯暮年，但是这位雄心勃勃的年轻的煤炭商人引起了他的注意。伯曼回忆说："马克·里奇总是告诉我，在我离开后，他已经看出（格拉森伯格）基本上是能带领嘉能可进一步发展的人。"[18]

1992—1993年，当马克·里奇公司陷入内讧时，格拉森伯格一直袖手旁观。但是，当尘埃落定、威利·斯特霍特在公司未来之战中取得胜利时，格拉森伯格站在了他的一边。此时，他已经是公司的十几个部门主管之一，在公司的持股比例相当大。

斯特霍特和格拉森伯格是公司里日益重要的两个人物，他们截然不同，但是风格互补，令人感到滑稽可笑。执掌嘉能可的德国人斯特霍特身材高大，温文尔雅，是公司的形象代言人。他会乘坐私人飞机环游世界，穿着绣有交织字母的衬衫，用6种流利的语言与供应商、客户和银行家闲谈。他不是为工作而生：他有时会打电话给嘉能可的高管，让他们取消下午的会议，前往苏黎世附近的舍嫩贝格精英俱乐部和他一起打高尔夫球。他是这家俱乐部的会员。[19]

格拉森伯格则恰恰相反。他身材矮小，一头纤细的棕色头发梳向脑后。他精力充沛，斗志昂扬，在嘉能可几乎无人能比。他操着一口南非口音，说话时直言不讳，粗鲁无礼，丝毫不像斯特霍特那样圆滑。一家澳大利亚报纸把他描述成"一只易激动的狸犬"。[20]他的地位完全用得起奢侈品，但是他毫无兴趣：他无情地削减成本，多年来一直吹嘘嘉能可没有公司专机。（事实上斯特霍特拥有一架专机，但是租给了公司。嘉能可的子公司 Kazzinc 也拥有一架专机。）[21]而且，对格拉森伯格而言，工作就是一切：据说周末无聊时，他会打电话给客户见面谈生意。

格拉森伯格与马克·里奇的背景不同，也不是同一代人，但是两人在许多方面都很相似。他们都对大宗商品交易行业充满激情，但是这影响了他们生活的其他方面；他们都恪守勤奋至上的职业道德，让其他所有人都感到羞愧；他们的个人风格依赖的是意志力，而不是魅力。

格拉森伯格起床很早，每天早上8点半，他都会用一句讽刺的"下午好"来问候到达总部的同事。[22]这和几十年前里奇对纽约菲利普兄弟公司的同事的调侃一模一样。

2002 年，斯特霍特退位，格拉森伯格接手公司。他更加按照自己的理念去打造嘉能可。这意味着公司的每个人都要像他那样不停地工作；这些交易员花在旅途中的时间要超过和家人在一起的时间；每一笔交易的每个细节都经过反复讨价还价，争取多拿到几美元的利润。格拉森伯格还对权力进行了集中，收回了区域办事处的自主经营权，坚持让高级交易员在楚格（嘉能可现在的总部所在地）附近的巴尔村上班。

格拉森伯格还接替了斯特霍特的角色，管理嘉能可最重要的对外关系。在担任嘉能可首席执行官期间，他与哈萨克斯坦的亚历山大·马什科维奇等寡头和南非总统西里尔·拉马福萨等政界人士保持友好关系。他一接到通知就会跳上飞机，迅速解决合同或交易中遇到的困难。

但是，跟他共事过的人几乎没有谁会怀疑，在格拉森伯格的眼中，关系只是达到目的的一种手段。这种观点也用到了嘉能可的交易员身上。如果他想从谁身上得到什么，他才不管什么时间，一定会接二连三地打电话。他对员工的私生活几乎没有耐心。如果他认为有谁不再全身心支持嘉能可的事业，他很快就会对他失去信任。

一位嘉能可前员工说："要么你是这个大家族的成员，要么你就出局。我说了要离职之后，他就再没跟我说过话。"[23]

* * *

在大宗商品超级周期开始的数年前，格拉森伯格就已经开始一系列交易，这些交易将大大增加公司的财富，而这要得益于中国的崛起。1994年，在自然资源领域几乎没有人对价格上涨抱有希望时，他开始为嘉能可收购煤矿。

这是公司发展的一个新方向。其实，直到最近，嘉能可都一直专注于大宗商品交易，而不是占有生产资料。只是在这个阶段，公司并没有宏大的战略交易目标，因为煤炭价格很低，煤矿工人都在苦苦挣扎。于是，格拉森伯格改变战略趁机而入。他的第一笔交易是与采伦蒂斯矿业（Tselentis Mining）达成的，这是南非的一个家族煤矿公司。嘉能可一直从这家公司收购煤炭，并提供一些资金支持。最终，嘉能可将它欠自己的债务转换为股权。同年，格拉森伯格也购买了澳大利亚库克煤矿的股份。

这些早期交易的规模都很小，每笔投资都在500万~1 000万美元。嘉能可仍然因为与马克·里奇的渊源而举步维艰，几乎没有能力获得长期贷款，因此只能完全依靠留存利润作为交易资金。

格拉森伯格煤炭团队的格雷格·詹姆斯回忆说："每次收购资产，我们都必须证明马克·里奇不是公司的股东。没有任何银行真正支持我们。它们不明白我们在做什么。"[24]

让格拉森伯格充满动力的，并非仅仅是对煤炭市场未来的乐观态度。其实，他也对大宗商品交易的未来持悲观态度。这种交易不再是少数几家业内公司的专利，竞争非常残酷。随着移动电话、互联网和电子邮件彻底改变了通信方式，菲利普兄弟公司风格的传统贸易公司拥有的优势正在削弱。在全球数十个国家设立办事处的成本很高，而且每年都不确定交易利润能否弥补这些成本。

收购矿山是解决这一问题的途径：现在嘉能可的交易员可以保证有大宗商品可供出售，而不必以高于竞争对手的价格获得这些商品。格拉森伯格说："我总是强调，没有资产支持的纯粹大宗商品交易是非常困难的。"[25]

购买几座煤矿是一回事。但是，如果嘉能可能够积累足够的矿山，它将会带来另一个好处：它会对价格产生影响，尤其影响跟日本电厂的年度谈判，因为世界上大部分煤炭的价格就取决于此。当时，澳大利亚煤炭行业是由许多中小型企业组成的，而代表日本电力行业的则是一些巨头公司。日本人轻而易举地主导了这次谈判。如果格拉森伯格能够买下澳大利亚煤炭行业足够大的份额，他就能够改变这种局面。

1998年，煤炭市场陷入更大范围的低迷，格拉森伯格的机会来了。每吨煤炭的价格跌至20世纪80年代中期以来的最低点。[26]煤矿行业大部分都在亏损。格拉森伯格相信价格只会上涨。但是，在没有期货市场的煤炭行业，没有地方押注价格上涨。唯一的办法就是买下整座矿山。格拉森伯格说做就做。在接下来的4年，除了在哥伦比亚的交易，他还在澳大利亚和南非买下了十几座矿山。

到20世纪90年代末，嘉能可已成为全球最大的热能煤运输商，到2000年，交易量已经高达4 850万吨，占海运市场交易量的六分之一。[27]格拉森伯格的投资并非基于即将到来的中国经济繁荣，但是这些投资很快就会因为中国经济的繁荣而改变。即使在这之前，这些投资已经成功地把他推到嘉能可雄心勃勃的年轻部门主管的最高层。当斯特霍特告诉合伙人打算退出公司的日常管理时，只有几个人有可能传承他的衣钵：格拉森伯格，自20世纪70年代就在公司工作的瑞士铜镍部门主管保罗·怀勒，八面玲珑的英国铝业主管伊恩·珀金斯。几周后，斯特霍特把所有部门主管召集到一起，询问他们心目中的接班人是谁。几乎没有任何竞争者，格拉森伯格就这样被指定为首席执行官人选。

2001年，格拉森伯格对煤炭的押注取得了成功：到年中，煤炭价格已经从低点上涨了35%。格拉森伯格在接受采访时吹嘘："每个人都对煤炭充满渴望。"[28] 即使对燃烧数百万吨煤炭会对气候产生影响而感到担忧，他也并未表现出来。在同年的另一次采访中，他甚至形容嘉能可在澳大利亚的煤炭生产特别"环保"。[29]

中国的繁荣尚未改变市场，但是嘉能可的煤炭业务已经在蓬勃发展。然而，公司面临着一个紧迫的问题：1994年斯特霍特为了给管理层提供资金买下马克·里奇的全部股份，出售给了罗氏制药公司15%的股份，现在需要回购这些股份。自始至终，这家持有股份的制药公司一直毫无作为，只是满足于领取自己投资得到的回报，从不参与嘉能可的任何事务。

但是，这种情况不会永远持续下去。根据最初的协议，罗氏公司有权强迫嘉能可从1999年11月起的任何时间回购自己所持的股份，这种权利即对所持嘉能可股票的"看跌期权"。不过，目前尚不清楚嘉能可是否有能力负担这笔费用。因此，双方协商达成妥协：罗氏公司将推迟其要求收购股份的权利，允许嘉能可在2003年1月之前筹集到资金。嘉能可发布的一份招股说明书声称，如果嘉能可筹集资金失败，罗氏将有权"向公众或……另一位投资商"

第八章　大爆炸　207

出售部分或全部股票。[30]

对嘉能可的交易员而言，这种想法令人无法忍受：另一位投资商可能比罗氏更多地参与他们的业务。为了确保嘉能可的独立性，斯特霍特曾经与马克·里奇展开过较量，因此他绝不会放弃公司的独立性。如果罗氏向公众出售所持股份，嘉能可实际上将成为上市公司。斯特霍特不希望被迫公开嘉能可的财务状况，也不希望投资者打探公司的交易活动。他当时说："从文化角度讲，我认为这不可思议。我认为我们不能在运营时还得时时保持警惕，我们必须拥有创业自由。"[31]

嘉能可为收购罗氏股份，开始寻找资金来源。双方商定的价格为4.943亿美元。过不了多久，这笔钱就会显得微不足道，但是在21世纪初，这对嘉能可而言仍然是一笔相当大的资金，因为会超过公司1998年和1999年的净利润总和。嘉能可在另一份招股说明书中说："我们打算一旦公司财务状况允许，立刻就从投资者（罗氏公司）手中回购这些股份。"[32]

格拉森伯格找到了解决问题的办法。他认为嘉能可可以把他购买的所有煤矿并入一个新的实体，出售这个新建立的煤炭帝国的股票，不用通过出售嘉能可的股票来筹集资金。如此一来，嘉能可就能筹集足够的资金收购罗氏股份，也不用透露整个公司的秘密，只需向投资者透露煤矿业务的秘密即可。

对嘉能可而言，这是一种久经考验的模式。以前，它就利用最终成为斯特拉塔的公司做过类似的事情。斯特拉塔矿业集团成立于1926年，当时使用苏德莱克特拉的名称在瑞士成立，为南美的电力项目融资。[33] 到 1990 年，马克·里奇收购了它的大多数股权，使其基本上沦为一个休眠投资工具。但是，在里奇的管理下，它发挥了不同的功能。里奇是美国司法机构追捕的逃犯，他的公司几乎不可能筹到购买资产所需的长期资金，因为银行认为他无力偿还。

苏德莱克特拉提供了一个解决方案：马克·里奇公司以及后来的嘉能可将其作为筹集长期资金的工具，从而在使用更少自有资本的同时购买资产。该公司已经在苏黎世股票市场上市，所以很容易通过出售股票筹集资金，而且它的董事会都是由瑞士权势集团的名流组成的。因此，苏德莱克特拉公司在里奇的建议下投资了阿根廷的一个油田、智利的一家林业公司和南非的一家铬铁企业。

多年来，这家在苏黎世上市的公司一直是马克·里奇收购资产的主要途径。后来，交易员们在 1994 年买下马克·里奇最后一批股票后，嘉能可就受到了国际金融体系的欢迎。随着马克·里奇的离开，更名后的公司能够接触到更多的贷款机构。现在，像格拉森伯格这样的交易员就不再需要将苏德莱克特拉作为购买资产的工具了。尽管如此，他们仍然记得这种精心策划是多么有用。

面对偿还罗氏债务的需要，格拉森伯格现在试图用自己积累的煤炭资产创建一个新的苏德莱克特拉框架。他开始筹备煤矿在澳大利亚证券交易所的首次公开募股，将这些资产组合成一家名为恩内克斯（Enex）的新公司。对嘉能可而言，这将是一个理想的策略：除了筹集所需的资金，它还将保留其煤矿约三分之一的股权，从而继续交易这些煤矿采出的煤炭。

格拉森伯格对时机的把握一向堪称完美。几乎没有投资者具有

第八章 大爆炸 209

这种先见之明，但是随着中国需求的激增，煤炭价格很快就会飙升。尽管当时中国仍是全球市场的主要煤炭出口国，但是中国已经开始进口越来越多的煤炭了。

只不过，对这次时机的把握却称不上完美。2001年9月11日，恐怖分子劫持了两架飞机，飞速撞向纽约的世贸中心，格拉森伯格的巧妙计划顿时成为泡影。另一架飞机撞上了华盛顿的五角大楼，第四架飞机在宾夕法尼亚州农村坠毁。这是美国历史上发生的最严重的恐怖袭击，打击了华尔街的心脏地带。金融市场陷入停顿。

9月10日，格拉森伯格及其团队在纽约与恩内克斯公司首次公开募股的潜在投资者会面。那天晚上他飞回瑞士，回到嘉能可位于巴尔村的办事处，时间是9月11日下午早些时候。这时电话响了。

打电话的是煤炭部门的金融专家格雷格·詹姆斯，他一直在世界另一端的悉尼走访投资者。"看看美国有线电视新闻网正在发生什么吧。"詹姆斯对他说，"上市取消了。"

嘉能可团队和银行家花了几周时间试图重启恩内克斯的首次公开募股，但是"9·11"事件导致金融市场一片萧条。

煤炭上市失败并非当时唯一令嘉能可头疼的事。斯特拉塔（已经从苏德莱克特拉改为现在用的这个名称）也在苦苦挣扎。当年早些时候，斯特拉塔贷款6亿欧元，用于收购西班牙北部、世界最大的锌生产商阿斯图里亚纳锌业公司。斯特拉塔曾计划在瑞士发行更多股票以偿还贷款。但是股市暴跌意味着该计划也被搁置，公司将会违反与贷款方的协议——这可能迫使嘉能可提供财务支持。在2001年年中接管斯特拉塔的米克·戴维斯说："我们有偿付能力，但是显然无法在合同规定的范围内做到。"[34]

戴维斯和格拉森伯格是老相识：格拉森伯格在威特沃特斯兰德大学上学时，戴维斯曾在那里教过研讨班，因此他们两人已经认识。20年后，他们发现与对方在哥伦比亚和南非的煤炭交易中成了竞争对手。当格拉森伯格和斯特霍特为斯特拉塔公司寻找新首席执行官时，他的名字出现在他们眼前。

此时，戴维斯正想方设法将斯特拉塔从金融困境中解救出来——同时也寄希望于预期的大宗商品交易繁荣。格拉森伯格仍在努力寻找融资途径，回购罗氏所持嘉能可的股份。

"9·11"袭击几周后，戴维斯飞到巴尔村，向格拉森伯格和斯特霍特介绍他的新首席财务官特雷弗·里德。在返回伦敦的飞机上，戴维斯和里德开始讨论自己新公司的困境。他们突然想到可以通过一次交易同时解决斯特拉塔和嘉能可的问题。戴维斯抓起一张纸，开始勾勒细节——斯特拉塔将收购嘉能可未能上市的煤炭业务，向伦敦的新投资者出售新股票，为收购罗氏融资。他迅速记下了几个关键数字：收购这些矿山要向嘉能可支付多少钱，为此他们需要筹集多少资金。[35]

飞机着陆后，戴维斯打电话给格拉森伯格和斯特霍特，告诉他们自己要回巴尔村。在几个伦敦基金经理的支持下，戴维斯开始与格拉森伯格就收购这些矿山展开谈判。这些基金经理告诉他，他们将支持潜在的股票出售。

在接下来的11年里，两人展开了一系列激烈的谈判，最终完成了伦敦市场历史上规模最大、竞争最激烈的合并之一。这是一种复杂的关系：戴维斯作为独立机构经营斯特拉塔，但是由于嘉能可持有斯特拉塔的大量股份，格拉森伯格实际上在所有重大决策中都拥有最终决定权。

不过，就目前而言，他们只需就斯特拉塔为收购这些煤矿向嘉能可支付多少钱达成一致即可。格拉森伯格一直在讨价还价，他告诉戴维斯，他可能会继续实施让恩内克斯在澳大利亚上市的最初计划，直到斯特霍特最终介入并打破僵局。

2002年3月19日，斯特拉塔向伦敦的新投资者出售了14亿美元的股票，利用这笔钱加上额外的股票从嘉能可手中购买了煤炭资产。有一段时间，格拉森伯格似乎在谈判中占据了有利地位。嘉能可利用从斯特拉塔获得的资金从罗氏手中回购股票，于2002年11月完成了这笔交易。煤炭价格下跌，斯特拉塔以25.7亿美元的价格收购的嘉能可在澳大利亚和南非的煤炭业务显得价格过高。

但是，戴维斯对即将到来的大宗商品繁荣持乐观态度，这很快就会被证明是有道理的。随着煤炭价格从2002年年中每吨不到25美元上涨到2003年年底的每吨近40美元，戴维斯已经准备从中获利了。事后看来，格拉森伯格的卖价还是太低了。中国主导的超级周期即将改变斯特拉塔和嘉能可的命运，并由此改变整个大宗商品交易行业。

"我们需要让斯特拉塔达到'大爆炸'的水平。"戴维斯在2001年6月的备忘录中写道。他同时提出了一个两步走计划，让公司迅速进入矿业巨头的行列。首先，他将努力扩大公司的投资者基础，将估值提高到20亿~25亿美元，使公司具备进行"大爆炸"

交易的规模。他的目标是在三年内将斯特拉塔变成一家市值 50 亿美元的公司。

受戴维斯对中国乐观态度的推动，斯特拉塔团队开始寻找可以收购的公司。尽管大宗商品价格在 2002—2003 年开始上涨，但矿业的大多数高管仍承受着经济衰退的创伤，因此对押注大宗商品繁荣持谨慎态度。两三年或五年后交割的铜等金属期货价格低于现货价格，这种情况被称为"现货溢价"，因此大多数矿业高管假设的是价格确实会下跌。斯特拉塔团队也是如此：他们只是假设价格会下降得稍微慢一点。

戴维斯回忆说："我们当时认为大宗商品价格将在更长时间内保持高位。对于长期的价格情况，我们的假设并不过于自信。但是，大宗商品行业所依赖的现货溢价，是根据对大宗商品价格从当前现货价格大幅下跌的假设形成的。我们使价格下跌得以推迟，认为回归平均值会更慢。"[36]

在收购嘉能可煤矿交易完成后的几个月里，戴维斯就发起了对澳大利亚铜、铅和锌生产商芒特艾萨矿业公司（Mount Isa Mines）的收购，并最终以略高于 20 亿美元的价格收购了该公司。其他矿商也在考虑还价，但是没有一家能比得上戴维斯出的价格。

嘉能可的一些高管把毕生积蓄都投到了嘉能可的股票上，所以在大宗商品繁荣初期，他们对前景的看法比戴维斯更为谨慎。嘉能可创始人威利·斯特霍特已经表示正打算退休。他对芒特艾萨矿业公司这笔交易心存疑虑，需要格拉森伯格说服他。特里斯·密斯塔吉迪斯是一个极其活跃的希腊人，是嘉能可首席铜交易商。甚至就在这段时间，他对冲了嘉能可的部分铜产量——实际上是押注高价可能不会持续。

但是没过多久，他们就把顾虑抛在了一边。到2003年年底，戴维斯已经超额完成他为斯特拉塔设定的目标——现在已经达到70亿美元，而2001年年中斯特拉塔的市值只有4.5亿美元。在2008年的高峰时期，它的市值达到842亿美元，成为世界上第五大最有价值的矿业公司。[37]

格拉森伯格10年前对收购资产的押注，如今为嘉能可带来的利润甚至超过了马克·里奇的黄金时代。2003年，公司的净利润首次超过10亿美元，第二年超过20亿美元，2007年公司的净利润为61亿美元。[38]

* * *

嘉能可并非唯一暴富的公司。到2003年左右，整个行业的大宗商品交易商开始意识到中国对市场产生的巨大影响。

在康涅狄格州，安迪·霍尔已经开始失去对石油交易的热情。到这时，由于一系列的合并，菲布罗已成为花旗集团的一部分。霍尔对第一次海湾战争后多年来一直缺少刺激的石油市场感到厌倦，正在把越来越多的时间用于赛艇比赛和收藏艺术品。

罗伯特·鲁宾卸任美国财政部长后加入花旗集团，促使安迪·霍尔采取行动。鲁宾曾经邀请霍尔为一群银行的顶级交易商就石油市场前景发表演讲。霍尔当时正在加州参加赛艇比赛，他开始计算未来几年石油供需前景的数字。

他回忆说:"我自己都惊呆了。我当时想,哇,中国的进口贸易增长速度快得难以置信。然后我开始检查所有的供应数据,并调查石油公司在增加石油储量方面采取了什么措施,结果发现完全不合理。"[39]

和米克·戴维斯一样,安迪·霍尔也认为期货市场已经不正常。到2003年年中,现货油价已在1998年的低点基础上涨了两倍,每桶接近30美元。但是,几年后交割的期货价格仍低于25美元。

霍尔决定全力以赴。他要求花旗集团的老板们提供更多资金供他使用——这是根据"风险价值"的统计概念来衡量的。这是华尔街的繁荣年代,他们很快就默许了。于是,霍尔把一生中最大的赌注押在了长期石油期货上。

在伦敦,一位名叫迈克尔·法默的资深金属交易员也在考虑放弃大宗商品交易。十多年来,他一直主导着全球铜业市场,先是在菲利普兄弟公司担任铜业主管,后来成为德国金属公司实物金属交易部门的老板。现在,由于安然公司收购MG后遭遇破产,他失业了。

法默是一个重拾信仰的基督徒,职业生涯始于伦敦金属交易所喧闹的交易大厅。安然破产后,他注册了一门神学课程,并考虑接受牧师培训,但在一位长期共事的基督徒戴维·利利的劝说下,他重返了大宗商品交易行业。

他们两人获得了"上帝使团"的绰号,很快便遇到了一个问题,结果却证明因祸得福。法默回忆说:"我们考察了实物业务,但是

第八章 大爆炸 215

在任何地方都没有找到铜，我们逐渐意识到是中国的快速增长导致铜供不应求。"[40] 如果他们还需要找寻市场即将大涨的迹象，那么现在他们已经发现了。他们创建"红风筝"对冲基金公司，开始押注铜价上涨，结果大赚了一笔。

生活在香港的一个英国人，名叫艾礼文（Richard Elman，又译理查德·埃尔曼），他中学辍学，年轻时是嬉皮士，多年来一直在宣传中国。他也发现自己的预言应验了。艾礼文曾在纽卡斯尔、旧金山和东京从事废金属买卖，后来负责管理菲利普兄弟公司的香港办事处。他于1986年创建了来宝集团。

艾礼文说，他已经习惯了朋友们"一边转动眼珠，一边耐心地听我讲来宝的梦想"。[41] 中国于2001年加入世界贸易组织后，他知道自己的机遇来了。他热情地说："我认为这是多年来世界贸易行业发生的最重要的事情之一。"[42]

没过多久，整个大宗商品交易行业就意识到中国经济增长带来的巨大影响。而且，不仅仅是大宗商品交易商受到了影响，矿工、石油钻探者、农民、金融家甚至公众都开始关注大宗商品价格的惊人波动。到2005年，"超级周期"这个词已经成为华尔街的流行词，吸引了大量投资者进入大宗商品市场。

淘金热开始了。凡是拥有可靠商品供应的人，几乎都能保证发大财。

第九章

石油美元和贪官污吏

2002年的一个春天，穆尔塔扎·拉克哈尼走进了嘉能可位于巴尔村的办公室，但是并没有人感到大惊小怪。

这个商人出生于巴基斯坦，喜欢穿鸳鸯色衬衫，平时谈笑风生，目光炯炯有神。他加入整齐着装的员工队伍，进入了这家全球最大的大宗商品交易商的总部大楼。

在大宗商品繁荣早期，在嘉能可低调的玻璃大厅遇到形形色色的人很正常，无论是中亚的寡头、非洲地区的头面人物，还是来自全球最大银行、身着名牌西装的高管。拉克哈尼是这里的常客。他自豪地称自己是嘉能可"驻巴格达代表"，仅在2002年上半年，他将至少造访嘉能可4次，而这是其中的一次。

这次的拜访日期是5月15日，拉克哈尼穿过面积不大的接待区，走进一间办公室。到底是谁接待的他，他们的谈话持续了多长时间，这都没有记录。但是，他留下的东西并没有秘而不宣。嘉能可的官方收据进行了记录：编号为"7165"的零用现金凭单，由公司出纳签字确认。然而，这笔钱绝非微不足道——41.5万美元现金，重约4公斤，足够装满一个小公文箱。

拉克哈尼的下一站是瑞士的另一边。在访问嘉能可两天之后，他走进了伊拉克驻日内瓦的外交办事处，此处距离巴尔村大约3小时车程。他去那里的目的是存钱——金额为40多万美元。

根据伊拉克官方记录，这笔款项是用来支付一笔"附加费"的，联合国官员认为其非法换取了最终惠及嘉能可的石油合同。

那一年，拉克哈尼多次往来于这条路线，每次都带着类似的"货物"。1月24日，他带着17.085万欧元离开嘉能可办公室。4月24日，他又拿走了23万欧元。6月10日，他带着19万美元离开了大楼。联合国进行的一项调查发现，拉克哈尼总共支付了100多万美元的"由嘉能可出资清偿的石油附加费"。

嘉能可一直否认对这些非法付款知情，但它不能否认交给拉克哈尼的大量现金。路易斯·阿尔瓦雷斯曾在嘉能可负责伊拉克的石油业务，后来成为原油交易主管。他告诉联合国调查人员，他曾经口头建议向拉克哈尼支付30万或40万美元的"成功费"。但是，公司负责原油业务的一位资深高管告诉调查人员，据他所知，嘉能可从未以现金形式支付过数额如此大的奖金。拉克哈尼本人告诉联合国调查人员，他会定期收到嘉能可支付附加费的现金。[1]

拉克哈尼拥有从事石油交易的天赋，无论是在坐拥石油宝库的狂妄自大者的总统官邸，还是面对优雅谨慎的瑞士金融界人士，他都能游刃有余。他出生在巴基斯坦的卡拉奇，不过是在伦敦和温哥华长大的。[2] 他天生擅长接人待物，在巴格达富裕社区的独立平房为外交使团举办音乐会。[3] 后来，在伊拉克北部半自治的库尔德地区的埃尔比勒市，他用大量的香槟和从迪拜空运来的海鲜举行派对，客人还惊奇地欣赏到了他收藏的萨尔瓦多·达利画作。

拉克哈尼的角色是精明商人和外交官的混合体。像拉克哈尼这样的人被称为"中间人"、"代理商"和"调停人"（他本人则更喜欢"顾问"一词）。大宗商品交易商雇用他们是因为他们有人脉，有能力在世界一些困难地区促成交易，而交易商在这些地区可能都没有设立办事处。这的确有好处，因为他们不是以内部员工的身份，而是以外部承包商的身份获得报酬，一旦出现问题，还能给贸易公司提供一层保护。拉克哈尼曾经这样总结自己的角色："我干的都是棘手的活。"[4]

21世纪初，拉克哈尼的工作是代表嘉能可"收购伊拉克原油"，月薪5 000美元。[5]

在当时，收购石油已经成为嘉能可这样的贸易公司成功的关键。在油价停滞了10年之后，中国的经济繁荣刚刚开始给石油市场带来翻天覆地的变化。随着价格上涨，资金流入任何拥有石油者的手中，产生了新一代的石油大亨和盗贼统治者。阿拉伯国家的王子、刚果的省长、俄罗斯寡头和哈萨克政治家纷纷涌向伦敦梅费尔区和骑士桥大街的酒店、夜总会以及瑞士湖畔的酒店。一个由律师、会计师和银行家组成的完整产业突然兴起，为新出现的千万富翁阶层服务。

但是，对于这些大富翁的崛起起到关键作用的莫过于大宗商品交易商。是交易商确保了他们的石油可以在全球市场上出售，也正是这些交易商确保了美元会回流到相应的银行账户。俄罗斯、阿曼和委内瑞拉等石油大国的领导人在世界舞台上信心大增，这在很大程度上要归功于大宗商品交易商。

这种依赖是相互的。多年来，石油首次出现供应短缺。交易商面临的压力是到世界各个角落寻找更多的石油，只要有必要，他们可以去任何地方，可以和任何人打交道。

精明的伊拉克领导人萨达姆·侯赛因捕捉到了一个机会。

1991年海湾战争结束后，美国及其盟友说服联合国继续对伊拉克实施石油禁运，以遏制萨达姆。没有石油收入，伊拉克统治者将没有资金发动更多的军事冒险，就像它入侵科威特那样。而且，缺乏石油收入也影响了伊拉克经济的其他领域，导致伊拉克人民生活贫困、营养不良。到1995年，伊拉克陷入全面的人道主义危机，华盛顿及其盟友的态度有所缓和。

联合国制订了石油换食品计划：伊拉克可以在国际市场上出售原油，但所有收益将进入联合国控制的账户，用于购买食品、药品和其他几种必需品。对国际社会而言，这种方法可以控制萨达姆，同时也可以减轻制裁对伊拉克人民的毁灭性影响。

大宗商品交易商是第一批购买伊拉克石油的人：滨海公司的创始人奥斯卡·怀亚特在1996年解除禁运时拿到了第一批石油。跟伊拉克打交道，怀亚特可谓行家里手：1990年海湾战争期间，他就前往巴格达营救过被萨达姆用作人体盾牌的美国人。很快，其他交易商和石油巨头也加入了他的行列，在20世纪90年代末艰难的市场中寻找更便宜的原油来源。

在石油换食品计划的前四年，工作相对顺利。伊拉克把一些石油合同分给了公开反对制裁计划的政治盟友——俄罗斯共产党得到了配额，主张取消制裁的几位法国政客也得到了配额。这些石油以略低于市场的价格出售，因此获得配售权的人可以将其转售给交易商并从中获利。但是，石油美元按计划流向了联合国控制的账户。

2000年，在中国的巨大需求推动油价大幅走高之后，巴格达得到了钻联合国规定的空子的机会。在当年秋季于维也纳举行的欧佩克会议上，伊拉克官员向石油买家传达信息称：他们要想继续获得石油，就需要通过伊拉克大使馆和伊拉克政府控制的海外银行账户，直接向巴格达支付一笔"附加费"。这种附加费相当于每桶石油征收几美分，但是负责石油换食品计划的联合国官员警告交易商这样做是非法的。[6]大多数买家面对这一要求都畏缩不前，因而再也没有获得更多的伊拉克石油。其他人则找到了继续购买伊拉克石油的方法。

接下来发生的事情受到联合国的广泛调查，这项调查由美联储前主席保罗·沃尔克主持。

2005年调查组发表了一份623页的报告，这是有史以来最全面的调查之一，揭示了在这个价格上涨、容易暴富的时代蓬勃发展的石油交易领域的阴暗面。[7]调查人员采访了交易商、政客和银行家，他们拿到了银行转账、合同和邮件的复印件。对调查至关重要的是伊拉克政府对大宗商品交易商支付的所有非法附加费的详细描述。2003年美国发动伊拉克战争后，萨达姆·侯赛因被推翻，联合国调查人员才得以查阅这些账目。

这份报告通过每一桶油、每一笔银行转账，详细说明了在巴格达开始要求征收附加费后，伊拉克的石油交易是如何躲到暗处的。

交易商在避税港注册一些近乎匿名的公司，组成一个网络，然后通过这个网络把石油从一家公司转到另一家公司。托克使用的是圆头公司，这是一家现成的巴哈马公司；维多公司通过一个名为皮克维尔有限公司的神秘机构进行支付，这家公司的电汇记录显示维多公司在日内瓦的首席会计师充当联系人；奥斯卡·怀亚特通过塞浦路斯的两家公司进行付款，这两家公司是在开始征收附加费后马上成立的。

嘉能可则走了一条更复杂的路线：它购买的是伊拉克人分配给巴拿马注册公司——进益贸易公司的原油。针对联合国调查人员的调查，嘉能可表示自己购买伊拉克石油没有任何不妥之处。

嘉能可通过律师说：" 伊拉克政权向政治朋友和盟友分配石油资源，这一点国际社会都知道，而且也都接受。当时，国际社会的普遍理解是，这些国家之所以收到石油配额，是因为它们对伊拉克的忠诚和政治支持而得到的奖励，而不是因为它们向伊拉克政权缴纳了附加费。"[8]

然而，即使有联系，也是进益贸易公司与嘉能可有联系，而不是巴格达与嘉能可有联系。进益贸易公司的所有者是路易斯·阿尔瓦雷斯的亲戚，而阿尔瓦雷斯是嘉能可在伊拉克石油交易的主要负责人，也正是他曾经表示已授权向拉克哈尼支付40万美元的"成功费"。阿尔瓦雷斯的父亲是进益贸易公司的大股东，他的母亲则是公司的董事长。[9]

联合国调查后认为，拉克哈尼在进益贸易公司与巴格达的两份合同中支付了"大约 100 万美元"的附加费。其中约 71 万美元以现金形式结算，存放在伊拉克驻日内瓦联合国代表团，这些现金都是嘉能可交给拉克哈尼的。另一项名为"迪尔费尔报告"的独立调查将嘉能可描述为伊拉克石油"最活跃的买家"之一，并且援引伊拉克记录嘉能可在石油换食品计划过程中支付了 322.278 万美元的"非法附加费"。[10]

2000—2002 年，伊拉克政府实施了非法石油附加费计划，从多家大宗商品交易商和石油公司获得总计 2.288 亿美元的收入。萨达姆·侯赛因事先保证伊拉克将石油价格维持在尽可能低的水平，这为石油交易商向巴格达支付附加费留出空间。[11]

嘉能可一直否认曾向伊拉克政府支付或授权支付非法款项。而且，在石油换食品计划中，嘉能可从未被指控有任何不当行为——拉克哈尼、阿尔瓦雷斯或嘉能可的任何其他员工代表也同样没有。由于公司总部设在瑞士，联合国报告的任何后续行动都应由瑞士当局负责，但是后来并未见采取任何行动。

多年后被问及自己的角色时，拉克哈尼通过发言人回应称，他"应邀与美国政府会晤，协助调查，并自愿提供了帮助"。这位发言人说："自 2006 年以后，拉克哈尼先生便再也没有参与此事。"[12]

对于阿尔瓦雷斯通过其父控股、其母担任董事长的公司获取伊拉克石油，嘉能可似乎并不觉得有什么不对。实际上正是因为这一点，公司才安排他负责整个原油交易业务。到2012年嘉能可在伦敦证券交易所上市，阿尔瓦雷斯将成为公司最大的股东之一，所持股份高达5.5亿美元。[13]

其他大宗商品交易商最初都予以全面否认，但最终还是承认在石油换食品计划中存在不当行为。在沃尔克进行调查之后，维多公司在美国承认犯有大盗窃罪，支付了1 750万美元的罚款和赔偿金。[14] 不过，与嘉能可一样，维多公司并没有对相关员工表现出任何明显不满。无论是负责伊拉克石油交易的交易员，还是联合国报告中提到的会计，都继续为维多公司或与维多有关的实体工作了许多年。

针对在美国销售的石油，托克声称符合石油换食品计划。在被指控撒谎以后，公司对此供认不讳。[15]

美国交易商也面临着最严厉的惩罚。滨海公司的老板奥斯卡·怀亚特被判一年监禁，而他的朋友得克萨斯海湾石油公司老板戴维·查默斯被判两年监禁。[16]

石油换食品丑闻象征着大宗商品行业进入了资源紧缺的新时代。在接下来的10年，低价将成为遥远的记忆，大宗商品交易商会争先恐后地获取宝贵的原材料，以满足中国和其他新兴市场对大宗商品似乎无穷无尽的需求。其中，石油是所有资源中最宝贵的一种。

大宗商品热潮在2003年下半年和2004年开始升温。石油工业已经接近满负荷运转。近20年的低价削减了油田、管道和炼油厂的投资，因此已无法生产更多的石油以满足全球日益增长的需求。

到了2004年，全球需求增长达到1978年以来的最高水平。[17] 油价自第一次海湾战争以来首次飙升至每桶40美元以上，后来超过了50美元（见附录图2）。

从许多方面看，这是20世纪70年代的翻版。随着欧佩克重新掌权，石油消费国的政界人士也表现出了同样的焦虑。石油价格成了新闻简报的主要内容。有人发出了骇人听闻的警告，说世界石油储备即将枯竭。

对交易商而言，对石油的争夺意味着新的财富时代。中国的需求不断增长，因此中国需要大幅增加进口，这意味着世界各地需要运输更多大宗商品。2000—2008年，全球石油贸易增长了27.2%。这是同期石油需求增长率的两倍多。[18] 这反过来又给交易商带来了更多生意，因为它们的核心业务就是跨国运输大宗商品。

价格飙升也改变了大宗商品交易商赚钱的方式。在那个时代，简单的投机行为就能赚钱，因为行情在持续上涨。与20世纪70年代不同，现在人们可以在期货市场上押注石油价格，而且很多人都这样做。2001—2008年，布伦特原油的年平均价格每年都在上涨，这是自1861年以来石油工业现代史上持续时间最长的年度价格上涨。[19]

价格上涨使大宗商品交易业务变得更加有利可图，但是投机并非唯一途径。在一些情况下，长期合约交易商数年前签署的合约会突然变得利润丰厚。例如，根据2000年重新谈判的长期合同，嘉能可能够以固定价格从牙买加购买氧化铝。当氧化铝价格飙升时，嘉能可购买的氧化铝还不到市场价格的一半。[20]

第九章　石油美元和贪官污吏

面对繁荣的市场，即使是以市场价格达成的大宗商品交易也极其有利可图。这是因为大多数实物大宗商品合约允许数量公差，即允许交易商对商定购买或供应的吨位加减几个百分点。在通常情况下，这种公差（业内称为"可选择权"）意味着即使发现一批货物比计划的略多或略少，交易商也并不违反合约，因为在大型物流业务中，出现这种情况是可以接受的。

但是，随着价格飙升，这种可选择权便价值非凡：当需求量大时，交易商可以从供应商那里多购买一点；如果其他人愿意溢价购买所需商品，交易商可以对原买家减少供货。再或者，交易商可以从双方的可选择权中受益。

假设一个交易商与一个石油生产商、一个石油消费者同时签订一份长期合约，比方说每月交易 100 万桶石油。这两份合约的价格相同，即当月的平均价格。两份合约都允许交易商出现 10% 的数量公差。如果油价完全持平，交易商肯定会亏损：它将以买入价出售石油，所得利润为零，而且它的运输费用和财务费用尚未计算在内。

但是，如果遇到油价上涨，交易商便可以利用合同中的可选择权获利。他将根据合约从生产商那里获得最大数量的石油，即 110 万桶，比原计划高出 10%。对消费者而言，交易商将尽可能减少合约规定的数量，只供应 90 万桶，比原计划减少 10%。产生的 20 万桶差额便可以转售。市场价格在上涨，到月底油价会高于月平均水平，交易商就会转手卖出 20 万桶石油从中获利。

直到 21 世纪的头 10 年，几乎没有什么大宗商品供应商和买家明白这种可选择权对交易商的价值——毕竟，在"超级周期"导致价格飙升之前，大宗商品并没有那么大的价值。但是，当价格开始上涨时，这种可选择权便成为印钞的许可证。托恩·克隆普结束了在嘉吉公司和高盛公司的石油交易生涯后，帮助创建了摩科瑞集团，这是超级周期时代的一个"暴发户"贸易公司。克隆普记得"在过去"交易商可以利用合约规定的大公差：石脑油是石油化工业使用的一种精炼产品，交易商可以在17 000~25 000吨之间自行选择交付数量。克隆普说："天呐！如果你懂得如何充分利用公差，就能轻松赚大钱。"[21]

面对市场繁荣，买家更担心的是原材料耗尽，而不是为几美分讨价还价。这种形势也起到了推波助澜的作用。世界迫切需要大宗商品。面对市场对汽油、柴油和其他产品的强劲需求，炼油厂愿意支付更高的价格获得原油供应，确保持续满足客户需求。

对交易商而言，这就是行动的召唤。它们前往世界各国寻找资源。它们去了乍得和苏丹等新兴石油国家，这是它们首次出口原油；它们还去了老牌产油国，如俄罗斯、阿塞拜疆、哈萨克斯坦、也门、巴西、赤道几内亚和安哥拉。

这一过程让交易商更加接近寡头、暴君和独裁者的世界，这些人都凭借大宗商品繁荣交易大发横财。交易商与当地势力强大者结成联盟，有时甚至成立合资企业。有些交易商违反法律，石油换食品丑闻就是证明。其他交易商则想方设法应对各种棘手的情况，譬如战争、政变、政府腐败和国家混乱。它们的目的只有一个，就是为了获取自然资源。

鲍勃·芬奇解释说:"国家越复杂,利润就越多。"[22]芬奇曾在20世纪初担任维多公司的高管,而且是公司的主要人物之一。

由于中国需求激增,凡是能够获得大宗商品的人都突然拥有了特权地位。以前在全球大宗商品市场上无足轻重的公司,突然间成了每年经手数百亿美元资源的商业明星。它们不仅仅是赚钱的公司,在一个大宗商品稀缺、中国需求难以满足的世界,交易商持续供应大宗商品的能力使它们在全球经济中发挥了重要作用。

交易商既拥有巨额资金,又具有战略意义,因此在世界许多地方都扮演了重要的政治角色。它们有能力让资金源源不断地流入拥有大量石油的君主的国库,因此成为他们强大的盟友。萨达姆本能地理解这一点,于是他开始要求在伊拉克石油销售中得到回扣。在俄罗斯,情况也是如此。克里姆林宫越来越强大,它需要友好的交易商继续帮助俄罗斯出售石油,哪怕是在政治紧张的时刻。

* * *

世界对石油的迫切需求和石油国家对现金的渴望相互交织,在此背景下有两家公司在短短几年内就一跃跻身全球石油交易的大联盟。在许多方面,它们将是21世纪头10年石油市场的象征——奉行机会主义,拥有广泛人脉,将新兴市场迅速发展的石油生产商与永不满足的市场需求链接在一起。它们就是摩科瑞和贡渥。

这两家公司是20世纪90年代从自由放任的苏联崛起的,差不多与戴维·鲁本把环球公司变成世界上最大的铝交易商同一时期。但对于摩科瑞和贡渥而言,真正的大舞台不是在 20 世纪 90 年代,而是在 21 世纪头 10 年,它们将成为俄罗斯石油出口的重要渠道,帮助数十亿美元流入克里姆林宫的金库,让年轻的俄罗斯总统有信心在世界舞台上保持更加坚定的立场。

摩科瑞的起源可以追溯到苏联解体后的日子,当时两个出生在苏联的打零工的音乐家维亚切斯拉夫·斯莫洛科夫斯基和格雷戈里·扬基列维奇在石油交易中赚了一笔。20 世纪 80 年代,两人以在莫斯科的餐馆和俱乐部演奏吉他和钢琴为生。他们移民到波兰后开了一家小公司,买卖电脑设备和其他白色家电。这时,西伯利亚一个偏远石油小镇的一位客户问他们是否想做石油交易,因为他获得了出口许可证,这在 20 世纪 90 年代初是一个难得的宝贵机会。这两人没有同意,因为他们对石油一无所知。但是,这个客户很会说服人。"他说我们可以一起学习。"扬基列维奇后来回忆道。[23]

就这样,他们不再倒腾冰箱,转而开始倒腾石油。他们在波兰与一家陷入困境的炼油厂达成了一项协议,很快就通过苏联时期修建的德鲁日巴管道将石油输入波兰,成为俄罗斯石油的主要运输商。到 20 世纪 90 年代中期,他们的公司 J&S 占据了波兰原油供应的 60%。

20 世纪 90 年代,这两位移民在"野蛮的东方"奠定了自己的主导地位,他们到底是如何做到的呢?扬基列维奇说:"我们满足了(生产商和消费者)的要求,我们敢于冒风险。我们从未让波兰的合作伙伴失望。"[24]

但是，其他人对他们扮演的角色并非那么关心。一些俄罗斯最有权势的寡头起诉公司内部几个负责出售石油的雇员受贿，结果诉讼调查发现了来自J&S公司的一笔170万美元的付款。法官称这笔钱是这些雇员接受的几笔"秘密佣金或贿赂之一"。[25]（当被问及这个问题时，扬基列维奇和斯莫洛科夫斯基声称没有人指控他们有任何不当行为，如果有的话，他们会"积极进行辩护"。）[26]

大约在扬基列维奇和斯莫洛科夫斯基开始交易电脑和冰箱的同一时期，另外两个人也开始交易俄罗斯石油。在当时仍被称为列宁格勒的圣彼得堡，年轻、自信的机电工程师根纳季·季姆琴科接到朋友的电话，问他是否愿意从事石油交易。季姆琴科欣然接受了这个机会。[27]

20世纪90年代，在混乱的俄罗斯石油贸易领域，季姆琴科发现自己的竞争对手是托尔比约恩·特恩奎斯特，这个瑞典人成立了一家新公司，打算通过爱沙尼亚共和国出口俄罗斯成品油。这两家公司一开始是竞争对手，但最终携手成为石油贸易领域最成功的合作伙伴之一。

对于任何在俄罗斯大宗商品领域做生意的人而言，这都是一个危险时期。铝业战争无人不晓，石油交易商也处境险恶。突然有一天，特恩奎斯特的商业伙伴不见了踪影，据推测是被谋杀了。特恩奎斯特开始担心自己的安全。他说："我们两人关系非常密切，所以我决定至少一年不去俄罗斯。有一段时间，我非常谨慎。"[28]

特恩奎斯特通过爱沙尼亚码头出口燃料油，就会与季姆琴科及其合伙人竞争。但两家公司并没有在爱沙尼亚拼个你死我活，而是决定一起做生意。季姆琴科及其合伙人与特恩奎斯特及其合伙人共同创建了贡渥能源公司。在瑞典，"贡渥"是女孩的名字，在古挪威语中是"在战争中保持警惕"的意思。[29]

当贡渥能源公司的一些合伙人与特恩奎斯特闹翻时，季姆琴科站在了瑞典人一边，放弃了自己的老同事，并将他们赶出了公司。两人在2000年共同创建了一家新公司：贡渥国际。

* * *

在此之前，这些新石油交易商的生意是有利可图的，但是利润有限。它们每年的利润是数千万美元，而不是数亿美元。

但是，真正辉煌的时刻即将到来。中国经济蓬勃发展，为任何能够获得石油供应的人提供了获得巨额利润的机会。正是在这种环境下，萨达姆·侯赛因成功地说服了国际石油交易商根据石油换食品计划支付附加费。摩科瑞和贡渥很幸运：它们在正确的时间、正确的地点通过正确的人脉关系获得了大量石油。

俄罗斯的石油生产也在蓬勃发展。随着苏联社会主义政权垮台和经济崩溃，石油产量在20世纪90年代初也大幅下降，但是到21世纪初，俄罗斯的石油业开始以同样速度复苏。当时石油产业的所有权已经完全掌握在少数几位强大的寡头手中，他们开始将注意力从保护自己的股权转向改善公司经营。1999—2005年，俄罗斯的石油产量增长了50%以上。[30] 石油出口大幅增长。

作为连接俄罗斯生产商和国际金融体系的纽带，这些交易商对俄罗斯政府具有了新的政治意义。俄罗斯新任总统认识到石油意味着金钱和权力。随着克里姆林宫寻求加强对石油产业的控制，摩科瑞和贡渥为俄罗斯石油销售打开了新的大门，以不同的方式维持美元源源不断地流向俄罗斯。

对摩科瑞而言，这意味着在俄罗斯和中国这两个新世纪最重要的地缘政治力量之间开创石油贸易。21世纪初，随着俄罗斯石油产量飙升，J&S购买的原油开始超过在波兰的销量。于是，公司开始出口，将石油从西伯利亚运到波兰，再运到波罗的海沿岸的格但斯克港，最后用油轮运往世界各地。

然而，扬基列维奇和斯莫洛科夫斯基明白，他们无法单独建立一个国际石油贸易公司。他们联系上马可·杜南和丹尼尔·佳吉，这两个交易商以交易智慧与无情的野心而闻名。两人曾共同在日内瓦大学学习，后来又一起在多家大型贸易公司工作。

2004年，佳吉和杜南与J&S达成一项协议。J&S将在塞浦路斯成立一家新控股公司，名叫J&S控股公司。扬基列维奇和斯莫洛科夫斯将持股比例降至62%，杜南和佳吉各获得15%，而J&S团队的两名成员瓦季姆·利涅茨基和帕维尔·波季德尔分别持股7%和1%。[31]

杜南说，他和佳吉用"几乎所有的钱"购买了公司的股份。但是他们也从扬基列维奇和斯莫洛科夫斯基那里得到了一笔可观的贷款，而且还获准用公司未来的利润偿还这笔贷款。该公司的初始资本为2.5亿美元，杜南和佳吉在该公司的股份价值7 500万美元。根据协议，杜南和佳吉将完全拥有公司经营权，扬基列维奇和斯莫洛科夫斯基将逐渐减少他们的股份。杜南说："他们给了我们钥匙，然后就继续前进了。"[32]

事实证明这是一个明智的决定。长期以来，杜南一直相信中国的发展将彻底改变石油市场。不久，J&S 控股公司就通过波兰的格但斯克将俄罗斯石油运往中国。这些年来，随着其他交易商的介入，石油贸易的重要性不断增强，到今天俄罗斯已成为中国最大的石油供应商之一。

J&S 控股公司以惊人的速度发展。到 2009 年，公司的净利润达到创纪录的 4.54 亿美元。[33] 这时，该公司已经更名为摩科瑞，但扬基列维奇和斯莫洛科夫斯基仍然是主要股东。[34] 他们会在公司的聚会上一展身手——扬基列维奇弹吉他，斯莫洛科夫斯基弹钢琴——为欢聚一堂的摩科瑞交易员们演奏几首经典摇滚歌曲。

在市场开始繁荣之际，他们将俄罗斯的石油供应给有大量需求的中国。从 2007 年至 2018 年，摩科瑞累计税后利润为 39 亿美元。

* * *

如果说摩科瑞向人们展示了将俄罗斯石油出口到中国的利润多么丰厚，那么它的主要竞争对手贡渥则展示了另一种成功之道：政治关系。长期以来，季姆琴科和特恩奎斯特与俄罗斯政界和商界的重要人物建立了关系，其中就包括于 1999 年 12 月 31 日就任俄罗斯总统的弗拉基米尔·普京。相比于其他人，他们与普京的关系将对贡渥的未来产生最为深远的影响。

第九章　石油美元和贪官污吏　235

季姆琴科及其合伙人第一次与普京打交道是在20世纪90年代初,当时普京负责圣彼得堡市的对外经济关系。到90年代结束时,普京已经做好成为总统的准备,而季姆琴科也已经是声名显赫的石油交易商,开始组建贡渥。他们一直保持着联系:1998年,季姆琴科和其他人赞助了一个柔道俱乐部,并邀请从小就热爱柔道的普京担任俱乐部名誉主席。

多年来,每当有人暗示他和普京是朋友时,季姆琴科都会感到愤怒。尽管如此,2014年普京总统还是很高兴地把季姆琴科称为"我的熟人——我的朋友"[35]。而季姆琴科则透露他的爱犬是普京的拉布拉多犬所生,2004年普京将幼犬送给他作为礼物。[36]

普京成为总统后,季姆琴科和贡渥都取得了巨大成功。俄罗斯在经历20世纪90年代的混乱之后,普京承诺要恢复国家的秩序和稳定,塑造了强大的领导力。像许多普通俄罗斯人一样,他憎恨寡头阶级,憎恨他们在鲍里斯·叶利钦于1991—1999年执政期间,利用俄罗斯国势衰弱以极低的价格攫取国家资源。

普京在新千年之初首次掌权后,将一项含蓄的协议摆在寡头们面前:通过私有化交易,他们都发了财,普京不打算推翻这些交易,但是奉劝他们应该置身于政治之外。不过,表面之下一直暗流涌动。尤科斯石油公司的老板米哈伊尔·霍多尔科夫斯基是最能考验普京底线的寡头。

霍多尔科夫斯基满身书生气,到2003年40岁时已经成为俄罗斯头号寡头和全国最富有的人了。他既聪明又有野心,20世纪80年代末当私营企业在苏联刚刚成为可能时,他就成立了一个合作社。不久，他的合作社梅纳捷普摇身一变成了银行。它迅速成为俄罗斯最大、最进取的私营公司之一，而且在政府拥有广泛的人脉关系。脆弱的叶利钦政府推出了一项命运多舛的"贷款换股"计划，霍多尔科夫斯基仅以 3.09 亿美元就抢购了尤科斯石油公司的控股权。[37]10 年后，他把公司打造成了俄罗斯石油行业的宠儿，市值超过 200 亿美元。

但是，20 世纪 90 年代的寡头让普京及其盟友恼怒不已，而尤科斯石油公司就是其中的典型。它想方设法利用离岸公司和低税收经济特区减少纳税。它是俄罗斯最厚颜无耻的企业说客之一。

霍多尔科夫斯基越来越大胆，甚至进行挑衅。他在克里姆林宫的一次电视会议上就腐败问题向普京发起挑战。他表示自己将在 2007 年从尤科斯石油公司退休，这也是俄罗斯宪法要求普京离任的同一年，不由得让外界猜测他可能对从政感兴趣。[38] 他开始与雪佛龙和埃克森美孚谈判出售尤科斯石油公司的股份。他甚至差点达成合并尤科斯和雪佛龙的协议，那样霍多尔科夫斯基将会创立世界上最大的石油公司。[39]

2003 年 10 月 25 日，霍多尔科夫斯基在乘坐飞机穿越西伯利亚中途加油时突然被特种部队包围。俄罗斯最富有的寡头被捕了。他被指控欺诈、逃税和挪用公款，接下来将在监狱里度过 10 年铁窗生涯。一年后，随着尤科斯石油公司的税负上升，俄罗斯石油公司控制了它的主要资产。该公司位于西伯利亚中心地带，是一家从事大规模石油生产的俄罗斯国有企业。

这是普京总统任期内的决定性时刻之一。这件事表明：任何寡头都不要指望拥有比克里姆林宫更大的权力，俄罗斯商人只有在总统满意的情况下才能中饱私囊，俄罗斯的自然资源最终属于国家。对国内外批评普京的人而言，这件事成了把柄，也成为俄罗斯政府和尤科斯石油公司前股东之间一场旷日持久、涉及数十亿美元的法律诉讼的焦点。

对贡渥而言，这却是通往石油交易高峰的门票。

尤科斯石油公司在克林姆林宫的打压下土崩瓦解，贡渥随时准备帮助俄罗斯政府维持石油供应。在普京寻求重新确立国家对俄罗斯石油行业的主导地位时，这家此前鲜为人知的贸易公司突然开始发挥重要作用。

多年来，贡渥一直对尤科斯事件保持沉默。在为数不多的几次采访中，有人问及季姆琴科此事，他说："这家公司与我毫无关系，但是你们现在问我对它有什么看法，恕我无可奉告。"[40]

现在，特恩奎斯特愿意谈论霍多尔科夫斯基的倒台，评价贡渥在帮助俄罗斯政府处理事件余波中所扮演的角色。

特恩奎斯特说，他事先知道尤科斯石油公司会被推翻。他说："我不知道会发生什么，但是我获悉会有事情发生。"他不肯说是谁透露的内幕消息。"只是有人告知我，要准备好进行更大规模的交易。"[41]

他说霍多尔科夫斯基犯了两个错误：第一个是无视普京让其不要干预俄罗斯政治的警告；第二个是他正在进行谈判，打算将公司出售给一家美国石油公司。"你可以想象普京的愤怒。这些人是免费得到的公司。他们没有付钱，但是他们得到了。现在他们竟然要把它卖给一家美国跨国公司！"

特恩奎斯特说："就在那一刻，他们决定把他拿下。他们对这件事的态度非常明确……如果我们允许这种情况发生，俄罗斯就会分裂。俄罗斯的财富最终将被瓜分，俄罗斯人民将一无所获。"

尤科斯石油公司的油田被没收后，贡渥接手出售石油。在此之前，贡渥很少交易原油，它主要经营成品油。现在，突然被问到每月是否能处理大量石油交易，特恩奎斯特说："我明白这是千载难逢的机会。我打电话给我的财务主管：'我不知道你怎么做，但是你必须打电话给法国巴黎银行找到信用额度，现在就找。'"

特恩奎斯特表示，他并非唯一接到命令的交易商。但是贡渥很快成为最大的公司，根据特恩奎斯特估计，在高峰时期，俄罗斯石油公司60%的海运出口都由贡渥经手。其他交易也源源不断。贡渥从一个小角色摇身一变在全球石油市场占据了重要位置。2008年油价飙升至每桶100美元以上，这时控制任何地方的石油都是成功的关键，而贡渥却是俄罗斯一家独大的石油交易商，一度掌控了俄罗斯30%的海上石油出口。[42]

随着弗拉基米尔·普京在国内外更加大胆自信，贡渥成了保障俄罗斯石油销往世界各地的幕后关键公司之一。贡渥从中获得了巨额利润。多年来，贡渥的早期利润究竟是多少，人们只能靠推测和猜想。但是现在，贡渥表示，在2005—2009年，公司的年平均利润为3.47亿美元。[43]它的股权价值从2005年的2.54亿美元上升到2009年近14亿美元——即便以"超级周期"时大宗商品交易行业的标准衡量，增长速度也十分惊人。

这家贸易公司以前默默无闻，现在是如何赚到这么多钱的呢？贡渥的利润是以牺牲俄罗斯石油公司为代价吗？特恩奎斯特说："突然之间，俄罗斯石油公司旗下拥有了最大的石油公司……但是他们缺乏组织，他们一无所有。显然，作为交易商，这就是你想看到的局面。那么你会利用这个机会吗？你当然会这么做。交易商天性就是如此——抓住机遇，利用眼前的形势。所以，我不说我们利用了俄罗斯石油公司。没错，面对那种形势，我们只是清楚地看到了自己的机会。"

但是，对于贡渥是如何在俄罗斯石油行业迅速上升到如此显赫的地位，仍然存在种种疑问，因为石油行业毕竟是俄罗斯国家权力的关键杠杆。季姆琴科本人多次否认凭借与普京的关系得到了特殊照顾。[44] 但是，关于这种联系的各种怀疑将在未来困扰贡渥，并最终引发一场彻底的清算。

俄罗斯和东欧其他国家再一次为大宗商品交易商带来了巨额财富。不过，与20世纪90年代不同，这一次利润不是源于体制崩溃造成的混乱，而是因为在中国和其他新兴市场迫切需要石油之际，这些国家刺激了石油产量。摩科瑞和贡渥是两个最明显的赢家。到这一时期结束，它们已经牢牢占据全球第四大和第五大独立石油交易商的位置。在2018年之前的10年里，这两家公司的总利润约为66亿美元，其中大部分由扬基列维奇、斯莫洛科夫斯基、杜南、佳吉、季姆琴科和特恩奎斯特这6个人收入囊中。[45]

就像石油换食品计划一样，他们的故事揭示了油价飙升如何重绘全球经济轮廓，同时赋予了坐拥丰富石油资源的领导人权力，并让交易商发挥重要作用，把石油输送到市场。

但是，随着大宗商品繁荣加速，即使是苏联的自然财富也无法满足市场对资源的需求。于是，大宗商品交易商转向了一个新的疆域：非洲。这片大陆是世界上自然资源最丰富的地区之一，但也是最难经营的地区之一。

第十章

目标非洲

早上7点，离开科卢韦齐的道路已经出现拥堵。

道路两旁的景象随时会让人想到：在非洲腹地这片尘土飞扬的高原上，采矿业至高无上。路边摆着一排排简陋的锤子和镐，所有这些都是为了卖给那些衣服沾满泥巴的成年男子和男孩，他们每天跋涉到城郊，徒手进行挖掘。

这条路会穿过比利时殖民者建造的那些宏伟建筑，殖民者在1906年就开始在这一地区采矿。然后，道路继续向前延伸，经过更现代的采矿业所带来的赌场和餐馆，这些场所都有英语、法语和汉语标识，能帮助那些被吸引到科卢韦齐的发财者打发漫漫长夜，花掉他们口袋里成沓的美元。

在这里，到了夜里没人开车，因为路上到处是骑摩托车的团伙。天一亮，每个人各就各位，走进装着矿石的卡车、载着燃料的油轮、拉着外国高管和顾问的吉普车。

出了科卢韦齐，这条路会穿过浩浩荡荡的刚果河最大的支流卢阿拉巴河。最后，目的地豁然呈现在眼前：远处有一座小山巍然耸立，许多卡车都是朝这座小山驶去。

这是刚果民主共和国的穆坦达，这里有世界上最丰富的矿藏之一。山里面有三个巨大的矿坑，每个矿坑足有 150 米深，装载着铜矿的卡车像蚁丘上的蚂蚁一样上下爬行。

这座拥挤忙碌的矿山位于全球最偏远、开采难度最大的新矿区之一，而它的拥有者不是别人，正是嘉能可。

穆坦达是 21 世纪初争夺非洲资源产业的象征。随着"超级周期"加速，矿业公司、石油公司和交易商都不再对非洲的财富视而不见。几十年来，非洲大部分地区因偏远、落后和腐败而被西方大公司忽视。现在，它们争先恐后地前来投资。

冲在最前面的是嘉能可等大宗商品交易商。它们购买非洲商品，投资穆坦达这样的矿山，为非洲政府提供资金。在这个过程中，它们扶植了许多不受欢迎的独裁领导人。它们还在非洲商品和中国工厂、非洲盗贼统治者和伦敦、瑞士的银行账户之间建立了新的联系。

嘉能可从资源争夺战中脱颖而出，成为穆坦达的所有者。但是，对嘉能可而言，非洲既是福也是祸。非洲将成为嘉能可大部分财富的来源，但同时也给它的未来蒙上了一层最黑暗的阴影。

* * *

大多数非洲国家出口的几乎都是大宗商品，没有其他物品。[1]

这意味着非洲的经济财富会随着大宗商品市场的起伏而变化。20世纪五六十年代，许多非洲国家从欧洲殖民列强手中赢得了独立，这是非洲大陆的黄金时代。第二次世界大战后，欧洲和亚洲都需要大宗商品用于重建。因此，交易商纷纷前往非洲寻找铜和其他金属。

但是很快，非洲对自然资源的依赖成了一种负担。在20世纪八九十年代的大部分时间里，大宗商品价格过低、管理不善、腐败、战争和殖民主义遗留的问题都阻碍了非洲大陆的发展。到2001年，非洲撒哈拉沙漠以南地区的经济规模比1981年还要小。[2]

在大多数情况下，非洲大陆的大宗商品产量也出现下降。价格过低影响了投资，老化的基础设施没有升级换代，战争摧毁了矿山、油田和农场，腐败和独裁吓跑了外国投资商。现在的刚果民主共和国曾经是世界上最大的铜生产国之一，1975年占全球铜供应量的7%以上。20年后，它的产量下降到仅占世界总产量的0.3%。[3]津巴布韦则从原来的产粮大国陷入了经济困境。尼日利亚在经过几十年的盗贼统治后恢复了民主，但是1999年的石油产量比1979年还要少。[4]在许多外国投资者眼中，非洲是"毫无希望的大陆"。[5]

即使在经济不景气的年份，大宗商品交易商也能在非洲赚到钱：正是在这段时间，马克·里奇和约翰·多伊斯无视联合国的禁运令，向南非供应了燃料。但总体而言，这些贸易公司都把精力集中在了其他地方。20世纪八九十年代，随着大宗商品产量的下降，非洲并没有多少可供购买的东西。而且，随着经济活动的减少，也没有什么东西可以出售给非洲。

然后，从21世纪初开始，中国主导的经济繁荣颠覆了大宗商品市场，非洲大陆的命运发生了巨大变化。美国、加拿大、澳大利亚、中东以及拉丁美洲等传统大宗商品的供应来源已捉襟见肘。如果世界需要更多的自然资源，大宗商品行业就需要进一步发展。答案就在非洲。

大宗商品交易商蜂拥而至，它们不仅与非洲国家进行贸易，而且还投资矿山、油田和农业加工。对非洲经济而言，大宗商品交易再次带来福音。2001—2011年的10年间，价格持续上涨，非洲撒哈拉沙漠以南地区的经济规模翻了两番。[6]

大宗商品销售带来的美元收入，让非洲的一代领导人都腰缠万贯，巩固了既有政治精英的地位，哪怕他们公然腐败或普遍不受欢迎。大宗商品交易商成为国际金融体系中非洲区域的关键一环，帮助非洲政府和政界人士获得了西方的大量资金。很快，他们许多人也把自己的钱留在了西方。他们白天敲定一笔大宗商品交易的细节，晚上就在伦敦或巴黎的奢华场所纸醉金迷。

美国的一起反腐案件揭露了尼日利亚的一个腐败案例。据称，2011—2015年，尼日利亚石油部长迪扎尼·艾利森－迈杜克将石油合同交给了两名当地商人。作为报答，他们资助她和她的家人过上了奢华的生活。他们送她礼物，给她购买了一艘65米长的游艇，还在加州和伦敦给她购买了豪宅，并为这些房子配备了价值数百万美元的家具和艺术品。然而，拿到石油合同的两名当地商人对交易并不感兴趣。他们的公司直接将石油转售给了大宗商品交易商——其中最重要的是嘉能可。嘉能可从他们手中购买了8亿美元的石油。虽然美国没有暗示嘉能可做错了什么，但很明显，如果没有大宗商品交易商的参与，就不会有所谓的腐败。"[7]

这些交易商还成为全球经济获得新动力的重要渠道。金砖四国完全绕过西方，贸易流量开始不断增加。这种繁荣始于中国，因此交易商在非洲购买的大部分商品最终都销往中国也不足为奇。不久之后，中国也将直接在非洲投资。这是中国投资新阶段的开始，中国将会成为非洲大陆大部分地区最重要的参与者之一。

对交易商而言，非洲可以带来巨额利润，但同时也充满挑战。与非洲大陆打交道常常意味着要与残暴的独裁者、腐败的政客和贪婪的当地大亨打交道。在许多情况下，大宗商品交易商解决这种难题的办法，就是将当地主要人物的关系交给一群形形色色的代理商、中间人和顾问去处理，其中就包括埃利·卡利尔，他是该地区一位声名显赫的中间人，他的联系人从尼日利亚到刚果民主共和国，再到塞内加尔和乍得，遍布非洲大陆。

有时候，这些外部顾问或中间人的作用极其简单：支付维持石油和金属供应所需的贿赂和其他款项，帮助大宗商品交易商规避风险。卡利尔说："在第三世界做生意，不让政府领导人发财是不可能的。"他解释了贿赂非洲权贵发生的变化："过去你会给独裁者一箱美元；现在你可以透露一些自己股票的内部消息，或者从他叔叔或母亲手中以10倍于其价值的价格购买房产。"[8]

其他时候，中间人的工作则更为平凡：在非洲国家，无论是处理烦琐的物流，还是通过更广的人脉网络处理官僚文书、突破层层障碍，他们都比那些找上门来的大宗商品交易商更有经验。

嘉能可在刚果民主共和国开展业务时，扮演中间人角色的是一位以色列钻石商人,他与刚果年轻的总统建立了一种貌似不太可能的友谊。他的名字叫丹·格特勒。

* * *

刚果民主共和国旧称扎伊尔共和国和比属刚果,面积约为西欧的三分之二,拥有世界上最丰富的矿藏之一。一个世纪以来,它一直是全球市场最重要的金属供应国之一。

曼哈顿计划使用了来自刚果的铀并制造了第一颗原子弹,这颗原子弹在"二战"的最后几天被投放到广岛上空。后来,日本和欧洲使用刚果的铜进行了重建。刚果还富含为现代生活提供燃料的矿物质,譬如钴和钽。钴可以用来制造电动汽车的高性能电池,而钽则可用于制造移动电话。

但是,1965年,蒙博托·塞塞·塞科上台了。蒙博托是一个盗贼独裁者,他将统治这个国家30多年。他立即将采矿业实行国有化。刚果的矿产资源为蒙博托的心血来潮付出了代价。譬如,他把自己出生的村庄打造成一个俗气的享乐宫殿,还在森林里砍伐出一条长长的跑道,用于降落协和式飞机。20世纪八九十年代,随着金属价格下跌,刚果的采矿业开始闲置。由于其他国家供应充足,国际矿商和大宗商品交易商只得撤离刚果,前往更容易做生意的地方。

1997年,蒙博托在一场血腥冲突中被废黜。[9]此时才20岁出头的丹·格特勒便第一次来到了刚果民主共和国。格特勒是一个年轻的钻石商人，出生于一个富有的珠宝商人家族，他的祖父创立了以色列钻石交易所。刚果民主共和国的新总统洛朗·德西雷·卡比拉为了巩固权力正在进行一场残酷的战争，因此急需资金。[10] 格特勒看到了机会。2000 年 8 月，他的公司同意向刚果政府支付 2 000 万美元，条件是垄断刚果的钻石销售。[11]

2001 年，洛朗－德西雷·卡比拉遭到保镖的暗杀，他的儿子约瑟夫·卡比拉成为总统，格特勒的影响力也越来越大。格特勒和这位年轻的总统同岁，两人很快就成为亲密好友。格特勒住在以色列，但每周都会飞到刚果。

他愿意在政界和商界提供帮助。21 世纪头 10 年中期，刚果新总统尚未在国际舞台上站稳脚跟，他便充当卡比拉与美国国家安全顾问康多莉扎·赖斯之间的中间人。[12] 最终，卡比拉应乔治·W. 布什之邀于 2003 年访问白宫。[13] 格特勒在特拉维夫的办公室充当了刚果的外交驻地。在里面陈列着一些格特勒和卡比拉 20 多岁时的照片，同时还有他与嘉能可共同建造的铜钴矿的航空照片。[14]

格特勒不只与卡比拉建立起关系。他还与奥古斯丁·卡通巴·姆万克走得很近，卡通巴是矿产丰富的加丹加省（即穆坦达矿所在地）的前省长，也是卡比拉手下的重要人物。美国外交官将卡通巴描述为一个"可疑甚至邪恶的人物"，认为他管理着卡比拉总统的大部分个人财富。[15] 卡通巴在自己出版的自传中声称，大亨格特勒带着卡通巴及其夫人在红海乘坐游艇观光旅行，还请他们观看了能弯曲勺子的幻术师尤里·盖勒的表演。在书中，他还讲到格特勒花钱找医生给他治病，救了他的命。卡通巴写道："从那以后，他的想法就成了我的想法。丹，我的朋友，我的孪生兄弟，尽管我们存在许多不同之处，但是我为当你的兄弟而感到骄傲。"[16]

中国经济日益繁荣，对刚果金属的需求不断增长，格特勒的地位也更加重要。自20世纪70年代以来，世界开始经历前所未有的大宗商品短缺，格特勒自然成了刚果矿产资源的看门人。他不仅投资钻石，还开始投资铜、钴和石油等其他大宗商品。2008年，他在给一位商业合伙人的电子邮件中吹嘘说，刚果"正在不断发展，我正在引领它的未来——我的作用无人能及"。

在同一封邮件中，他这样吹嘘自己的影响力："我清楚你在所有这一切当中看到了更广阔的前景，所以帮助你在合适的时间、以吸引人的价格进入。这究竟是怎样的广阔前景还有待确定，但是执笔的是你的合伙人——我只需要在设计时灵活处理，就能为我们的合作关系创造全部价值。"[17]

在2011年11月刚果总统选举筹备阶段，格特勒获得了重新绘制刚果采矿业版图的机会。卡比拉缺少资金，他的得力助手卡通巴施展浑身解数，想确保选举胜利。[18] 最重要的是，他需要筹集资金。刚果政府开始出售主要矿产资源的股权，这一系列交易只是到后来才曝光。买家都是离岸投资公司，往往与卡通巴的"孪生兄弟"格特勒有关。据联合国前秘书长科菲·安南领导的"非洲进步小组"估计，2010—2012年，刚果政府以最低价格出售矿产股份所获得的收益比应有的收益少了13.6亿美元。[19]

格特勒拒绝接受这些交易都低于市场价格的说法，相反他认为自己在刚果做的事情应该获得诺贝尔奖。[20] 他说："我们在早期就开始投资,当时没有人想投资,刚果正处于战争状态,铜和钴的价格都处于低谷。"[21]

美国政府不同意这种看法。2017年,美国政府对格特勒实施了制裁,认为他利用自己与卡比拉的亲密关系"充当刚果民主共和国矿业资产销售的中间人,要求一些跨国公司通过他来达成交易"。华盛顿方面称,结果完成了价值"数亿美元不透明的腐败的采矿和石油交易"。[22] 格特勒否认了这些指控,他的发言人说,他在刚果的所有交易都是合法和诚实的,法庭并没有拿出任何对他不利的证据。[23]

* * *

当伊凡·格拉森伯格冒险进入刚果寻找铜时,对格特勒的制裁已经是十多年前的事了。在诱惑之下,这位嘉能可老板前往刚果,希望能发财致富,但最终他与格特勒的关系成为最棘手的问题。

多年来,穆坦达吸引了成百上万的当地刚果人,他们几乎都是前来徒手挖掘绿色条痕的矿石。他们没有加入任何公司,他们没有安全设备,他们不受监管。用现代非政府组织的行话来说,他们被称为"手工矿工"。他们的工具很原始:锤子、凿子、铁镐、铁锹。尽管如此,他们还是在山中挖了很深的洞,有的深达70米,目的是找到最丰富、最珍贵的矿脉。[24] 这种工作充满危险,每年刚果都有数十人因此丧生。但是,刚果是世界上最贫穷的国家之一,干这种工作的回报是巨大的。挖一天赚的钱比一个教师一个星期赚的钱

第十章 目标非洲 253

还要多。对手工采矿者而言，挖铜钴矿石是经济萧条时期唯一的收入来源。

他们与全球市场相连，不是通过大型大宗商品交易商，而是通过印度、黎巴嫩共和国和后来来自中国的小规模中间商。每天晚上，挖矿者都会把一天的劳动成果卖给中间商，这些中间商都集中在科卢韦齐郊外一个繁忙的村庄。21世纪初，黎巴嫩人亚历克斯·海萨姆·哈姆扎就是最成功的大商人之一。他手下的商人买下来自穆坦达的一袋袋被称为孔雀石的绿色矿石，堆在卡车上，沿着一条崎岖不平的道路运到最近的冶炼厂，提炼成纯铜。

其中一家冶炼厂位于500公里外的赞比亚境内，部分所有权属于嘉能可。它使用的矿石部分来自嘉能可在赞比亚自营的矿山，还有一些是从市场上低价购买的其他矿石。赞比亚的矿山出产优质的矿石，但是当嘉能可公司的交易员看到从刚果边境运来的矿石时，他们不敢相信自己的眼睛。

刚果矿石的纯度极高，不仅铜矿如此，钴矿也是一样。全球铜矿平均矿石品位约为0.6%。在智利和秘鲁，任何平均矿石品位超过1%的矿山都被视为极品。而早期，穆坦达的铜矿品位平均都在3%以上。[25]

嘉能可的交易员请求哈姆扎告诉他们这种含铜丰富的孔雀石矿石的来源。[26] 在2006年，格拉森伯格先去了科卢韦齐，最后去了穆坦达。格拉森伯格之所以能成为嘉能可的首席执行官，很大程度上要归功于他10年前对煤矿的疯狂收购。他认为嘉能可未来的发展取决于将传统的交易智慧与矿业帝国相结合。他深信刚果是自己等待已久的机会。

哈姆扎已经从纯粹的中间人变成了矿业投资商,得到了穆坦达周围土地的控制权。他选择的时机堪称完美:2001年5月,他创立了穆坦达矿业公司,就在几周后米克·戴维斯写了备忘录,声称大宗商品价格肯定会上涨。格拉森伯格来到穆坦达时,哈姆扎需要一个既有财力又有专业知识的合伙人开发这座矿山。格拉森伯格立即把握住了机会:2007年5月,他收购了穆坦达40%的股份,并以约1.5亿美元的估值获得了运营控制权。[27]

大约就在这时,格拉森伯格第一次遇到格特勒,两人成了科卢韦齐附近另一座矿山的大股东。他们两人建立的关系将改变刚果的经济。

在此之前,格特勒对刚果采矿业的影响并没有那么大。他面临的是来自其他权力掮客和商人的竞争。但是,格特勒和嘉能可的联手足以令人敬畏:嘉能可带来了财务实力和市场影响力,而格特勒则打开了通往刚果权力走廊的大门。

2011年,就在卡通巴努力为刚果总统卡比拉的连任竞选提供资金时,格特勒也以股东身份加入了嘉能可。到3月份,他的一家公司从刚果国家矿业总公司手中购买了矿山20%的股份——仅仅1.2亿美元的价格,看上去低得令人难以置信。[28]铜价高得离谱,几乎就在同一时间,嘉能可聘请的一位矿业顾问对整座铜矿的估价接近31亿美元,这表明格特勒购买的20%股份的真实价值为6.2亿美元。[29]仅仅几个月后,嘉能可就以高出格特勒购买价3倍的价格增持了穆坦达的股份。[30]

在 10 多年的时间里，格特勒和嘉能可参与了 10 多笔交易，价值超过 10 亿美元。嘉能可从格特勒手中收购了一些矿山的股权，为他提供了数亿美元的贷款，还向他支付了铜钴的使用费，而这些费用原本是支付给刚果政府的。反过来，格特勒成了嘉能可在刚果的商务合伙人、顾问和中间人。多年来，嘉能可在刚果首都金沙萨都没有代表，而是依靠格特勒及其团队来处理公司与政府的关系。[31]

即使嘉能可对与格特勒开展业务有任何疑虑，它也没有表现出来。格拉森伯格在 2012 年说："格特勒的参与帮助刚果吸引了急需的外国投资。"[32] 不过，随着嘉能可与他进行的一笔笔交易，格特勒作为商人参与刚果不透明交易的说法早已人所共知。

2008 年初，另一家刚果矿业投资商寻找有关格特勒的信息。后来的法律档案披露了一份它从一家尽职调查公司收到的报告，这份报告读起来就像一个警世故事。报告称，格特勒保留的是"那些称得上不道德的商业伙伴"。这份报告是为规模达数十亿美元的美国对冲基金公司——奥奇–齐夫资本管理公司准备的。报告中还说，格特勒正在利用自己在刚果的"重要政治影响力帮助收购、解决争端和挫败竞争对手"。[33]

奥奇–齐夫资本管理公司最终在 2016 年 9 月支付了超过 4 亿美元，用来解决美国监管机构针对它的一起案件，其中涉及它与格特勒在刚果的交易。[34] 在与该对冲基金公司推迟达成的起诉协议中，美国政府揭露了格特勒的影响力，指控这位大亨和其他人一起向刚果官员行贿逾 1 亿美元。[35]

2017年2月，在奥奇–齐夫资本管理公司案件的细节公之于众几个月后，格特勒兑现了自己的筹码。嘉能可买下了他在刚果两家主要矿山的股份，价格高达9.6亿美元。[36]

在刚果的交易似乎是格拉森伯格的一项壮举。其他大公司对前往刚果投资犹豫不决，而他则抓住了机会，为嘉能可在刚果建立了庞大的阵地，使嘉能可成为铜钴的主要供应商。铜和钴是两种用于电动汽车和电池的金属，前景看起来一片光明。对卡比拉而言，嘉能可押注刚果也是一件好事。嘉能可掀起了一股投资刚果矿业的浪潮，并很快成为刚果最大的纳税人之一。

然而，2018年7月3日却传来了坏消息。嘉能可宣布已接到美国司法部的传票。原来，在美国司法部进行了一项针对腐败和洗钱的大范围调查，调查涉及嘉能可2007年在刚果的交易——当时嘉能可首次在穆坦达投资，也是首次跟格特勒打交道。结果，公司股票价格暴跌。[37]

格拉森伯格的非洲冒险不再是一场胜利的精明投资，而是变成了这位嘉能可首席执行官留给继承人的一个污点。

* * *

尽管危险重重，但是非洲丰富的资源还是吸引了形形色色的大宗商品交易商。

例如，早期重心在拉丁美洲和东欧的托克公司，也转向了蓬勃发展的非洲大陆。在安哥拉，公司与前陆军军官莱奥波迪诺·弗拉戈索·多·纳西曼托将军展开合作。他通常被称为"迪诺将军"。

迪诺将军是安哥拉总统若泽·爱德华多·多斯桑托斯的亲密伙伴，现在成了托克两个重要子公司的股东。第一个子公司是彪马能源公司，在非洲和拉丁美洲拥有石油终端和上百座燃料站；第二个是 DT 集团，这是一家重心放在安哥拉的合资企业。[38] 通过 DT 集团，托克公司和迪诺将军交付了大量从安哥拉进口的燃料，在截至 2018 年的 6 年时间里创造了超过 5 亿美元的利润。[39]

尽管都认为自己是世界上眼光最毒的投资者，这些大宗商品交易商前往非洲却都受到一个大家都熟悉的动机所驱使——害怕坐失良机。贡渥首席执行官托尔比约恩·特恩奎斯特在谈到那些日子时说："大家都去了非洲。因此，我们也必须进军非洲。"[40] 后来，他就对自己闯入非洲大陆感到后悔了。

就连嘉吉也一头扎进了非洲。按行业标准衡量，嘉吉公司的美国中西部血统应当相对谨慎。这家令人尊重的谷物交易商似乎不太可能替一个国家的中央银行履行职责。但是，在津巴布韦，它正是这么做的。

2003 年中期，津巴布韦正在金融危机和经济危机中苦苦挣扎。首都哈拉雷的超市有一半货架都是空的。通货膨胀日益严重，甚至失去了控制。津巴布韦中央银行印刷新纸币的速度跟不上津巴布韦元贬值的速度，结果就出现了钞票短缺。银行排起的队伍有几个街区那么长，储户偶尔还会动手打架。[41]

嘉吉公司于 1996 年进入津巴布韦的棉花市场，此时发生的金融危机却令公司感到十分头痛。嘉吉公司在津巴布韦建立了庞大的业务，有几家纺纱厂负责把棉纤维和棉籽分开，在全国各地设有采购站，与两万名农民签了农产品收购合同。[42]中国对棉花需求飙升，因此嘉吉公司需要多备货。但是，资金短缺意味着公司无法继续支付那些依靠现金收购棉花的小规模农户。

面对没有纸币购买棉花这一难题，嘉吉公司想出了一个新招：干脆自己印刷钞票。因此，它要求当地一家公司印制75亿津巴布韦元，约价值220万美元，分别印成5 000和10 000津巴布韦元。作为对这些钞票的担保，嘉吉把资金存入了一家当地银行。[43]

这种垄断钞看起来有点像支票，上面有"嘉吉棉花"标志和两名当地高管的签名。这些钞票上面没有津巴布韦中央银行行长的签名，也没有津巴布韦钞票上典型的野生动物图案，但是这并不重要。在哈拉雷的商店里，它们很快就和官方货币一起被民众接受了。

除了名字之外，嘉吉实际上扮演的就是津巴布韦印钞局和中央银行的角色。它在当地报纸上刊登广告，告诉津巴布韦人这些钞票"应该被当作现金对待"。[44]2004年，嘉吉发行了更多钞票，其中面值最高达10万津巴布韦元。

在明尼阿波利斯市郊的嘉吉总部，财务部门的员工把这些钞票戏称为"斯特利美元"，因为嘉吉当时的首席执行官名叫沃伦·斯特利。斯特利的继任者之一戴维·麦克伦南说："这种钞票在人们眼中比津巴布韦货币更可靠。"[45]

然而，对嘉吉而言，垄断钞绝非儿戏。嘉吉告诉津巴布韦政府，它是在通过缓解纸币短缺来帮助这个国家。津巴布韦政府事先大概并不知情嘉吉公司也在印制钞票一事。但是，对这家贸易公司而言，

第十章 目标非洲 259

自己发行钞票也带来了丰厚的利润。嘉吉高管对美国外交官说,他们自己印钞票"赚了一大笔"。

原因很简单。津巴布韦饱受恶性通货膨胀之苦,消费价格以每年365%的速度增长。由于钞票短缺,收到嘉吉公司垄断钞的人倾向于把钱花掉,而不是拿到银行。当这些钞票最终流入银行时,它们的价值已被通货膨胀吞噬,如果以美元计算,会大大减少嘉吉公司的实际支出。美国驻哈拉雷大使馆副馆长在一份外交电报中写道:"在这个古怪的经济环境下,发行垄断钞甚至比做棉花生意还要好。"[46]

* * *

随着大宗商品"超级周期"的成熟,它为非洲富有创造力的大宗商品交易商创造了其他机会。这种繁荣推动了整个非洲大陆的经济增长,催生了不断扩大的非洲中产阶级,他们可以买得起汽车、电视和手机,这改变了非洲在全球大宗商品交易中扮演的角色。

在非洲购买大宗商品并将其出口到世界各地,这种业务继续吸引着大宗商品交易商来到非洲大陆。非洲仍然一如既往——用商人的行话说,是一种"原产地"生意。它是世界市场原材料的原产地:黄金来自南非,咖啡来自埃塞俄比亚,原油来自尼日利亚,可可来自科特迪瓦,铜来自赞比亚。

但是与此同时,出现了一种新的业务——"目的地"生意。随着整个非洲大陆经济活动的增加,非洲自身对商品的需求也增加了。

新的需求改变了供应链：沙特的燃料油进入了肯尼亚的发电站，来自堪萨斯州的小麦运送到了坦桑尼亚港口达累斯萨拉姆的面粉厂，秘鲁的铜出现在纳米比亚，泰国的大米成为尼日利亚的主食。[47]

之所以有如此多的非洲国家从事有吸引力的"目的地"生意，其中一个原因是它们的质量监管远远没有发达国家严格，允许交易商提供西方视为不合格的产品。在欧洲，石油交易商不能合法销售含硫量超过 10ppm 的柴油，因为硫是形成酸雨的原因之一。然而，在一些非洲国家，它们可以销售含硫量高达 10 000ppm 的柴油，且这并不会违反当地规定。[48] 因此，大宗商品交易商可以从拉丁美洲和俄罗斯简陋的炼油厂购买廉价的低质量成品油，然后运到非洲。

铜矿也是如此。世界上大部分的铜矿都含有少量的砷，砷是一种毒性物质，经常用于制作老鼠药。许多国家的政府都试图通过更加严格的监管来应对开采铜矿产生的砷所带来的风险。例如，中国政府禁止交易商和冶炼厂进口含砷量超过 0.5% 的铜矿石。但是纳米比亚对进口铜矿石的砷含量没有限制，因此成为精明交易商的目的地。

到 21 世纪头 10 年中期，在交易商看来，没人想要的大宗商品都可以放到非洲进行处理。它不仅是终极供应商，也是终极买家。由于这些人毫无道德，非洲变成了一个垃圾场。

2006 年 8 月 19 日，日落时分，在科特迪瓦首都阿比让有一辆卡车开到了市郊一个垃圾场入口处。这个大型露天垃圾场名为阿库埃多，臭气熏天，几十年来这个商业首都的居民一直都到这里扔垃圾。穷困潦倒的市民每天都会蜂拥而至，捡拾可以出售的废品。

卡车在标着"垃圾场入口"的混凝土小屋旁停下，开上地磅桥过磅，显示为36.2吨，然后开到一个专门倾倒"私人"垃圾的角落。时间是晚上7点零6分。很快，其他卡车也都开了过来。[49]

在阿库埃多附近破烂不堪的村庄里，村民们第二天早上醒来会闻到一股令人作呕的臭鸡蛋味。[50]成千上万的人很快开始出现类似流感的症状。这些卡车装有一种有毒残留物，毒性非常大，欧洲几乎没有公司愿意处理这种残留物。

负责将这些货物运往科特迪瓦的公司就是托克。

这件事引发了国际社会的强烈抗议，媒体也进行了猛烈抨击，最终托克公司被送上了伦敦和阿姆斯特丹的法庭。因为这一丑闻，托克被罚款超过2亿美元，而且声誉也遭到了破坏。

随后长达数千页的调查文件和起诉书对大宗商品交易行业的内部运作进行了前所未有的审查，让公众进一步认识到交易商的形象就是不道德的奸商。这桩丑闻还表明，非洲已经成为毫无道德底线的大宗商品交易商的角逐之地，这里几乎没有规则，而那些确实存在的规则也可以轻易绕过。

托克进军非洲，恰逢其跻身大宗商品交易大联盟之时。21世纪初繁荣初现时，托克仍在艰难求生。但是，随着市场上对大宗商品需求的激增，它的利润也随之飙升。到2005年，托克的收入接近3亿美元，到2006年，收入首次超过5亿美元。这家新贵公司正在与维多和嘉能可一起，确立自己作为顶尖石油和金属交易商的地位。[51]

即使在这时，托克仍然认为自己在交易行业中处于劣势，随时准备拼抢几美元的利润或者达成非常规交易。正由于此，托克才遭遇了一连串倒霉的事情，这些事情最终在阿比让垃圾场宣告结束。2005年末，墨西哥国家石油公司提出以最低价格出售一批不寻常的焦化汽油，这是一种含有大量硫和其他杂质的燃油。托克的交易员嗅到了赚钱的机会。在从休斯顿到伦敦和日内瓦的一系列公司邮件中，交易员们对这次赚钱机会满腔热情。其中一人写道："便宜得无法想象，应该能赚大钱。"[52]

托克立即采取行动。墨西哥国家石油公司急于出手：焦化汽油的存储空间已经用完，而这种产品几乎没有市场，因此它需要买家。托克公司认为可以买下这批货物，而且用一位交易员的话说，"价格低得要命"。[53] 如果一切按计划进行，公司每批货物将获得700万美元的利润。[54] 虽然不是一笔巨款，但利润还是很可观的。

但是，墨西哥国家石油公司低价出售这种产品是有原因的。只有从焦化汽油中去除硫，这种燃油才可以使用。这通常需要借助炼油厂的专门设备进行处理，但是费用很高。

此外，还有一种方法可以去除硫，而且不用花钱求助炼油厂。但是这是一种原始工艺，在西方许多地方都明令禁止，因为这种被称为"碱洗"的替代工艺会产生一种带有强烈刺激气味的有毒残留物。

然而，托克却打算使用这种工艺处理从墨西哥国家石油公司购买的廉价燃油。事实证明，这件事的难度超出了托克任何人的想象。交易商首先要想方设法找到港口，卸下焦化汽油进行碱洗。但是，所有的港口都断然拒绝了。一位交易员告诉同事，美国和欧洲的码

第十章 目标非洲 263

头"不再允许使用苛性钠清洗,因为当地环境部门不允许处理加工燃油产生的有毒苛性钠"。[55]

托克已经没有选择。如果不能进行碱洗,公司将被迫把焦化汽油转售给炼油厂,不过这很可能会失去任何潜在利润。不知疲倦的托克老板克洛德·多芬指示团队要发挥创造力。[56] 交易员们用了几周的时间,想出了一个富有创意的解决方案。他们不打算把焦化汽油运到港口终端进行处理,而是在运输焦化汽油的油轮上进行碱洗。然后,他们认为可以把有毒的残留物运到有人愿意接受的地方。

碱洗是一个肮脏的过程。它不仅会释放难闻的化学气味,而且苛性钠具有很强的腐蚀性。因此,其中一名交易员认为,最好的解决办法是找到一艘即将报废的油轮,把它停在西非海岸附近。这是可能的吗?这样处理费用很低吗?一位代表托克的船运经纪人回答说:"这说明你不想买保险……你并不在乎这艘船是否会沉没。"[57]

托克的交易员找到了一艘船,准备用来碱洗燃油,这艘船即"树袋熊"号石油散货矿石运输船。这艘 182 米长的运输船曾经辉煌一时:它建成于 1989 年,现在使用寿命已接近尾声,船体油漆脱落,露出了斑斑锈迹。

但是,这艘船完全能胜任碱洗任务。4 月 15 日,船长发了一份电报,确认碱洗已经完成。按照指示,他将有毒残留物抽到船上的污水罐里。通常,污水罐被用来收集清理运输船储油罐后的油、水和其他化学物质的混合物。

这时,油轮正停靠在直布罗陀海峡附近,里面装着一批经过处理后可以出售的焦化汽油。但是船上还装载着另一批更肮脏的货物：污水罐里储存的 528 立方米有毒残留物。托克仍在寻找处理有毒残留物的方法。而且，如果泄露了里面装的是什么东西，只会有害无利。因此，托克吩咐船长："请不要，再重复一遍，请不要把船上有残留物的消息透露出去。"[58]

托克认为已经找到了解决办法，因为阿姆斯特丹的一个码头愿意帮助处理残留物。但是码头为提供服务索要一大笔钱，所以"树袋熊"号去了非洲。在尼日利亚的商业首都拉各斯，托克再次试图卸载有毒残留物，还是没有成功。[59]

在托克内部，大家的火气越来越大。几个月来，交易员们一直在寻找一个安身之处。托克各办事处之间往来的电子邮件显示，他们对这笔交易已经不再感到乐观。石油部门的每个人，从多芬到下属，都在寻找解决方案。他们的想法都行不通，到 8 月中旬，这艘"树袋熊"号仍然携带着垃圾来到了阿比让附近。在这里，托克终于找到了一家愿意处理垃圾的公司——汤米公司。

丑闻发生后，托克将大部分责任归咎于汤米公司。托克说，这家科特迪瓦公司根据要求出示了经营许可证，并承认对垃圾"有必要进行正确合法的处理"。[60]

但是，汤米公司听起来不像是正经公司，实际上也确实如此。它直到 8 月 9 日才获得在阿比让港处理废物的许可证，一个多星期后就与托克签署了合同。[61] 科特迪瓦的官方调查认为，汤米公司获得许可证的速度"令人担忧，可能涉及勾结欺诈"。[62]

如果这还不足以引起警觉，那么汤米公司收取的费用或许已经说明一切。阿姆斯特丹那家废物处理公司索要近 70 万美元的费用，但是汤米公司却愿意以两万美元的价格处理同一批废物。[63]

处理有毒废物是一项专门工作,这种交易要求公司律师起草冗长的法律合同。然而,托克和汤米公司于8月18日签订的合同是一份只有123个单词的手写单页。合同称,由于"这种产品气味强烈",公司计划"将贵公司的化学污水排放到城市以外一个叫阿库埃多的地方,此处已经准备妥当,可以接收任何化学产品"。[64]

当然,阿库埃多只是一个露天垃圾场,根本就无法处理有毒废物。合同签署的几个小时后,第一辆卡车就出现在了垃圾场。又过了几个小时,阿比让的居民开始闻到恶臭。于是,这场危机拉开了序幕。

这桩丑闻很快就成了事关托克生死存亡的问题。科特迪瓦政府请求国际社会帮助处理有毒废料。意识到问题的严重性后,多芬立即飞到阿比让试图平息事态。然而他却被关进了监狱,在审判之前要被拘留5个月。第二年,为了帮助多芬获释,托克公司向科特迪瓦政府支付了1.98亿美元,作为清理垃圾的费用以及对超过9.5万名自称生病的受害者的补偿。后来,托克公司又支付了3 000万英镑,解决在英国针对它的一起诉讼案件。[65]最终,这件事给公司带来的耻辱将会长久存在。

托克的联合创始人之一马克·克兰德尔在丑闻发生前就离开了公司。他说:"这样做显然是愚蠢的。"

他相信托克公司的人都不知道汤米公司会把有毒废料倾倒在建筑物密集区,但是这很难为托克公司开脱罪名。

克兰德尔说:"肯定有人一直在说……'这一切看起来有点蹊跷,

但是如果我们不知情,我们就不用负责任'。如果科特迪瓦一家新成立的公司说,我愿意替你处理这些东西,而且要的费用比你想象到的要少,我肯定会想到……他们打算把这些东西装上驳船,运到海上去。"[66]

托克表示已经从这次危机中吸取了教训。它在一份声明中说:"托克已经表达并重申对这起事件所造成的影响深表遗憾,无论影响是真实发生的,还是人们主观感觉的。"[67]然而,何塞·拉罗卡认为,公司的主要错误不在于处理有毒废料的方式,而是在于如何处理随之而来的负面媒体报道。拉罗卡是托克目前的三位高管之一,与"树袋熊"号事件密切相关。他说:"媒体在他们中间协调过,简直就是黑社会。"[68]

第十一章

饥饿和利润

2008年，温家宝已经担任世界上发展速度最快的国家的总理长达5年之久。4月份，温家宝总理在河北省考察麦田，他平静地对一些农民和当地干部说："手中有粮，心中不慌。"[1]

中国政府正在努力消除人们对食品短缺的担忧。几个星期以来，报纸一直在刊登食品储藏室里堆满冷冻肉、一袋袋粮食和一桶桶食用油的照片。政府表示中国的粮食已经能够满足需求："中国的粮食储备是充裕的。中国人完全有能力养活自己。"[2]

然而，私下里情况却令人感到担心。自2006年以来，受中国和其他新兴市场需求的推动，主食价格一直在不断上涨。几十年来，全球农民第一次无法跟上全球人口不断增长的消费速度。全球人口不仅增长迅速，而且越来越富裕。从2008年初开始，世界主要农作物种植区遭遇了不少恶劣天气。从阿根廷到加拿大，从越南到俄罗斯，农民需要温和天气，结果却酷热难耐；农民需要潮湿天气，结果却干燥无雨。

现在，粮价正在飙升。2006年中期，一蒲式耳大豆的价格仅为5.4美元。到温家宝总理视察河北农田时，价格翻了一倍还多。全球小麦、大米、玉米的价格也同样大幅上升。就在华尔街酝酿着一场银行业危机的同时，达卡、开罗和墨西哥城的街头也在酝酿着一场粮食危机。

粮食价格飙升是10年大宗商品"超级周期"的顶点。受影响的不仅仅是粮食。日益增长的需求已经重新配置世界各地的石油供应，非洲矿产资源吸引了新的投资，世界各地的大宗商品生产商和交易商已经赚得盆满钵满。在中国主导的"超级周期"的前几年，大多数人几乎都没注意到大宗商品市场发生的重大变化。但现在，随着日用品价格飙升，大宗商品交易商的世界与普通民众的世界发生了冲突。

世界上最贫穷的人几乎立即感受到了这种影响。那些本来就在为填饱肚子苦苦挣扎的人，如今更是食不果腹。世界粮食计划署是一个扶持世界上穷困潦倒者的联合国机构，它的资金已经几乎用光，只能减少每日分配给难民的食品定量。[3]

大宗商品交易商处于风暴的中心。尽管中国政府称粮食能够满足国内需求，但是并不确定靠自己是否能安然度过这场粮食危机。最令人关心的是大豆。很久以来，北京一直坚持农业完全自给自足。但是，到20世纪90年代中期，随着越来越富裕的城市人口对肉类需求的增加，中国修改了政策，允许进口大豆饲养更多的猪和鸡。起初，中国进口的大豆并不多。但是接下来，就像针对其他大宗商品一样，中国的需求量大幅增加。到 2008 年，中国购买的大豆占全球大豆贸易量的 50% 以上。

价格急剧增长，人们害怕粮食短缺。面对这种形势，中国政府转向了大宗商品交易商——这是唯一一群可靠的人，无论遇到什么天气，它们都可以保证粮食供应。

北京方面并不需要给很多交易商打电话。如果说维多、嘉能可和托克是重要的石油金属交易商，那么粮食领域的大宗商品交易则由四家公司主导。它们被称为"ABCD"，分别是阿丹米、邦基、嘉吉和路易达孚。当时，担任邦基负责人的阿尔贝托·魏瑟尔回忆说："我必须去中国，不断地与中国政府合作。"[4]

受影响的并非只有中国。随着新一轮食品通胀席卷全球，富国和穷国政府都开始意识到价格上涨不仅威胁到发展，而且也威胁到安全。从 2009 年至 2013 年担任美国国务卿的希拉里·克林顿说："大范围的饥饿对政府、社会和边境的稳定构成了威胁。粮食安全不仅仅关乎粮食。这与安全有关——经济安全、环境安全，甚至国家安全。"[5]

在中东和北非，面包是数百万人的主食，各国总统都为小麦价格感到担忧。在世界上最大的小麦进口国沙特阿拉伯，国王和随从担心他们是否有足够的小麦喂养骆驼。在亚洲，菲律宾和越南政府对不断上升的大米价格感到担忧。

然而，大宗商品交易商不只是在世界各地运送粮食，以满足紧张不安的政府们的需求。它们在全球贸易领域都处于核心地位，它们对日益脆弱的世界经济状况拥有无与伦比的洞察力。在为政府提供建议并在世界各地销售大宗商品的同时，它们还对市场的未来走向押下了巨额利润赌注。

这一时期，银行业危机引发了金融市场的混乱，世界经历了几代人以来最严重的衰退，又有数百万人沦落到挨饿的境地。但是，对大宗商品交易商而言，这将是它们经历过的最有利可图的时期。

* * *

嘉吉的交易员正在位于日内瓦一条绿树成荫的后街的办公室里，怀着日益浓厚的兴趣，审视着全球经济的混乱局面。1956年，小约翰·H.麦克米伦在日内瓦成立了Tradax，以此作为嘉吉的国际子公司。这个公司已经成为嘉吉的神经中枢。信息从嘉吉公司在全球70个国家的办事处源源不断地传给日内瓦的交易员，他们利用这些信息对全球大宗商品市场下注。

交易员们已经明白，自从"粮食大劫案"以来，从嘉吉旗下实体交易业务得来的经验和认识是多么宝贵。当时公司在与苏联的交易中蒙受了一点损失，但是日内瓦的交易员押注价格会上涨，仍然赚了一大笔钱。从那时起，每当苏联人打来电话要求交易时，日内瓦的交易大厅就会一片寂静。一个交易员会对另一个轻声说："熊市来了。"大家都知道该出手买进谷物期货了，因为他们预计价格即将上涨。[6]

到2008年，嘉吉的日内瓦公司已成为一台运转良好的机器，可以轻松地综合信息，调整交易头寸。因此，当嘉吉公司安排高管去安抚惊慌失措的各国政府，让它们不要担心全球粮食供应状况时，日内瓦的交易员正在利用这一信息营造全球经济健康的局面。很快，他们就意识到全球经济即将停滞。过去 10 年的大幅度经济增长推动了大宗商品价格创下历史新高，但是现在阻碍全球经济发展的正是大宗商品价格。汽油价格飙升意味着司机只能待在家里，食品价格升高迫使家庭减少消费，金属价格上涨降低了制造商的利润空间。另外，到 2008 年春，金融市场危机正危及全球银行业，经济繁荣正在迅速逆转。

嘉吉的交易员沿袭了安迪·霍尔大宗商品交易的模式：沉静谦逊，但是敢于拿公司的大笔资金下注。他们中的很多人来自荷兰或英国，所以办事处的太太团称他们为"荷兰团伙"或"英国团伙"。现在，他们越来越确信全球经济即将大幅收缩，于是开始基于石油价格和货运价格即将下跌在期货市场大举押注。起初，随着价格继续攀升，押注市场所说的空头头寸赔钱了，但是交易员并没有失去勇气。很快，事实证明他们是正确的：9 月份，雷曼兄弟公司申请破产，人们对金融市场信心大减。随着全球经济明显衰退，大宗商品价格从夏季的峰值开始回落。7 月初的油价为每桶 147.5 美元，到年底跌至每桶 36.2 美元的低点。大豆价格一度超过每蒲式耳 16 美元，后来跌至不到一半。

嘉吉从未公开谈论过这些投机交易，也没有透露从中赚取多少利润。但是，据两名知情人士透露，从 2008 年末至 2009 年初，嘉吉通过做空石油和货运头寸赚了逾 10 亿美元。[7] 这件事证明，这家

第十一章　饥饿和利润　275

全球最大的农业大宗商品交易商将全球市场动荡转化为利润是多么轻而易举。

尽管多年来许多大宗商品交易商都否认自己的业务涉及押注未来价格走势，但是投机一直是大宗商品交易的核心要素。然而，在所有的大宗商品交易商中，传统上最依赖投机的是农业交易商。这也许不足为奇：农产品交易商在芝加哥期货市场已经有几十年的交易经验。芝加哥期货市场成立于19世纪，当时还不存在石油期货市场。

但是，投机也是大宗农产品市场结构不同所导致的一种结果。在石油或金属领域，只有几家主要供应商——石油资源丰富的国家的政府机构以及大型石油和矿业公司。这意味着对于石油和金属交易商而言，与这些机构部门签订有利可图的大合同是成功的关键之一。但是，这也意味着交易商本身并没有获得相关信息的很大优势。

另一方面，大宗农产品交易商是从成千上万个农民手中购买农产品的。这增加了交易商的工作难度，但是也提供了机会：与这么多农民打交道给主要交易商提供了有价值的信息。早在"大数据"概念流行之前，农产品交易商就已经开始利用大数据，从许多农民口中收集信息，实时了解市场状况。每个月美国农业部都会发布有关全球主要农作物的最新数据，但是农产品交易公司都会押注农业部的数据，而且它们几乎百押百中。大多数贸易公司都有一群交易员专门负责利用公司的资金投机获利——他们被称为"自营交易员"。

"在我工作过的所有公司中，大部分的钱都是通过自营交易赚来的。"里卡多·莱曼说。他曾在路易达孚担任农产品交易员，后来成为来宝集团和易可达贸易集团（ECTP）的首席执行官。[8]

从2008年到2009年，大宗商品价格飙升后遭遇暴跌。在此期间，投机赚钱的不仅仅是农产品交易商。一些贸易公司比其他公司更喜欢投机。但是，所有交易商或多或少都在进行投机——有的是通过专门的自营交易部门，有的是通过选择何时以及如何对冲大宗商品，有的仅仅通过在实物市场上进行交易，如果价格按照它们的预期波动，这些交易就会获得回报。金属交易商康科德资源有限公司的首席执行官马克·汉森说："我们是投机者，但是我们不会为投机性交易道歉。当人们假装自己所做的事情没有投机因素的时候，这个行业最糟糕的事情就发生了。"[9]

并非所有交易商的投机赌注都会获得成功。例如在2008年，随着铝价暴跌，嘉能可在铝市场的投机就使其蒙受了损失。[10]即使是世界上最大的金属交易商，也不可能每次都对市场做出正确判断。

但是总体而言，21世纪头10年后期是投机的繁荣期。大宗商品交易商的好运并没有在2009年结束。尽管全球经济因一些大型银行的倒闭而遭受沉重打击，但是由于大规模的财政刺激政策，中国很快就从危机中复苏了。大宗商品价格再次迅速回升，并在2010年创下新高。

食品市场再次受到恶劣天气的冲击。这一次，嘉能可利用自己在大宗商品供应中的核心地位实现了盈利目的。不过，嘉能可的商品供应在政治方面非常敏感。自1981年马克·里奇公司收购荷兰贸易公司格兰纳里亚以来，嘉能可就一直从事粮食贸易。在20世纪80年代，它不顾禁运，向心存感激的苏联出售粮食。然而，苏联解体后，诞生的新国家已成为农产品尤其是小麦的主要出口国。小麦从哈萨克斯坦草原和俄罗斯伏尔加河盆地经黑海港口运往世界各地。

嘉能可与苏联保持着良好的关系，到21世纪头10年末，它已成为俄罗斯小麦的最大出口商，这些小麦收购自俄罗斯各地的农民。当2010年夏天俄罗斯主要种植区遭遇旱灾时，嘉能可的交易员能够迅速做出反应。

由于俄罗斯政府担心国内价格，因此可能会像几年前那样限制谷物出口，而这正是小麦市场越来越感到担心的事情。这时，嘉能可出手干预了。8月3日，嘉能可的俄罗斯粮食业务负责人尤里·奥格涅夫在电视上公开鼓励限制出口。但是，奥格涅夫不是呼吁采取某些出口限制，而是呼吁彻底禁止出口。他说："在我们看来，政府完全有理由停止所有出口。"[11] 他的下属给记者发了同样内容的邮件。[12]

对于如何应对危机，俄罗斯政府难以抉择，嘉能可便为其提供了做决定的政治借口。两天后，也就是8月5日，莫斯科听从奥格涅夫的建议实施了出口禁令，短短两天内小麦价格就上涨了15%以上。

嘉能可的业务已经从全球范围内不受限制的贸易扩张中获益颇丰，为什么还会呼吁采取这种倒退的措施呢？嘉能可与奥格涅夫的言论撇清了关系，声称他和下属的言论不能代表嘉能可。一些交易领域的竞争对手猜测，嘉能可希望把出口禁令当作摆脱有偿合同的借口。

其实，他们有所不知，就在奥格涅夫及其下属公开表示支持粮食出口禁令的几周前，嘉能可一直在悄悄押注粮食价格将会上涨。意识到俄罗斯局势的严重性后，嘉能可的交易员在芝加哥买入了玉米和小麦期货——用交易商的话说就是"做多"，为价格飙升时获利做好了准备。

如果不是嘉能可决定次年在伦敦上市，大宗商品交易永远不会上市。嘉能可在向银行家介绍情况时，对自己卓越的市场洞察力进行了炫耀。这些银行家的任务是负责说服投资者购买嘉能可的股票。与嘉能可高管会面后生成的一份银行报告显示，嘉能可收到了"来自俄罗斯农业资产的及时报告。报告称随着俄罗斯发生干旱，2010年春夏作物的种植条件急剧恶化。于是嘉能可进行自营交易，做多小麦和玉米"。[13]

从2010年6月到2011年2月，小麦价格翻了一倍多。嘉能可完全处于有利地位，因为可以从由于它曾参与而引发的这场危机中获利。嘉能可的农产品交易部门在2010年实现6.59亿美元的利润，是公司业绩最好的一年，远高于石油和煤炭交易收入的总和。[14]

当然，无论嘉能可发表声明，还是莫斯科方面决定实施禁令，干旱都将毁掉俄罗斯的农作物。但这一禁令引发了连锁反应，对中东地区产生了广泛影响，因为中东地区对俄罗斯小麦的依赖超过其他任何地区。

此前，随着俄罗斯成为更重要的小麦出口国，中东和北非的面包消费国成了它最重要的客户。到 2010 年，埃及一半的小麦供应都来自俄罗斯。而现在，俄罗斯禁止出口的消息使这些地区的各国政府陷入了恐慌。

交易商们竭尽全力消除恐慌，将大量的法国和美国小麦转运到这些地区。尽管如此，惊慌失措的政府第一反应就是加倍购买小麦，结果在供应特别紧张的情况下又增加了粮食需求。抢购推高了小麦的价格，加剧了中东和北非多年来一直在酝酿的不满情绪。这些地区已经受到高失业率、腐败和缺乏政治自由的困扰，这里的年轻人大声疾呼要求改革。

2010 年 12 月，一名年轻的突尼斯水果商把汽油浇在自己身上，通过自焚抗议腐败的国家官僚机构，由此引发了一系列重塑中东历史的事件。几个月之内，抗议运动就将突尼斯、埃及和也门的终身独裁者赶下了台。利比亚爆发了推翻穆阿迈尔·卡扎菲政权的内战，叙利亚爆发了一场抗议运动，这场运动成为该地区历史上持续时间最长、最血腥的冲突之一。

这一系列革命很快就被人们称为"阿拉伯之春"。2010 年日益严重的食品通胀是引发这场运动的导火索之一。在 2020 年之前一直担任路易达孚首席执行官的伊恩·麦金托什说："我不会说这是由食品引发的，但是食品肯定是部分原因。要制造政治问题，最简单的方法就是让人吃不上饭。"[15] 食品价格飙升，再次导致世界上许多穷困潦倒的人生活陷入混乱；但是，对大宗商品交易商而言，这却再次成为投机获利的机会。

* * *

对交易商来说,"超级周期"的这个高潮期带来了空前规模的利润。嘉吉此时已是大宗农产品交易领域无可争议的领头羊,因此它的收入完全可以体现出这次高潮期的利润究竟是多么丰厚。2000年,它的净利润略低于 5 亿美元。2003 年,随着"超级周期"的加速,公司的收益首次超过 10 亿美元,两年后又超过了 20 亿美元。2008 年,在日内瓦的交易商及时押注全球经济崩溃后,公司收获了创纪录的近 40 亿美元的利润。

纵观整个大宗商品交易行业,这一时期的交易利润特别丰厚。在 2011 年之前的 10 年间,世界上最大的石油、金属和农业贸易公司维多、嘉能可、嘉吉共获得了 763 亿美元的净利润(见附录表 1)。这是一个惊人的数目。这是 20 世纪 90 年代这些交易商利润的 10 倍。[16] 这已经超过了苹果公司和可口可乐公司同期的利润。[17] 而且,这笔钱足够买下美国所有的企业巨头,如波音或高盛。[18]

即使扣除通货膨胀因素,这也是现代史上大宗商品行业最赚钱的时期,甚至超过了疯狂的 20 世纪 70 年代,当时菲利普兄弟公司和马克·里奇公司等交易商在石油市场赚了数亿美元,而嘉吉和康地谷物公司在谷物市场也同样赚了数亿美元。但是,这些利润只到了少数一部分人手中。此时,嘉吉公司仍为嘉吉和麦克米伦家族所有,这两个家族共有 14 位亿万富翁,比世界上任何其他家族都多。[19] 嘉能可、维多和托克仍然属于员工所有,这意味着大宗商品交易的暴利让几个高管成了难以想象的大富豪。

在这一时期，交易商并非所有的利润都来自期货市场投机。价格上涨还意味着它们在矿山、炼油厂、养殖场和其他资产的投资产生了巨大回报。这个时代动荡的市场也提供了其他各种通过大宗商品赚钱的方法。

金融危机后大宗商品需求大幅下降，维多等石油交易商买下无人问津的石油并储存起来，赚了一大笔钱——这类似安迪·霍尔在近20年前做的交易。每当市场供大于求时，它们就会重复这种交易，从中获得巨额利润——2020年新型冠状病毒肺炎疫情暴发时尤其如此。铝交易商也通过将过剩的金属运送到仓库赚取了巨额利润。一位对那段时间的利润感到满意的顶级铝交易商回忆说："我们每天都能轻易赚到大把的钱。"[20]

* * *

大宗商品交易商大发横财，乐在其中，但是对于一个正在遭受饥饿和衰退的世界而言，它们的成功是一种耻辱。巨额利润让交易商成为政客寻找替罪羊的目标，而这只是时间问题。

抗议人士质问谁应该为基本商品价格的剧烈波动承担责任，他们很快便将愤怒转向了投机者，其中包括大宗商品交易商。美国众议院议长南希·佩洛西抱怨说："石油投机者正在加油站与美国消费者对赌，他们通过这种方式赚钱。"[21]从这种局面到呼吁加强对交易行业的监管只是一步之遥。乐施会（Oxfam）执行董事杰里米·霍布斯说："随着交易商继续对全球食品体系施加巨大影响，它们应该为自己的行为承担责任。"[22]

这并不是交易商第一次引起政客的注意。20世纪70年代,当谷物和石油价格飙升时,人们的第一反应是要求获得更多市场信息,但是在当时,除了大宗商品交易商之外,谁都无法了解市场。不过,要求获得更多信息并不能有助于解决对大宗商品交易商活动的实际监管。到20世纪90年代中期,人们再次提出这一要求。当时,日本贸易公司住友商事的铜交易员滨中泰男在一系列交易中损失了逾20亿美元,但是他的雇主说这些交易未经授权。[23] 这一丑闻席卷了整个铜市场,引发了一系列诉讼,并促使来自16个国家的监管机构再次寻找监管大宗商品市场的更好的方法。

这些监管机构在1997年的东京会议后说:"大宗商品的定价、生产、储存和交付日益全球化,加上对这些市场的监管方式多样化,使市场的公正和诚信问题有了更大的可能性。在供应有限的实物交割市场中,信息是维护市场公平有序、确保市场诚信的关键手段。"[24]

然而,到2008年,正如在粮食危机期间它们所下赌注显示的那样,所有最有价值的信息依然掌握在大宗商品交易商手中。尽管政府已开始认识到实物市场的重要性,但是它们仍然在监管交易商活动方面几乎没有采取什么行动。在大宗商品繁荣的顶峰时期,英国立法者曾对监管机构英国金融服务管理局(FSA)提了两个问题:一是大宗商品价格为何如此之高,二是它是如何监管市场的。在给议员们的一份备忘录中,英国金融服务管理局以直白的措辞解释道:"我们不监管基础商品的现货(现场)交易。"[25]

第十一章　饥饿和利润　283

但是，商品价格的疯狂飙升真的要归咎于大宗商品交易商的投机行为吗？几乎可以肯定并非如此。毫无疑问，大宗商品交易商可以影响价格，纵观历史一直如此。作为市场上的终极买家和卖家，它们经常参与最后一桶石油或最后一蒲式耳小麦的交易，而这些交易决定了价格。此外，尽管大型生产商和消费者倾向于主要使用长期合约，但是大宗商品交易商在现货市场上更为活跃，而且所有人都使用的基准价格就是在现货市场设定的。

很明显，它们也可以操纵价格——主要是通过购买一种商品的实物库存并进行囤积，试图以此推高价格。在金属市场，第一批重要的垄断始于1887年，当时伦敦金属交易所刚刚成立没几年，等到20世纪80年代，垄断就已经司空见惯了。[26] 但是，众所周知，如果供需基本面决定了价格应该朝相反的方向发展，那么对任何交易商而言，无论规模有多大，都很难长期推动价格朝一个方向发展。这是马克·里奇在1992年锌交易失算付出代价后才明白的道理。

到21世纪初，大多数大宗商品的市场规模更大，参与者也更多，这意味着即使最大的交易商也没有资金垄断大部分全球库存。当然，在市场的某些角落，挤压和其他扭曲现象仍在发生。但是它们往往局限于特定地区或产品的子类别，而且不会持续太久。例如，在2010年，一名交易商一举买下了几乎所有的可可库存，将这种制作巧克力用的可可的成本推高至33年来的最高水平，并为自己赢得了"巧克力手指"的绰号。[27] 但是，即使巧克力手指也无法改变天气，当科特迪瓦的可可收成不像人们担心的那么糟糕时，市场很快便大幅回落。

人们很容易将粮食危机归咎于大宗商品的投机商——纵观历史，当大宗商品价格飙升时，政客们总是毫不费力地将投机商作为他们的替罪羊。公元 301 年，针对投机商的"贪婪"，罗马皇帝戴克里先规定了数百种大宗商品的最高价格，这是因为他们的贪婪"咆哮着，燃烧着，毫无节制"。[28] 1897 年，德国的小麦产量严重歉收，导致价格飙升，因此德国国会禁止了小麦期货的交易。[29] 20 世纪 50 年代，美国政治家禁止了洋葱期货交易，这一禁令一直持续到今天。[30]

2007—2011 年，随着大宗商品价格飙升、崩溃、再次飙升，人们再次热烈讨论金融投机者在市场中扮演的角色。学者、研究人员、交易商和银行家纷纷提出支持和反对的理由。尽管大多数人都认为，金融投机者可能加剧了短期价格波动，甚至助长了一些泡沫，[31] 但是在很大程度上，他们认为供求因素才是价格波动的主要原因。[32] 学者们在全球经济的一个名不见经传的利基市场发现了这一结论的依据：一些原材料没有在金融市场进行交易，但是价格也随着那些在交易所交易的原材料价格上涨而上涨，这些原材料包括粗麻布、兽皮和动物油脂等。这表明金融投资对商品价格几乎没有影响。[33] 国际货币基金组织的结论认为："最近的研究并未提供有力证据，因此无法证明大宗商品市场金融化具有明显的不稳定影响。"[34]

* * *

但是，通过一种方式可以表明大宗商品交易商确实对2008年和2010年的粮食价格飙升负有一定责任。几十年来，有一家大宗商品交易公司一直在推动一项政策，这一政策加剧了对全球粮食供应的挤压。这个经典案例诠释了大宗商品交易商施加政治影响的能力，甚至在白宫也是如此。到了21世纪头10年末，随着食品价格飙升，数百万人忍饥挨饿，中东动荡不安，全世界都尝到了它的苦果。

上述政策就是使用乙醇为汽车提供燃料，乙醇是从谷物或糖中提取的一种含酒精溶剂。这并非创新：自从汽车问世以来，乙醇就一直被用作燃料。德国发明家尼古劳斯·奥托使用乙醇为自己早期的内燃机提供动力，亨利·福特于1908年设计的广受欢迎的T型汽车也使用了乙醇。[35] 但是，乙醇作为汽车燃料的地位很快就被汽油和柴油取而代之。

强制使用通过玉米提取的乙醇为汽车提供动力的政策，在20世纪70年代石油危机期间开始蓬勃推进。在接下来的40年里，这项政策得到了越来越多的支持。一些交易商开始担心全球粮食被大规模用于制造燃料将会带来的影响。2007年卸任嘉吉首席执行官的沃伦·斯特利认为，推广乙醇最终可能会让人们食不果腹。他警告说："世界将不得不做出选择。"[36]

但是，有一家贸易公司并不担心。其实，40年来，它一直把乙醇作为自己的战略核心。这家贸易公司就是"ABCD"中的"A"——阿丹米公司。它的故事证明了这样一个事实：大宗商品交易商在西方国家的影响力往往不亚于在发展中国家的影响力。

阿丹米曾经是一家名不见经传的中型谷物加工企业。1970年，公司任命德韦恩·安德烈亚斯担任首席执行官。安德烈亚斯的职业生涯始于嘉吉公司，他体格矮小，但精力充沛。他拥有骑师般的身材，长着浓密的眉毛，眼睛炯炯有神。他是操纵大师，把政客和政府视为阿丹米等公司的玩物。[37]

被任命为阿丹米的掌舵人后，安德烈亚斯开始利用自己的政治关系为乙醇工业游说。在他的领导下，阿丹米将游说资金投向那些主张为乙醇工业减税和提供贷款担保的政客。安德烈亚斯的游说目标包括鲍勃·多尔，他将作为1996年的共和党总统候选人参加竞选。

这些目标甚至包括美国总统。1971年，安德烈亚斯亲自给理查德·尼克松的秘书送去10万美元现金，不过一年之后，这种匿名竞选捐款就被视为非法。这并非安德烈亚斯唯一一次给尼克松"赠送"现金——这位阿丹米老板另一笔25 000美元的现金，是通过尼克松的一个资金筹集人进入了一个水门窃贼的银行账户。这5个窃贼是在非法闯入民主党全国委员会总部时被发现的，最终导致尼克松下台。[38]

安德烈亚斯的游说得到了回报——美国政府对汽油中掺入乙醇实行了税收减免，对外国乙醇供应商征收关税，还为建造乙醇工厂提供贷款担保。到20世纪90年代中期，阿丹米占美国玉米制乙醇产量的近80%，是政府慷慨援助的最大受益者。到20世纪90年代末退休时，安德烈亚斯已经将阿丹米打造成一家农产品贸易巨头，从事加工、乙醇生产和贸易，并自封为"世界超市"。[39]

第十一章 饥饿和利润

安德烈亚斯离任后，阿丹米的风格和战略并没有多大改变。它继续投资乙醇工业，并不断给能够提供事业帮助的政客送去现金和礼物。阿丹米甚至从石油业聘请了一位新首席执行官：帕特里夏·沃尔茨。她曾是雪佛龙冶炼部的部门主管，于 2006 年加盟阿丹米。这或许极为清楚地表明阿丹米未来将优先生产燃料而非食品。

截至当时，沃尔茨是唯一一位成为大宗商品交易公司首席执行官的女性，她和安德烈亚斯一样充满干劲。她坚韧不拔，充满渴望，野心勃勃，早就清楚担任首席执行官是自己的目标。她克服了 20 世纪八九十年代石油行业的性别歧视，在行业中一路高升，并将怀着同样的挑战精神在阿丹米开展工作。她说："我不属于这个公司，不属于这个行业，不属于这个家族，但是超越了性别期望。"[40]

在雪佛龙公司，沃尔茨曾经针对强制使用玉米乙醇的"意外后果"发出过警告。[41] 但是现在，她满怀改换门庭的信念，对华盛顿支持乙醇表示赞许："生物燃料对环境、能源安全和美国经济都有好处。"[42]

在沃尔茨的领导下，阿丹米将在美国中西部各地新建大型工厂，扩大乙醇产能。与此同时，公司的游说支出从 2006 年的 30 万美元左右增加到了 2008 年的近 210 万美元。[43]

阿丹米的努力没有白费。在 21 世纪初，随着油价开始上涨，乙醇推广政策团结了一群不太可能的政治盟友：担心美国依赖中东石油的右翼安全鹰派，寻求提高玉米价格的农民，一些推动寻找化石燃料替代品的左翼气候变化活动人士。

这些支持者组成了一个强大的网络，使乙醇从政治角度看起来不可抗拒。2005 年，乔治·W. 布什批准了一项立法，要求炼油厂在汽油中混入数十亿加仑乙醇。于是，乙醇的产量激增。2000 年，美国从玉米中提炼了大约 20 亿加仑乙醇；到 2006 年，新法律规定至少要消费 40 亿加仑乙醇。

随着油价飙升至每桶 100 美元以上，美国政府出台了一系列新规定，迫使能源行业更多地使用乙醇。到 2011 年，随着"阿拉伯之春"席卷中东，美国乙醇行业消耗了地球上每 6 蒲式耳玉米中的 1 蒲式耳。[44]

当然，乙醇并非农产品价格上涨的唯一原因，但肯定是其中的一个因素。甚至阿丹米现在也拒绝对这种燃料负责：公司已经将乙醇工厂挂牌出售。一位女性发言人说："我们一直非常清楚，乙醇并非我们今后的战略重点。"[45]

但是，在阿丹米放弃乙醇时，游说产生的影响已经在世界各地显现出来了。2008 年和 2010 年的粮食危机证明了大宗商品交易商的影响力。一家贸易公司推行的政策搅得世界市场一片混乱。反过来，这又使这些交易商在为世界供应粮食方面比以往更为重要，同时也给它们带来了前所未有的巨额利润。整个事件标志着大宗商品"超级周期"达到高潮，这一过程将这些交易商提升到了具有重大战略意义的地位，并给它们带来了惊人的财富。

但是，大宗商品交易商的世界与普通人的世界之间的这种冲突将对交易行业产生长期影响。这标志着交易商开始走出幕后阴影，世人也即将对大宗商品交易商的业务及其积累的财富有更深入的了解。

第十二章

亿万富翁工厂

黎明之前，交易员们开始陆续抵达。

一些全球最有势力的商界人士陆续来到位于瑞士宁静的巴尔村的嘉能可总部。他们的老板伊万·格拉森伯格不喜欢华丽的汽车，所以大多数人都把保时捷停在了家里。

早上6点零6分，太阳从巴尔村周围的山上后起，此时大楼地下室的停车场已经停满了车。交易员们纷纷冲进办公室，即使按照嘉能可自己的惩罚标准，这个时间点也非常早，只为一个简单的原因。2011年5月初的周三上午，大宗商品行业最大的秘密之一即将揭晓：谁将拥有嘉能可。[1]

一年来，格拉森伯格及其团队，还有一个不断扩大的银行家小团体，一直在为首次公开募股做准备。对金融业而言，首次公开募股是精心策划的事件，其盛况和仪式堪比皇室婚礼。一家公司首次向公众出售股票，必须先经历一系列的程序：选择银行家，与投资者会面，准备关于公司历史、管理层和财务状况的大量信息。

在此前的几个月，嘉能可团队撰写了一份长达1 600多页的招股说明书。它详细介绍了嘉能可在全球大宗商品市场的业务，包括全球一半以上的铜锌交易，全球四分之一的煤炭出口以及全球24%的大麦出口。说明书还有冗长的附录，详细介绍了公司在刚果民主共和国、哥伦比亚和哈萨克斯坦共和国的矿产资源情况，仅法律范本文件就长达几十页。但是，在无数版本的招股说明书中，有一页一直空白。这一页标着"重要股东利益"的字样。

自从20年前交易员们从马克·里奇手中收购嘉能可以来，每位员工的持股比例一直是公司的禁忌话题。甚至连哪些员工是股东这一问题都被当作秘密。每年都会有人将白色信封送到办公室里的股东手中，告知他们所持股票价值的变化情况。那些好奇的交易员就会跑来跑去，看看有谁收到信件。

一位嘉能可前员工至今仍然记得，他曾经随口向同事提到了自己的股票分配情况，结果就被叫到埃伯哈德·克内歇尔的办公室。克内歇尔是公司长期聘任的会计师和保密员。克内歇尔针对他的轻率指责说："在嘉能可，有一件事你不能谈论，这就是你的股票。"[2]

即使是格拉森伯格最亲密的下属，即十几位有权势的大宗商品交易部门主管，也不清楚其他人的持股规模。他们只清楚自己和直接受他们领导的交易员的持股情况。嘉能可只有三个人知道所有人的持股情况，他们分别是公司会计师、格拉森伯格和威利·斯特霍特，而斯特霍特此时已经是嘉能可的董事长了。

正是因为这个原因，在即将公布招股说明书的那天早上6点，停车场就已经"车"满为患。就在这一天，交易员们将明白哪些同事是这家世界上最大的大宗商品交易公司的最大股东。他们将和世界上其他人一起发现真相。

招股说明书披露的财富规模甚至会让一些嘉能可老员工感到震惊。首席执行官伊凡·格拉森伯格拥有公司 18.1% 的股份，在公司首次公开募股当天，他的财富价值 93 亿美元，进入了世界上最富有的 100 人行列。[3]

但是，坐拥巨额财富的绝非他一个人——首次公开募股将创造不少于 7 个亿万富翁。善于分析的西班牙人丹尼尔·马泰和极度活跃的希腊人特里斯·密斯塔吉迪斯是铜铅锌部门的共同掌舵人，他们分别持有价值 35 亿美元的股份。满嘴脏话的美国人托尔·彼得森负责煤炭运营，身价 31 亿美元。充满自信的英国人亚历克斯·比尔德负责石油部门，身价 27 亿美元。亿万富翁俱乐部还包括农业部门负责人克里斯·马奥尼和铝业部门负责人加里·菲戈尔。[4]

嘉能可的 13 位顶级员工合伙人在首次公开募股前夕持有 56.6% 的股份，总市值 290 亿美元。在他们之下，还有数十人在公司拥有价值数亿或数千万美元的股份。

嘉能可的首次公开募股标志着大宗商品繁荣时期财富的结晶。从某种意义上讲，这是大宗商品交易商从相对默默无闻中崛起的顶峰：中国经济 10 年的惊人增长使嘉能可及其竞争对手成为世界新经济秩序中不可或缺的环节，同时也使嘉能可的交易员跻身世界上最富有的人之列。

全球经济中的这个领域，此前都在幕后阴影中运作，首次公开募股则使它暴露在公众视线之下。在嘉能可首次公开募股之前，这些大宗商品交易公司大都匿名运营。它们为现代生活提供了必需的原材料：能源、金属和粮食。地球上有70亿人，几乎所有人都在某个时刻使用过它们提供的服务，但是只有极少数人知道它们的名字。当嘉能可发表招股说明书时，格拉森伯格就仿佛按下了电灯开关，照亮了整个行业。几十年来一直极力躲在幕后的嘉能可，也许是无意之中向公众发出了邀请，不仅让他们来审视自己，也审视整个大宗商品交易世界。

这一变化将对大宗商品交易商产生重大影响。从记者到活动家，从矿业高管到监管机构，所有人现在都有机会了解大宗商品交易商的活动，并根据嘉能可的年度业绩了解其规模和盈利能力。不管格拉森伯格及其交易员是否知道，嘉能可的首次公开募股将成为一个重要转折点。当这些贸易公司在世界各地行使强大的金融权力、发挥巨大的影响力时，它们肯定会引起世人的注意。

首次公开募股也是对大宗商品交易行业格局变化的一种认可。对大宗商品交易商而言，繁荣带来了丰厚的利润，但是掩盖了一种长期趋势，而这种趋势使它们的业务更具挑战性。信息变得更快、更便宜、更容易得到，这削弱了交易商在过去几十年抢占市场先机的优势。鉴于世界日益透明，不够审慎的大宗商品交易商更难通过腐败或贿赂来赚钱。矿商和石油巨头是它们的主要供应商，在已经经历了一个阶段的整合后，只剩下少数几个几乎不需要交易商协助处理物流问题的大公司。

大宗商品交易商旧时的商业模式，即在一个地方买进，在另一个地方卖出获利，几乎已经无法维持。交易员们本可以从公司取出现金一走了之，但这不是他们的风格。相反，大多数大宗商品交易商遵循嘉能可和嘉吉开创的投资资产之路，利用利润建立自己的供应链，包括矿山、油轮、仓库、面粉厂等。

这是格拉森伯格自20世纪90年代开始倡导的一种方法，当时他开始收购煤矿。他坚持认为如果交易商没有矿山等资产，机会就会越来越少。格拉森伯格列举了两种在嘉能可交易体系中表现不佳的大宗商品，他说："一个最好的例子就是：我们没有铝和铁矿石资产。你不会赚大钱，你需要做大量的交易，利润率却很低，你会赚到一些钱，但不会赚到大钱。"[5]

随着其他人以越来越大的规模效仿他，这些贸易公司不仅成为在世界各地买卖石油、金属和谷物的中间商，而且成为对全球贸易流量至关重要的基础设施小帝国，其中大部分基础设施都在新兴市场。2011年，维多在非洲投资了一个加油站网络，由此成为非洲大陆除南非之外的第二大零售商。[6] 同年，嘉吉收购了一家世界大型动物饲料制造企业，拥有了从泰国到俄罗斯的加工厂。西奥多·魏瑟尔在20世纪50年代曾经为马巴纳夫特公司交易苏联的石油，现在他的家族拥有了世界上规模顶尖的油罐网络。

过了几年后，到2015年，从页岩岩层提炼的石油产量飙升，美国40年来首次成为重要的原油出口国，大宗商品交易商不仅开始购买石油，而且还需要建造基础设施把美国的油田与世界其他国家连接起来。[7] 例如，托克公司斥资10亿美元在得克萨斯州建造了一个可以停泊大型油轮的码头。[8] 摩科瑞还投资了美国的一个港口设施，利用这个港口将原油从最远能到达北达科他州的地方运往全球市场。

投资资产可能对做生意很有意义，但是正如嘉能可在开始投资矿山时认识到的那样，投资成本高昂，需要长期资本。如今，嘉能可的竞争对手也在寻找长期融资的途径。一种选择是像嘉能可那样出售股票。在嘉能可的竞争对手中，没有一家接着它成为上市公司（阿丹米、邦基和来宝集团等少数几家公司已经上市多年）。但是，许多公司以债券的形式从公共市场筹集资金。2010—2013年，托克、路易达孚和贡渥都首次发行了债券。其他公司则找到了不同的途径利用外部投资来源，比如主权财富基金和私人股本等。维多成立了一家新公司投资资产，除了利用自己的资金，它还利用了乔治·索罗斯、阿布扎比主权财富基金和一个沙特富裕家族的投资。来宝集团向主权财富基金中国投资公司出售股份，摩科瑞则向一家中国国有公司出售了股份。

拥有新的资金后，大宗商品交易商便可以从事更大规模的交易，进行大额投资。但是，这也迫使它们披露更多有关自己的信息，结果为这个长期躲在阴影中的行业招来了不受欢迎的公众关注。即使在金融界，以前也很少有人听说过嘉能可，但是现在却经常出现在新闻头版头条中。这些交易员过去习惯于默默无闻地乘坐飞机环游世界，现在却发现摄影师蹲守在他们的家门口。即使有些公司不像嘉能可那样上市，而是选择发行债券，也必须为债券持有人公布大量信息。

大宗商品交易行业的一些人以后会为这种转变感到后悔，因为对公共市场的宣传力度加大，也意味着人们对大宗商品交易商的规模和重要性有了更多的认识。2011年5月嘉能可上市，标志着交易商规模大到令投资者、记者和政府无法忽视的地步。

* * *

嘉能可首次公开募股之路始于2007年。

那一年，格拉森伯格把手下资历最深的交易员召集到一起，将公司的困境摆在大家面前。作为私营企业，嘉能可不能再以过去的速度继续做交易了。公司要想继续发展，唯一的办法就是上市。

大宗商品价格持续上涨，意味着格拉森伯格由来已久的资产投资战略——尤其是矿产投资——已经无法维持。嘉能可根本无力继续收购。作为私营公司，嘉能可无法像上市公司那样，用自己的股票来支付收购费用。

另外，嘉能可获得成功的同时也为自己埋下了坑。公司前两年赚得盆满钵满，但如果它的几位顶级交易员股东同时辞职，那对公司将是毁灭性打击。这是因为无论交易员何时离开嘉能可，公司都会回购他们的股份，然后在5年的时间里向他们支付其股本的累计价值。[9]实际上，股东离职意味着嘉能可股东资本的减少，同时债务也会增加——这对公司的资产负债表是双重灾难。

当公司的历史利润规模相对较小时，这种情况是可以控制的，公司赚的钱足够支付离开的股东。但是，随着中国经济的繁荣，公司的盈利能力开始飙升。2006—2007年，嘉能可赚的钱比此前8

年的总和还要多。[10] 现在如果几个大股东要离开，公司的债务可能会增加数十亿美元。

格拉森伯格向合伙人提出的选择很简单：他们可以继续保持私有，但是必须停止收购，以便积累足够的现金，在大股东离开时用来支付股息。如果不这样做，他们可以选择上市。

还有另一种动力激励着格拉森伯格。嘉能可与斯特拉塔之间的关系已经开始出现摩擦。斯特拉塔在以惊人的速度发展，成了世界上最大的矿业公司之一。嘉能可自身也在进行规模越来越大的矿业交易，比如进军刚果民主共和国。这两家公司已经开始发生冲突：例如，当必和必拓公司打算出售秘鲁的一座铜矿时，这两家公司都表现出了兴趣。

因此，格拉森伯格开始与戴维斯讨论合并嘉能可与斯特拉塔的计划。对嘉能可而言，与已在伦敦和苏黎世上市的斯特拉塔合并，可以达到与首次公开募股相同的结果，但是无须首次公开募股过程的烦琐程序。如果嘉能可的交易员认为有必要成为上市公司，那么与斯特拉塔合并显然是实现这一目标的最佳方式。在嘉能可内部，许多人开玩笑说，斯特拉塔（Xstrata）这个名字实际上代表了嘉能可的"退出战略"（exit strategy）。"斯特拉塔"是一家咨询公司的创意，将"开采"（extraction）和"地层"（strata）两个词结合在了一起。

格拉森伯格说："2007年，我们找到了一种解决办法。"[11] 这个办法就是斯特拉塔收购嘉能可，嘉能可仍然持有矿业公司约34%的股份。嘉能可的管理人员将以自己持有的嘉能可股票换取斯特拉塔的股票。

这将解决格拉森伯格的两个问题。作为上市公司的一部分，嘉能可交易员将能购买规模大得多的资产：他们现在可以不用现金，而是把自己的股票作为货币，付给任何他们决定购买的公司的股东。而且，这些交易员的退休将不再危及整个公司——他们只要想，就可以公开交易可以出售的股票。戴维斯说："把公司合并到一起是合理的选择。"[12] 但是谈判失败了。格拉森伯格和戴维斯未能就估值达成一致，即使两人都认为把两家公司合并是行得通的。

他们的谈判很快就会变成一项更大协议的小插曲。2007年11月，罗杰·阿涅利找到了戴维斯。阿涅利是巴西国有矿业巨头和全球第一大铁矿石生产商巴西淡水河谷公司雄心勃勃的首席执行官。阿涅利希望淡水河谷收购斯特拉塔，以打造全球最大的矿业公司。对戴维斯而言，这是他在斯特拉塔水到渠成的结果——在经历了6年大宗商品"超级周期"的旋风之后，现在他和股东可以套现了。

但是，存在一个问题，就是格拉森伯格。由于嘉能可持有斯特拉塔超过三分之一的股份，这位南非交易商实际上对任何交易都拥有否决权。有时，一群全球顶薪的投资银行家在格拉森伯格、戴维斯和阿涅利之间斡旋，他们就细节问题进行了数月的讨价还价。但是，格拉森伯格却故意拖延。

这位嘉能可的老板花了几周的时间仔细研究了那些明显无关紧要的细节，比如针对公司合并后生产的镍，嘉能可能进行交易的期限是多久。在戴维斯看来，这只是借口。他说："这笔交易之所以失败，是因为格拉森伯格希望如此。他认为控制比带来价值更重

第十二章 亿万富翁工厂 301

要。"¹³ 戴维斯感到沮丧和不安，因此准备离开斯特拉塔。他和格拉森伯格继续讨论嘉能可与斯特拉塔的合并事宜。

接着，全球金融危机袭来，两人突然都不得不关注自己公司的生存。理论上，斯特拉塔的处境本应比嘉能可更岌岌可危：它是一家矿业公司，大宗商品价格的暴跌直接导致矿山利润下降。嘉能可是交易商，可以直接对大宗商品价格下注，并继续赚钱。价格下跌意味着嘉能可借贷需求减少，因为每批石油、金属或谷物的成本更低了。

理论上是如此，但是这两家公司的命运其实是相互交织的。为了继续收购，嘉能可抵押了持有的斯特拉塔股票去筹集贷款。随着斯特拉塔股价在2008年末和2009年初暴跌，嘉能可被迫将所持的斯特拉塔股份移交给银行的风险越来越大。这变成了一个自我强化的循环：对冲基金对赌斯特拉塔，而且知道这样做会给嘉能可带来更多压力，更有可能降价出售斯特拉塔股票。

与此同时，他们在信贷市场上对赌嘉能可。针对嘉能可破产的保险成本飙升。在雷曼兄弟破产之后，世界上的每家公司都在担心下一个会是谁，这引起了与嘉能可签订协议的银行和交易对手的深切担忧。

贷款是大宗商品交易的命脉。能够获得贷款，交易商才可以经手大量的原材料，而不必每次都预先付款。没有贷款，生意就会停滞不前。现在，突然间高盛给嘉能可打电话，礼貌地表示如果下次它想进行交易，嘉能可应该去找另一家银行，这可能对大家都更有好处。一些工业公司开始要求嘉能可购买金属之前缴纳预付款。

甚至嘉能可的交易员也开始怀疑公司的未来。当时有一位资深高管说："那段时间不容乐观。"在首次公开募股时，这位高管拥有的股票将会使他成为亿万富翁。"如果当时你问我，我持有的嘉能可股票在 2008 年 9 月值多少钱，我什么也不会说。"[14]

对金融危机的恐惧很快消退了，因为中国掀起了一波大规模的基础设施建设浪潮，增加了对大宗商品的需求，由此引领全球经济逐渐复苏。但是，这次经历深刻地改变了嘉能可。在 2008 年年底危机最严重时，一家负责评估公司信誉的评级机构曾向格拉森伯格提问，如果 20 个最大股东同时离开，嘉能可将如何应对。[15] 格拉森伯格召集起合伙人，结果在 24 小时内，他们都同意至少三年内不会离开公司。

对格拉森伯格而言，这是一个罕见的脆弱时刻。公司面临巨大压力，他需要向手下的人寻求支持。只要其中一人曾经趁机进行谈判，格拉森伯格也会无力应对。权力格局发生了变化，公司内部的气氛更加严峻。嘉能可的交易员曾经是一帮兄弟，互相闹恶作剧，分担令人疲惫的出差旅行，但是现在他们却更小心、更无情、更咄咄逼人。在金融危机期间不得不为嘉能可生存而战的经历，让格拉森伯格更加确信，他需要消除合伙人大规模离职的风险，并解决制约公司发展的问题。

这让嘉能可坚定地走上了首次公开募股之路。很快，格拉森伯格和交易员开始向一些全球最大的主权财富基金和其他基金管理公司推销自己。2009 年 12 月，嘉能可以借款的形式从这些投资者手中筹集了 22 亿美元，在某些情况下，这些债务可以转换为嘉能可的股票。自 1994 年罗氏投资嘉能可以来，首次有嘉能可之外的投资者对该公司进行估值——这次的结果是 350 亿美元。[16]

格拉森伯格一直向戴维斯施压，寻求嘉能可与斯特拉塔的合并。但是，两人仍然无法就嘉能可的估值达成一致。因此，在 2010 年 5 月左右，嘉能可内部的一小群金融家、律师和会计师开始认真准备首次公开募股。嘉能可正不可阻挡地朝着上市公司的方向前进。

对格拉森伯格而言，一个主要任务就是为嘉能可寻找新董事组建董事会。目前，公司董事会由格拉森伯格和一些内部人士组成。它只是象征性地发挥作用：每年在公司业绩表上草草盖个章，然后匆匆做出几个关键决定。董事会会议通常持续 10 分钟左右。

格拉森伯格可能很乐意继续采取这样的做法，但是要说服伦敦的基金经理投资嘉能可，他知道自己需要一个让人觉得更强大的董事会。他开始给自己在大宗商品和金融领域的熟人打电话，并签下了几位新董事。但是，格拉森伯格仍然需要一位董事长。斯特霍特与公司的历史纠缠太久，无法继续留任。嘉能可开始起草一份潜在候选人入围名单。

到 2011 年 4 月初，首次公开募股准备就绪，候选人是英国石油公司前首席执行官约翰·布朗。嘉能可计划正式宣布首次公开募股（这一阶段就像发送结婚请柬）的前一天，格拉森伯格和几名高级副手前往切尔西到布朗家中拜访，目的是更好地了解这位新任董事长。

布朗身材矮小，头脑敏锐，行事专横。他通过一系列交易将英国石油打造成了世界上占主导地位的石油公司之一。当格拉森伯格找到他时，他已经不需要证明自己的价值了。他曾经被前男友揭露是同性恋，而且因为在法庭上针对这一绯闻撒谎被逐出了英国石油。他把痛苦的个人丑闻变成了一个倡导工作场所多元化的平台。他是上议院议员和泰特艺术画廊的受托人主席。

布朗的家雅致奢华，嘉能可的交易员都聚集在他的图书馆里。他们坐在铺着威尼斯丝绒软垫的椅子上，周围都是布朗收藏的珍本书籍和古董。在英国石油公司任职期间，布朗被称为"石油行业的太阳王"。[17] 此刻，他像国王一样正在上朝议政，周围是一群即将成为亿万富翁的人，他们的头顶上是裱糊着金色叶子的天花板。[18]

布朗开始询问有关自己即将担任董事长的公司情况。但是很显然，他很快就让嘉能可的交易员感到不安。参加会见的人对什么环节出了问题说法不一。自从马克·里奇公司被收购以来，嘉能可的交易员一直是自己命运的主人，不对任何人负责。他们对布朗盛气凌人的派头感到不满。在离开的路上，他们还在抱怨这位英国石油公司前老板傲慢无礼，担心他将来会在公司一手遮天。

在布朗看来，嘉能可的交易员并没有开诚布公地告诉他公司的盈利之道。如果去嘉能可担任的职位有名无实，他可不愿意让他们白白地借用自己的名声。[19]

格拉森伯格和合伙人离开布朗的家，走到俯瞰泰晤士河的切尔西街道上。毫无疑问，布朗出任嘉能可董事长的交易已经告吹。但是他们还面临一个问题：首次公开募股的筹备工作已经就绪。让布朗担任嘉能可董事会主席的计划已经酝酿了几个月，公司原定于格拉森伯格及其团队拜访布朗后的第二天早上宣布这一计划。新闻稿已经起草完毕,在嘉能可正式宣布期待已久的首次公开募股之后就会公布布朗的任命。

但是,现在公司没有董事长,格拉森伯格不得不制订备选计划。他选定了马世民。马世民曾是一名退伍军人,喜欢冒险,在中国的香港地区创业,正好嘉能可也计划在香港融资。但是,当格拉森伯格决定选择他时,距离宣布任命只剩下几个小时,结果打电话无法联系到马世民。因此,新闻发布稿在董事长一栏留下了空白。

公告说:"嘉能可已就新任董事长做出决定,目前正处于任命的最后阶段,很快就会公布人选。"[20]

嘉能可的准备工作有些草率,但是这并不重要。随着投资者对大宗商品的热情上升到狂热程度,公司筹集了100亿美元。这是伦敦有史以来规模最大的上市交易,使嘉能可跻身富时100指数,英国退休人员养老基金也购买了嘉能可的股票。[21]

* * *

在此期间,格拉森伯格几乎没有停止过与戴维斯就嘉能可与斯特拉塔合并的谈判。[22]

最后,格拉森伯格拿到了一份市场估值,这一估值不比戴维斯的公司低多少。(嘉能可首次公开募股时的市值略低于600亿美元,而斯特拉塔的市值为670亿美元。)但是,此前两人之间的关系已经恶化。戴维斯指责格拉森伯格阻止了淡水河谷交易。格拉森伯格则指责戴维斯在2009年1月股权市场低迷时,向斯特拉塔股东索要了更多现金。

对格拉森伯格而言，首次公开募股一直是与斯特拉塔合并之路上的垫脚石。现在，随着嘉能可完成首次公开募股，谈判正式开始。但是，在交易如何安排、两家公司的相对估值应该是多少、谁将负责新公司等几乎所有问题上，格拉森伯格和戴维斯都存在分歧。

为了应对达成协议的挑战，双方将讨论的代号定为"珠穆朗玛峰"。到2011年年底，格拉森伯格和戴维斯最终达成了妥协。戴维斯把这笔交易汇报给斯特拉塔董事会。这是他最好的一笔交易吗？不。但是，他告诉董事会，这是他能从格拉森伯格那里争取到的最好的交易。

与此同时，格拉森伯格正在召集手下的高层交易员举行会议。并非所有人都对与斯特拉塔合并的计划感到满意。特别是铜交易商密斯塔吉迪斯，他认为嘉能可对斯特拉塔的资产出价过高，而且一想到必须与斯特拉塔低效懒惰的老板们共事就感到厌恶。首席财务官史蒂夫·卡尔敏也不愿意合并。

不过，格拉森伯格占了上风。两家公司于2012年2月7日宣布了一项交易。形式上，嘉能可将收购斯特拉塔，向斯特拉塔股东发行新的嘉能可股票。收购价为1股斯特拉塔股票兑换2.8股嘉能可股票，对该公司的估值略高于此前的市场交易水平。戴维斯将继续担任首席执行官，格拉森伯格将担任他的副手，负责交易事务。[23]

合并计划几乎立即引发了紧张关系。格拉森伯格的交易员毫不掩饰对戴维斯及其矿业高管团队的蔑视。但是，双方将不得不并肩合作，而且根据安排，斯特拉塔团队至少在纸面上与嘉能可交易员平起平坐，甚至级别更高。同时，嘉能可的交易员仍将持有新组建公司的相当大一部分股票。

两家公司的内部和外部观察人士几乎都认为，这种安排不会长久。他们认为，格拉森伯格的交易员团队将会争取获得股权赋予他们的权力，这只是时间问题。一位参与嘉能可谈判的人士说："我们都没想到这会持续很长时间，大家都很清楚谁会胜出。"[24]

戴维斯也得出过同样的结论。正是造成他判断错误的东西导致了他的垮台。

斯特拉塔和嘉能可都是伴随着大宗商品热潮发展壮大的，戴维斯对嘉能可交易员积累的惊人财富越来越不满。以正常标准衡量，这位斯特拉塔的首席执行官也非常富有：公司合并时，《星期日泰晤士报》富豪榜估计他的财富为8 000万英镑（1.3亿美元），其中约有一半来自他持有的斯特拉塔股权。[25] 但是，格拉森伯格的财富却是另一个级别——而且在很大程度上，这些财富以戴维斯经营的斯特拉塔公司获得的成功为前提。在嘉能可属于私人公司时，格拉森伯格已成为公司的最大股东，而戴维斯只是上市公司斯特拉塔相对较小的股东，排在各种养老基金和其他机构投资者之后。

随着合并临近，戴维斯意识到他和自己的下属被逐出合并后的公司只是时间问题。因此，他为自己和团队商定了一份慷慨的"留任奖金"——价值超过2亿美元，如果他们留在公司，或者被格拉森伯格的交易员逼走，他们都将获得这笔奖金。

戴维斯选择的时机再糟糕不过了。一波股东积极主义浪潮正席卷英国，投资者威胁要投票否决他们认为贪婪或无能的高管和董事。这一运动后来被称为"股东之春"，高管的高额薪酬成为焦点。斯特拉塔的一些大股东公开表达了对戴维斯薪酬协议的厌恶。

围绕留任奖金的斗争，激起了斯特拉塔股东对合并交易的反对。他们中的一些人已经认为格拉森伯格应该给斯特拉塔开出更高的价格。与此同时，卡塔尔的主权财富基金已开始购买斯特拉塔的股票。在短短几个月内，该基金就积累了超过10%的股份。它要求嘉能可提高报价。[26]这笔交易面临泡汤的风险。

格拉森伯格再次与他的顶级交易员磋商。一些人一直不愿推动最初的交易，他们甚至不愿意付更多的钱。密斯塔吉迪斯和其他一些大股东认为，只有在他们能够控制公司管理层的情况下，他们才应该提高报价。格拉森伯格表现得很强硬，一连几个星期都坚决拒绝提高报价。但他是在虚张声势，卡塔尔人知道这一点。他们重申了自己的要求：提高报价，否则交易就要泡汤。

格拉森伯格是自然资源行业最精明的交易人，创造了个人神话。但是，他现在被迫承认失败。9月6日深夜，格拉森伯格走进了克拉里奇酒店，这家位于伦敦的酒店以接待来访的皇室成员闻名。格拉森伯格此行的目的是会见卡塔尔首相，这是他挽救与斯特拉塔合并的最后一搏。

与卡塔尔人关系密切的英国前首相托尼·布莱尔也出席了会议。如果这笔交易成功，投资的银行家将获得数千万美元。他们曾建议格拉森伯格打电话给布莱尔，试图平息事态。

果然行之有效。格拉森伯格是个精明的商人，他是前来准备谈判的。午夜过后，他达成了交易：他原本需要将报价提高到每3.05股嘉能可股票兑换1股斯特拉塔股票，但是他已经获得了卡塔尔人的认可。这位嘉能可的老板径直走向附近一家酒吧，嘉能可的煤炭交易员们正在那里喝酒。

凌晨两点左右。他打电话给戴维斯，告诉他自己与卡塔尔人达成了协议，但是有一个条件：格拉森伯格，而不是戴维斯，将担任新组建公司的首席执行官。

第二天上午，斯特拉塔的董事们聚集在楚格召开会议，股东将对这笔交易进行投票。在会议开始前的几分钟，董事会收到了一份文件，里面详细说明了嘉能可提案的新条款。斯特拉塔董事长戴维斯向股东们认真宣读了这些条款。"真该死。"其中一位股东咕哝道。[27]

8个月后，这笔交易终于完成，伦敦舞台上有史以来最伟大的商业情节剧落下了帷幕。后来成为英国保守党首席执行官和财务主管的戴维斯，仍然对斯特拉塔与嘉能可之间的交易结果感到不满。他认为嘉能可从一开始就破坏了这笔交易，引发了股东对留任奖金的异议，而卡塔尔人则背弃了支持其团队的承诺。

但是，格拉森伯格及其团队却爬到了世界之巅。格拉森伯格及其交易员共拥有新组建公司约三分之一的股份。合并后的公司很快将成为全球市值排名第三的矿业公司，仅次于必和必拓和力拓集团。[28] 从此，嘉能可不仅是全球最大的大宗商品交易商，也是全球最大的自然资源生产商之一。它是世界上最大的动力煤出口国，而动力煤用于中国、日本和德国的发电站；它也是最大的铬铁和锌矿商，这两种金属是钢铁工业的关键金属；此外，它还是全球最大的钴生产商，钴对于手机和电动汽车电池至关重要。它同时拥有在供应链每个环节进行投资的能力：在乍得和赤道几内亚拥有油田，在加拿大、澳大利亚和俄罗斯拥有粮仓和港口，在墨西哥拥有加油站。用格拉森伯格的话说，新公司是"一个全新的商业王国"。[29]

* * *

嘉能可首次公开募股不仅让格拉森伯格及其交易员拥有了更多的财富，而且还让他们更加积极扩张。在与戴维斯就收购斯特拉塔谈判的同时，格拉森伯格也在筹划一笔60亿美元的交易——收购加拿大的谷物交易商维特拉。一年多以后，他给力拓集团矿业公司的董事长打电话，建议两家公司考虑达成一项交易，创建世界上最大的矿业公司。

这次首次公开募股是朝着更加开放的方向迈出的第一步，无论一些大宗商品交易商如何反对，这似乎都是一种不可阻挡的趋势，因为开放已变得越来越重要。嘉能可交易员要想与华尔街银行做生意，就必须抛弃逃亡的创始人马克·里奇。同样，随着交易行业规模变大，日益融入全球金融体系，变得更加公开也是它必须付出的代价。

但是，上市也带来了新的挑战，格拉森伯格及其团队对此准备不足。他们必须每6个月向公众公开自己的活动和业绩。他们的一举一动都被新闻界详细记录下来。最重要的是，首次公开募股披露了他们获得的惊人利润，这让所有人——从嘉能可的竞争对手到客户，从投资者到记者，从非政府组织到政府——都刮目相看。嘉能可受到了前所未有的关注。

嘉能可更倾向于在阴影中低调行事，因此长期以来一直极力避免这种关注。部分原因是为了避免尴尬的问题，比如它在和谁打交道，怎么打交道。在这个时代，嘉能可的全球网络使它具有许多其他市场参与者所没有的明显优势，因此它不愿意向外人披露自己的任何深刻见解。这也是它之前拒绝上市的原因。

公司最早的合伙人之一费利克斯·波森说，在马克·里奇时代，嘉能可甚至从未讨论过上市问题。他说：“有些事情还是不公开的好。我想这也是你们习惯的状态。我们过去都习惯了在私人公司工作。”[30]

到20世纪90年代末，嘉能可想方设法回购出售给罗氏的股份时，几位投资银行家就建议公司上市。[31] 但是威利·斯特霍特那一代交易员都对银行家的提议无动于衷：他说上市将限制嘉能可的"创业自由"。[32]

保罗·怀勒是20世纪90年代嘉能可的三位执行董事之一。他更直截了当地说：“如果我们愿意支付佣金，我们就会获得优势。所以，如果我们想支付某些东西，我们就不需要在年度报告中宣布。”[33]

尽管如此，这些优势在20世纪90年代末就已经开始逐渐丧失。1997年经济合作与发展组织通过的《禁止在国际商业交易中贿赂外国公职人员公约》以及2003年联合国通过的《联合国反腐败公约》等立法，都加大了企业支付佣金或行贿的难度。随着获取消息和信息的费用更低、难度更小，嘉能可对全球经济深刻洞察的价值也在下降。怀勒说："有一些优势，但我们知道这将会结束。在我看来，公司发展得太大了，无法继续保持私有化。"

尽管如此，首次公开募股引发的公众关注却产生了嘉能可交易员几乎无法预料的连锁反应。作为嘉能可的供应商和买家，矿业公司、石油公司、农民、炼油商和制造商一直都知道嘉能可在赚钱，但是在首次公开募股之前，他们从未被迫估算它到底赚了多少钱。他们急于弄清楚这些钱是否以他们的利益为代价。嘉能可不仅揭开了自己的神秘面纱，首次公开募股也让人们注意到了整个交易行业的盈利能力。

2006年之前一直担任嘉能可铬铁合金部门负责人的戴维·伊斯洛夫说："你和客户总是存在这种紧张关系：如果你做生意讲公道，为什么你们总是能赚那么多钱呢？"在首次公开募股之前，他说："人们知道我们在赚钱……但是没人知道到底赚多少。"

这是反对上市的常见理由——实际上，这也是一些大宗商品交易商反对首次公开募股的主要原因。20世纪40年代，菲利普兄弟公司的一位高管表示，公司认为资产负债表和年度利润信息"与开发原子弹同属一个保密级别"。[34] 然而，该公司后来改变了策略，在1960年与上市的矿产与化学公司合并，成为首批公开交易的大宗商品交易商之一。

最重要的是，公开意味着一旦出了什么差错，就会在公众舞台上让大家一览无余。没等多久，格拉森伯格就经历了这一点：甚至

第十二章　亿万富翁工厂　313

在公司准备首次公开募股时，棉花价格飙升到了历史最高水平。相对而言，嘉能可是棉花市场的新人，结果交易决策失误。格拉森伯格作为上市公司首次公布公司全年业绩时，不得不披露棉花交易亏损超过3.3亿美元。[35]嘉能可交易员在首次公开募股期间精心塑造的战无不胜的光环被打碎了。

更糟糕的事情发生在格拉森伯格敲定收购斯特拉塔交易的两年后。2015年，正当许多繁荣时期的投资项目以增加生产的形式取得成果时，中国的经济增长开始放缓，导致从石油到铜等大宗商品的价格大幅下跌。由于格拉森伯格对扩张满腔热情，嘉能可的债务负担很重，对冲基金开始做空嘉能可的股票。

格拉森伯格忐忑不安。连续数周公司股价暴跌，但是他一直保持沉默。这时，格拉森伯格极不情愿地批准了一项新计划，开始发行新股，出售资产，偿还债务。几个星期以来，形势似乎更加严峻。有一次，公司股价在一天之内暴跌了29%，这一跌幅对富时100指数蓝筹股而言非同寻常。最终，尽管市场形势逆转，嘉能可股价回升，但这是一段惨痛的经历，如果公司是私人公司，可能就不会有这样的经历。

这是公开上市对公司产生不利影响的一次有益教训，而且这并非大宗商品交易商唯一的一次教训。来宝集团是由昔日从事废品交易的艾礼文创立的一家香港贸易公司，在一名前雇员指控公司利用账目欺诈虚报利润后，公司形势急转直下。公司的麻烦一个个暴露了出来，令人感到恐怖。每个新问题都会引发一系列的报道，导致来宝股价暴跌。最终，公司被债权人接管。[36]

发生的这些事情让许多交易商得出结论，认为大宗商品交易行业最好开展合作。菲利普兄弟公司前首席执行官戴维·滕德勒说："这是一项不应该公开上市的业务。"[37]事实上，没有其他大型交易商追随嘉能可进入公共市场。那些在21世纪头10年中期还未上市的公司，已经有意识地决定继续保持这种状态。20世纪80年代初，维多曾考虑过首次公开募股，甚至聘请了投资银行克莱沃特 – 本森（Kleinwort Benson），该行提出的估值为6.5亿~7.5亿美元。[38]同样，在2006年左右，该公司曾考虑聘请一家银行探讨上市事宜，但最终决定放弃。[39]路易达孚也曾短暂考虑过首次公开募股。[40]

其他人仍然强烈反对上市的想法。托克的首席执行官杰里米·韦尔说："我们最大的优势是公司有近700名股东。他们的商业利益与公司是一致的。"[41]

在所有大型交易商中，嘉吉是最拼命避免上市的一家。一个多世纪以来，嘉吉一直为谷物贸易先驱的后代嘉吉和麦克米伦家族所有。

2006年，嘉吉创始人的孙女玛格丽特·嘉吉去世。玛格丽特是美国最富有的女性之一，但她的大部分财产都被绑在了嘉吉公司17.5%的股份上。在她去世后，她创办的慈善机构希望将自己的投资变现。这个机构开始游说嘉吉准备首次公开募股，其目的至少是为了玛格丽特在公司的股份。

嘉吉和麦克米伦家族的其他成员都坚决反对这一想法。在过去的5年中，嘉吉不同的股东群体之间爆发了一场幕后冲突。最终，公司找到了一个解决方案：从玛格丽特建立的慈善机构手中回购她在嘉吉的股份。作为交换，这些慈善机构将从美盛公司获得价值近94亿美元的股份，美盛是一家公开上市的化肥公司，嘉吉持有其大部分股份。[42]嘉吉和麦克米伦家族的其他股东获得了另外57亿美元的美盛股票。这笔交易为公司解决了两个问题：一是满足了玛格丽特创立的慈善机构的要求，二是为其他家族股东筹集了数十亿美元，从而消除了对未来首次公开募股的潜在支持。[43]它还首次对嘉吉自身进行了公开估值，约为535亿美元。[44]嘉吉当时的首席执行官格雷戈里·佩奇说："这可能是人们能想到的这个家族致力于保护隐私的最好证据。"[45]

然而，尽管嘉吉、维多和托克等公司极力保持私有化，远离公众视线，但是嘉能可的首次公开募股不可避免地提高了整个行业的知名度。突然之间，嘉能可的股票在每个英国退休人员的养老基金中占据了相当大的比重，该公司及其竞争对手成了比电信公司沃达丰或制药集团葛兰素史克等富时100指数的同行更有趣的头条新闻。

2008年，尽管升高的油价和食品价格引发了轩然大波，但是全球主要报纸上只有385篇文章提到过一家顶级大宗商品交易公司。到2011年，文章数量达到1 886篇。[46]新闻专线开始雇用记者，他们的主要职责是报道大宗商品交易公司。于是，交易商被迫加强公关团队——在某些情况下，这意味着首次聘用一名公关专家。托克甚至聘请了英国《金融时报》的前主编。

不可避免的是，笼罩大宗商品交易商数十年的神秘面纱正在被揭开。有时，生活转移到公众视野中是痛苦的。一些人仍然认为这是个错误。嘉能可前首席财务官兹比涅克·扎克在首次公开募股之前一直是公司董事会成员。他说:"公司不应该公开上市。"他将首次公开募股的决定归因于"贪婪和傲慢"。[47]

无论上市可能会产生什么样的不利影响,大宗商品交易行业向公共市场转变都带来了很多利益。无论是首次公开募股、债券销售,还是与私人股本投资者合作,大宗商品交易商都能够吸引更多投资者,从而为他们筹集到更多资金。

这让他们拥有了足够的财力去影响在全球发生的诸多事件,这是前所未有的事。

第十三章

拥有权力的商人

宾夕法尼亚州的公立学校教师不大可能注意到这一点，但是 2018 年初的一份简短声明透露出涉及个人退休储蓄的一些坏消息。

在宾夕法尼亚州的首府哈里斯堡，一间红砖办公室负责监管教师的养老金。这里的公立学校员工退休系统管理着 50 万现任和前任教师累计超过 500 亿美元的储蓄。公共养老金基金会一向以极其保守的投资者著称。传统上，他们将安全置于高额回报之上。他们与冒险到世界危险地区投资者的形象几乎不沾边。

然而，2018 年 3 月 19 日，宾夕法尼亚的教师们收到了一份关于他们所持股份的简短通知，让他们意识到自己最近的投资并不保守。

通知说："库尔德地区政府于 2017 年 9 月 25 日举行独立公投，接管基尔库克油田，对合同规定的最低量供应能力产生了不利影响，导致库尔德地区政府出口量减少近 50%。特此告知。"[1]

宾夕法尼亚的教师可能不知道这一点，但是几个月前，他们的一小部分退休储蓄已经流向库尔德斯坦地区。这种事情并非仅发生在他们身上。在南卡罗来纳州，超过 60 万名警察、法官和其他公共部门工作人员的积蓄也被用于同样的投资。西弗吉尼亚州的教师、消防队员和警察的积蓄也是如此。

本次投资把他们和中东一个极其动荡的地区联系在了一起，这可能揭示了现代金融体系的一些玄机。在这种体系中，资金通过匿名机构在低税收、低审查的管辖区内进行流通。这些投资者的资金从宾夕法尼亚州、南科罗拉多州、西弗吉尼亚州一直到达伊拉克北部，途中停留过的几个地方是：臭名昭著的不透明避税天堂开曼群岛的首府大开曼岛，金融友好型的爱尔兰首都都柏林，伦敦中心富人区梅费尔，中东地区金融中心阿联酋浮华的首都迪拜。

即使这些领取养老金的美国人看过自己基金的年度报告，他们可能也不会发现什么问题。他们可能会从隐藏的基金会投资的项目清单中发现一个名字："Oilflow SPV 1 DAC"[①]。稍微调查一下，他们就会发现这是一家爱尔兰公司，公司坐落在都柏林市中心一栋普通的四层建筑内。大约有 200 家其他公司也在这里正式注册。[2]

根据 2016 年爱尔兰当局的归档文件，这家公司的官方目标是"收购、管理、持有、出售、处置、投资和交易各种形式的金融资产"。[3] 在 2017 年初，公司在开曼群岛证券交易所注册。它已经通过"担保摊销票据"筹集了 5 亿美元资金，这是一种类似于债券的

[①] Oilflow SPV 1 DAC 这一名称中，SPV 是 special purpose vehicle 的简称，意思是特殊目的载体或特殊目的公司；DAC 是 Designated Activity Company 的简称，意思是指定活动公司。数字 1 应该是序号。以下简称 Oilflow 公司。——译者注

投资，偿还时间是 2022 年之前。[4]

Oilflow 公司有一点最不寻常，就是它看起来特别适合投资。当今世界利率超低，但是爱尔兰这家默默无闻的公司提供的收益却高得惊人。这些票据有望在 5 年内每年支付 12% 的利息，这比当时美国国债利率高出 5 倍多。[5]

当然，高收益也意味着这款投资产品要承担高风险。基金经理富兰克林·坦普尔顿曾把一些票据出售给美国养老基金会，他简单地称之为"伊拉克北部石油支持的美元债券"。

实际上，这些债券只是复杂金融结构的一部分，这种金融结构利用美国退休人员的积蓄资助伊拉克库尔德斯坦的独立运动。这项投资使退休基金卷入一场大规模的博弈中，涉及数百年的中东历史、石油财富之争以及大宗商品交易商的冒险世界。Oilflow 公司看起来是一家藉藉无名的投资机构，但是在其背后进行操控的正是大名鼎鼎的嘉能可。[6]

至少自西奥多·魏瑟尔的苏联之行开始，大宗商品交易商就乐于前往少有人敢于涉足的地区进行投资。至少从 20 世纪 80 年代开始，这些交易商便以大宗商品供应作为融资担保，为那些更具挑战性的国家筹集资金。例如，在 20 世纪 80 年代初，马克·里奇公司同意向内战中的安哥拉政府预付约 8 000 万美元。这是利用一个国家的石油做贷款担保的最早案例之一，而这种交易在未来将会大行其道。[7]

如今，该行业开始转向外部融资，这给大宗商品交易商带来了前所未有的影响力。嘉能可 2011 年首次公开募股就是一个例子。

第十三章 拥有权力的商人 323

美国的养老基金会不会想到对马克·里奇公司放贷，但是他们乐意把资金投放到一个由已经发生现代化蜕变的公司建立并控制的机构中。毕竟，他们也许会这样推理：嘉能可是一家上市公司，而且在著名的富时 100 指数榜上赫赫有名。

新的金融实力使大宗商品交易商在全球经济体系中更为重要，这也使它们获得了前所未有的影响全球政治的手段。这些交易商的目的都是赚钱，但在追求利润的同时，它们不可避免地发挥了政治作用。突然之间，它们有了向整个国家提供资金的金融手段，为之前被冻结在世界金融体系资金之外的个人和国家提供进入渠道，甚至在紧张的政治冲突中发挥决定性作用，例如利比亚内战和库尔德斯坦的独立战争。在伦敦、楚格和休斯敦的舒适办公室里，交易商正在塑造历史。

* * *

库尔德人的人口总数大约有 3 000 万，分布在伊拉克、叙利亚、土耳其和伊朗地区，通常被认为是世界上没有建立自己国家的最大民族。[8] 自 1991 年第一次海湾战争结束以来，库尔德人不顾巴格达的萨达姆·侯赛因政府的抗议，在伊拉克北部处于半自治状态。2003 年美军推翻了萨达姆政府后，库尔德自治区摆脱了战争，并在巴格达获得了更大的自治权。

尽管如此，库尔德人获得的自治权距离他们渴望的完全独立状态相差甚远。但是，库尔德斯坦如果想成为一个正常运转的国家，那就必须实现经济独立。建立一个经济能够正常运转的国家,最大的希望是依靠石油。

2014年初,库尔德人的机会来了。邻国叙利亚的内战已经持续了三年之久。在战争的废墟上诞生了一个不断壮大的新的危险力量——伊斯兰国,即圣战组织ISIS。2014年,该组织在叙利亚建立大本营后,将注意力转向了伊拉克。

伊斯兰国首先占领了伊拉克中西部城市,包括动荡的拉马迪和费卢杰。接着,它在6月份发动攻击,打败了北部的伊拉克军队,占领了摩苏尔。在慌乱撤退中,伊拉克军队放弃了摩苏尔南部的重要城市基尔库克。然而,基尔库克并没有落入伊斯兰国手中,因为一支名为"自由斗士"的库尔德游击武装填补了空缺。

对库尔德人而言,这是一次非同寻常的胜利。自20世纪20年代现代国家伊拉克成立以来,基尔库克的石油一直由巴格达的中央政府控制。但是,库尔德人一直希望能得到这座城市,这是一座拥有数千年历史的文明大熔炉。现在,他们甚至不需要打仗就获得了控制权。

库尔德军队占领了传说中的巴巴古尔遗址,这个名字在库尔德语中的意思是"火之父"。数千年来,火一直在这片土地上燃烧,因为地下的巨大油田不停地往外冒天然气。一些人认为巴巴古尔的火焰是《旧约》中火窑的烈焰,古巴比伦国王尼布甲尼撒二世将3个拒绝在金像前跪拜的犹太人扔进了火窑中。

到2014年,伊拉克库尔德人在萨达姆倒台后花了十多年时间游说国际社会,承认他们争取独立的努力。2011年南苏丹共和国获得国际承认脱离苏丹后，库尔德人曾希望自己被同样看待。但是，美国和其他西方国家都拒绝了。

意外占领基尔库克石油的财富，让库尔德人有机会建立一个经济自治的国家。一群形形色色的调停者和顾问很快出现在他们面前，给他们提供指导。为了石油，他们雇了一个懂得如何将石油推向市场的人：穆尔塔扎·拉克哈尼。10年前，他曾是嘉能可在伊拉克的调停者，在石油换食品丑闻中发挥了一定作用。现在作为一名独立顾问，拉克哈尼帮助库尔德人与大宗商品交易商建立了联系。[9]出现在库尔德斯坦的其他中间人还包括唐纳德·特朗普的前竞选团队负责人保罗·马纳福特，他后来因金融欺诈被判入狱。在伊拉克的库尔德斯坦，马纳福特的作用是帮助组织独立公投。[10]

但是，为了把新获得的石油换成钱，库尔德人需要想办法把石油卖出去。这个任务并不简单：巴格达曾经威胁对购买原油的人采取法律行动，因为它认为这是偷窃伊拉克的国家财产。这一警告让许多炼油商望而却步，因为它们认为巴格达中央政府是比脆弱的库尔德地区更加重要的石油供应商。[11]

巴格达的威胁也许让炼油商瑟瑟发抖，但是却不会轻易吓退大宗商品交易商。有些交易商在基尔库克被攻克前，一直从库尔德人那里购买相对少量的石油，现在也乐意帮忙处理更多的石油。库尔德斯坦的石油吸引了所有的大型交易商，托克、嘉能可和维多纷纷涌向它的首府埃尔比勒寻找石油。

即使对大宗商品交易商而言，与统治着伊拉克北部半自治区的库尔德斯坦地区政府打交道在政治上也极其敏感。维多曾经冒险涉足战火纷飞的利比亚,就像那里的反动派一样,埃尔比勒政府在国际上也没有得到认可。当然,石油的所有权也存在争议:库尔德人认为石油属于他们,巴格达则认为只有联邦政府才能合法出售石油。针对大宗商品交易商所做的每一笔交易,巴格达方面随时都可能会提起法律诉讼。

"早期的业务是:你们能否购买原油,帮我们找到市场?因为很显然,这在当时是一种更有争议的商品。"托克石油部门负责人本·勒科克说。[12] 他曾经协助组织运输过一些石油。他补充道:"这真的绝非易事。有段时间我们根本没有(石油)市场。"

交易商们又重新采用20世纪七八十年代逃避禁运的障眼法。库尔德的石油从伊拉克北部通过管道流淌1 000公里,穿过土耳其到达地中海港口杰伊汉。石油从这里装上油轮,然后像变魔术一样消失得无影无踪。

托克公司是库尔德石油贸易的先驱之一,它的魔法工具就是从埃拉特至阿什凯隆的管道。20世纪70年代,马克·里奇曾利用这条管道将伊朗石油经以色列运送到欧洲。到目前为止,这条管道可以双向运输石油。因此,托克将油轮开到阿什凯隆卸载库尔德原油,然后这些原油穿过以色列到达红海港口埃拉特,至此这些石油便无法继续追踪。一些石油最终进入以色列;一些进入中国的独立炼油厂,这些炼油厂通常因设计简单被称为"茶壶"。[13]

正如在20世纪70年代,使用埃拉特至阿什凯隆的管道也会受到外交指责。自1948年以来,伊拉克与以色列正式处于战争状态,巴格达不承认这个犹太国家。但是,托克首席执行官克洛德·多芬施展魔法，很快以色列就允许来自伊拉克北部的库尔德石油通过其领土。勒科克说："以色列做出了选择，这一点很清楚。当时的政治局势是以色列人并不介意。"[14]

* * *

然而，并非每一笔库尔德石油交易都能按计划进行。2017年年中，维多曾将大约100万桶库尔德原油装到一艘名为"梦幻岛"号的油轮上，运往加拿大的一家炼油厂。巴格达政府迅速采取了行动——对库尔德人独立出售石油的行动而言，向北美输送原油将是无法容忍的政治胜利。伊拉克中央政府公开宣称石油是被偷的，提起诉讼要求扣押船只及其货物，并要求维多赔偿3 000万美元。加拿大联邦法院下令，如果"梦幻岛"号进入加拿大领海，就将其扣押。

整个全球石油业——更不用说数不清的外交官、律师和法庭指定的法警——都盯着一艘油轮的位置。但是，"梦幻岛"号就这么消失了。它关掉了无线电信标，实际上变成了一艘幽灵船。而那些大宗商品专家正是通过这种信号追踪世界各地的石油货物。接下来发生了什么事，无人知晓。但是，将近4个星期后，油轮才再次打开信标。它已经回到马耳他附近，而这里正是上一次它被发现的地方。但是，现在它已经空空如也。维多卸下了库尔德石油。它是怎么卸的？在哪里卸的？它将石油交付给了谁呢？

几年后，维多的合伙人仍然对此含糊其辞。维多的资深合伙人克里斯·贝克说:"大家知道一批货物失踪了,所有人都知道它没有在欧洲或北美卸货。它去了东方。"[15]

巴格达的库尔德石油之战是注定要失败的。金钱和石油充满诱惑力,大宗商品交易商发现要避开伊拉克政府可能设置的任何障碍易如反掌。贝克说:"最后,他们意识到在这场战斗中他们将取得势如破竹的胜利。"

在大宗商品交易商的帮助下,库尔德斯坦地区政府在高峰时期每天运送近60万桶石油,这相当于挪威石油出口的一半左右。库尔德一半的石油来自"自由战士"在基尔库克周围占领的油田。[16]然而,埃尔比勒仍然缺钱。库尔德地区想推动独立,就需要大量资金注入。库尔德领导层再次求助于大宗商品交易商。它们愿意借钱给政府,以换取未来的石油运输吗?交易商们同意了。以石油为担保,维多、托克、嘉能可、俄罗斯石油公司和另一家规模较小的交易商佩特拉科(Petraco)为库尔德斯坦地区政府预付了多达35亿美元的资金。[17]对库尔德斯坦而言,这是一笔惊人的款项,大约相当于该地区经济总量的17.5%。[18]这些贷款将在几年内用原油出口来偿还。一些贸易公司用自己的资金放贷,其他公司则寻求银行的帮助。

但是,嘉能可选择了一条最不寻常的路线:它认为对库尔德斯坦投入自己的资金风险太大;因此,它让国际投资者提供现金,并向他们出售以石油为担保的高利率票据。然后,这些票据将帮助嘉能可给库尔德人提供预付款。于是,Oilflow公司应运而生。

所有参与其中的交易商都面临着巨大风险:巴格达仍然认为来

自基尔库克的石油属于偷窃；往最好处说，这个半自治区和全国其他地区的边界是不固定的，内战的风险一直存在，更糟糕的是，ISIS正在威胁整个地区。

当然，对于那些把储蓄投资到Oilflow公司的美国养老金领取者而言，风险也很大。针对这些票据投资者的介绍材料，有三分之一用来列举所涉及的各种风险。这些风险包括"恐怖主义、宗教冲突、内战、边境纠纷、游击队活动、社会动荡、经济困难、货币汇率波动和高通胀"。介绍材料也暗示投资者的钱可能会用于腐败，指出库尔德斯坦是"一个政府治理的高风险区"。[19]

另外，安排这笔交易的是嘉能可，因此它不会直接从库尔德斯坦地区政府购买石油，而是通过一家中介公司。与其他石油交易商一样，嘉能可冒着触怒巴格达的风险，为库尔德斯坦的石油销售提供便利，它的解决方案是利用中间人。投资者投入5亿美元资金，库尔德政府将与中介公司而不是嘉能可签署合同。然后，中介公司再与嘉能可签订合同。

这家中介公司并非知名公司，嘉能可在向投资者介绍情况时甚至没有提它的名字。但是，嘉能可对它相当熟悉。嘉能可与库尔德石油交易的中间人，是一年多以前在迪拜成立的一家公司，名叫埃克斯莫集团。埃克斯莫是由一位名叫约瑟夫·德鲁扬的交易商创建的，他曾在亚洲和苏联为嘉能可工作了15年。[20]嘉能可利用一名曾经长期为公司效力的雇员作为自己与库尔德政府之间的中间人。

与嘉能可进行石油交易获得的资金成为库尔德地区的主要生存手段。[21]但是，这些现金不仅是用来支付教师和警察的工资。石油美元也鼓励了库尔德斯坦的独立运动。在与大宗商品交易商达成交易之前，库尔德政府除了巴格达的施舍之外几乎没有其他收入来源。现在，当地的政客们第一次感到摆脱巴格达获得真正的独立已经触手可及，而且他们也许第一次可以拥有足够的资金支持独立。

2017 年 9 月，就在嘉能可通过 Oilflow 公司为该地区筹集资金的几个月后，库尔德斯坦的政界人士做出了一个重大决定，试图将新获得的经济独立转变为政治解放。由于与嘉能可和其他贸易公司的石油交易为他们的财务安全提供了保障，库尔德政府不顾巴格达中央政府的反对，举行了独立公投。结果是压倒性的：93% 的人投票赞同从国家独立出去。[22]

但是，如果库尔德人曾希望国际社会像几年前对待南苏丹那样欢迎一个新国家，那么他们就打错了算盘：随着 ISIS 的撤离，西方不再坚持把库尔德人作为军事盟友。华盛顿和其他西方政府警告埃尔比勒不要举行独立公投。它们最不想看到的就是在本已脆弱的地区再出现一个脆弱的国家。现在，看到自己的警告都被当作耳旁风，美国和欧洲几乎没有采取措施阻止巴格达做出回应。

在公投后的几天内，中央政府就重申了自己的权威。巴格达派遣联邦军队向北挺进，夺回基尔库克市及其油田。库尔德地区独立的希望岌岌可危。得益于巴巴古尔的石油财富，原本可能实现的经济自治现在看来似乎成了泡影。对于为独立运动贡献了数十亿美元的大宗商品交易商而言，这种事态发展令人担忧。

这时，Oilflow 公司开始在开曼群岛证券交易所发布有关伊拉克军事演习的公告。嘉能可成立这家公司后拥有了足够余地应对石油出口或者价格下跌，它偿还贷款的能力并未立即受到库尔德政府控制之下石油产量大幅减少的影响。但在 2020 年，当油价再次暴跌时，甚至嘉能可在 Oilflow 公司留下的余地也捉襟见肘。Oilflow 公司无法继续履行承诺，它的投资者不得不同意推迟还款计划。

对宾夕法尼亚州教师养老基金以及类似的基金而言，对 Oilflow 公司投资已经成为一种为日益增多的退休人员带来更多收入的方式，这种投资比大多数传统投资收益更大。他们是否考虑过自己的资金会对中东政治产生影响，目前尚不清楚。一位发言人表示，宾夕法尼亚州公立学校员工退休系统对 Oilflow 公司的投资，是富兰克林·坦普尔顿管理的一系列新兴市场债券投资组合的一部分。

这位发言人说："公立学校员工退休系统的投资专家和顾问非常清楚这类新兴市场投资所涉及的风险，以及它的所有投资策略和债券投资组合存在的利弊。"[23]

* * *

大宗商品交易商喜欢说它们与政治无关——它们不选择立场，只受自身经济利益的驱使。在整个现代史上，这一直是该行业秉持的准则。在人质危机期间与伊朗打交道受到质疑时，马克·里奇说："在我们的生意中，我们不参与政治。我们从来没有。这是我们公司的经营理念。"[24]

当然，一些大宗商品交易商曾经利用自己的个人财富推动政治议程。科氏工业集团的所有者科赫兄弟花费了数亿美元支持美国的保守派候选人及其政策。再如规模较小的维多集团的伊恩·泰勒，向英国保守党捐赠了几百万英镑，在2014年的苏格兰独立公投中，他利用个人财富支持让苏格兰留在英国的"统一会更好"运动。

尽管如此，在商品交易中，交易商的动机几乎总是严格基于财务方面的考虑。如果交易合法且有利可图，大多数大宗商品交易商不会耽误时间考虑其政治后果是否可取。维多公司的克里斯·贝克说："只要认为这是对的或者允许的，我们就去进行实际的石油交易。我认为我们不会坐下来，拿出雪茄，然后说让我们借此创造历史吧。我倒是希望有时间这么做。"[25]

但是，即使政治影响力不是他们的目标，这也并不意味着大宗商品交易商没有影响力。在一个大宗商品直接通向金钱和权力的世界，交易商有能力改变历史的进程。对库尔德斯坦而言，大宗商品交易商帮助它摆脱了对巴格达的经济依赖，赋予了它推动独立的信心。

这些交易商可能会否认任何政治意图，但是库尔德斯坦自然资源部长阿什蒂·哈瓦拉米非常清楚它们所起的重要作用。他的理念是：经济独立是政治独立的先决条件。他说："经济可以领先于政治，迫使政客们做出决定。"[26]那么大宗商品交易商的现金呢？他说："这有助于我们的经济独立。"[27]

独立公投几周后，在一次会议上，有人问维多首席执行官泰勒，在库尔德斯坦跨越雷池这件事上，这些交易商是否起到了推波助澜的作用。泰勒停了一会儿说："是的，的确如此。"[28]

库尔德斯坦并非大宗商品交易商发挥新获得的金融实力的唯一

第十三章 拥有权力的商人 333

地方。繁荣时期获得的利润和扩大的公共市场渠道，使它们有能力把慷慨援助送到更远、更广阔的地方。从利比亚到哈萨克斯坦，从刚果到南苏丹，大宗商品交易商成了政治脆弱但资源丰富国家的主要融资人，这让其他投资商感到忐忑不安。

现在的趋势是，大宗商品交易商不是在拿自己的资金冒险，而是充当国际金融市场的联系人，将银行、养老基金和其他投资者的美元注入遥远国家的大宗商品交易。这是一个熟悉的角色——毕竟，交易商在大宗商品市场上一直扮演着中间人的角色。现在，它们做得更大，去充当资金的中间人。

这一切发生在2008年全球金融危机之后，这一点并非巧合。曾经代表金融业恣意扩张的美国、英国和欧洲的投资银行现在正在撤离。即使没有破产或被国有化，它们也受到日益严格的监管。它们几乎不需要接到通知，就自行从令人棘手的资源富足国家撤出了——用银行家的话说，这些国家都是"前沿市场"。

大宗商品交易商不受银行所面临的那种严格的监管审查约束，所以非常愿意填补这一空白。嘉能可的Oilflow公司交易就是典型的例子。但是，这只是在世界上同样具有挑战性的地区发生的众多类似交易之一。2016年对潜在投资者介绍情况时，嘉能可夸口说，在过去的6年，它安排了超过170亿美元的石油预付款，交易从未出现过亏损，与它建立起密切关系的有"世界各地的150多个金融机构，包括所有主要的银行和重要的机构投资者"。[29]

大宗商品交易商作为大规模融资人的作用日益增强，这也反映出大宗商品交易业务的变化，尤其是石油交易。随着全球信息获取渠道日益增多，它们的传统交易模式受到影响，于是它们优先考虑大小和规模，以此维持盈利能力。它们对管道网络、港口、储罐和炼油厂的投资起到了一定作用——而且，它们试图把更多的石油需求注入这个资产"系统"。它们不是通过买卖几批石油赚一大笔钱，而是以薄利多销为目标。20世纪80年代中期，当时最大的石油交易商马克·里奇公司每天处理的原油和成品油约为130万桶。[30]截至2019年，维多已经成为世界上最大的石油交易商，每天处理800万桶石油。维多并非一枝独秀：托克的日交易量为610万桶，嘉能可为480万桶。

伊恩·泰勒说："说到底，我们的业务确实需要规模。我不想明说，但是量很重要。"[31]

有了足够的规模，交易商就可以利用石油合约和资产应对市场价格的微小波动。也许本来要运往美国的一批货物可以改运亚洲？炼油厂可以在混合不同类型原油时做些改变，趁机利用价格差异？也许有一份合约允许交易商推迟几天交货，或者交付时增加几桶或者减少几桶油？或许把几百万桶石油储存在储罐里，等待油价飙升？

这种体系塑造了大宗商品交易——尤其是石油交易，但也包括金属和谷物交易的模式。为了使这种模式发挥作用，交易商需要储备大量石油，一旦市场出现机会，就可以随时做出响应。获得大量石油的最佳途径是为炼油商提供资金，并且与它们长期保持关系。

于是，大宗商品交易商纷纷出手。它们把公司的资金（和他人的资金）投入有石油可售、有现金需求的石油卖家那里。于是，它们出现在利比亚的内战战场，出现在克里姆林宫金碧辉煌的大厅。

这些大规模金融交易的兴起标志着大宗商品交易商的发展进入了一个新时期：通过更大规模的交易，它们监管的资金规模也更大。现在，它们有能力资助整个国家，甚至帮助其他人建立国家。从此，交易员不仅是大宗商品交易商，而且还是拥有权力的商人。

* * *

大宗商品交易商在乍得的经济中发挥了重要作用，这种情况在世界上其他国家实属罕见。嘉能可在这个非洲国家的交易表明，一些交易商愿意利用自己的金融资源与国际政坛一些最不光彩的人物同台共舞。

乍得是内陆国家，不仅极度贫穷，而且腐败透顶，因此对国际投资商并无多少吸引力。[32] 自从 1990 年发生政变以来，乍得一直由伊德里斯·代比统治。这位久经沙场的将军对芝华士、威士忌的忠诚常常超过对民主的忠诚。[33] 代比抵挡住了国内外对他的驱逐（法国政府曾经提供养老金和一套舒适的公寓希望他下台），[34] 继续掌握权力，成为世界上在位时间最长的领导人之一。

尽管国家的石油资源得到了开发，但是乍得人民并没有他那么好运。乍得人预期寿命是世界第三低[35]，将近一半的人口生活在世界银行的贫困线以下，国家一直饱受冲突动荡的摧残。[36]

到 2013 年，乍得面临着伊斯兰圣战主义的新威胁。基地组织在中非势力强大，代比便部署军队打击邻国马里和乍得与尼日利亚边境的圣战分子。

但是，这位乍得总统面临一个问题。他没有足够的现金支付军事冒险的费用。国际投资者普遍认为乍得是一个经济灾区，因此乍得不能直接给银行打电话要求贷款。此外，前殖民国家法国等政府捐助者、世界银行和国际货币基金组织对慷慨地向代比发放救济品已经十分谨慎，而且它们都坚持对贷款进行严格限制，确保贷款只用于扶贫。

由于无法向任何人借贷，乍得总统只得向一家能够承受贷款风险，并且对贷款可能在整个地区产生连锁反应漠不关心的公司求助——这就是嘉能可。

2013 年 5 月，代比从嘉能可那里获得了 3 亿美元的现金，这是一种以未来石油供应作为担保的贷款，这种协议被称为预先支付。到年底，嘉能可将贷款金额增加了一倍，达到 6 亿美元。[37] 这笔现金有一个附带条件，即只能用于"民事用途，以缓解国家预算"。[38] 但是，这一条款看似进行限制，其实只是噱头：乍得可以将嘉能可的资金用于非军事开支，从而腾出其他预算资源为军队提供资金。实际上，嘉能可是为代比提供资金，在邻国发动打击伊斯兰圣战分子的战争。

随着油价突破每桶 100 美元，代比通过嘉能可找到了一家愿意向他提供巨额贷款的银行，尽管他的人权记录令人震惊，国际上也对他经营管理不善表示担忧。很快，他又提出更多贷款要求：2014

第十三章 拥有权力的商人 337

年，他又向嘉能可借了14.5亿美元，这一次是为了收购雪佛龙在乍得油田的股份。[39]

就像库尔德斯坦的情况一样，嘉能可借款给乍得并非全靠一己之力。它说服了一些银行和投资商提供支持。[40]与库尔德斯坦一样，投资商来自美国一些主要的养老基金。一份企业存档文件显示，俄亥俄州的公共雇员退休系统和西弗吉尼亚州的投资管理委员会为嘉能可在乍得的交易提供了资金。[41]

在油价高于每桶100美元时，嘉能可与代比的交易相当融洽，但是到2014年年底油价下跌时，双方关系开始恶化。油价在2014年每桶高达115美元，但是随着美国页岩油行业产量的增加，到2016年初跌至27美元。由于油价暴跌，乍得根本无法偿还债务。这个非洲国家要求重新谈判这笔交易，经过漫长的谈判，嘉能可同意重组贷款。但是，这次重组却证明嘉能可在乍得的作用是多么重要：由于油价仍然很低，这个贫穷的国家欠嘉能可及其合伙人近15亿美元，相当于国内生产总值的15%。[42]

即使进行了重组，嘉能可的贷款也迫使乍得政府实行严厉的紧缩政策。政府被迫削减教育、医疗和投资支出，连续几个月连支付薪水都费尽周折——所有这些都是为了偿还它对全球最大的大宗商品交易商的债务。国际货币基金组织以对陷入困境的国家施加财政约束而著称，但是即使它也认为乍得的开支削减"幅度惊人"。[43]

代比对自己与嘉能可的交易开始感到后悔，称这笔贷款交易愚蠢至极。他说："我必须承认从嘉能可获得的贷款是不负责任的。"[44]在国家濒临崩溃之际，代比要求重新修订债务条款，嘉能可最终在2018年同意了这一要求，给了乍得更多偿还债务的时间，并将利率减半。[45]

在今天看来，嘉能可的这些贷款对乍得非常重要，因此国际货币基金组织在分析乍得政府的财政状况、发布对乍得经济的评估时，理所当然地提到了嘉能可。即使在疫情来袭之前，乍得也没有指望在2026年之前还清对嘉能可的债务。[46]尽管代比在乍得拥有近乎绝对的控制权，但是他已开始怀疑自己与嘉能可的这笔交易，因此他评论说："当我在这里欢迎嘉能可的老板时，我问他：'你有没有向谁支付过佣金？'"[47]

* * *

如果说嘉能可是乍得的终极贷款人，那么在哈萨克斯坦，扮演这个角色的就是维多。嘉能可在乍得的交易相对简单，只是预付资金换取未来的石油供应而已，但是维多在哈萨克斯坦多年的交易证明，大宗商品交易商为了维持在资源丰富国家的业务以及收益，必须建立复杂的关系网络。

在大宗商品交易繁荣时期，哈萨克斯坦曾是石油公司投资的新热点。人口稀少的哈萨克斯坦平原上突然挤满了来自得克萨斯州、苏格兰和加拿大的地质学家和工程师，他们都在寻找石油财富。美元源源不断地流入，哈萨克斯坦的大草原上诞生了一个未来派的新首都。与此同时，哈萨克斯坦的政客和寡头则挤满了梅费尔和迪拜的俱乐部和酒店。

到 21 世纪头 10 年，这个中亚国家在许多国际投资商眼中已经失去了光芒。他们对苏联解体后这个国家僵化的官僚体制、朝令夕改的规则和精英阶层的贪婪感到失望。哈萨克斯坦的旗舰石油项目卡沙干油田曾经历过多次延期和成本暴涨，工程师们便给它起了个绰号"卡刷光"。

2014 年油价暴跌令哈萨克斯坦当局陷入了恐慌。在苏联解体之前，国家一直由努尔苏丹·纳扎尔巴耶夫一人统治。这位哈萨克斯坦总统的独裁统治在很大程度上得到了国民的容忍，因为他们的财富在逐年增长。但是，现在情况已不复如前，纳扎尔巴耶夫的统治看起来岌岌可危。

令人特别担忧的是哈萨克斯坦石油与天然气公司（简称 KMG）。这是一个庞大的企业，为整个城镇提供就业。2011 年，哈萨克斯坦西部发生了一场石油工人大罢工，最终与警察发生致命冲突，这是这个国家自苏联解体以来遭遇的至暗时刻之一。

2014 年年底油价下跌后，这家石油与天然气公司迫切需要资金，甚至被迫请求哈萨克斯坦央行注资，但只是权宜之计。为了寻求长期的解决办法，它转而向维多求援。

从 2016 年开始，维多向哈萨克斯坦石油与天然气公司提供了总计超过 60 亿美元的贷款，以换取未来的石油供应。[48] 实际上，这些交易使维多成为这家石油公司的最大融资人，也可能是哈萨克斯坦最大的融资人。[49] 交易商在乍得和库尔德斯坦所做的都是相同类型的预付款交易——用贷款换取未来的石油供应。在这些交易中也是如此，资金最终来自一些银行。但是，如果没有维多，这一切都不可能发生。[50]

纳扎尔巴耶夫总统在任期经受住了油价下跌的考验，因此他得以实现长期连任，并在年老时以"国家领导人"的身份监督国家。维多向哈萨克斯坦国库注入了数十亿美元，作为交换，维多从哈萨克斯坦获得了数亿桶石油。

但是，这远非维多在哈萨克斯坦的首批交易。十多年来，维多一直努力在哈萨克斯坦建立关系。早在 2005 年，维多中亚公司就是哈萨克斯坦石油与天然气公司交易部门的主要石油买家。[51]

在全世界看来，维多中亚公司看起来不过是这家石油贸易巨头的另一家子公司。它与维多在日内瓦共用一个地址。在瑞士公司注册表中，它提供了维多集团的电话号码和网站作为联系信息。它的董事是维多集团两位非同寻常的资深合伙人。[52]

但是，维多中亚公司不仅仅是维多的一个子公司。事实上，维多自己拥有 49% 的股份。[53] 公司的大部分股份是由一个叫阿尔温德·蒂古的人拥有。后来，他的持股比例降至略低于 50%。

世界上最大的石油交易商成立了一家以自己名字命名的公司，竟然允许一个局外人持有多数股权，这似乎有些奇怪。但是，蒂古并非等闲之辈。多年来，他一直是哈萨克斯坦能源行业的重要人物，20 世纪 90 年代就开始在这里从事石油和谷物贸易，甚至还为离开嘉能可后的马克·里奇工作过一段时间。他还是哈萨克斯坦总统女婿铁木尔·库利巴耶夫的商业伙伴。库利巴耶夫被普遍认为是哈萨克斯坦石油业最有权势的人，有时也被视为纳扎尔巴耶夫的可能继任者。[54]

在回答问题时,维多表示"不相信蒂古先生与库利巴耶夫先生的关系给维多带来了许多好处"。蒂古的一位发言人指出,直到2006年,蒂古才与库利巴耶夫建立业务关系,而此前几年他已经开始与维多做生意了。这位发言人说:"蒂古先生没有利用与库利巴耶夫先生的关系,为维多中亚公司、维多集团或任何其他公司谋求任何好处或优惠条款。"[55]

维多和蒂古联手创建公司,获得的利润极其丰厚。例如,2011—2018年,维多中亚公司向股东支付了超过10亿美元的股息。[56]在维多和蒂古名下还包括其他几家合资企业,如维玛、泰坦石油贸易公司和欧亚石油公司。

此后的十多年,维多仍然是哈萨克斯坦占主导地位的国际石油交易商,这也是维多愿意致力于长期合作关系得到回报的证明。

* * *

在哈萨克斯坦、乍得和库尔德斯坦,交易商充分发挥了自己的财力。但是,它们资金注入最多的国家是俄罗斯。在此过程中,就帮助弗拉基米尔·普京继续掌权而言,它们可能比国际商界的任何人贡献都大——即便普京当时正与欧洲和美国陷入敌对的地缘政治僵局。

在21世纪头10年繁荣时期的大部分时间,俄罗斯并不需要大宗商品交易商的大量资金。作为金砖四国的经济体之一,俄罗斯是西方投资者的宠儿。它的快速发展和不断壮大的中产阶级吸引人们纷纷对这个大宗商品资源丰富的未来新兴市场下注。即使是在尤科斯的资产被国家接管、米哈伊尔·霍多尔科夫斯基入狱之后，无论是俄罗斯企业还是这个国家本身，都可以很容易地从西方投资商和银行借款。

长期以来，俄罗斯总统的密友伊戈尔·谢钦一直在推动把俄罗斯石油资产整合到国有巨头俄罗斯石油公司名下。到2012年，谢钦同意收购私人所有的秋明英国石油控股公司（TNK-BP）。此次收购价值550亿美元，是能源行业历史上规模最大的收购之一。西方银行纷纷向俄罗斯石油公司提供贷款，但是谢钦需要的资金超出了全球银行体系可以筹集到的金额，哪怕是为了借给世界上最大的石油公司之一。

于是，大宗商品交易趁势而入。自从谢钦接任俄罗斯石油公司首席执行官后，贡渥就失去了这家公司的青睐（尽管谢钦和季姆琴科都是普京的朋友，但是两人关系紧张，有时甚至都不说话）。[57]

现在，由于急需资金，谢钦便给贡渥的两个竞争对手打了电话，即嘉能可的伊凡·格拉森伯格和维多的伊恩·泰勒。几周之内，这两个交易商就筹集到了惊人的100亿美元，他们将用这笔资金换取俄罗斯石油公司未来的石油供应。[58]这是历史上最大的一笔石油换贷款交易：自从30年前马克·里奇公司与安哥拉达成第一笔同样的交易以来，交易商的贷款金额从8 000万美元增加了100多倍。

对嘉能可和维多而言，这是它们在这个世界石油出口大国的一个有利可图的立足点。然而，不久之后，这些交易商对俄罗斯石油

第十三章 拥有权力的商人 343

公司、谢钦和俄罗斯本身就变得更加重要了。

2014年3月18日，经过仓促的全民公投，普京签署命令将克里米亚纳入俄罗斯。西方称普京这样做是非法吞并乌克兰领土，于是通过制裁对俄罗斯施加了更大的经济压力。华盛顿开始制裁与克里姆林宫关系密切的重要人物，其中便包括谢钦，理由是他"对普京绝对忠诚"。[59]

到了夏天，乌克兰东部战斗升级，西方国家对俄罗斯经济实施了更严格的制裁——包括对俄罗斯石油公司本身的制裁。对俄罗斯石油公司的制裁并没有阻止与这家俄罗斯石油公司的所有交易，但是明确禁止向其提供长期贷款。

这让谢钦非常头疼。这个问题对整个俄罗斯金融体系而言几乎是致命的。除了从维多和嘉能可获得的100亿美元之外，俄罗斯石油公司还从西方银行和投资者那里借了350亿美元，用来完成秋明英国石油公司的交易。在2014年年底和2015年初，部分贷款已经到期。对因制裁而被排斥在国际借款市场之外的俄罗斯石油公司而言，唯一的解决办法似乎是借入卢布，然后兑换成美元。随着俄罗斯石油公司最后还贷期限的临近，卢布直线下跌，在短短几个小时内就贬值了四分之一。

大宗商品交易商对俄罗斯石油公司的麻烦并不担心——事实上，它们排着队想看看自己能提供什么帮助。托克大幅扩大了与俄罗斯石油公司的交易，首席执行官杰里米·韦尔在2015年初表示，俄罗斯的情况是一种商机。他说："我们看到了一个利基市场。"[60]

但是，在俄罗斯取得最大成功的可能是嘉能可。2016年，由于油价依然低迷，俄罗斯政府资金短缺。谢钦一直是俄罗斯能源领域大胆进取的帝国建造者，他说服普京允许俄罗斯石油公司收购俄罗斯一家规模较小的私人石油生产商。作为交换，他承诺将出售俄罗斯政府在俄罗斯石油公司的部分股份，到年底为俄罗斯预算带来一笔意外之财。

但是，随着截止日期的临近，买家寥寥无几。谢钦辗转各地，与中东和亚洲的投资商进行谈判，但是没有人愿意拿出数十亿美元购买俄罗斯石油公司的股份。[61] 嘉能可再一次向谢钦伸出了援助之手。嘉能可不愿意自己承担所有资金，于是它联系了卡塔尔政府。格拉森伯格在斯特拉塔交易中博弈过的卡塔尔主权财富基金，如今已成为嘉能可的最大股东。现在，嘉能可和卡塔尔联袂出手，以110亿美元购买了俄罗斯政府在俄罗斯石油公司的部分股份。

谢钦大获胜利——这笔交易打破了此前的预测——有人认为没有投资者敢冒着制裁的风险购买俄罗斯石油公司的股份。在交易商的帮助下，普京度过了经济急剧下滑的危机。说大宗商品交易商挽救了俄罗斯总统的政治生涯有些夸张，但是毫无疑问，它们的所作所为肯定发挥了作用。

在克里姆林宫的招待会上，面带微笑的普京让格拉森伯格想起了自己煤炭交易的卑微开端。[62] 总统说："你们的业务在俄罗斯将会获得发展，而且会大获成功，我对此充满信心。"普京授予格拉森伯格以及其他参与这笔交易者俄罗斯友谊勋章。[63] 60年前，心惊胆战的西奥多·魏瑟尔前往莫斯科购买石油，而现在俄罗斯政治权力的城堡正敞开大门欢迎大宗商品交易商。

* * *

在全世界，大宗商品交易商的资金正在改变历史进程。他们中的许多人持有英国和美国护照周游世界，并在欧洲和美国的基地运营。然而，并不能保证这些交易商做的事情会符合西方的政治利益。

比如，在利比亚战争中，维多向反政府武装运送了价值超过10亿美元的燃料。在类似情况下，大宗商品交易商显然与本国政府的外交部保持一致。像哈萨克斯坦那种情况，西方政府对交易商的活动多少有些漠不关心。

但是，在其他情况下，它们的交易完全违背了西方政策。比如，交易商提供资金推动库尔德独立公投，美国对此强烈反对，认为这可能会妨碍打击ISIS。[64] 在乍得，尽管西方领导的世界银行和国际货币基金组织等机构对伊德里斯·代比进行了严格限制，但是嘉能可仍然为他领导的政府提供了资金。在俄罗斯，这些交易商提供资金直接违背了西方的政策，对帮助俄罗斯石油公司和普京应对美国和欧盟制裁产生了影响。

一方面，西方政客和监管机构已经意识到大宗商品交易商在全球金融和政治中发挥着极其重要的作用；另一方面，它们也开始意识到自己对大宗商品交易商的行为缺乏监管。尽管这些交易商积累了前所未有的金融实力，但是它们的活动几乎丝毫不受监管。

在2007—2011年的剧烈价格波动之后，曾有人推动对期货市场实施更严格的监管，但是基本上没有影响大宗商品现货市场。监管机构并非没有注意到这个问题。然而，在大多数情况下，它们想采取行动，但是缺乏法律权威和政治支持，或者只是缺少办法。大宗商品交易商的业务有一点可能容易受到严厉监管的影响。它们依赖为数不多的几家银行提供巨额信贷。而且，最重要的是，它们赖以利用的这些资金都是美元。

结　论　丑闻满天飞

那个差点让托克倒闭的电话，在 2014 年的一个夏日响起。

彼时托克集团已经不再是昔日争强好斗的暴发户。托克刚刚接管了一整座办公大楼，这象征着它已位居全球大宗商品交易的最高层。办公楼顶层设有会议室，室外铺设有色玻璃幕墙，室内摆放着真皮座椅，不知疲倦的老板克洛德·多芬可以从这里俯瞰日内瓦鳞次栉比的楼房。

托克的成功大多归功于一家银行提供的资金，这家银行即法国巴黎银行。自从 20 世纪 70 年代石油现货市场诞生以来，这家法国银行一直是大宗商品交易融资之王，是整个行业的生命线。它提供了数十亿美元的短期贷款，使交易商不动用大量自有资金就可以在世界各地交易石油、金属和谷物。对多芬而言，与法国巴黎银行的关系不可或缺：自早期托克成立以来，法国巴黎银行一直是其最大贷款人，有时占到融资总额的一半。它曾经与托克同甘共苦，哪怕是在多芬因有毒废料丑闻被关进科特迪瓦的监狱而陷入个人低谷时。

因此，当多芬接到法国巴黎银行的银行家打来的电话时，他本以为会是一次友好的问候。他以为也许是法国巴黎银行的主管打电话询问他的健康状况——几个月前，多芬被诊断出患有肺癌。多芬或许还准备表示一下同情：面对美国政府因其违反制裁而施加的压力，法国巴黎银行正在遭遇历史上的至暗时刻。

但是，这通电话完全出乎他的意料。这不是一次社交拜访。法国巴黎银行打电话通知托克老板，银行不想继续和他做生意了。这家法国银行从托克那里收回了大约20亿美元的信贷额度。几十年来在世界各地进行大宗商品交易结下的友谊到此结束。[1]

多芬把一生都奉献给了托克，因此对他而言，这是个灾难性的时刻。他烟不离手，坚韧不拔，魅力四射，睿智过人，在20世纪80年代被视为继承了马克·里奇一代交易商中的最后一位。这些交易商还被视为贸易传教士，把马克·里奇的交易风格传遍世界的各个角落。他用这种形象打造托克，几乎仅凭意志力，就将这家新贵贸易公司提升到与维多和嘉能可等公司平起平坐的地位。

对大宗商品交易商而言，这一时刻也标志着一个新时代的开始。正当它们的财富和影响力在全世界登峰造极之时，它们的行业却即将永远发生改变。数十年来，它们在几乎没有任何监管或监督的情况下，将触角伸向了世界各地。如今，一个咄咄逼人、难以捉摸的"警察"出现了——这就是美国政府。

法国巴黎银行不久前承认违反了美国对古巴、苏丹和伊朗的制裁，同意支付近90亿美元的罚款。[2] 这是一起震惊法国精英和全球银行业的里程碑式案件——美国官员首次起诉美国盟国一家大型银行。

在一份令人震惊的声明中，美国政府指出法国巴黎银行违反了制裁规定，"明知故犯"，通过美国金融体系转移了数十亿美元。其中一次违反制裁规定的交易，便是法国巴黎银行向"一家荷兰公司"提供的美元贷款。[3] 这些贷款的目的是"为购买在古巴精炼并出售的原油产品提供资金"。

美国没有透露这家荷兰公司的名字，也没有说明它做错了什么。但是，它出现在对法国巴黎银行的指控名单上，因此银行的高管才打电话给克洛德·多芬。这个向古巴运送石油的神秘荷兰公司就是托克，除了一小部分圈内人士，其他人对此闻所未闻。[4]

自20世纪90年代以来，托克和法国巴黎银行就一直在古巴合作，当时多芬为了挑战维多的统治地位，艰难地把触角伸到了古巴。多芬同意为哈瓦那郊区一家炼油厂的原油和成品油库存提供资金。此后，托克就一直在提供这种帮助。当时的托克财务主管埃里克·德·图克海姆回忆说："我们通过一家银行为这些库存融资，这家银行就是法国巴黎银行。在需要时会用现金从它（这家古巴国有石油公司）那里购买石油。"[5]

这笔交易帮助菲德尔·卡斯特罗政府在困难时期保存了现金，为多芬在古巴市场赢得了梦寐以求的立足点。对托克而言，这是一笔相对较小的交易，因为在任何时期涉及的库存价值都只有4 000万美元左右。[6] 但是，托克在古巴交易多年，其销售额累计已达数亿美元。

多年来，美国人对此一无所知。美国曾禁止美国公司与古巴做生意，但欧洲政府反对这一禁令，许多欧洲公司愿意在古巴投资。法国巴黎银行面临的问题是它为托克在古巴的业务提供的贷款是美元，这意味着这些贷款必须通过美国的金融体系发放。

由于清楚美国的制裁，这家法国贷款银行隐瞒了与古巴的联系。银行不是直接付款，而是建立了层层账户来掩盖交易的源头，并指示其他有关银行"在转账中不要提及古巴"。[7]

华盛顿发现这一阴谋后，对法国巴黎银行采取了果断行动。2014年的和解金额为90亿美元，这是有史以来对单一金融机构开出的最大罚单之一。同样具有破坏性的是，美国在一年内禁止法国巴黎银行部分业务进入美元体系，对于一家在美元占主导的全球金融市场运营的银行而言，这是一次空前严厉的惩罚。

在日内瓦托克总部，多芬很快意识到了问题的严重性。法国巴黎银行打来的电话对他的公司构成了致命威胁。法国巴黎银行不仅是托克最大的融资机构，也是为大宗商品交易商提供融资的大多数欧洲银行的潮流引领者。如果其他银行看到法国巴黎银行抛弃托克，它们可能也会选择离开。多芬开始给其他的银行熟人打电话，希望他们不要放弃合作。

法国巴黎银行案件向美国境外发出警示，美国政府的理念正在发生变化：从现在起，美国政府将坚决起诉与其外交政策背道而驰的行为——即使这意味着攻击的是美国盟国的大公司。

美国政府的主要武器是美元，美元在全球银行体系中无与伦比的重要性赋予了华盛顿执行国家意志的强大实力。就像法国巴黎银行一样，没有哪家银行承受得起被挡在美元体系之外的后果。因此，世界各地的每家银行实际上都将成为美国执法部门的延伸，积极追查任何违反美国政策的行为。

美国司法部长埃里克·霍尔德（Eric Holder）宣布对法国巴黎银行处以罚款，借此向世界各地的公司发出警告：美国不会再仅仅因为它们不是美国公司，就睁一只眼闭一只眼。霍尔德说："这一结果给在美国做生意的各国机构发出了明确信号：美国绝不会容忍任何非法行为。无论在何处发现，都将受到最严厉的法律制裁。"[8]

过去，交易商乘坐飞机前往世界各地，与腐败的国家或者无赖政府进行交易并不会受到惩罚。法国巴黎银行事件标志着这个时代的结束。对法国巴黎银行的巨额罚款只对大宗商品交易商产生了轻微影响——多芬想方设法得到了其他银行家的支持，托克得以幸存，但是这预示着大事不妙。很快，大宗商品交易商也将成为美国政府的目标，交易行业的未来将笼罩在阴云之下。

* * *

多年来，许多大宗商品交易商将制裁和禁运视为机遇而非威胁。遭到禁运的国家能够选择的交易商少之又少，因此那些破除障碍与之做生意的交易商便可以获得丰厚的利润。20世纪80年代，南非因实行种族隔离遭到石油禁运，但是马克·里奇和约翰·多伊斯突破这种禁运，从中赚取了巨额利润。

这种情况之所以成为可能，是因为禁运执行不力。如果只有几个国家实行禁运,那么交易商就很容易在不实行制裁的国家开设子公司,并通过子公司进行交易。许多交易商的活动发生在国际水域,因此不受任何国家法律的管辖。同样,交易商的公司也在国际金融体系最不透明的角落开展业务,可能第一天使用开曼群岛的空壳公司,第二天使用马耳他的空壳公司;船只可以悬挂任何国家的旗帜航行,既可以是巴拿马,也可以是利比里亚或马绍尔群岛。

真正在全球范围内实施制裁极其罕见。在苏联解体之前,联合国安理会只对南罗得西亚和南非实施过两次经济制裁,分别是1966年和1977年。莫斯科在1991年放弃了长期以来反对使用经济处罚的立场后,联合国实施了20多次制裁,其中包括对索马里和南斯拉夫的制裁。[9]但是,这些制裁还是很容易规避:瑞士是许多大宗商品交易商的总部所在地,直到2002年才加入联合国。即使大宗商品交易商在瑞士确实违反了法律,瑞士检察官在起诉这些公司时也很少咄咄逼人,因为它们是瑞士的主要纳税人。

多年来,交易商一直遵循马克·里奇行走在刀锋上的准则——尽量接近可行且合法的界限,利用能找到的每一处漏洞。即使它们没有违反法律条文,它们也是在嘲笑法律的精神。例如,2012年,维多利用巴林的子公司规避了欧洲对伊朗的制裁。[10]

在腐败方面也存在类似的情况。长期以来,与有权势的官员建立密切关系一直是大宗商品交易的核心问题,而在非洲、苏联和中东的许多国家,这意味着要想办法向他们行贿。

在20世纪70年代,将贿赂视为做生意必备成本的当然不仅仅是大宗商品交易商。水门事件后,美国官员开始调查公司向美国和国外政客行贿的情况。他们的发现动摇了美国企业界的根基。超过400家公司承认在海外进行了可疑或完全非法的支付。[11]美国炼油商阿什兰石油公司曾经与不久之后离开菲利普兄弟公司的马克·里奇做过交易，承认向外国官员行贿数千美元，有一次公司首席执行官向一位外国官员"亲自行贿7 500美元"。[12]1972年曾向俄罗斯出售谷物的交易商之一库克工业公司表示，一些员工"可能涉及与谷物交易有关的违规行为，还存在贿赂和恐吓联邦谷物官员等问题"。[13]

在此之前，美国一直认为出于商业的目的贿赂外国官员是合法行为。但是在1977年，美国通过了《反海外腐败法》，宣布美国个人或公司在海外行贿是非法行为。在许多其他国家，涉及贿赂的法律也一步步更加严格。

但是，在一些国家，尤其是瑞士，行动极为迟缓。向外国官员行贿不仅在商界被广泛接受，甚至可以免税。直到2016年，新立法通过后，瑞士企业才无法通过向海外商人行贿申请税收抵免。瑞士政府写道："向个人行贿的款项不应再被视为用于商业目的的正当支出。"[14]

瑞士在起诉贿赂外国政府官员方面也拖拖拉拉。针对一家瑞士公司的首次海外腐败案出现在2011年。[15]除了在公众面前蒙羞之外，罚款数额仍然很低。针对雇员贿赂外国官员的公司，最高罚款为500万瑞士法郎，同时没收利润。国际货币基金组织称这些罚款"无效、不成比例、无惩戒作用"。[16]

由于法规过时，而且瑞士等国家视若无睹，许多大宗商品交易商几乎不费吹灰之力就能与自己最重要的客户拉近关系。马克·里奇公开承认曾经在自己的黄金时期行贿。维多承认在石油换食品丑闻中向伊拉克政府官员支付过回扣。2006 年，托克向牙买加执政党支付了 47.5 万美元，拿到了一份大额石油合同。牙买加政府收到这笔钱后称其为竞选捐款，而托克称其为商业问题。[17] 2002—2008 年，阿丹米的一家子公司通过中间人向乌克兰政府官员支付了 2 200 万美元，最后拿到了 1 亿美元的退税。[18]

在嘉能可，有些交易员会带着装满现金的公文包满世界飞。2002 年之前一直担任嘉能可资深高管的保罗·怀勒说："我过去常常揣着 50 万英镑去伦敦。"有一次，他在希思罗机场被海关官员拦住，因为官员对他行李里的巨额现金感到震惊。他们问他带这么多现金干什么。怀勒知道自己花掉这些钱后无法拿到收据，就平静地回答说："我去赌博。"[19]

* * *

但是，2014 年美国对法国巴黎银行征收巨额罚款后，世界已经开始发生变化。此前几十年间，美国一直利用强大的军事力量将自己的意志强加给全世界。但如今，在伊拉克和阿富汗打了多年仗之后，美国公众已经厌倦了战争。在美国前任总统贝拉克·奥巴马的领导下，华盛顿找到了一种执行自己意志的新方法，即利用美元在全球金融体系中的强大实力作为武器。

制裁计划不断扩大，且成为美国外交政策的工具——目标是与美国为敌的国家以及美国政府认为对世界各地的腐败和侵犯人权行为负责的个人。制裁之所以成为可能，是因为美元绝对的主导地位。随着美国在20世纪下半叶成为全球的主导经济体，全球贸易中很大一部分以美元计价——几乎包括所有大宗商品。2013—2017年担任美国财政部长的杰克·卢认为，由于所有美元交易都必须通过美国银行结算，美国的制裁在美国境外具有"巨大的分量和影响力"。[20]

但是，不止于此，美国还引入了一个"二级制裁"的新概念，利用美元的全球重要性来监管甚至不是用美元进行的交易。如果有公司与受制裁实体有业务往来，即使没有使用美元交易，二级制裁也会威胁禁止这些公司进入美国金融体系。结果，美国成了世界警察。杰克·卢承认，这种二级制裁"甚至被一些关系密切的美国盟友视为治外法权尝试，试图将美国外交政策应用于世界其他地方"。[21]

第一个目标是银行。法国巴黎银行并非唯一受制裁的银行。美国迫使汇丰银行支付了19亿美元，因为它同意为墨西哥贩毒洗钱；[22]瑞士信贷由于帮助美国公民避税支付了26亿美元。[23]

对大宗商品交易商而言，世界也在发生变化。尽管失去了主要合作银行法国巴黎银行，托克仍然继续存在。但这一事件给该行业敲响了警钟：交易商成为华盛顿的"靶子"只是时间问题。几十年来，尽管交易商鼓吹自己与政治无关，却争相与各种不受美国政府欢迎的个人和政权做生意。此时，美国已经不再依靠军事力量执行外交政策，而是开始利用经济主导地位，因此它越来越无法容忍交易商破坏其外交政策。

美国制裁开始把目标对准交易商业务量大的多个国家，包括伊朗、俄罗斯和委内瑞拉。美国还将这些交易商的许多最密切的朋友和盟友列入了制裁名单，这个名单本来是以前为恐怖分子和毒贩保留的。

华盛顿对与伊凡·格拉森伯格一起观看过足球比赛的铝业巨头奥列格·德里帕斯卡实施了制裁，指控"德里帕斯卡涉嫌贿赂一名政府官员，下令谋杀一名商人，而且与俄罗斯有组织的犯罪集团有联系"。[24]（德里帕斯卡否认这些指控，并向美国政府提起了诉讼。）嘉能可在刚果民主共和国的长期商业伙伴丹·格特勒受到了制裁，理由是涉嫌"在刚果民主共和国从事不透明和腐败的采矿和石油交易"。[25]（格特勒否认了这些指控。）出生于比利时的迪迪埃·卡西米罗也遭到了制裁，他是俄罗斯石油公司贸易部门的老板，多年来一直是许多大宗商品交易商的关键联系人。[26]

不只是交易商的商业伙伴处于风口之上。交易商自己似乎也越来越多地成为美国的目标。在贡渥，公司联合创始人格纳迪·季姆琴科在2014年俄罗斯吞并克里米亚后受到了制裁。美国财政部称季姆琴科是俄罗斯总统"核心圈子"的成员，他表示："季姆琴科在能源领域的活动与普京有直接联系。普京在贡渥有投资，也许可以利用贡渥的资金。"[27]

对贡渥而言，这无疑是一枚重磅炸弹——它明确证实了长期以来关于贡渥在俄罗斯取得成功的所有传言。如此依赖银行信贷的贡渥公司，受到牵连后还能继续幸存吗？在宣布制裁后的几个小时内，公司的情况看起来的确不妙。但是，贡渥想出了一个好办法。就在美国财政部宣布上述消息几个小时后，贡渥宣布季姆琴科出售了所持的股份——就在制裁实施的前一天。据贡渥的首席执行官特恩奎斯特说，季姆琴科在华盛顿的说客听说即将对普京的圈子实施制裁后，匆忙达成了一项协议，由合伙人特恩奎斯特买下他的股份。[28]

在2014年法国巴黎银行被制裁后的几年里，有些国家针对这些交易商的商业行为中较为阴暗的一面展开了大量调查。在巴西，在美国联邦调查局、美国司法部和瑞士司法部长的帮助下，当地检察官开始调查多家国际贸易公司向巴西国家石油公司员工付款换取供货合同的情况。检察官称，2011—2014年，维多、托克和嘉能可向巴西国家石油公司员工和中介行贿总计3 100万美元。[29] 一位昵称"菲尔·柯林斯"的前巴西石油交易员举证说，维多曾在2003—2005年向他行贿，希望在签订贸易合同时予以关照。他说："在交易时，如果想得到贿赂，不是一批货每桶就拿10美元。而是每笔销售、每种产品只拿几美分，长此以往非法收益就会积少成多。"[30] 在撰写本书时，这些公司尚未对这些指控给出公开回应，只是表示正在配合调查。

在瑞士，贡渥公司被迫支付了9 500万美元，原因是它的一名员工向刚果共和国和科特迪瓦的官员行贿，以获得石油交易——这是瑞士检察官对大宗商品交易商开出的最大罚单。[31] 检察官开始调查嘉能可，这是对这家全球最大的大宗商品交易商以及菲利普兄弟公司和马克·里奇公司帝国继承者的一次具有象征意义的打击。2018年7月，嘉能可宣布它已经收到美国司法部的传讯，要求调查腐败和洗钱行为。这次调查涉及嘉能可 11 年来在刚果民主共和国的铜矿和钴矿交易，以及在尼日利亚和委内瑞拉的石油交易。[32]一年后，英国重大欺诈案件调查局宣布已在调查嘉能可"涉嫌贿赂"的行为。[33]2020 年，瑞士司法部长也对嘉能可展开了调查。[34]

格拉森伯格在刚果的冒险一度被认为达成一笔成功的交易，现在却给公司的未来蒙上了一层阴影。嘉能可股价暴跌，公司的价值和高层交易员的财富被抹掉了数十亿美元。[35]面对投资者对他本人和公司未来的一连串提问，格拉森伯格宣布很快将辞去首席执行官一职。[36]

美国政府官员并未解释为什么把矛头对准大宗商品交易商，但是毫无疑问，交易商清楚自己已经进入华盛顿的视线。正如 2014 年法国巴黎银行被制裁改变了全球银行业的行为一样，美国似乎决心为国际大宗商品交易商的可接受行为设定一种新基准。

托克首席执行官克洛德·多芬的继任者杰里米·韦尔总结了成为华盛顿新攻势目标的感受："就像过去的银行业一样，这个行业正受到严格调查。"[37]

* * *

本书揭示了大宗商品交易商在默默无闻中登上全球权力之巅的历程。它们悄无声息地出手，使全球石油市场摆脱了"七姐妹"的控制，重新塑造了俄罗斯和东欧社会主义阵营解体后其他国家的经济版图，并帮助刚果共和国、伊拉克等资源丰富的政府掌握了主动权。

但是，从各个方面来看，大宗商品交易行业似乎都备受指责。导致该行业前景黯淡的不仅仅是腐败调查。在经历21世纪头10年的繁荣之后，交易商的盈利能力已经趋于稳定。该行业仍然能够获得丰厚的利润——2020年油价大跌时许多交易商发了大财，但是交易商已经很难继续大幅提升盈利能力，这一点正变得越来越明朗。

在一定程度上，这是因为中国这个大宗商品繁荣的巨大引擎正在减速。2007年，中国经济增速超过14%。但是在新型冠状病毒肺炎疫情使其进一步减速之前，中国经济增速已放缓至6%。大宗商品价格已从2007—2011年创下的纪录大幅下跌。整个大宗商品交易行业的利润已经处于低点。

但是，中国经济放缓只是大宗商品交易商停止收入增长的一部分原因，大宗商品交易还存在几个更深层次的结构性问题。

首先是信息的民主化。几十年来，与市场上的其他公司相比，大宗商品交易公司享有巨大的信息优势。遍布世界各地的庞大办事处网络为它们提供了关于经济活动、商品供求以及大量其他数据的最新情报。如果智利一个重要铜矿的工人罢工，或者尼日利亚的一个新油田开始生产，交易商们都会率先得到消息。在许多情况下，在长途电话必须提前很久预定的年代，它们就已经建立起自己的电信网络。它们往往比大多数政府知道的更多。1975—1984年管理菲利普兄弟公司的戴维·滕德勒回忆说："美国中央情报局过去常来拜访我们，和我们谈经济，谈我们的所见所闻……情报人员觉得我们掌握着有关国家的信息。"[38]

信息是最有价值的资源，大宗商品交易商控制着信息。即使是一条最基本的信息，比如每种商品的确切价格，也并非每个人都能轻易获得。在20世纪80年代至90年代，金属交易商可能出现在赞比亚、秘鲁或蒙古，以一周前的价格买入一批铜，倒手卖出便能获得利润。轻松挣钱并不仅仅限于发展中国家。在伦敦推出石油期货之前，埃克森石油公司的英国子公司通常根据前一天的报价出售北海原油。[39]如果价格上涨，交易商可以从埃克森石油公司买进，几乎肯定能获利。

20世纪80年代，这种情况开始发生变化，因为随着新技术的出现，新闻和数据几乎都是实时发布和传播的。具有讽刺意味的是，促成这一技术发展的是菲利普兄弟公司与所罗门兄弟公司的合并，这是大宗商品交易行业最大的交易之一。两家公司合并后解雇了一些员工。其中包括所罗门公司的高管迈克尔·布隆伯格，他带走了1 000万美元，然后利用这笔资金成立了一家数据公司，这家公司后来出现在世界各地的交易大厅里，削弱了大宗商品交易商的信息优势。[40]

随着互联网的普及，信息的传播速度和可用性呈指数级增长，交易商的优势逐渐消失。在21世纪初，贸易公司掌握的关于全球石油运输的信息仍然要远远超过非实物交易商——在确定何地出现短缺或过剩时，这一点可能至关重要。但是，这一优势也受到了影响，因为随着卫星图像的广泛普及，出现了大量跟踪油轮并出售相关信息的公司。

信息民主化意味着仅仅通过在世界各地运输商品赚钱已经变得

更加困难。在一个所有市场参与者都能获得相同信息的时代，交易商的传统商业模式——先于其他人发现市场错位，并加以利用——正变得难以维持。当然，偶尔的供应或需求冲击仍可能导致价格剧烈波动，交易商如果拥有市场上强大的存在，仍然能从中获利。但这是一种不可预测的商业模式，它依赖战争、作物歉收、矿山罢工或流行病才能得以实现。

交易商盈利能力面临的第二个挑战，是全球贸易自由化的逆转。在过去的四分之三个世纪中，这是令交易商获益最多的趋势之一。从世界上第一个现代自由贸易条约——1947年的《关税与贸易总协定》，到2001年中国加入世贸组织，第二次世界大战以来的趋势一直是开放边界、无摩擦贸易和全球化。对贸易公司而言，这会促进全球贸易增长，使市场更容易打通：在真正全球化的市场中，交易商可以轻而易举地把智利的铜卖给中国或德国，把铜销往出价最高的地方。对交易商而言，最后一次自由化浪潮发生在2015年，当时美国结束了对美国原油的实际出口禁令，为全球石油市场开启了新的贸易流量。

然而，从此以后，时代潮流开始逆转，表现为反对全球化和自由贸易。唐纳德·特朗普在2016年凭借明确反自由贸易的施政纲领当选为美国总统。他兑现了诺言，撕毁了自由贸易协定，对中国发动了贸易战，导致对从钢铁到大豆的所有商品都征收了新的关税。关税导致了贸易流量的重新定向：例如，美国对中国的大豆出口额以前每年高达120亿美元，后来有几年被巴西取代。一些交易商被这些举措搞得手忙脚乱，其他人则因此赚了钱。然而，更令人担忧的是贸易战对全球贸易总量可能产生的影响：正如交易商们从数十年的国际贸易扩张中获利一样，随着这一趋势的逆转，它们也可能遭受损失。

全球贸易体系的碎片化，改变了美国的贸易政策。消费者越来越关心产品的可追溯性和道德采购——无论是公平贸易巧克力棒还是生产手机所使用的无冲突矿产。这意味着它们不能随便买卖可可豆或者钴。它们必须知道原材料的确切来源。对大宗商品交易商而言，这种影响将市场分割开来，降低了它们从任何地方购买、向任何人出售的灵活性。

气候变化是交易商面临的第三个挑战，这个问题触及了它们业务的核心。大宗商品交易行业的大部分利润来自石油、天然气和煤炭等化石燃料交易。如果是石油和煤炭巨头要为污染地球负责，那么交易商就是推手，因为是它们将矿业巨头的产品运到了全球市场。

随着世界日益反对石油和煤炭消费，交易商的生意将受到影响。在嘉能可，煤炭是最赚钱的商品之一。嘉能可不仅是最大的煤炭交易商，也是世界上最大的煤炭开采商之一。维多、摩科瑞、贡渥和托克的大部分利润也都来自石油交易。

许多经济学家——还有一些交易商——已经相信，石油需求最晚可能在 2030 年左右达到顶峰。伊恩·泰勒说："我们的业务可能会在未来 10 年消亡，因为石油需求可能会在 2028—2029 年开始达到峰值。可再生能源的使用将会增加，最终电动汽车将会占据相当大的市场份额。"[41]

对大宗商品交易商而言，气候变化带来的并非全部是负面影响。

例如，使用电动汽车会导致用于制造电池的钴、锂和镍的市场大规模扩张，这也可能使电力市场对交易商更有吸引力。尽管如此，很难想象这些市场将如何复制目前大宗商品交易商每年从石油交易中赚取的数十亿美元。

最后，交易商成了自己的成功模式的受害者。以嘉能可首次公开募股为代表，大宗商品交易行业试图走出阴影，结果让所有人都看到了它们的巨额利润。对交易商交易活动的某些细节感到失望的不仅仅是美国的政策制定者和执法官员。同时，交易商的客户——那些自然资源的生产者和消费者，也开始认识到交易商赚取利润的真相。在某些情况下，交易商是以牺牲生产者和消费者的利益为代价的。

作为回应，许多生产者和消费者在大宗商品交易方面变得越来越谨慎。在石油资源丰富的国家，政府控制的国有企业已开始建立自己的内部交易业务——即使不是为了与维多等公司通过一桶桶石油展开竞争，也至少是为了以尽可能盈利的方式出售石油。

有些石油生产商已经在开拓交易业务，比如沙特阿拉伯国家石油公司和阿布扎比国家石油公司，这两家国有公司在中东拥有巨大的石油资源；还有俄罗斯石油公司和阿塞拜疆国家石油公司，它们在 2015 年买下了菲利普兄弟公司剩余的石油交易业务。[42] 不仅国有石油公司正在进入贸易领域，最大的石油巨头埃克森美孚和英美资源集团等矿业公司也是如此。对交易商而言，这是挑战。随着更多的石油生产商开始设立交易业务，更大一部分的市场实际上已经与大宗商品交易商绝缘了。自从"七姐妹"在 20 世纪 70 年代失去对石油市场的控制以来，一直流行的趋势遭到了逆转。

交易商面临的最大挑战来自它们的最大客户——中国。过去20年，大宗商品交易行业的利润一直受到中国对原材料需求的推动。但是，就像在其他资源行业一样，中国也意识到了交易行业的巨大利润。因此，作为大宗商品交易的重要市场，中国也在逐步打造自己的大宗商品交易能力。最明显的例子是在农业方面：自2014年以来，中国国有农业贸易机构——中粮集团有限公司（COFCO），斥资40亿美元建立了一个国际粮食贸易部门。在金属方面，中国企业近年来收购了几家中型贸易公司，包括路易达孚的金属业务。在石油方面，中国的进口需求有很大一部分是由中国国际石油化工联合有限责任公司（UNIPEC）、中国石油天然气集团有限公司（CNPC）和珠海振戎公司等贸易公司经手的。

对嘉能可和维多等贸易公司而言，中国交易商构成了双重威胁。中国交易商的存在削弱了其他交易商向中国销售商品的潜力，而且如果说有谁能够不顾美国监管机构和西方社会的压力进行交易，那就是中国交易商。与其他贸易公司相比，中国商人对进入全球银行体系和美国金融市场的需求更小。因此，随着美国的制裁加剧，西方大宗商品交易商被迫退出某些市场，反而使中国交易商从中受益。

例如，在伊朗，随着美国制裁更加严厉，西方交易商被迫停止了所有业务。但是，中国企业——珠海振戎仍然继续从伊朗购买石油。公司特立独行的领导人是中国版的马克·里奇或约翰·多伊斯——他把珠海振戎变成了全球最大的伊朗原油交易商，中国从海外购买的石油一度有六分之一来自伊朗。[43] 由于在美国没有资产，也不需要加入美国的金融体系，珠海振戎可以躲开美国制裁的威胁。事实上，华盛顿已经对珠海振戎实施了两次制裁：第一次是2012年奥巴马政府因珠海振戎向德黑兰出售汽油而对其实施制裁，第二次是2019年因购买伊朗原油受到特朗普政府制裁。[44]

泰勒称："坦率地说，中国人可能愿意比我们冒更大的风险。"[45]

* * *

但是，如果有谁认为大宗商品交易商会心满意足地就此悄然退出，或者认为世界可以没有它们仍然正常运转，那就大错特错了。过去半个世纪以来，大宗商品交易商一直坚持的商业模式可能面临压力，但它们在全球自然资源贸易中的核心地位意味着它对全球经济的重要性一如既往。

2020年发生的事件就是最终的证明。随着新型冠状病毒肺炎疫情在全球范围内的致命性蔓延，全球经济陷入了20世纪30年代大萧条以来最严重的危机，大宗商品交易商也迅速行动起来。就像以前多次做的那样，它们作为市场的终极买家开始介入。但是，这个市场对终极买家的需求程度空前巨大。这是对大宗商品交易商发出的战斗号角：尽管有人对它们进行质疑或批评，但是它们仍然具备迅速部署数十亿美元的雄厚财力。

新型冠状病毒肺炎疫情开始在世界范围内大规模扩散以来，许多西方国家对其威胁不屑一顾。然而，在巴尔村低调的嘉能可总部内,这次疫情对世界经济的影响却让交易员们丝毫不敢放松。嘉能可在中国办事处的工作人员数周来一直不停地传回有关这种致命新病毒的信息。面对同样的威胁,世界其他国家也应该采取与中国类似的措施,关闭大量经济设施,禁止公民外出旅游,这一点似乎不可避免。但是,这只能意味着一件事:石油这种在20世纪大幅提高人类流动性的大宗商品,需求量将会急剧下降。如果要避免价格暴跌,生产商必须同样果断地削减产量。

但是,嘉能可清楚协调减产不太可能。从马克·里奇时代起,公司就一直依赖莫斯科的高端联系人网络,现在这些人再次发挥了作用。作为欧佩克的主要合伙人,俄罗斯必须参与所有联合减产。但是,嘉能可的联系人透露,俄罗斯政府坚决反对减产的想法。[46]

于是,嘉能可开始为世界石油供应过剩做准备。它在新加坡的交易员开始打电话给经纪人租用船只,准备储存大量无人问津的原油。这完全是安迪·霍尔30年前交易模式的翻版,只是现在规模更大了。2020年3月份,嘉能可租用了世界上最大的油轮"欧洲"号,它的甲板竖起来比埃菲尔铁塔还高,大到能储存320万桶石油。

然而,就连嘉能可也没能预见即将到来的崩溃有多严重。到2020年3月中旬,由于拒不让步,俄罗斯与沙特阿拉伯卷入了一场价格战。沙特非但没有减少产量,反而有所增加。与此同时,世界各国开始实施严厉的封锁,力图阻遏新冠疫情。全球数十亿人突然居家不出,造成的影响无法估计。对石油的需求几近枯竭。在正常情况下,一场严重的经济衰退可能会导致全球石油需求下降4%,

而现在由于飞机停飞，工厂关闭，城市中心不再热闹，全球石油需求下降了高达30%。

对石油市场而言，这是一个灾难性的时刻。这不仅仅是因为油价下跌。储油罐的油量已接近极限，生产商开始担心因为没有地方存放石油而被迫关闭。石油公司哀号遍野。美国一家页岩气生产商的首席执行官斯科特·谢菲尔德警告说："（我们）作为一个行业将会消失，就像煤炭行业一样。"[47]

从疫情暴发前每桶石油60美元左右跌至不到30美元，接着下跌至不到20美元。甚至到了4月，有几个小时，石油这种令人觊觎的"黑色黄金"突然变得一文不值。而多年前，西奥多·魏瑟尔还曾前往苏联去骗取这种商品，马克·里奇也冒着战争和禁运的风险买卖这种商品。在世界上的一些地区，比如美国页岩革命的核心得克萨斯，石油开始泛滥，白送都无人问津。在很短的一段时间里，油价曾经跌到了零元以下。

于是，大宗商品交易商开始登场。就像安迪·霍尔在1990年所做的那样，它们购买石油并进行储存，利用期货市场锁定利润。嘉能可的交易员组织了一支由全球最大的油轮组成的小型船队，轮番向绝望的美国石油生产商购买石油，石油有的来自北达科他州的巴肯油田，有的来自得克萨斯州和新墨西哥州的二叠纪盆地。嘉能可将页岩井中的部分原油通过管道输送到墨西哥湾沿岸待命的油轮上，然后再装到一艘更大的"新安慰"号油轮上，穿越半个地球到达新加坡海岸附近的马六甲海峡。在这里把来自美国的石油卸下，装到"欧洲"号的巨大船舱里。

接下来,"欧洲"号一直按兵不动。当嘉能可从巴肯油田和二叠纪盆地的页岩生产商手中购买石油时,抢购的石油成本低至每桶10美元。但是,市场形势变幻莫测,仅仅3个月后交割的期货价格就达到了上述价格的3倍。嘉能可所要做的就是买进石油,储存石油,然后卖出期货,这样一来利润就会翻3倍。即使考虑到租用油轮和为石油采购融资的成本,嘉能可也能从这些交易中获得50%~100%的回报。[48]因此,"欧洲"号在抛锚观望,庞大的船体成为马六甲海峡上的一座临时岛屿,同时也是嘉能可的摇钱树。

随后,随着需求开始复苏,嘉能可开始交易"欧洲"号上的石油。亚洲国家应对第一波疫情的冲击比西方国家更为成功,它们的经济推动了石油市场的反弹。"欧洲"号停靠的位置恰到好处。7月初,100万桶货物被卸到另一艘油轮上,随后运往韩国的昂山港,这里有一家世界级规模的炼油厂。

对生产公司而言,石油已经一文不值。但是对嘉能可和其他交易商而言,这是有利可图的珍宝。面对崩溃的石油需求,世界急需交易商,不管情况多么糟糕,它们随时准备购买。它们不停地买进,然后以高得多的价格卖出期货,以此来保证惊人的利润。仅仅几个月的时间,世界各地就储存了大约10亿桶没人购买的石油和精炼产品,其中大部分被交易商储存。[49]这笔交易如此大胆,就连唐纳德·特朗普都进行了评论。这位美国前总统说:"现在海洋里到处都是石油。所有的船都装满了石油……石油就储存在船上,然后开到海上,开始漫长的等待。我们从未见过这种情况。"[50]

尘埃落定后,这将是石油贸易史上最赚钱的时期之一。2020

年的前6个月，嘉能可从能源交易中赚了13亿美元——这是其石油交易员创纪录的业绩。[51]托克和摩科瑞也取得了创纪录的石油交易利润。[52]

但是，这件事并非仅仅是一次赚钱机会。它提醒我们，尽管大宗商品交易商在未来几年和几十年面临各种挑战，但是它们在现代经济中仍然发挥着至关重要的作用。一些西方政客可能会蔑视交易商在世界一些棘手地区的政治花招，但是这些政客仍然依赖交易商在全球买卖和储存自然资源的能力。

石油仍然是全世界范围内一种主要的权力货币。这些交易商也仍然是石油市场的主宰者。如果它们没有能力插手购买突然无人问津的石油，那么10亿桶石油根本就不会有买家。在撰写本书时，全球石油行业从疫情引发的油价暴跌中复苏的轨迹仍不明朗。但是毫无疑问，如果不是交易商在石油公司困难之际购买并存储大量石油，更多的得克萨斯州石油公司将面临破产，更多的石油工人将失去工作，尼日利亚、安哥拉和伊拉克的政府预算也会进一步大幅削减。

大宗商品交易行业可能正遭受前所未有的打击，但是2020年发生的事件表明，大宗商品交易商仍然在全球经济中发挥着重要作用。

* * *

但是，即使大宗商品交易商在未来的岁月中仍然举足轻重，那么也不会是本书提到的同一批人。本书讲述的许多人都不会继续活跃在交易舞台上。马克·里奇、克洛德·多芬和伊恩·泰勒分别于2013年、2015年和2020年去世。约翰·多伊斯在百慕大基地隐退，安迪·霍尔酷爱艺术收藏，就连最冷酷无情、干劲十足的交易员伊凡·格拉森伯格也准备退休。在大宗商品交易行业，几乎所有人都感觉到了风向的变化。

给新一代让位的不仅仅是少数几个人，而是一整套交易哲学都面临湮灭的风险。大宗商品交易商在合法或可接受的边缘打擦边球，毫无歉意地处理具有污染性的大宗商品，或者全由白人男性任职董事会，这种现象可能越来越难以维系。

率先遵守新秩序的是欧洲银行，因为它们害怕重蹈法国巴黎银行支付巨额罚款的覆辙。一些最大的银行在遭受损失后，痛定思痛，纷纷停止为大宗商品交易提供融资。结果，继续提供服务的银行因此获得了更大的权力。极度依赖银行融资的交易商别无选择，只能对它们马首是瞻。许多贸易公司已经宣布，它们将停止使用代理人，即在某些情况下负责外包行贿的第三方中间人。但是，并非只有银行在推行文化变革，整个世界已经在行动了。

贡渥首席财务长穆里尔·施瓦布说："这不仅仅是银行或监管机构的问题。社会对可持续发展、气候变化有更迫切的要求。"[53]

在西方国家，就性别多样化而言，大宗商品交易行业是最落后的行业之一。即使在这一领域，施瓦布也认为情况也正在改变。作为大宗商品交易行业最资深的女性之一，施瓦布对"男人认为只有男性才能胜任这份工作"深有体会。但是她表示，在新员工的压力下,大宗商品交易商已经在进步了。

她说:"现在,如果你想聘用年轻人……他们可不想为一家随意丢弃污油的龌龊公司工作。我真的认为年青一代将塑造这个行业,这个行业必须改变。事实上,它正在发生变化。"[54]

在我们追踪关注的所有公司中,嘉吉是世界上位置最稳固的公司之一,这在很大程度上是因为它的业务重心已经不再是交易业务。嘉吉仍是全球领先的农产品交易商,但多年来,它将利润投资于玉米加工厂、大豆压榨机和肉类加工厂,这些业务的表现远远超过大宗商品交易业务。根据公司目前的计划,交易业务仅占其利润的三分之一。如果嘉吉的交易员赶上一年不景气,这个比例可能只有10%。[55]

其他国家已经开始效仿这种模式。伊凡·格拉森伯格现在谈论嘉能可时,就仿佛在谈论其他任何一家矿业公司一样。他说:"交易业务不再是公司的重要组成部分。我们将这种交易视为了解市场的一种有效途径,确保在市场上为自己的产品打开销路。"[56]

发出这一非凡声明的是路德维希·耶西森和马克·里奇衣钵的继承人。从格拉森伯格的话中,我们很容易得出这样一个结论:大宗商品交易行业正在走向死亡。许多最大的腐败调查行动尚未得出结论,但是许多大宗商品交易商的商业模式已被迫改变。由过去的菲利普兄弟公司、马克·里奇公司和现在的嘉能可打造的王朝所代表的那种交易风格——去任何地方,跟任何人打交道,行走在刀锋上——可能很快就会成为历史。正如贡渥首席执行官托尔比约恩·特恩奎斯特所言:"我认为那些老派交易商,也就是马克·里奇一类的顽固分子,他们有些人还不太明白这一点。等到他们坐下来和联邦调查局谈话时,他们就明白了。"[57]

或者正如伊恩·泰勒在2019年所说的:"我们已经改变了。我们承认,拥有良好的声誉非常、非常重要。这意味着有些事你不能做,有些事你不应该做。我们完全接受这一点。因此,我们基本上不去做这些事。"[58]

但是几乎可以肯定,有关大宗商品交易行业将会灭亡的预言还为时过早。只要自然资源继续向世界各地出口,大宗商品交易商就会继续发挥作用。尽管生产商和消费者试图将业务扩展到贸易领域,但他们在短期内几乎无法匹敌大宗商品交易商雄厚的财力和高度的灵活性。尽管气候变化对位居交易商业务核心的大宗商品构成威胁,但即使是最热心的环保主义者也认识到,在未来许多年,石油可能依然是世界上的一种关键能源。

业务的确面临着压力,但是交易商仍然有利可图。尽管2020年的石油市场非常繁荣,但是这一行业可能在未来几年的某个时间面临清算。不过,即使不行走在合法与非法之间的刀锋上,只要市场缺乏效率,就仍然有赚钱的机会——因为交易商可以根据市场价格的消息差在世界各地运输大宗商品。

交易商扮演着世界主要商品结算所的角色,这赋予它们几乎独一无二的经济和政治权力。就在2017年,这些交易商的资金资助了库尔德斯坦的独立运动。同年,伊凡·格拉森伯格因对俄罗斯政府的贡献被授予勋章。石油公司和石油国家在2020年的审判中毫发无损,这在很大程度上要感谢交易商。

世界正在变化，但是自然资源仍然需要买卖。大宗商品仍然是通往金钱和权力的必经之路。在未来的岁月中，交易商很可能依然会在世界事务中发挥重要作用。但是，在阴影中躲藏了几十年之后，它们的影响力肯定不会被忽视。

致　谢

　　大宗商品交易行业向来都是以不透明而著称。因此，我们比往常更依赖消息灵通人士向我们敞开心扉——无论是多年前第一次帮助我们了解他们业务的人，还是最近那几十个同意坐下来接受本书作者录音采访并授权发表采访内容的人。对他们大多数人而言，与记者交谈既感到陌生，也感到不自在，但是他们依然接受了采访，我们对此深表感谢。另外，巴萨姆·法图赫（Bassam Fattouh）和安德鲁·赫德森（Andrew Hudson）慷慨允许我们使用牛津大学能源研究所图书馆的馆藏资料，我们也谨表谢忱。

　　多年来，我们采访报道的足迹遍及数十个国家。我们特别感谢司机、翻译和协调人，他们为了确保我们能安然无恙地采访归来，经常置自身安危于不顾。

　　为了撰写本书，我们脱离了日常工作，但是彭博新闻社的老板们仍然坚定地支持我们。为此，我们要感谢威尔·肯尼迪（Will

Kennedy）、艾玛·罗斯－托马斯（Emma Ross-Thomas）、约翰·弗拉赫（John Fraher）和希瑟·哈里斯（Heather Harris），他们不仅鼓励我们写作本书，还阅读了早期的草稿，提出了许多有益的意见和建议。斯图尔特·华莱士（Stuart Wallace）、雷托·格雷戈里（Reto Gregori）和约翰·米克尔思韦特（John Micklethwait）自始至终都给予我们支持。尤利娅·费多里诺娃（Yuliya Fedorinova）和伊琳娜·列兹尼克（Irina Reznik）帮助我们寻找联系人。在我们外出调查和写作期间，整个新闻编辑室的许多同事都很好地替我们承担了新闻报道工作。

在《金融时报》工作时，我们第一次对大宗商品交易商产生了写作兴趣。我们的编辑莱昂内尔·巴伯（Lionel Barber）和吉莲·泰特（Gillian Tett）主动提出让我们把时间投入这个尚未被证明的写作领域（我们还要感谢吉莲和亚历克·罗素第一次安排我们一起工作）。在组织《金融时报》全球大宗商品峰会（*FT Global Commodities Summit*）的过程中，我们经常熬到深夜，多次事到临头手忙脚乱，在此期间黛安娜·惠廷顿（Diana Whittington）自始至终给予我们支持。

我们的经纪人安德鲁·怀利（Andrew Wylie）很早就对这一写作计划备感兴趣，他和詹姆斯·普伦（James Pullen）帮助我们把它从想法变成了现实。

企鹅兰登书屋的罗恩·博彻斯（Rowan Borchers）给我们两位初出茅庐的作家提供了编辑方面的一切帮助。第一次见面，他就明白了我们通过本书要实现的目标，并热情地修改我们寄给他的所有文字。还要感谢露西·米德尔顿（Lucy Middleton）提供了睿智而理性的建议。奈杰尔·威尔科克森（Nigel Wilcockson）对本书的设想提供了宝贵的意见，安娜·赫维（Anna Herve）给我们润色了文字，塞阿拉·埃利奥特（Ceara Elliot）负责设计了封面。在牛津大学出版社，感谢戴维·珀文（David Pervin）首先对本书产生兴趣，詹姆斯·库克（James Cook）帮助本书面世。伊莎贝尔·拉尔夫斯（Isabelle Ralphs）和凯拉·迪法比奥（Cayla DiFabio）进行了宣传。

写作这本书的想法酝酿了很久，我们的朋友们耐心地倾听我们多年来对大宗商品交易商的思考。彼得·伯恩斯坦（Peter Bernstein）和艾米·伯恩斯坦（Amy Bernstein）帮助我们理清了思路，并了解出版界。萨姆·普里查德（Sam Pritchard）、埃德·卡明（Ed Cumming）和克莱姆·内勒（Clem Naylor）阅读了早期的草稿，并提出了深思熟虑的意见。我们还要感谢卡萝拉·霍约斯（Carola Hoyos）的指导和友谊。

我们非常幸运地拥有彼此相爱的家人，他们用我们无以言表的方式支持着我们。桑德拉·法尔希（Sandra Farchy）把她的房子变成了写作专用房（并让贾维尔骑动感单车锻炼）。简·科林斯（Jan Collings）喜欢我们写作的每一刻，包括看到自己的名字印在书上。即使我们因此无法团聚，何塞·布拉斯（José Blas）和玛丽·卡门·奥丁（Mari Carmen Otín）也从未动摇过他们对这一写作计划的鼓励。谢谢所有人的厚爱和支持。

附 录

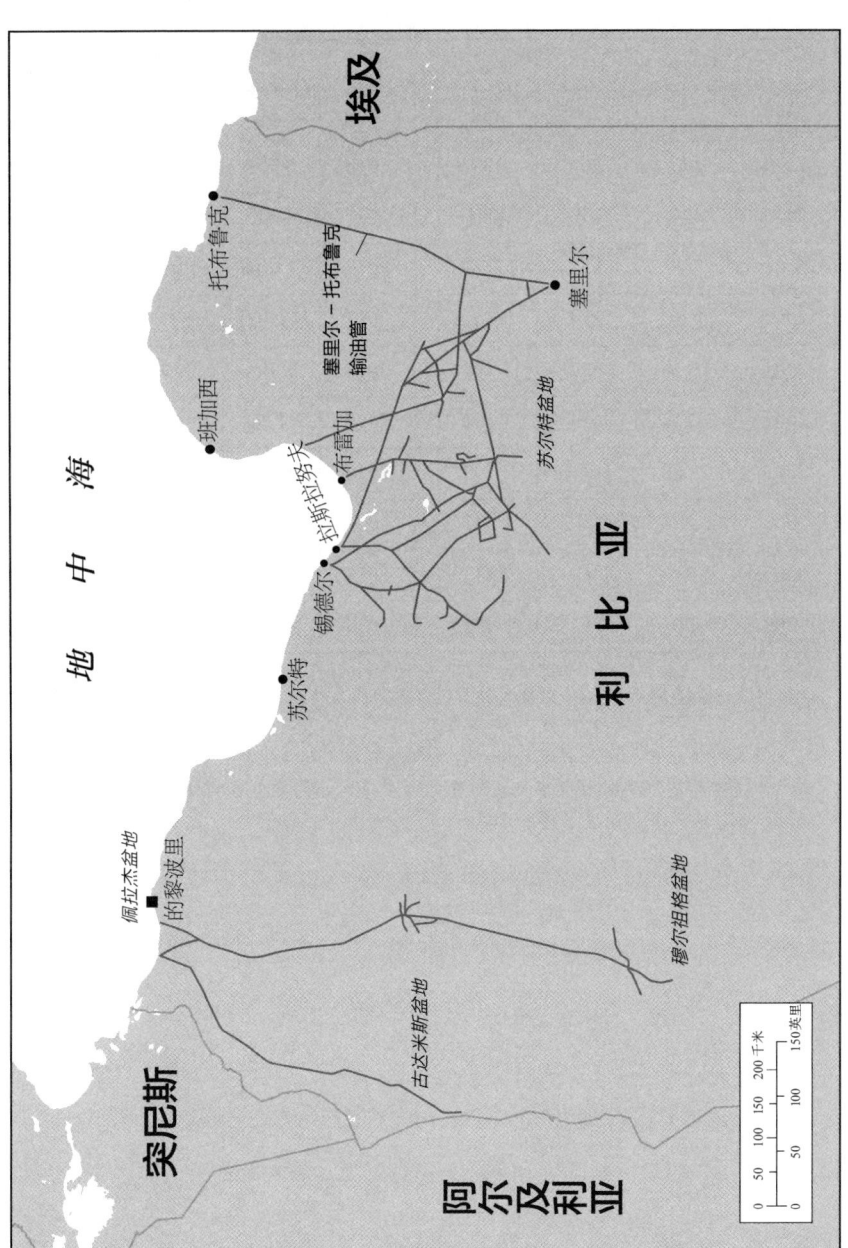

图 1 利比亚石油管道示意图

表1　1998—2019年大宗商品交易巨头的净利润

（单位：百万美元）

	嘉能可	维多	嘉吉		嘉能可	维多	嘉吉
1998	192	24	468	2009	1 633	2 286	3 334
1999	277	68	597	2010	3 751	1 524	2 603
2000	420	290	480	2011	4 048	1 701	15 735*
2001	708	271	358	2012	1 004	1 080	1 175
2002	939	214	827	2013	−7 402	837	2 312
2003	1 120	422	1 290	2014	2 308	1 395	1 822
2004	2 208	634	1 331	2015	−4 964	1 632	1 583
2005	2 560	1 097	2 103	2016	1 379	2 081	2 377
2006	5 296	2 222	1 537	2017	5 777	1 525	2 835
2007	6 114	1 120	2 343	2018	3 408	1 660	3 103
2008	1 044	1 372	3 951	2019	−404	2 320	2 564

* 2011年嘉吉的业绩包括出售它持有的化肥集团美盛公司的股份。除去美盛股份销售，2011年嘉吉的收入为26.93亿美元。

注：嘉吉的账目数据依据其会计年度，即从6月1日至次年5月31日的统计。嘉能可和维多的账目依据日历年度。2011年之前，嘉能可的数据包括归属于股权持有人和利润分享股东的利润。

资料来源：公司年报及债券招股说明书。

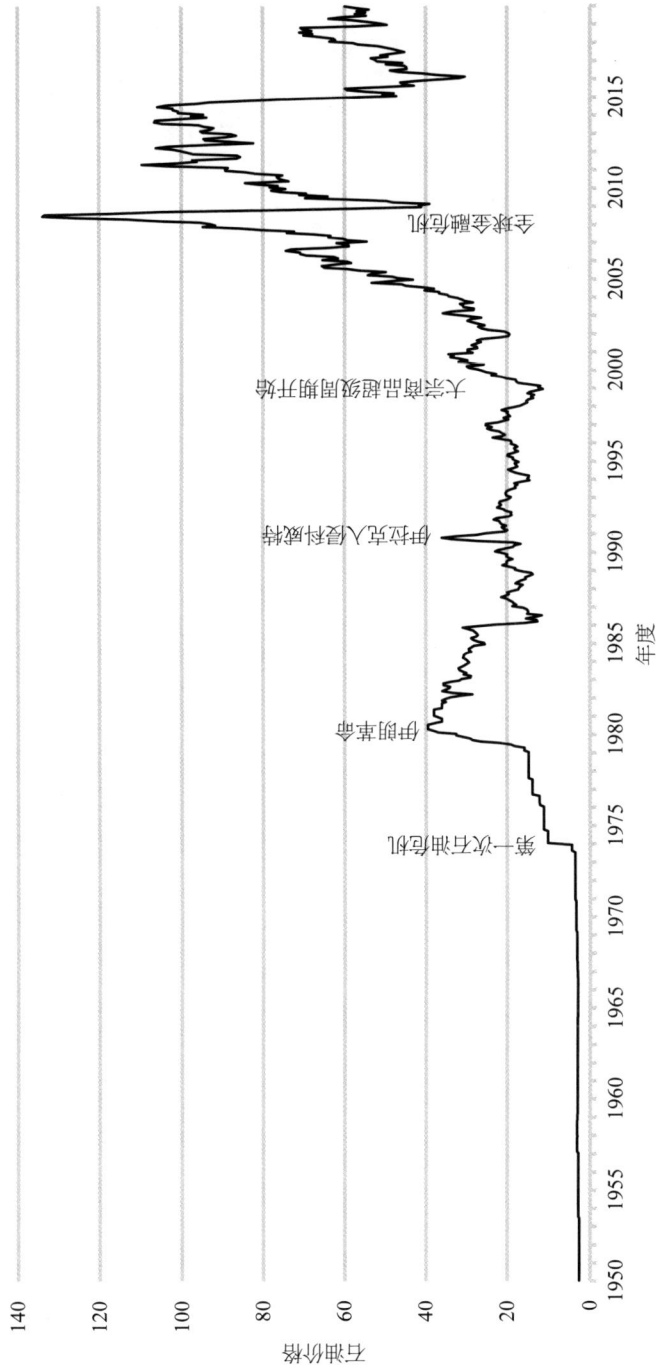

图 2 1950—2019 年每桶石油价格（美元）

来源：拉皮丹能源集团（Rapidan Energy Group）基于美国石油学会、美联储、美国能源信息署和彭博社提供的信息。原油价格在 1982 年以前是美国中部地区 API 度为 36 的原油月度 "标价"，1982 年以后是西得克萨斯中质原油（WTI）标价。

附录 385

注 释

前 言 最后的冒险家

1. This account of Vitol's adventure in Libya is based on the authors' reporting for a piece published in *Bloomberg Markets* magazine in June 2016, called 'Inside Vitol: How the World's Largest Oil Trader Makes Billions', as well as the authors' previous and subsequent interviews with Vitol executives.
2. In 2019, Vitol traded 8 million barrels a day of crude oil and refined products–'2019 volumes and review', Vitol, 27 March 2020, accessed: https://www.vitol.com/vitol-2019-volumes-and-review. According to the International Energy Agency, Germany, France, Spain, the UK and Italy consumed 8.15 million barrels a day in 2019.
3. 'Risky Oil Supply Deal Pays off For Vitol', *Financial Times*, 5 September 2011, accessed: https://www.ft.com/content/93aecc44-d6f3-11e0-bc73- 00144feabdc0.
4. 'Vitol's Ian Taylor on oil deals with dictators and drinks with Fidel', *Financial Times*, Lunch with the FT, 3 August 2018, accessed: https:// www.ft.com/content/2dc35efc-89ea-11e8-bf9e-8771d5404543.
5. 'Libya on the brink as protests hit Tripoli', *Guardian*, 21 February 2011, accessed: https://www.theguardian.com/world/2011/feb/20/libya- defiant-

protesters-feared-dead.

6 Op. cit., *Financial Times*, 5 September 2011.

7 Vitol says it supplied fuel 'for humanitarian use' rather than to the military (Vitol, email to the authors, February 2020). Regardless, the fuel was used by the rebel army, according to Abdeljalil Mayuf, an official at rebel-controlled Arabian Gulf Oil in Benghazi.

8 Chris Bake, interview with the authors, London, April 2016.

9 'US Says $300 Million in Libyan Assets Unfrozen to Pay Vitol', Bloomberg News, September 2011, accessed: https://www.bloomberg.com/news/articles/2011-09-01/u-s-says-300-million-of-libya-assets-freed-to-pay-vitol-for-rebels-fuel.

10 David Fransen, interview with the authors, London, February 2019.

11 Ian Taylor, interview with the authors, London, March 2016.

12 Op. cit., *Financial Times*, 5 September 2011.

13 'Final report of the Panel of Experts established pursuant to resolution 1973 (2011) concerning Libya', United Nations Security Council, New York, 9 March 2013, accessed: https://www.securitycouncilreport.org/atf/cf/%7B65BFCF9B-6D27-4E9C-8CD3-CF6E4FF96FF9%7D/s_2013_99.pdf.

14 'Ian Taylor: the oilman, his cancer and the millions he's giving the NHS', *The Sunday Times Magazine*, 8 June 2019, accessed: https://www.thetimes.co.uk/article/ian-taylor-the-oilman-his-cancer-and-the-millions-hes-giving-the-nhs-wnwbtpq2h.

15 'Phibro's New Commodity: Money', *New York Times*, 9 August 1981, accessed: https://www.nytimes.com/1981/08/09/business/phibro-s-new-commodity-money.html.

16 Data for 2019 for Vitol, Trafigura, Glencore, Mercuria and Gunvor, based on the companies' reporting.

17 Kingsman, Jonathan, *Out of the Shadows: The New Merchants of Grain* (2019), introduction.

18 Darton Commodities, 'Cobalt Market Review, 2019–2020'.

19 Ian Taylor, interview with the authors, London, February 2019.

20 'Glencore appoints first woman director', *Financial Times*, June 2014, accessed: https://www.ft.com/content/9c46d148-fcf8-11e3-bc93-00144 feab7de.
21 'There are 316 Men Leading Top Commodity Houses and Only 14 Women', Bloomberg News, 19 March 2018, accessed: https://www. bloomberg.com/news/articles/2018-03-19/there-are-316-men-leading-top- commodity-houses-and-only-14-women.
22 Glencore annual report, 2019.
23 Pirrong, Craig, 'The Economics of Commodity Trading Firms', Uni- versity of Houston, 2014, p. 8, accessed: https://trafigura.com/media/ 1192/2014_trafigura_economics_of_commodity_trading_firms_en.pdf.
24 Jim Daley, interview with the authors, London, August 2019.
25 World Trade Statistical Review 2018, World Trade Organization, Geneva, pp. 41–44, accessed: https://www.wto.org/english/res_e/statis_e/wts2018_e/wts2018_e.pdf.
26 David MacLennan, interview with the authors, Minneapolis, August 2019.
27 World Bureau of Metal Statistics.
28 Authors' calculation based on company reports of Vitol, Glencore, Trafigura and Cargill for each company's 2019 financial year; Japanese trade data from http://www.customs.go.jp.
29 '2016 America's Richest Families', *Forbes*, 29 June 2016, accessed: https:// www.forbes.com/profile/cargill-macmillan-1/#3961c31223b6.
30 'Commodity Traders–Impact of the New Financial Market Regulation', Pestalozzi Attorneys at Law, 25 December 2016, accessed: https:// pestalozzilaw.com/en/news/legal-insights/commodity-traders/legal_ pdf/.
31 Torbjörn Törnqvist, interview with the authors, Geneva, August 2019.
32 Paul Wyler, interview with the authors, Zurich, June 2019.
33 Mark Hansen, interview with the authors, London, February 2019.
34 Based on Vitol's accounts from 2000 to 2019.
35 'The World is Hungry for Coal, Glencore Says', *Coal Week International*, August 2001.
36 'Glencore CEO Slams Fight Against Developing New Coal Mines', Bloom-

berg News, 24 October 2019.

第一章　先　锋

1　This account is based principally on the authors' interview with Hellmuth Weisser, Theodor's son, Hamburg, May 2019.

2　'Utka neftyanykh monopolii zapada', TASS, 20 March 1963, interview with Gurov.

3　'A Journey Through Time: Milestones of Success', Marquard & Bahls, accessed: https://www.marquard-bahls.com/en/about-us/history/ details/event/show/founding-of-the-gefo-society-for-oil-shipments. html.

4　US Census Bureau: 20th Century Statistics, accessed: https://www. census.gov/prod/99pubs/99statab/sec31.pdf.

5　'Post-war reconstruction and development in the Golden Age of Cap- italism', UN World Economic Survey 2017, accessed: https://www.un.org/ development/desa/dpad/wp-content/uploads/sites/45/WESS_2017_ch2. pdf.

6　Bernstein, William, *A Splendid Exchange: How Trade Shaped the World* (London: Atlantic Books, 2008), p. 8.

7　Information on the history of Philipp Brothers is based largely on Waszkis, Helmut, *Philipp Brothers: The Rise and Fall of a Trading Giant* (Metal Bulletin, 1992). Waszkis, a former Philipp Brothers executive, kept meticulous notes on his research, which are stored at the Leo Baeck Institute in New York. Items from Waszkis's notes are referred to as 'Philipp Brothers Collection', followed by their box, folder and page number. The collection is accessible online at: https://digifinding aids.cjh.org/?pID=431072.

8　Philipp Brothers Collection: box 1, folder 3, p. 40.

9　As described by Charles Bendheim, Philipp Brothers Collection: box 1, folder 16, p. 157.

10　David Tendler, interview with the authors, New York, August 2019.

11　Memoir of Norbert Smith, a former Philipp Brothers executive, that was serialised in *The Jewish Link of New Jersey*, part 19, accessed: https:// www.jewishlinknj.com/features/23920-my-stories-19.

12 'Philipp Brothers in Tito deal', *New York Times*, 13 October 1950, accessed: https://www.nytimes.com/1950/10/13/archives/philipp- brothers-in-tito-deal.html.

13 Philipp Brothers' 1973 annual report, Philipp Brothers Collection: box 2, folder 7, p. 95.

14 MacMillan, William Duncan, *MacMillan: The American Grain Family* (Afton Historical Society Press, 1998), p. 304.

15 Broehl, Jr, Wayne G., *Cargill: Trading the Worlds Grain* (University Press of New England, 1992), p. 787.

16 Testimony from Cargill executives at the 'Multinational Corporations and United States Foreign Policy hearings before the Subcommittee of Multinational Corporations of the Committee on Foreign Relations, part 16, p. 101, Washington 1973–76.

17 Morgan, Dan, *Merchants of Grain* (An Authors Guild Backinprint.com Edition, 2000; originally published by Viking, 1979), p. 122.

18 Broehl, Jr Wayne G., *Cargill: Going Global* (University Press of New England, 1998), pp. 36–46.

19 David MacLennan, interview with the authors, Davos, January 2020.

20 Wiener, Robert J., 'Origins of Futures Trading: The Oil Exchanges in the 19th Century, LUniversité Laval, Quebec, Canada. 1992.

21 Hellmuth Weisser, interview with the authors, Hamburg, May 2019.

22 Ermolaev, Sergei, 'The Formation and Evolution of the Soviet Unions Oil and Gas Dependence, 2017, accessed: https://carnegieendowment.org/2017/03/29/formation-and-evolution-of-soviet-union-s-oil-and-gas-dependence-pub-68443.

23 Yergin, Daniel, *The Prize* (New York: Simon & Schuster, 1993), p. 497.

24 'Impact of Oil Exports from the Soviet Bloc, National Petroleum Council, Washington, 1962, p. 25, accessed: https://www.npc.org/ reports/1962-Impact-Oil_Exports_From_The_Soviet_Bloc-Vol_I.pdf.

25 Philipp Brothers Collection: box 1, folder 2, p. 48.

26 Helmut Waszkis interview with Ernst Frank, June 1978; Metallgesell schaft Collection; AR 25149, p. 271; Leo Baeck Institute.

27 Jean-Pierre Adamian and Antoine Carassus, interview with the authors, Geneva, February 2019.

28 'The Colossus of Phibro', *Institutional Investor*, 1981. Philipp Brothers Collection: box 1, folder 17, p. 158.

29 Broehl, Jr, Wayne G., *Cargill: Trading the World's Grain* (University Press of New England, 1992), p. 793.

30 Felix Posen, interview with the authors, London, May 2019.

31 'The Colossus of Phibro', *Institutional Investor*, 1981.

32 1940 profit number from Broehl, Jr, Wayne G., *Cargill: Trading the World's Grain* (University Press of New England, 1992), p. 879; 1970 profit number from Broehl, Jr, Wayne G., *Cargill: Going Global* (University Press of New England, 1998), p. 379.

33 Philipp Brothers Collection, 1947 accounts: box 1, folder 11, p. 55.

34 Philipp Brothers Collection: box 1, folder 11, p. 143.

35 The best chronicle of the Soviet grain purchases is Trager, James, *The Great Grain Robbery* (New York: Ballantine Books, 1975). In addition, the US Congress held hearings into the purchases, including 'Russian Grain Transactions' (Senate Permanent Subcommittee on Investigations, July 1973) and 'Sale of Wheat to Russia' (House Agriculture Commit- tee, September 1972). Both hearings included first-hand and detailed testimony from trading executives and government officials.

36 'Some Deal: The Full Story of How America Got Burned and the Russians Got Bread', *New York Times*, 25 November 1973, accessed: https://www.nytimes.com/1973/11/25/archives/some-deal-the-full-story-of-how-amepnka-got-burned-and-the-russians.html.

37 Luttrell, Clifton, 'The Russian Wheat Deal–Hindsight vs. Foresight', US Federal Reserve of St. Louis, October 1973, accessed: https://www.staff.ncl.ac.uk/david.harvey/MKT3008/RussianOct1973.pdf.

38 Broehl, Jr, Wayne G., *Cargill: Going Global* (University Press of New England, 1998), p. 224.

39 Morgan, Dan, *Merchants of Grain*, p. 168.

40　Broehl, Jr, Wayne, G., *Cargill: Going Global*, p. 224. 41 Ibid., p. 225.

42　Fortune 500 list, 1972, *Fortune Magazine*, accessed: https://archive. fortune.com/magazines/fortune/fortune500_archive/full/1972/.

43　US General Accounting Office, "Exporters' Profits On Sales of US Wheat to Russia", p. 2, accessed: http://archive.gao.gov/f0302/096760. pdf.

44　'Soviet Grain Deal is Called a Coup', *New York Times*, 29 September 1972, accessed: https://www.nytimes.com/1972/09/29/archives/soviet- grain-deal-is-called-a-coup-capitalistic-skill-surprised.html.

第二章　石油教父

1　The President's Daily Brief, CIA, 25 April 1968, accessed: https://www. cia.gov/library/readingroom/docs/DOC_0005974399.pdf, declassified in 2015.

2　Yergin, Daniel, *The Prize*, pp. 523–524.

3　For a detailed overview of the negotiations for the construction of the pipeline, see Bialer, Uri, 'Fuel Bridge across the Middle East— Israel, Iran, and the Eilat-Ashkelon Oil Pipeline', Israel Studies, vol. 12, no. 3, accessed: http://ismi.emory.edu/home/documents/Readings/Bialer_ Fuel_Bridge_Israeli_oil_pipeline.pdf. In addition, a recent Swiss ruling contains information about the ownership structure: Suisse, Tribunal Fédéral, 27 June 2016, accessed: https://res.cloudinary.com/lbresearch/ image/upload/v1469537636/suisse_tribunal_f_d_ral_arr_t_du_27_juin_2016_4a_322_2015_266116_1354.pdf.

4　'The Time Has Come for Israel to Expose Its Most Secret Firm', *Haaretz*, 18 September 2016, accessed: https://www.haaretz.com/opinion/the-time-has-come-for-israel-to-expose-its-secret-firm-1.5437187.

5　Biographical details from Ammann, Daniel, *The King of Oil: The Secret Lives of Marc Rich* (New York: St Martin's Press, 2009) and *Petition for Pardon for Marc Rich and Pincus Green*, 2001, included in US House of Representatives, *Justice Undone: Clemency Decisions in the Clinton White House*, 107th Congress, 2nd session, Report 107-454, 14 May 2002, accessed: https:// www.congress.gov/107/crpt/hrpt454/CRPT-107hrpt454-vol3.pdf.

6　Ammann, Daniel, op. cit., p. 36.

7　Felix Posen, interview with the authors, London, May 2019.

8　Waszkis, Helmut, *Philipp Brothers: The Rise and Fall of a Trading Giant*, p. 207.

9　Isabel Arias, interview with the authors, Lima, April 2019.

10　Danny Posen, interview with the authors, London, February 2019.

11　Roque Benavides, interview with the authors, Lima, April 2019.

12　Copetas, A. Craig, *Metal Men: Marc Rich and the 10-Billion-Dollar Scam* (London: Harrap Limited, 1986), p. 51.

13　Ammann, Daniel, *The King of Oil: The Secret Lives of Marc Rich* (New York: St Martin's Press, 2009), pp. 58–59.

14　'Mystery of the Disappearing Tankers', *The Sunday Times*, 13 December 1970, p.11.

15　'Minerals Yearbook 1970, Chromium', United States Geological Survey,
p. 302, accessed: http://images.library.wisc.edu/EcoNatRes/EFacs2/ MineralsYear Bk/MinYB1970v1/reference/econatres.minyb1970v1. jmorning00.pdf.

16　Fraenkel, Ernst, verbatim notes of interview with Helmut Waszkis, in Philipp Brothers Collection; AR 25131; box 1, folder 9, p. 6.

17　Ammann, Daniel, op. cit., p. 67.

18　Garavini, Giuliano, *The Rise & Fall of OPEC in the Twentieth Century* (Oxford: Oxford University Press, 2019), p. 203.

19　Akins, James, 'The Oil Crisis: This Time the Wolf Is Here', *Foreign Affairs*, vol. 51, no. 3 (April, 1973), pp. 462–490, accessed: https://pdfs. semanticsch olar.org/7e25/19e3a8f85571946eb76785c43cd1a493caf0.pdf.

20　Waszkis, Helmut, *Philipp Brothers: The Rise and Fall of a Trading Giant*, p. 212. 21 Ibid., p. 211.

22　Ibid., footnote on p. 292.

23　Yergin, Daniel, *The Prize*, p. 581.

24　The description of the meeting at Yamani's suite in Vienna comes from 'How the Oil Companies Help the Arabs to Keep Prices High', *New York Magazine*, 22 September 1975.

25　Yergin, Daniel, op. cit., p. 585. 26 Ibid., p. 588.

27 The President's Daily Brief, CIA, 18 October 1973, declassified in part on 20 June 2016, accessed: https://www.cia.gov/library/readingroom/ docs/DOC_0005993960.pdf.
28 'Markets Pointers', Europ-Oil Prices (London), 3 December 1973, p. 1.
29 'Milestones in the History of U.S. Foreign Relations: Oil embargo 1973–74', US State Department, accessed: https://history.state.gov/ milestones/1969-1976/oil-embargo.
30 Broehl, Jr, Wayne G., *Cargill: Going Global*, p. 237.
31 Milton Rosenthal, president and CEO of Engelhard, quoted in 'Engel-hard's Gold', *Dun's Review*, April 1975, in Philipp Brothers Collection: box 2, folder 2, p. 17.
32 Waszkis, Helmut, *Philipp Brothers: The Rise and Fall of a Trading Giant*, p. 215.
33 Rich told Daniel Ammann (op. cit., p. 73) that Jesselson offered $150,000 each to him and Green; Jesselson told Helmut Waszkis (*Philipp Brothers: The Rise and Fall of a Trading Giant*, p. 215) that he was willing to let their pay rise to $250,000 each.
34 Ammann, Daniel, op. cit., p. 73.
35 'Inside Philipp Brothers, a $9 billion supertrader most people don't know', *BusinessWeek*, 3 September 1979. Philipp Brothers Collection: box 2, folder 10, p. 207.
36 Ammann, Daniel, op. cit., p. 75.
37 'Secrets of Marc Rich', *Fortune*, 23 January 1984.
38 Gerard F. Cerchio, the president of Sun International Inc., the trading arm of the Sun Company, quoted in 'The Man Behind Marc Rich', *New York Times*, 18 August 1983, accessed: https://www.nytimes.com/ 1983/08/18/business/the-man-behind-marc-rich.html.
39 Isaac Querub, interview with the authors, Madrid, June 2019.
40 Isaac Querub, email to the authors, June 2019.
41 Manny Weiss, interview with the authors, London, March 2019.
42 'Le Pape Du Negoce', *Le Temps*, 30 October 2008, accessed at: https:// www.

letemps.ch/opinions/pape-negoce.

43　Ammann, Daniel, op. cit., p. 82.

44　Philipp Brothers Collection: box 1, folder 11, p. 143.

45　Philipp Brothers, 1977 annual report, in Philipp Brothers Collection: box 2, folder 9.

46　Razavi, Hossein, 'The New Era of Petroleum Trading: Spot Oil, Spot- Related Contracts, and Futures Markets', World Bank Technical Paper, Number 96, Washington, 1989.

47　Tetreault, Mary Ann, *Revolution in the World Petroleum Market* (Quorum Books, 1985), p. 55.

48　'Die Knochen sind noch nicht numeriert', *Der Spiegel*, 17 February 1986, accessed: https://www.spiegel.de/spiegel/print/d-13517991.html.

49　'Oil: The Great Noses of Rotterdam', *New York Times*, 8 July 1979, accessed: https://www.nytimes.com/1979/07/08/archives/oil-the-great-noses-of-rotterdam-a-market-that-runs-on-the-telex.html.

50　'Etude Sur Le Trading Petrolier', Ministere de la Mer, 14 June 1983, accessed: http://temis.documentation.developpement-durable.gouv.fr/ docs/Temis/0002/Temis-0002860/7522.pdf.

51　Bill Emmitt, interview with the authors, May 2019.

52　'Deuss: From Second-Hand Car Dealer to Controversial World Figure', *Bermuda Sun*, 18 February 1994, accessed: http://bermudasun.bm/ Content/Default/NewsOlder20120206/Article/Deuss-From-second-hand-car-dealer-to-controversial-world-figure/-3/1294/31102.

53　Boon, Marten, 'Deuss' demise: an oil trader's struggle to keep up with the market, 1970s-1990s', MPRA Paper, 2019, accessed: https://mpra. ub.uni-muenchen.de/95460/1/MPRA_paper_95460.pdf.

54　Sanoff, Jonathan, 'Soyuznefteexport v JOC Oil Ltd: a Recent Develop-ment in the Theory of the Separability of the Arbitration Clause', in *The American Review of International Arbitration*, 1990 (Sanoff was an associate general counsel for Transworld Oil, and as such an adviser to JOC Oil).

55　Levine, Steve, *The Oil and the Glory* (New York: Random House, 2007),

p. 133.

56 Deposition of Francis V. Elias, in US v Advance Chemical Company, case no. CIV-86-1401-P, US District Court for the Western District of Oklahoma. Elias was at the time the secretary of Transworld Oil Ltd.

57 'Energy: JOC Oil Bona Fides', US State Department, cable from US embassy in Valletta, Malta; Washington, May 1974, via WikiLeaks, accessed: https://wikileaks.org/plusd/cables/1974VALLET00848_b.html.

58 'Request for Information on Petroleum Company', US State Department, cable from US embassy in Gaborone, Botswana; Washington, January 1975, via WikiLeaks, accessed: https://wikileaks.org/plusd/ cables/1975GABORO00154_b.html.

59 'Request for Background Information on World Oil Bank', US State Department, cable from US embassy in Ankara, Turkey; Washington, May 1978, via WikiLeaks, accessed: https://wikileaks.org/plusd/cables/ 1978ANKARA03599_d.html.

60 'Iran-Contra Investigation', US Senate, appendix B, vol. 25, Deposition of Theodore G. Shackley, pp. 20–23 and 377–383. The name of Transworld Oil is misspelled as Trans-World, and John Deuss is mis-spelled several times as 'John Dois', accessed: https://ia902906.us.archive.org/25/items/reportofcongress25unit/reportofcongress25unit.pdf.

61 'Deuss: From Second-Hand Car Dealer to Controversial World Figure', *Bermuda Sun*, op. cit.

62 'Ayatollah Khomeini returns to Iran', *The Associated Press*, 1 February 1979, accessed: https://www.apnews.com/3042785d564d4acaa2e4a18bfc206d25.

63 Yergin, Daniel, op. cit., pp. 656–680.

64 'Middleman Made a Fortune in the Good Old Days Of Oil Crisis', *Washington Post*, 15 February 1983.

65 Yergin, Daniel, *The Prize*, p. 679.

66 Copetas, A. Craig, op. cit., p. 72.

67 Ammann, Daniel, *The King of Oil*, p. 177.

68 Hellmuth Weisser, interview with the authors, Hamburg, May 2019.

69　Philipp Brothers Collection: box 1, folder 11, p. 143.

70　Broehl, Jr, Wayne G., *Cargill: From Commodities to Customers* (University Press of New England, 2008), p. 38.

71　Group of Seven, 'Declaration 1979', Tokyo, 29 June 1979, in Oxford Institute of Energy Studies archive, grey literature, box 79.

第三章 "城里的最后一家银行"

1　This account of Jamaica's dealings with Marc Rich + Co is based primarily on the authors' interviews with Hugh Hart, Manny Weiss, Vincent Lawrence and Carlton Davis. The story of the country's Friday night crisis was told to the authors by Hart.

2　In the first half of the 1980s, Jamaica was the third-largest bauxite producer after Australia and Guinea, and the fourth-largest alumina producer after Australia, the US and the USSR, according to the US Geological Survey.

3　'History of Aluminum', The Aluminum Association, 2019, accessed: https://www.aluminum.org/aluminum-advantage/history-aluminum.

4　US Geological Survey data.

5　Stuckey, John A., *Vertical Integration and Joint Ventures in the Aluminum Industry* (Harvard University Press, 1983), p. 84.

6　European Commission decision on aluminium imports from Eastern Europe, 19 December 1984, accessed: https://eur-lex.europa.eu/legal-content/EN/TXT/HTML/?uri=CELEX:31985D0206&from=GA.

7　US Geological Survey data.

8　'World Bauxite Industry: Recent Trends and Implications of Guyana's Nationalization Moves', CIA, April 1971, accessed: https://www.cia.gov/library/readingroom/docs/CIA-RDP85T00875R001700010006-3.pdf.

9　Waszkis, Helmut, *Philipp Brothers: The Rise and Fall of a Trading Giant*, p. 120.

10　'Guyana's Bauxite Industry Since Partial Nationalization', CIA, December 1972, accessed: https://www.cia.gov/library/readingroom/docs/CIA-RDP85T00875R001700040056-5.pdf.

11 'Bodies on the Doorstep: Jamaica in the 1970s', Association for Diplomatic Studies and Training, accessed: https://adst.org/2016/12/bodiesdoorstep-jamaica-late-1970s/.
12 'Rules Bent for Jamaica, Helping US Industry', *New York Times*, 1981, accessed: https://www.nytimes.com/1982/04/28/business/rules-bent-for-jamaica-helping-us-industry.html.
13 Davis, Carlton, *Jamaica in the World Aluminium Industry*, 2011, vol. 3, p. 67; and USGS yearbooks.
14 Hugh Hart, interview with the authors, Kingston, March 2019, and Manny Weiss, interview with the authors, London, March 2019.
15 'What's Behind the Govt., Marc Rich Relationship?', *The Daily Gleaner*, 5 August 1985, p. 1, accessed: https://newspaperarchive.com/kingston-gleaner-aug-05-1985-p-1/. Also confirmed in authors' interviews with Manny Weiss and Hugh Hart.
16 Ken Hill, a US marshal who spent years trying to arrest Rich, quoted in 'The Face of Scandal', *Vanity Fair*, June 2001, accessed: https://www.vanityfair.com/news/2001/06/rich200106.
17 Hugh Hart, interview with the authors, Kingston, March 2019.
18 Jamaica Bauxite Institute.
19 Hugh Hart, interview with the authors, Kingston, March 2019.
20 Davis, Carlton, *Jamaica in the World Aluminium Industry*, vol. 3, p. 90.
21 'Implementation Completion Report – Clarendon Alumina Production Project', World Bank, 1995, accessed: http://documents.worldbank.org/curated/en/326311468043471038/pdf/multi-page.pdf.
22 Manny Weiss, interview with the authors, London, March 2019.
23 'Marc Rich "Tolling" Deals Reopen US Aluminium Plants', *Financial Times*, 17 October 1986.
24 'Electric Shocks for Aluminium Producers', *Financial Times*, 11 September 1987.
25 US Bureau of Labor Statistics, producer price index, aluminium foil, accessed via the FRED database: https://fred.stlouisfed.org/series/WPU10250111.

26 Manny Weiss, interview with the authors, London, March 2019.
27 Ibid.
28 According to Rich, quoted in 'Alchemist At Large', *Financial Times*, 1 September 1988.
29 Manny Weiss, interview with the authors, London, March 2019.
30 Hugh Small, interview with the authors, Kingston, March 2019.
31 According to Hugh Small and Vincent Lawrence in interviews with the authors, Kingston, March 2019.
32 'PM Confirms Rich Deal', *The Daily Gleaner*, 30 June 1989, accessed: https://newspaperarchive.com/kingston-gleaner-jun-30-1989-p-1/.
33 Based on data in Clarendon Alumina Production 2006 bond prospectus. 34 $313m from 1982–1987, $365m from 1988–1999, $125m in 2000 and $65m in 2003. See, Davis, Carlton, '2009: Fiscal Budgets (Part 1) Pre-payment of bauxite and alumina earnings' at http://old.jamaica-gleaner. com/gleaner/20090308/focus/focus5.html and Clarendon Alumina Pro-duction 2006 bond prospectus.
35 Carlton Davis, interview with the authors, Kingston, March 2019.
36 Copper Handbook, World Bank, 1981 (The Democratic Republic of Congo was known as Zaire between 1971 and 1997), accessed: http:// documents.worldbank.org/curated/en/543761492970653971/pdf/multi-page.pdf.
37 'What's in a name?', *The Economist*, 5 October 2017. The economist was Antoine van Agtmael, who worked at the International Finance Cor-poration, a branch of the World Bank.
38 Ricardo Leiman, interview with the authors, London, August 2019.
39 Quoted in 'Why Marc Rich is Richer than Ever', *Fortune*, 1 August 1988, accessed: https://archive.fortune.com/magazines/fortune/fortune_ archive/1988/08/01/70845/index.htm.
40 'While Marc Rich Was Fugitive, Firm Dealt With Pariah Nations', *Wall Street Journal*, 23 April 2001, accessed: https://www.wsj.com/articles/ SB982885815892990443.
41 Eric de Turckheim, interview with the authors, Geneva, March 2019.
42 Ammann, Daniel, *The King of Oil*, op. cit., p. 194.

43　Macmillan, Harold, 'The Wind of Change', Cape Town, 3 February 1960, accessed: http://www.africanrhetoric.org/pdf/J%20%20%20 Macmillan%20 -%20%20the%20wind%20of%20change.pdf.

44　Ivan Glasenberg, who would become CEO of Glencore, couldn't par-ticipate in the Los Angeles Olympics in 1984 as a consequence of the boycott.

45　Shipping Research Bureau, 'Embargo: Apartheid Oil's Secrets Revealed' (Amsterdam University Press, 1995), in the collection of the Interna-tional Institute of Social History, Amsterdam, p.192, accessed: https://archief. socialhistory.org/sites/default/files/docs/collections/embargo_ apartheids_oil_ secrets_revealed_0.pdf#overlay-context=nl/ node/4708.

46　Ford, Jonathan, *Depression, Oil Trading & a Mind at War With Itself* (Chipmunkapublishing, 2016), a memoir written by a former Vitol trader.

47　Mark Crandall, interview with the authors, London, May 2019.

48　David Issroff, interview with the authors, New York, August 2019.

49　Shipping Research Bureau, op. cit., p. 326.

50　'South Africa's Secret Lifeline', *Observer*, 3 June 1984.

51　Van Vuuren, Hennie, *Apartheid, Guns and Money* (London: Hurst & Company, 2018).

52　Shipping Research Bureau, op. cit., p. 258.

53　Van Vuuren, Hennie, op. cit., p. 103.

54　Quoted in Shipping Research Bureau, op. cit., p. 149. The BBC didn't broadcast the interview with John Deuss, but the tape resurfaced years later when it was used by the Dutch television investigative programme *Gouden Bergen*, on 10 September 1989.

55　Ammann, Daniel, op. cit., p. 195.

56　Authors' interview with former senior Marc Rich + Co executive, who declined to be named.

57　Authors' interview with 'Monsieur Ndolo' (pseudonym used by the Marc Rich trader who set up Cobuco in the early 1980s).

58　GDP per capita database, World Bank, accessed: https://data.world-bank.org/ indicator/ny.gdp.pcap.cd?most_recent_value_desc=true.

59　The US Federal Reserve effective rate peaked above 22% in 1981.

60　Based on EIA data showing Burundian oil consumption at 700–800 barrels a day in 1980–1983, and a standard VLCC carrying 2 million barrels.

61　Authors' interview with a trader, who requested anonymity.

62　Ammann, Daniel, op. cit., p. 93.

63　'Executive Order 12205', US Government, Washington, 7 April 1980, 45 FR 24099, 3 CFR, 1980 Comp., p. 248, accessed: https://www.archives.gov/federal-register/codification/executive-order/12205.html.

64　NBC interview with Rich, 1992.

65　'Indictment: United States of America vs Marc Rich et al.', United States District Court, Southern District of New York, September 1983.

66　Ibid.

67　'The Lifestyle of Rich, the infamous', *Fortune*, 30 June 1986, accessed: https://fortune.com/2013/06/30/the-lifestyle-of-rich-the-infamous-fortune-1986/.

68　'Judge Orders Exxon to Repay $895m', *Financial Times*, 26 March 1983.

69　'Arco to Pay $315 Million to Settle Claims of Price Control Violations, Overcharges', *Wall Street Journal*, 2 May 1986.

70　Thomas, Evan, *The Man to See* (New York: Simon & Schuster, 1991), p. 417. Rich, however, denied the account, saying there was 'not a shred of truth in it'. Rich said his lawyer never asked him to return to the US.

71　'The controversial pardon of international fugitive Marc Rich', US Congress, Washington, 8 February and 1 March 2001, pp. 73 and 303, accessed: https://upload.wikimedia.org/wikipedia/commons/1/12/2001_The_Controversial_Pardon_of_International_Fugitive_Marc_Rich.pdf.

第四章　纸面石油

1　Andy Hall, interview with the authors, Derneburg, March 2019.

2　BP Statistical Review of World Energy. Kuwait pumped 1.4m b/d and Iraq pumped 2.8m b/d – total global oil production was estimated at 63.8m b/d.

3　UN Security Council Resolution 661 of 6 August 1990, accessed: http://unscr.

com/en/resolutions/doc/661.

4 Andy Hall, interview with the authors, Derneburg, March 2019.
5 'Will Phibro's Daddy Squash Its Ambitions?', *Business Week*, 25 March 1991.
6 Colin Bryce, interview with the authors, London, February 2019.
7 'Dojima Rice Exchange', Japan Exchange Group, accessed: https://www.jpx.co.jp/dojima/en/index.html.
8 Wiener, Robert J., 'Origins of Futures Trading: The Oil Exchanges in the 19th Century', L'Université Laval, Quebec, Canada. 1992.
9 Andy Hall, interview with the authors, Derneburg, March 2019.
10 'Salomon Inc.'s Powerful Oil Man, Andrew Hall, Leads a Resurgence of Traders on Wall Street', *Wall Street Journal*, 11 January 1991.
11 Oil Monthly Market Report, International Energy Agency, Paris, January 1990, p. 11.
12 'Saddam's Message of Friendship to President Bush', US State Depart-ment, cable from US Embassy in Baghdad, 25 July 1990, accessed: https://wikileaks.org/plusd/cables/90BAGHDAD4237_a.html.
13 Andy Hall, interview with the authors, Derneburg, March 2019.
14 Ibid.
15 'Iraq Threatens Emirates and Kuwait on Oil Glut', *New York Times*, 18 July 1990, accessed: https://www.nytimes.com/1990/07/18/business/iraq-threatens-emirates-and-kuwait-on-oil-glut.html.
16 'Invading Iraqis Seize Kuwait and Its Oil', *New York Times*, 3 August 1990, accessed: https://www.nytimes.com/1990/08/03/world/iraqi-invasion-invading-iraqis-seize-kuwait-its-oil-us-condemns-attack-urges.html.
17 'Meaner than a Junkyard Dog', *Texas Monthly*, April 1991, accessed: https://www.texasmonthly.com/articles/meaner-than-a-junkyard-dog/.
18 Andy Hall, interview with the authors, Derneburg, March 2019.
19 Waszkis, Helmut, *Philipp Brothers: The Rise and Fall of a Trading Giant*, pp. 232–233.
20 Philipp Brothers Collection: box 1, folder 11, p. 143.
21 David Tendler, interview with the authors, New York, August 2019.

22 'Behind the Salomon Brothers Buyout', *Fortune*, 7 September 1981, accessed: https://fortune.com/1981/09/07/salomon-brothers-buyout/.

23 Waszkis, Helmut, *Philipp Brothers: The Rise and Fall of a Trading Giant*, p. 251.

24 Ibid.

25 David Tendler, interview with the authors, New York, August 2019.

26 'Voest-Alpine Plight Affects All Austria', *New York Times*, 20 January 1986, accessed: https://www.nytimes.com/1986/01/20/business/voest-alpine-plight-affects-all-austria.html.

27 KlÖeckner corporate website, accessed: https://www.kloeckner.com/en/group/history.html.

28 'Ferruzzi Group – Trading Activities May Post $100m Loss for 1989', *Wall Street Journal*, 25 September 1989.

29 Serge Varsano, interview with the authors, Paris, November 2019.

30 'OPEC Keeps Oil Traders Guessing', *Financial Times*, 12 April 1988.

31 Authors' interview with former executive of Transworld Oil, who declined to be named.

32 Ibid.

33 The size of estimated losses varies according to sources, but most put it between $200 and $660 million. Bower, Tom, *The Squeeze* (London: HarperPress, 2010), pp 63–65.

34 'Oil Trader Big Winner in Atlantic Sale to Sun', *New York Times*, 7 July 1988, accessed: https://www.nytimes.com/1988/07/07/business/business-people-oil-trader-a-big-winner-in-atlantic-sale-to-sun.html.

第五章 马克·里奇的倒台

1 The description in this chapter of the fall of Marc Rich is based primarily on the authors' interviews with people involved, including Zbynek Zak, Josef Bermann, Paul Wyler, Manny Weiss, Ivan Glasen-berg, Mark Crandall, Graham Sharp, Danny Posen and Isaac Querub, as well as on Ammann, Daniel, *The King of Oil* (op. cit.).

2　Jim Daley, who joined Marc Rich + Co in 1977 to run oil financing; interview with the authors, London, August 2019.

3　Interview with Rich in 'Fugitive Marc Rich Prospers Abroad, Hopes to Settle US Criminal Charges', *Wall Street Journal*, 1 February 1994.

4　'Smoking Out Marc Rich', *Institutional Investor*, 1 August 1992.

5　Danny Posen, interview with the authors, London, February 2019.

6　Mark Crandall, interview with the authors, London, May 2019.

7　'A definition of Richness', *Financial Times*, 10 August 1992.

8　Mark Crandall, interview with the authors, London, May 2019.

9　'Aide to Marc Rich Quits Post', *New York Times*, 4 June 1992, accessed: https://www.nytimes.com/1992/06/04/business/aid-to-marc-rich-quits-post.html.

10　Manny Weiss, interview with the authors, London, March 2019.

11　Ibid.

12　Isaac Querub, interview with the authors, Madrid, June 2019.

13　Ibid.

14　Bloomberg data.

15　Zbynek Zak, interview with the authors, Zug, June 2019.

16　Ammann, Daniel, *The King of Oil*, p. 226.

17　Manny Weiss, interview with the authors, London, March 2019.

18　Mark Crandall, interview with the authors, London, May 2019.

19　'What Makes $1 Billion a Year and Oils the Global Economy While Rebuilding Its Reputation?', Bloomberg News, 2018, accessed: https://www.bloomberg.com/news/features/2018-05-31/oil-trader-trafigura-rebuilds-reputation-while-making-billions.

20　'Marc Rich Cedes Majority Stake in Commodities Firm He Founded', *Wall Street Journal*, 9 March 1993; 'Marc Rich Hopes For Resolution of Tax Case', *Financial Times*, 12 March 1993.

21　As told by Zbynek Zak, who was present; interview with the authors, Zug, June 2019.

22　Authors' correspondence with Zbynek Zak, February 2020.

23 'Marc Rich Passes Control of Company to Employees', *Wall Street Journal*, 10 December 1993, and Amman, Daniel, op. cit., p. 233.

24 Isaac Querub, interview with the authors, Madrid, June 2019.

25 According to several people involved in the deliberations, but Ebner doesn't remember any discussion with Strothotte, and says he's never invested in commodities (Martin Ebner, interview with the authors by telephone, February 2020).

26 'Roche's 93 net rose by 29%', *Wall Street Journal*, 20 April 1994.

27 The company's structure before 1994 was complicated, and different partners remember different things about the details of the buyout deal. Rich, asked by his biographer to confirm that he had received about $600 million from the sale of the company, said that that was 'not far from the truth' (Ammann, Daniel, *The King of Oil*, op. cit., p. 235).

28 Ammann, Daniel, op. cit., p. 233.

29 Mark Crandall, interview with the authors, London, May 2019.

30 Trafigura, internal publication.

31 Danny Posen, interview with the authors, London, February 2019. The group bought Skydiver as well as Trafigura, but left Blackheart on the shelf.

32 Edmundo Vidal, interview with the authors, Lima, April 2019.

33 Authors' interview with a former Trafigura executive, who declined to be named.

34 Zbynek Zak, interview with the authors, Zug, June 2019.

35 Authors' calculation based on Glencore's trading profit in this period.

36 Lucio Genovese, interview with the authors by video call, October 2020.

37 Based on accounts published in bond prospectuses from 1998, and interviews with former partners.

38 Blank v. Commissioner of Taxation in Australia's High Court, 2016, accessed: http://www.hcourt.gov.au/assets/publications/judgment-summaries/2016/hca-42-2016-11-09.pdf.

39 Mark Crandall, interview with the authors, London, May 2019.

第六章　历史上最大规模的停业抛售

1　This account of Trans-World in Russia is based on the authors' inter-views with several former Trans-World employees and executives; Lev Chernoy and Michael Cherney's emailed responses to questions from the authors; archived copies of the Reubens' website, containing bio-graphical details; and various other published interviews given by Reuben and other protagonists, including: 'Russia's Aluminium Tsar', *The Economist*, 21 January 1995; 'Grabbing a Corner on Russian Alu-minum', *Businessweek*, 16 September 1996; 'Helter-Smelter: Amid Russia's Turmoil, UK Firm Wins Slice of Nation's Aluminum', *Wall Street Journal*, 28 January 1997; 'Transworld Group: Pitfalls for Pioneers', *Financial Times*, 17 June 1998; and 'Aluminium "Risk Taker" Changes Tack in Russia', *Financial Times*, 11 April 2000.

2　Felix Posen, interview with the authors, London, May 2019.

3　Tarasov, Artem, *Millionaire* (2004). Authors' translation from the Russian text, accessed at http://lib.ru/NEWPROZA/TARASOW_A/millioner.txt.

4　Ibid.

5　'Soviets buy American', *New York Times*, 10 May 1989, accessed: https://www.nytimes.com/1989/05/10/opinion/foreign-affairs-soviets-buy-american.html.

6　According to a senior Marc Rich + Co executive at the time, who requested anonymity.

7　According to David Lilley, who worked for Philipp Brothers and then Metall-gesellschaft. When the Phibro metals trading team moved to Metallgesellschaft, the German company took over a significant part of the nickel deal.

8　According to his son, in 'The Reuben Show: The Hottest Property Tycoons in London', *Evening Standard*, 25 June 2010, accessed: https://www.standard.co.uk/lifestyle/the-reuben-show-the-hottest-property-tycoons-in-london-6484966.html.

9　'Baby Reuben', *Estates Gazette*, 24 June 2006.

10　'Brothers Go Public Over Their Success', *Jewish Chronicle*, 28 March 2003, accessed: https://www.reubenbrothers.com/brothers-go-public-over-their-success/.

11　David Issroff, interview with the authors, New York, August 2019.

12　Ibid.

13　Danny Posen (who was head of Marc Rich + Co's office in Moscow at the time), interview with the authors, London, February 2019.

14　Lev Chernoy, emailed response to questions from the authors, February 2020.

15　'We Saved the Industry', *Rosbalt*, 25 November 2006 (interview with Lev Chernoy), accessed: http://chernoi.ru/top/publikatsii/publitsistika/ 105-my-spasli-promyshlennost-rossii-intervyu-informatsionnomu-agentstvu-rosbalt-25-11-2006.

16　'Grabbing a Corner on Russian Aluminum', *Businessweek*, 16 September 1996.

17　'Aluminium "Risk Taker" Changes Tack in Russia', *Financial Times*, 11 April 2000, accessed: https://www.reubenbrothers.com/aluminium-%e2%80%b2risk-taker%e2%80%b2-changes-tack-in-russia/.

18　Ibid.

19　Lev Chernoy, emailed response to questions from the authors, February 2020.

20　'Trans-World – Establishment of a New Aluminium Company', Mac-quarie Equities Limited, December 1995.

21　'King of the Castle', *The Economist*, 21 January 1995, accessed: https:// www.reubenbrothers.com/king-of-the-castle-russianaluminium/.

22　Ibid.

23　'It's Lawyers at Dawn in the Wild East', *Guardian*, 1 March 2000, accessed: https://www.reubenbrothers.com/it%e2%80%b2s-lawyers-at-dawn-in-the-wild-east/.

24　Gary Busch, interview with the authors, London, May 2019.

25　'Helter-Smelter: Amid Russia's Turmoil, UK Firm Wins Slice of Nation's Aluminum', *Wall Street Journal*, 28 January 1997.

26　Bloomberg data.

27　Op. cit., *Financial Times*, 2000, via Reuben Brothers website.

28　Berezovsky v Abramovich–Gloster judgment, 2012, paragraph 1044. [2012]

EWHC 2463 (Comm).

29 'Smert' predprinimatelya', *Kommersant*, 12 September 1995, accessed: https://www.kommersant.ru/doc/117306.
30 Igor Vishnevskiy (former head of Glencore's Moscow office), interview with the authors, London, June 2019.
31 David Issroff, interview with the authors, New York, August 2019.
32 Op. cit., *Financial Times*, 2000, via Reuben Brothers website.
33 Ibid.
34 Ibid.
35 Ibid.
36 US State Department, 2005 Kazakhstan investment climate statement, accessed: https://2001-2009.state.gov/e/eeb/ifd/2005/42065.htm.
37 Archive of Reuben Brothers website, accessed: http://web.archive.org/web/20060419184709/http://www.reubenbrothers.com/transworld.html.
38 Ibid., *Financial Times*, 2000, via Reuben Brothers website.
39 'Reuben Brothers give Tories nearly £200,000', *Financial Times*, 29 July 2008, accessed: https://www.ft.com/content/4cc2e73c-5dc2-11dd-8129-000077b07658.
40 'Reuben Foundation donates £80 million for first new Oxford college in 30 years', Oxford University, 11 June 2020, accessed: https://www.ox.ac.uk/news/2020-06-11-reuben-foundation-donates-80-million-first-new-oxford-college-30-years.
41 Igor Vishnevskiy, interview with the authors, London, June 2019.
42 According to a person who attended a game with them, who requested anonymity.
43 'Lev Chernoy: Almost half the business elite of the country are my protégés,' *Komsomlskaya Pravda*, 15 November 2004, accessed: https://www.kp.ru/daily/23403/33998/.
44 Lucio Genovese, interview with the authors by video call, October 2020.
45 Klebnikov, Paul, *Godfather of the Kremlin: Life and Times of Boris Berezovsky* (Mariner Books, 2001), p. 71.

46 Klebnikov, Paul, Ibid., p. 182, and authors' interview with Raymond Cretegny, Geneva, May 2019.

47 Igor Vishnevskiy, interview with the authors, London, June 2019.

第七章 受资本主义影响的社会主义

1 'El Hotel Parque Central de La Habana Cumple ya 20 años', *Cibercuba*, 6 May 2018, accessed: https://www.cibercuba.com/noticias/z2018-05-06-u1-e196568-s27316-hotel-parque-central-habana-cumple-20-anos.

2 'Search for New Capital Sources', *Cuba Business*, October 1994, vol. 8, no. 8.

3 Ian Taylor, interview with the authors, London, February 2019.

4 Colin Bryce, interview with the authors, London, February 2019.

5 David Jamison, interview with the authors, Graffham, February 2019.

6 Ford, Jonathan, *Depression, Oil Trading & A Mind At War With Itself* (Chipmunkapublishing, 2016), p. 130.

7 'Ian Taylor: the oilman, his cancer, and the millions he's giving the NHS', *The Times*, 8 June 2019, accessed: https://www.thetimes.co.uk/article/ian-taylor-the-oilman-his-cancer-and-the-millions-hes-giving-the-nhs-wnwbtpq2h.

8 Blasier, Cole, 'El fin de la Asociacion Sovietico-Cubana', Revista del Instituto de Estudios Internacionales de la Universidad de Chile, accessed: https://revistaei.uchile.cl/index.php/REI/article/download/15377/28489/ and TASS, 'Trade, Credit Pact Signed with USRR', Mos-cow, 12 January 1964.

9 Authors' interview with former senior Marc Rich + Co trader, who requested anonymity.

10 Fidel Castro speech, 28 January 1990, Castro Speech Data Base, Latin American Network Information Center, University of Texas at Austin, accessed: http://lanic.utexas.edu/project/castro/db/1990/19900129.html.

11 Ian Taylor and David Fransen, interview with the authors, London, February 2019.

12 Vitol brochure, 2010.

13 Vitol annual report, 1994.

14 *Cuba Business*, op. cit., October 1994.

15　*Team spirit* (Paris: Sucres et Denrées, 2012), a book printed to com-memorate the 60th anniversary of the company.

16　David Fransen, interview with the authors, London, February 2019.

17　Perez-Lopez, Jorge, 'The Restructuring of the Cuban Sugar Agro-industry: A Progress Report, Association for the Study of the Cuban Economy', 2016, accessed:https://www.ascecuba.org/asce_proceedings/the-restructuring-of-the-cuban-sugar-agroindustry-a-progress-report/.

18　United States Department of Agriculture, Foreign Agriculture Service database.

19　David Fransen, interview with the authors, London, February 2019.

20　The ownership structure of Sunrise (Bermuda) Ltd is shown in Vitol's 1994 annual report.

21　Ford, Jonathan, op. cit.

22　'Vitol's Ian Taylor on oil deals with dictators and drinks with Fidel', *Financial Times*, 8 April 2018, accessed: https://www.ft.com/ content/2dc35efc-89ea-11e8-bf9e-8771d5404543.

23　'Lured by Sun and Socialism, Tourists Flocking to Cuba', *Washington Post*, 1999, accessed: https://www.washingtonpost.com/archive/ politics/1999/01/09/lured-by-sun-and-socialism-tourists-flocking-to-cuba/f5ec77c7-95ed-4b6b-b318-d12b47a74ea9/.

24　Igor Vishnevskiy, interview with the authors, London, June 2019.

25　Danny Posen, interview with the authors, London, February 2019.

26　Interview with former senior Cargill executive, who declined to be named.

27　Raymond Cretegny, a former managing director of André; interview with the authors, Geneva, May 2019.

28　Data provided to the authors by Vitol, February 2020.

29　Offering circular, Vitol Master Trust, 1999.

30　'Inside Vitol: How the World's Largest Oil Trader Makes Billions', Bloomberg News, 2016, accessed: https://www.bloomberg.com/news/ features/2016-06-01/giant-oil-trader-vitol-makes-billions-in-volatile-times.

31　Vitol 1967 annual report.

32　David Jamison, interview with the authors, Graffham, February 2019.

33　Philipp Brothers Collection: box 1, folder 11, p. 143.
34　Brochure, Vitol Holding NV, 1974, p. 11.
35　David Jamison, interview with the authors, Graffham, February 2019.
36　'Fasting on the Oil Glut', *Texas Monthly*, October 1984.
37　David Jamison, interview with the authors, Graffham, February 2019.
38　Vitol's 1970 annual report.
39　Ford, Jonathan, op. cit., p. 120.
40　Euromin's 1995 annual report, available via Companies House in the UK, accessed: https://beta.companieshouse.gov.uk/company/FC016897/filing-history.
41　Ibid.
42　Ian Taylor, interview with the authors, London, February 2019.
43　In 1999, Vitol traded about 3 million barrels a day of oil and products, according to data provided to the authors by the company. A Glencore bond prospectus puts its oil and products trading volume at 2.5 million barrels a day the same year.
44　Raznjatovic (Arkan) indictment, International Criminal Tribunal for the Former Yugoslavia, 1997, accessed: https://www.icty.org/x/cases/zeljko_raznjatovic/ind/en/ark-ii970930e.pdf.
45　'Oil chief paid $1 million to warlord', *Guardian*, 1 July 2001, accessed: https://www.theguardian.com/world/2001/jul/01/balkans.warcrimes2
46　Vitol, email to the authors, February 2020.
47　OMV Petrom SA *v.* Glencore International AG, England and Wales High Court (Commercial Court), 13 March 2015, [2015] EWHC 666 (Comm), accessed: http://www.bailii.org/ew/cases/EWHC/Comm/2015/666.html; compensation figure from Glencore's 2015 annual report.
48　Graham Sharp, interview with the authors, London, February 2019.
49　Vitol Holding BV, the holding company for the group, reported a $6.6 million profit for the year, but Vitol Holding II SA, the Luxembourg entity through which Vitol's managers held shares in the group, reported a $6 million loss.
50　US Department of Justice, US *v.* Cargill, Inc., and Continental Grain Co., US

District Court for the District of Columbia, Civil No. 1: 99CV01875, Washington, 8 July 1999, accessed: https://www.justice. gov/atr/case-document/file/490676/download.

51 Brian Gilvary, interview with the authors, London, November 2019.
52 A gripping and comprehensive account of the rise and fall of Enron is McLean, Bethany, and Elkind, Peter, *The Smartest Guys in the Room* (New York: Portfolio, 2003).
53 'Enron Will Pay $445 Million to Buy Metals Merchant MG', *Wall Street Journal*, 23 May 2000, accessed: https://www.wsj.com/articles/SB 959026617606197228.
54 'Inside Vitol: How the World's Largest Oil Trader Makes Billions', Bloomberg News, 1 June 2016, accessed: https://www.bloomberg.com/news/features/2016-06-01/giant-oil-trader-vitol-makes-billions-in-volatile-times.
55 McLean, Bethany, and Elkind, Peter, op. cit., p. 225. 56 Ibid., p. 224.
57 'Timeline: A Chronology of Enron Corp.', *New York Times*, 18 January 2006, accessed: https://www.nytimes.com/2006/01/18/business/world business/timeline-a-chronology-of-enron-corp.html.
58 US Department of Justice, US *v.* Cargill, Inc., and Continental Grain Co., US District Court for the District of Columbia, Civil No. 1: 99CV01875, Washington, 8 July 1999, accessed: https://www.justice. gov/atr/case-document/file/490676/download.

第八章 大爆炸

1 'XSTRATA – A Leap Upwards', memo sent by Mick Davis to Brian Azzopardi, Gavin Foley and Benny Levene, 27 June 2001, copy in the authors' possession.
2 Deng Xiaoping, 'Emancipate the Mind, Seek Truth From Facts and United as One in Looking to the Future', Beijing, 13 December 1978, accessed: http://cpcchina.chinadaily.com.cn/2010-10/15/content_13918199.htm.
3 Leung, Guy C. K., Li, Raymond, and Low, Melissa, 'Transitions in China's Oil Economy, 1990–2010.

4　Yiping Xiao, Yan Song, and Xiaodong Wu, 'How Far Has China's Urbanisation Gone?', *Sustainability*, August 2018, accessed: https://res.mdpi.com/sustainability/sustainability-10-02953/article_deploy/sustainability-10-02953.pdf.

5　Eslake, Saul, 'Commodity Prices', Paper Presented to the International Conference of Commercial Bank Economists, 23 June 2011, accessed: https://grattan.edu.au/wp-content/uploads/2014/04/092_ICCBE_commodities.pdf.

6　IMF data, gross domestic product per capita, constant prices, measured using purchasing power parity, 2011 international dollar, accessed: https://www.imf.org/external/pubs/ft/weo/2019/01/weodata/weorept.aspx?pr.x=61&pr.y=11&sy=1980&ey=2024&scsm=1&ssd=1&sort=country&ds=.&br=1&c=924&s=NGDPRPPPPC%2CNGDPDPC%2CPPPPC&grp=0&a=.

7　'Protocol on the Accession of the People's Republic of China', World Trade Organization, November 2001, accessed: https://www.wto.org/english/thewto_e/acc_e/a1_chine_e.htm.

8　International Monetary Fund data.

9　World Bureau of Metal Statistics.

10　'Commodity Supercycles: What Are They and What Lies Ahead', Bank of Canada, Bank of Canada Review, Autumn 2016, accessed: https://www.bankofcanada.ca/wp-content/uploads/2016/11/boc-review-autumn16-buyuksahin.pdf.

11　Ibid.

12　'The Role of Major Emerging Markets in Global Commodity Demand', World Bank, June 2018, accessed: http://documents.worldbank.org/curated/en/865201530037257969/pdf/WPS8495.pdf.

13　'Glasenberg was a cheeky kid–ex teacher', *Sunday Times* (South Africa), 22 May 2011, accessed: https://www.timeslive.co.za/news/south-africa/2011-05-22-glasenberg-was-a-cheeky-kid-ex-teacher/.

14　NYC Marathon results, Glasenberg's page at https://results.nyrr.org/runner/5960/result/941106.

15　'Der Reichster Haendler der Welt', *Bilanz*, 1 May 2011, accessed: https://www.handelszeitung.ch/unternehmen/der-reichste-handler-der-welt.

16 Felix Posen, interview with the authors, London, May 2019.
17 According to official Glencore biography, accessed: https://www.glencore.com/en/who-we-are/our-leadership.
18 Josef Bermann, interview with the authors, Zurich, May 2019.
19 Zbynek Zak, interview with the authors, Zug, June 2019.
20 'Enex Float Lifts Veil on Glencore's $10bn Empire', *Sydney Morning Herald*, 1 September 2001.
21 According to two senior Glencore partners, speaking on condition of anonymity.
22 Paul Wyler, interview with the authors, Zurich, June 2019.
23 Authors' interview with former Glencore employee, who declined to be named.
24 Greg James, interview with the authors by telephone, June 2019.
25 Ivan Glasenberg, interview with the authors, Baar, August 2019.
26 By the end of 1998, Australian export prices for thermal coal had dropped to $26.1 a tonne, the lowest since 1987, according to IMF data.
27 Glencore May 2002 prospectus.
28 'The World is Hungry for Coal, Glencore Says', *Coal Week International*, August 2001.
29 'Glencore's Glasenberg on Enex IPO, Coal Potential: Comment', Bloomberg News, 4 September 2001.
30 Glencore's August 2000 prospectus.
31 'Enex Float Lifts Veil on Glencore's $10bn Empire', *Sydney Morning Herald*, 1 September 2001.
32 Glencore's May 2002 prospectus.
33 Xstrata, IPO prospectus, 2002.
34 Mick Davis, interview with the authors, London, June 2019.
35 This account is based on the authors' interviews with Mick Davis, Ivan Glasenberg, other executives of the time, and their advisers, as well as contemporaneous company reports.
36 Mick Davis, interview with the authors, London, September 2019.

37　According to Bloomberg data.

38　Glencore's historical financial data compiled by the authors based on bond prospectuses and related disclosures.

39　Andy Hall, interview with the authors, Derneburg, March 2019.

40　'Profile: Michael Farmer', *Metal Bulletin*, March 2014.

41　Noble Group's 2016 annual report.

42　'Born to be a Noble Man', *South China Morning Post*, 27 May 2002.

第九章　石油美元和贪官污吏

1　This account of Glencore's role in the oil-for-food scandal is based on the lengthy and detailed report of the inquiry led by Paul Volcker: 'Report on Programme Manipulation', Independent Inquiry Commit-tee into the United Nations Oil-for-Food Programme, 27 October 2005. The roles of Glencore, Lakhani and Incomed Trading are detailed on pp. 143–156.

2　'Pakistani broker fuels Iraqi Kurdistan oil exports', *Financial Times*, 29 October 2015, accessed: https://www.ft.com/content/02a7065a-78cd-11e5-933d-efcdc3c11c89.

3　'Music and message of Baghdad's Concert for Peace expected to fall on deaf ears in Washington', *Irish Times*, 1 Feb 2003, accessed: https:// www.irishtimes.com/news/music-and-message-of-baghdad-s-concert-for-peace-expected-to-fall-on-deaf-ears-in-washington-1.347379.

4　'Pakistani broker fuels Iraqi Kurdistan oil exports', *Financial Times*, 29 October 2015. A spokesman for Lakhani later told Bloomberg News that he had meant he was 'prepared to work hard in a 'hands on' man-ner, often in a small team'.

5　'Report on Programme Manipulation', Independent Inquiry Commit-tee into the United Nations Oil-for-Food Programme, 27 October 2005, p. 154.

6　The surcharge was initially set at 50 cents per barrel, but was soon lowered to between 30 and 25 cents per barrel, depending on the des-tination. By late 2002, it was lowered again to 15 cents per barrel.

7　The full report can be found at the archived version of the Independent

Inquiry Committee's website: http://web.archive.org/web/20071113193128/ http://www.iic-offp.org/documents/IIC%20Final%20Report% 27Oct2005. pdf. Some of the individuals whom the report accused of involvement in the manipulation of the oil-for-food programme have publicly criticised the inquiry's methods and conclusions, arguing that it was politically motivated. However, the inquiry, which was endorsed by the UN Security Council, was praised by UN Secretary General Kofi Annan as an 'extremely thorough investigation', and information from it was cited in numerous anti-corruption cases.

8   Independent Inquiry, op. cit., p. 198. 9 Ibid., p. 152.
10 'Comprehensive Report of the Special Advisor to the DCI on Iraq's WMD', Iraq Survey Group (the report is otherwise known as the Duelfer report, after its lead author, Charles Duelfer, special advisor to the US Director of Central Intelligence), 30 September 2004, p. 39.
11 Ibid., p. 38.
12 'The Billion-Dollar Broker Who Managed a Nation's Oil Wealth', Bloomberg News, 16 July 2020, accessed: https://www.bloomberg. com/news/articles/2020-07-16/billion-dollar-broker-how-one-man-managed-a-nation-s-oil-wealth.
13 'Glencore reveals more IPO rewards', *Financial Times*, 17 February 2012.
14 New York County District Attorney's Office Press Release, 20 November 2007, accessed: https://star.worldbank.org/corruption-cases/printpdf/19592.
15 'Firm Pleads Guilty in Oil-For-Food Case', *Houston Chronicle*, 26 May 2006, accessed: https://www.chron.com/business/energy/article/Firm-pleads-guilty-in-Oil-for-Food-case-1862731.php.
16 'Houston Oil-For-Food Trader Gets 2 Years', *Houston Chronicle*, 8 March 2008, accessed: https://www.chron.com/business/energy/article/Houston-Oil-for-Food-trader-gets-2-years-1779305.php.
17 BP Statistical Review of World Energy database.
18 Ibid.
19 Ibid.

20 Clarendon Alumina Production 2006 bond prospectus.
21 Ton Klomp, interview with the authors, London, July 2019.
22 Bob Finch, interview with the authors, London, April 2019.
23 Polish Investigative Committee hearing on allegations about PK Orlen, 30 March 2005, accessed: http://orka.sejm.gov.pl/Biuletyn.nsf/0/9BF 787564C6 DC12DC1256FDA00469547?OpenDocument.
24 Ibid.
25 Crown Resources AG v. Vinogradsky et al., 2001. A copy of the judgment is at: https://www.ucc.ie/academic/law/restitution/archive/ englcases/crown_resources.htm.
26 Jankilevitsch and Smolokowski, email to the authors, February 2020. Their full statement reads: 'It is true that Crown Resources brought a claim and obtained Judgement in 2001 against two of its former employees (and their respective Companies) regarding their receipt of certain payments many years earlier from several companies who were not a party to the Action. No assertion of any impropriety was ever directed against J&S and had one been raised and had proceed-ings been pursued against J&S in relation thereto they would have been vigorously defended. As it happens, and not surprisingly, they were not.'
27 Biographical details on Timchenko are taken from authors' interview with Törnqvist, Geneva, May 2019, as well as Timchenko's 2008 inter-view with the *Wall Street Journal* (https://www.wsj.com/articles/ SB121314210826662571), a 2008 profile in the *Financial Times* (https:// www.ft.com/content/c3c5c012-21e9-11dd-a50a-000077b07658), and a 2013 profile in *Vedomosti* (https://www.vedomosti.ru/library/ articles/2013/01/21/chelovek_s_resursom).
28 Torbjörn Törnqvist, interview with the authors, Geneva, May 2019.
29 'Gunvor pins future on Swedish CEO after Russian co-founder exits', Reuters, 24 March 2014: https://uk.reuters.com/article/uk-ukraine-crisis-gunvor/gunvor-pins-future-on-swedish-ceo-after-russian-co-founder-exits-idUKBREA2N05K20140324.
30 BP Statistical Review of World Energy database.
31 Cyprus corporate registry data.

32. Marco Dunand, interview with the authors by telephone, August 2019.
33. Mercuria company accounts filed in the Netherlands and Cyprus.
34. The holding company changed its name to Mercuria Energy Group Ltd in January 2007.
35. On his annual 'Direct Line' call-in show, broadcast on 17 April 2014, accessed: https://www.vesti.ru/doc.html?id=1488888.
36. 'Timchenko: Everything has to be paid for, and acquaintance with top officials as well', Timchenko interview with TASS, 4 August 2014, accessed: https://tass.com/top-officials/743432.
37. Freeland, Chrystia, *Sale of the Century: The Inside Story of the Second Russian Revolution* (Abacus, 2005), p. 178.
38. 'Khodorkovskiy otmeril sebe srok', *Vedomosti*, 3 April 2003 (Khodor-kovsky measured out his term) and 'Ritt auf der Rasierklinge', *Spiegel*, 3 May 2003 (Ride on the razorblade).
39. Gustafson, Thane, *Wheel of Fortune* (Harvard University Press, 2013), pp. 297–300.
40. Interview with Timchenko, *Forbes Russia*, 2012, accessed: https://www.forbes.ru/sobytiya/lyudi/181713-tot-samyi-timchenko-pervoe-intervyu-bogateishego-iz-druzei-putina.
41. Torbjörn Törnqvist, interview with the authors, Geneva, May 2019.
42. Gunvor, email to the authors, February 2020. The company says it bought oil from many Russian companies, with the bulk of its supplies coming from TNK-BP.
43. Ibid. The company says that, between 2005 and 2014, it paid average dividends of 18.5%.
44. In a letter published in the *Financial Times* on 14 May 2008, he said: 'My career of more than 20 years in the oil industry has not been built on favours or political connections', accessed: https://www.ft.com/content/c3c5c012-21e9-11dd-a50a-000077b07658.
45. Authors' calculation based on company earnings data.

第十章 目标非洲

1. Deaton, Angus, 'Commodity Prices and Growth in Africa', *Journal of Economic Perspectives*, vol. 3, no. 3, summer 1999, pp. 23–40, accessed: https://www.princeton.edu/~deaton/downloads/Commodity_ Prices_and_Growth_in_Africa.pdf.

2. World Bank data. Sub-Saharan Africa GDP was $381.8 billion in 2001– compared to $381.2 billion in 1981. GDP per capita was much lower in 2001 than in 1981, as during those two decades the sub-continent's population increased by roughly 75%, going from 394.2 million people to 682.9 million. https://data.worldbank.org/region/sub-saharan-africa.

3. US Geological Survey, Copper, Minerals Yearbook, accessed: https:// s3-us-west-2.amazonaws.com/ prd-wret/assets/palladium/ production/mineral-pubs/copper/240497.pdf.

4. 'BP Statistical Review of World Energy', June 2019. Nigeria produced 1.895 million barrels a day in 1999, compared to 2.302 million barrels a day in 1979. By 2010, Nigerian output had risen to 2.5 million barrels a day.

5. Cover story, 'The hopeless continent', *The Economist*, 13 May 2000, accessed: https://www.economist.com/node/21519234.

6. World Bank data. Sub-Saharan Africa GDP was $1.55 trillion by 2011.

7. United States of America *v.* The M/Y Galactica Star et al.', United States District Court, Southern District of Texas, Houston Division, 14 July 2017, and 'Department of Justice Seeks to Recover Over $100 Million Obtained from Corruption in the Nigerian Oil Industry', US Department of Justice, Press Release, 14 July 2017, accessed: https:// star.worldbank.org/corruption-cases/sites/corruption-cases/files/ DOJ-Galactica-Complaint.pdf and https://www.justice.gov/ opa/pr/department-justice-seeks-recover-over-100-million-obtained-corruption-nigerian-oil-industry.

8. Silverstein, Ken, *The Secret World of Oil* (London: Verso, 2015), p. 53.

9. 'Congo Bribery Probe Puts Israeli Billionaire's Future on Hold', Bloomberg News, 23 February 2018, accessed: https://www.bloomberg.com/ news/articles/2018-02-23/he-got-rich-on-congo-mines-until-bribe-probe-put-future-

on-hold.

10 'Congo war-driven crisis kills 45,000 a month: survey', Reuters, 22 January 2008, accessed: https://www.reuters.com/article/us-congo-democratic-death/congo-war-driven-crisis-kills-45000-a-month-study-idUSL2280201220080122.

11 'Report of the Panel of Experts on the Illegal Exploitation of Natural Resources and Other Forms of Wealth of DR Congo', United Nations,

12 April 2001, accessed: https://reliefweb.int/report/democratic-republic-congo/report-panel-experts-illegal-exploitation-natural-resources-and.

12 'Gertler Earns Billions as Mine Deals Leave Congo Poorest', Bloomberg News, 5 December 2012, accessed: https://www.bloomberg.com/news/articles/2012-12-05/gertler-earns-billions-as-mine-deals-leave-congo-poorest.

13 'President Bush Meets with Democratic Republic of Congo President Kabila', White House, 26 October 2007, accessed: https://georgewbush-whitehouse.archives.gov/news/releases/2007/10/images/20071026-1_d-0061-3-515h.html.

14 'Congo Bribery Probe Puts Israeli Billionaire's Future on Hold', Bloomberg News, 23 February 2018.

15 'Augustin Katumba, President's Alleged Treasurer and Enforcer, Steps Out as Head of National Assembly's Ruling Coalition; His Influence Could Remain', US Department of State, Diplomatic Cable from US Embassy in Kinshasa, Washington, 14 December 2009, accessed: https:// wikileaks.org/plusd/cables/09KINSHASA1080_a.html.

16 'Trouble in the Congo: The Misadventures of Glencore', *Bloomberg Businessweek*, 16 November 2018, accessed: https://www.bloomberg.com/news/features/2018-11-16/glencore-s-misadventure-in-the-congo-threatens-its-cobalt-dreams.

17 Email dated 16 March 2008, from Dan Gertler, described as 'DRC Partner', to an Och-Ziff executive, in US District Court Eastern District of New York, 'US vs Och-Ziff Capital Management Group LLC', Cr. No. 16-516 (NGG), Deferred Prosecution Agreement, Page A-12. A later judgment dated 28 August 2019 identified Gertler as 'DRC Partner' (16-CR-515 (NGG), order

and memorandum signed by Judge Nicholas Garaufis).

18 'The Kingmaker is dead', *The Economist*, 20 February 2012, accessed: https://www.economist.com/baobab/2012/02/20/the-kingmaker-is-dead.

19 'Equity in Extractives: Stewarding Africa's Natural Resources for All', Africa Progress Panel, 2013.

20 'Gertler Earns Billions as Mine Deals Leave Congo Poorest', Bloomberg News, 5 December 2012.

21 'Congo Bribery Probe Puts Israeli Billionaire's Future on Hold', Bloomberg News, 23 February 2018.

22 US Department of the Treasury press release, 21 December 2017, accessed at: https://home.treasury.gov/news/press-releases/sm0243.

23 Gertler spokesman, emailed response to questions, March 2020.

24 Glencore, 3 May 2011, IPO Prospectus, p. 859, accessed: https://www.glencore.com/dam/jcr:268b58d2-61b8-44d1-997a-17e76bb66f93/Final-Prospectus-3-May-2011-lowres.pdf.

25 Glencore, IPO Prospectus, p. 77.

26 'Glencore Faces New Legal Challenge Against Congo Cobalt Mine', Bloomberg News, 8 June 2018, accessed: https://www.bloomberg.com/news/articles/2018-06-08/glencore-faces-new-legal-challenge-against-cobalt-mine-in-congo.

27 Glencore, annual report 2007, p. 31. Glencore disclosed in its annual report that it paid $296 million in total for two deals: the 40% stake in Mutanda Mining and the purchase of several oil tankers.

28 'Equity in Extractives', Africa Progress Panel, 2013.

29 Golder Associates, a consultant, valued the whole of Mutanda at $3,089 million in May 2011, as part of Glencore's IPO process, p. 130 of the report, in Glencore, IPO Prospectus, 3 May 2011.

30 'Glencore takes control of Mutanda with $480 million deal', Reuters, 22 May 2012, accessed: https://www.reuters.com/article/glencore-mutanda/update-2-glencore-takes-control-of-mutanda-with-480-mln-deal-idUSL5E8GM5RO20120522.

31 The details of Glencore's relationship with Gertler have been reported extensively, including in 'Trouble in the Congo: The Misadventures of Glencore', *Bloomberg Businessweek*, 16 November 2018; 'Congo Bribery Probe Puts Israeli Billionaire's Future on Hold', Bloomberg News, 23 February 2018; and 'Gertler Earns Billions as Mine Deals Leave Congo Poorest', Bloomberg News, 5 December 2012.

32 Bloomberg News, 5 December 2012, op. cit.

33 Email dated 21 February 2008 from an unnamed due diligence firm to Och-Ziff employees. Gertler is referred to as 'DRC Partner', in 'US vs Och-Ziff Capital Management Group LLC', US District Court Eastern District of New York, Cr. No. 16-516 (NGG), Deferred Prosecution Agreement, p. A-9.

34 'US vs Och-Ziff Capital Management Group LLC', US District Court Eastern District of New York, Cr. No. 16-516 (NGG), Deferred Prosecution Agreement, accessed: https://www.justice.gov/opa/file/ 899306/download.

35 'US vs OZ Africa Management GP, LLC', US District Court, Eastern District of New York, Cr. No. 16-515 (NGG), Plea Agreement, accessed: https://www.justice.gov/opa/file/899316/download.

36 'Glencore purchases stakes in Mutanda and Katanga', Glencore press release, 13 February 2017, accessed: https://otp.investis.com/clients/uk/glencore2/rns/regulatory-story.aspx?cid=275&newsid=843557.

37 'Subpoena from United States Department of Justice', Glencore press release, 3 July 2018, accessed: https://www.glencore.com/media-and-insights/news/Subpoena-from-United-States-Department-of-Justice.

38 'Puma International Financing SA, $750,000,000 5% Senior Notes due 2026 Prospectus', Puma Energy, 31 January 2018, and 'Share Purchase Agreement', Puma Energy LLC, 21 August 2013.

39 Trafigura's annual reports 2014–2018.

40 Torbjörn Törnqvist, interview with the authors, Geneva, August 2019.

41 'Banknote Shortage Still Acute', US State Department, cable from US embassy in Harare, Zimbabwe, Washington, 28 July 2003, via WikiLeaks, accessed: https://wikileaks.org/plusd/cables/03HARARE1521_a.html.

42 'Cargill closes local cotton business', *The Herald*, 15 October 2014, accessed: https://www.herald.co.zw/cargill-closes-local-cotton-business/.

43 'Cargill Makes Bootleg Currency', US State Department, cable from US embassy in Harare, Zimbabwe, Washington, 6 August 2003, via WikiLeaks, accessed: https://wikileaks.org/plusd/cables/03HARARE 1577_a.html.

44 'Zimbabwe plunging toward total collapse', *Chicago Tribune*, 8 June 2003.

45 David MacLennan, interview with the authors, Minneapolis, August 2019.

46 'Cargill Makes Bootleg Currency', US State Department, 6 August 2003.

47 'Commodities: Destination Africa', *Financial Times*, 11 November 2013, accessed: https://www.ft.com/content/817df4c2-35c0-11e3-952b-00144feab7de.

48 'Dirty Diesel: How Swiss Traders Flood Africa with Toxic Fuels', *Public Eye*, September 2016, accessed: https://www.publiceye.ch/fileadmin/ doc/Rohstoffe/2016_PublicEye_DirtyDiesel_EN_Report.pdf.

49 'Rapport de la Commission Nationale d'Enquête sur les Déchets Tox-iques dans le District d'Abidjan', Republic of CÔte d'Ivoire, pp. 27–28, accessed: https://www.trafigura.com/media/1440/2006_trafigura_ rapport_commission_nationale_enqu%C3%AAte_district_abidjan_ french.pdf.

50 'Trafigura & the Probo Koala', Trafigura, pp.8–9, accessed: https://www.trafigura.com/media/1372/2016_trafigura_and_the_probo_koala_ english.pdf.

51 'Trafigura Beheer BV Investor Presentation', Trafigura, March 2010.

52 Trafigura email dated 27 December 2005, 4.54 PM, from James McNicol to other oil traders, accessed: https://www.trafigura.com/media/ 1374/2009_trafigura_emails_published_by_the_guardian_english.pdf.

53 Trafigura email dated 27 December 2005, 1.12 PM, from James McNicol to other oil traders.

54 Trafigura email dated 28 December 2005, 9.30 AM, from James McNicol to other executives.

55 Trafigura email dated 27 December 2005, 7.29 PM, from Naeem Ahmed to other executives.

56 Trafigura email dated 28 December 2005, 9.30 AM, from James McNicol.

57　Trafigura email dated 13 March 2006, 9.15 AM, from Toula Gerakis to other executives.
58　Email from *Probo Koala* captain acknowledging receipt of instructions, 15 April 2006, 4.26 PM.
59　Second Interim Report, *Probo Koala* Inquiry, conducted by Lord Fraser Carmyllie, accessed: https://www.trafigura.com/media/1382/2010_ trafigura_second_interim_report_of_lord_fraser_of_carmyllie_qc_ probo_koala_report_english.pdf.
60　Trafigura report on the *Probo Koala*, 2016, p. 8.
61　'Rapport de la Commission Nationale d'Enquête sur les Déchets Tox-iques dans le District d'Abidjan', Republic of CÔte d'Ivoire, p. 46.
62　Ibid., p. 45.
63　'Neglect and Fraud Blamed for Toxic Dumping in Ivory Coast', *New York Times*, 24 November 2006, accessed: https://www.nytimes. com/2006/11/24/world/africa/24ivory.html.
64　The contract between Trafigura and Compagnie Tommy is quoted in full (in French) in 'Rapport de la Commission Nationale d'Enquête sur les Déchets Toxiques dans le District d'Abidjan', Republic of CÔte d'Ivoire, p. 19. An image of the original letter (in English) showing the letterhead of Compagnie Tommy is reproduced in 'The Toxic Truth', Greenpeace and Amnesty International, 2012, p. 46.
65　Details of the cases are taken from Trafigura's own summary of the scandal, 'Trafigura and the *Probo Koala*', accessed: https://www. trafigura.com/media/1787/2016_trafigura_and_the_probo_koala.pdf.
66　Mark Crandall, interview with the authors, London, June 2019.
67　Trafigura, email to the authors, February 2020.
68　José Larocca, interview with the authors, Geneva, May 2019.

第十一章　饥饿和利润

1　'The ravening hoards', *The Economist*, 17 April 2008, accessed: https://www.economist.com/asia/2008/04/17/the-ravening-hoards.

2 'Wen Jiabao Inspects Agriculture and Spring Farming in Hebei', BBC Monitoring translation of Xinhua, 6 April 2008.

3 'Funds crunch threatens world food aid', *Financial Times*, 12 June 2009, accessed: https://www.ft.com/content/524d50da-56ae-11de-9a1c-00144feabdc0.

4 Alberto Weisser, interview with the authors, London, March 2019.

5 'Remarks at the Clinton Global Initiative Closing Plenary', US State Department, 25 September 2009, accessed: https://2009-2017.state.gov/secretary/20092013clinton/rm/2009a/09/129644.htm.

6 Ton Klomp, who worked at Cargill in the 1980s, interview with the authors, London, July 2019.

7 Authors' interviews with two Cargill executives, who requested anonymity.

8 Ricardo Leiman, interview with the authors, London, August 2019.

9 Mark Hansen, interview with the authors, London, February 2019.

10 Interviews with two senior Glencore executives, who declined to be named.

11 'Moscow Urged to Ban Grain Exports', *Financial Times*, 3 August 2010, accessed: https://www.ft.com/content/dfa6ba3a-9f27-11df-8732-00144feabdc0.

12 'Russian Officials Mull Grain Export Curbs, Union Says', Bloomberg News, 4 August 2010: accessed: https://www.bloomberg.com/news/articles/2010-08-03/russia-should-ban-grain-exports-as-drought-withers-crops-glencore-says.

13 'Glencore reveals bet on grain price rise', *Financial Times*, 24 April 2011, accessed: https://www.ft.com/content/aea76c56-6ea5-11e0-a13b-00144feabdc0.

14 See Glencore's IPO prospectus, May 2011, p. 50, for agricultural and oil/coal trading profitability. For historical data of the agricultural division's profitability, see 'Olympian Expands Glencore's Empire With Emerging Food Colossus', Bloomberg News, 3 May 2017, accessed: https://www.bloomberg.com/news/articles/2017-05-03/olympian-expands-glencore-empire-with-emerging-food-colossus.

15 Ian McIntosh, interview with the authors, London, June 2019.

16　Based on annual average profits for Vitol, Glencore and Cargill of $813 million in 1998–1999.
17　Apple's cumulative net income over the period was $61.5 billion; Coca-Cola's was $61.2 billion.
18　At the end of 2011, Boeing had a market cap of $55 billion and Gold-man Sachs $45 billion, source: http://media.ft.com/cms/73f82726-385d-11e1-9f07-00144feabdc0.pdf.
19　'Cargill-MacMillan family', *Forbes*, 29 June 2016, accessed: https://www.forbes.com/profile/cargill-macmillan-1/#5095a3cd23b6.
20　Authors' interview with a trader, who requested anonymity.
21　'Dems' new gas-pump villain: Speculators', Politico, 8 July 2008, accessed: https://www.politico.com/story/2008/07/dems-new-gas-pump-villain-speculators-011583.
22　'Cereal Secrets', Oxfam, Oxfam Research Reports, August 2012, accessed: https://www-cdn.oxfam.org/s3fs-public/file_attachments/ rr-cereal-secrets-grain-traders-agriculture-30082012-en_4.pdf.
23　'Sumitomo Ex-Trader Wants Company to Share Scandal Blame', *New York Times*, 18 February 1997, accessed: https://www.nytimes.com/ 1997/02/18/business/sumitomo-ex-trader-wants-company-to-share-scandal-blame.html.
24　'Tokyo Commodity Futures Markets Regulators' Conference', October 1997, pp. 4–9, accessed: https://www.cftc.gov/sites/default/files/idc/ groups/public/@internationalaffairs/documents/file/oia_tokyorpt.pdf.
25　'Treasury Select Committee, Memorandum from the FSA on Oil Market Regulation', UK Financial Services Authority, 10 July 2008, accessed: https://publications.parliament.uk/pa/cm200708/cmselect/ cmtreasy/memo/oilreg/ucm0202.htm.
26　See Tarring, Trevor, *Corner! A century of metal market manipulation* (1998), for an account of the history of metals market corners, including the Secretan copper corner which began in 1887.
27　'Armajaro sells position as it offloads cocoa', *Financial Times*, 16 December 2010, accessed: https://www.ft.com/content/cfb68d4e-094e-11e0-

ada6-00144feabdc0.
28 'Edict on Maximum Prices', Diocletian, accessed: http://web.archive. org/web/20060916063955/http://orion.it.luc.edu/~jlong1/priceed.htm.
29 Jacks, David S., 'Populists v. Theorists: Futures Markets and the Volatility of Prices', Simon Fraser University, accessed: http://econ.queensu. ca/CNEH/2005/papers/futures_CNEH_0305.pdf.
30 'Hearings Before a Special Subcommittee of the Committee on Agri-culture', US Congress, House of Representatives, 16, 17, 18 and 22 May 1956, Washington, pp. 292–325.
31 'Price Volatility in Food and Agricultural Markets: Policy Responses', joint report by FAO, IFAD, IMF,OECD, UNCTAD, WFP, the World Bank, the WTO, IFPRI, June 2011, accessed: http://www.fao.org/ fileadmin/templates/est/Volatility/Interagency_Report_to_the_G20_ on_Food_Price_Volatility.pdf.
32 For example, Fattouh, Bassam, Kilian, Lutz, and Mahadeva, Lavan, 'The Role of Speculation in Oil Markets: What Have We Learned So Far?', *The Energy Journal*, vol. 34, no. 3, accessed: https://www.iaee. org/en/publications/ejarticle.aspx?id=2536&id=2536 and Irwin, Scott H., Sanders, Dwight R., and Merrin, Robert P., 'Devil or Angel? The Role of Speculation in the Recent Commodity Price Boom (and Bust)', paper presented at the Southern Agricultural Economics Association Meetings, Atlanta, Georgia, 31 January–3 February 2009, accessed: https://www.cftc.gov/sites/default/files/idc/groups/public/@swaps/ documents/file/plstudy_24_ism.pdf.
33 'Financial Investment in Commodity Markets: Potential Impact on Commodity Prices and Volatility', Institute of International Finance, September 2011, accessed: https://www.eia.gov/finance/markets/ reports_presentations/2012PaperFinancialInvestment.pdf.
34 World Economic Outlook, IMF, September 2011, p. 60.
35 'History of Ethanol Production and Policy', North Dakota State Uni-versity, accessed: https://www.ag.ndsu.edu/energy/biofuels/energy-briefs/history-of-ethanol-production-and-policy.
36 'Boom in Ethanol Reshapes Economy of Heartland', *New York Times*,

25 June 2006, accessed: https://www.nytimes.com/2006/06/25/business/25 ethanol.html.
37 'Dwayne's World', *Mother Jones*, July/August 1995.
38 'Kenneth H. Dahlberg, Link in the Watergate Chain, Dies at 94', *New York Times*, 8 October 2011, accessed: https://www.nytimes.com/ 2011/10/09/us/kenneth-h-dahlberg-watergate-figure-and-wwii-ace-dies-at-94.html.
39 The most detailed chronicles of the rise and fall of Dwayne Andreas at ADM are the detailed biography by Khan, E. J., *Supermarketer to the World: The Story of Dwayne Andreas CEO of Archer Daniels Midland* (New York: Warner Books, Inc., 1984) and Eichenwald, Kurt, *The Informant* (Broadway, 2000).
40 'It's Good To Be The Boss', *Fortune*, October 2006, accessed: https:// money.cnn.com/magazines/fortune/fortune_archive/2006/10/ 16/8390308/index.htm.
41 'A Bet on Ethanol, With a Convert at the Helm', *New York Times*, 8 October 2006, accessed: https://www.nytimes.com/2006/10/08/ business/yourmoney/08adm.html.
42 ADM, company statement, 5 June 2009, accessed: https://www.adm. com/news/news-releases/archer-daniels-midland-company-statement-regarding-obama-administration-biofuels-support.
43 Center for Responsive Politics, Archer Daniels Midland, accessed: https://www.opensecrets.org/lobby/clientsum.php?id=D000000132&y ear=2008.
44 Annual US Fuel Ethanol Production, Renewable Fuel Association, accessed: https://ethanolrfa.org/statistics/annual-ethanol-production/ and WASDE reports, US Agriculture Department, accessed: https:// usda.library.cornell.edu/concern/publications/3t945q76s.
45 ADM, email to the authors, February 2020.

第十二章 亿万富翁工厂

1 This account of Glencore's IPO is based on interviews with numerous former and current Glencore traders and executives, as well as public interviews and documents from the time.
2 Authors' interview with former Glencore employee, who declined to be

named.

3 *Forbes* magazine's 'The World's Billionaires 2011' didn't include Glasenberg, as it was published in February 2011, ahead of the IPO. If it had included him, he would have ranked 96th.

4 The shareholdings of Mahoney and Fegel were not revealed until a few months later.

5 Ivan Glasenberg, interview with the authors, Baar, August 2019.

6 Vivo IPO prospectus, 2018, p. 64.

7 'First U.S. Oil Export Leaves Port; Marks End to 40-Year Ban', Bloomberg News, 31 December 2015, accessed: https://www.bloomberg.com/news/articles/2015-12-31/first-u-s-oil-export-leaves-port-marking-end-of-40-year-ban.

8 'Advancing US Exports', Trafigura, p. 8, accessed: https://www.trafig-ura.com/media/1472/2020-trafigura-us-crude-oil-exports-brochure.pdf.

9 The structure was somewhat complex. Each share, which carried voting rights, came attached to a profit participation certificate, which entitled its owner to a share of the company's profit for that year. Each year, the company bought back shares from departing shareholders and issued them to rising stars. Then, over the five years after a departing share-holder left the company, Glencore would pay them (quarterly, with interest) for the value of the historic allocation of profit on their profit participation account.

10 Glencore's net profits in 2006–2007 were $11.4 billion, while between 1998 and 2005 they were $8.4 billion, according to accounts published in bond prospectuses.

11 Ivan Glasenberg, interview with the authors, Baar, August 2019.

12 Mick Davis, interview with the authors, London, September 2019.

13 Ibid.

14 Authors' interview with a former senior Glencore executive, who requested anonymity.

15 Kelly, Kate, *The Secret Club That Runs the World* (London: Portfolio, 2014), p. 63.

16 'Glencore issues up to US$2,200 million 5% convertible bonds due 2014', Glencore press release, 23 December 2009.
17 'Sun King of the Oil Industry', *Financial Times*, July 2002, accessed: https://www.ft.com/content/2a42aa08-a261-11db-a187-0000779e2340.
18 'Inside Lord Browne of Madingley's Chelsea Home', *Telegraph*, 25 July 2013, accessed: https://www.telegraph.co.uk/lifestyle/interiors/ 10199624/Interiors-inside-Lord-Browne-of-Madingleys-Chelsea-home.html.
19 According to several people who were present at or briefed on the meeting, speaking on condition of anonymity.
20 'Announcement of intention to float on the London Stock Exchange and the Hong Kong Stock Exchange', Glencore press release, 14 April 2011, accessed: https://www.glencore.com/dam/jcr:d91c0e46-8b24-48ec-b5f2-4b4637e1b90c/201104140800-Glencore-ITF.pdf.
21 As of late 2020, that's a record it still holds.
22 This account of the Glencore–Xstrata merger is based on the authors' interviews, both at the time and later, with Glasenberg, Davis and numerous others involved in the negotiations.
23 'Recommended all-share merger of equals of Glencore International PLC and Xstrata PLC to create unique $90 billion natural resources group', Glencore press release, 7 February 2012, accessed: https://www. glencore.com/dam/jcr:4fe5ba2e-6abb-41ad-910a-247a39e4e3a6/Everest-Finalversion-Feb.pdf.
24 Authors' interview with a person who requested anonymity.
25 *The Sunday Times* Rich List 2011.
26 'Glencore's $65bn Deal Close to Collapse', *Financial Times*, 27 June 2012, accessed: https://www.ft.com/content/fec6352e-bfb1-11e1-bb88-00144feabdc0.
27 'Glencore chief makes offer with a twist', *Financial Times*, 7 September 2012, accessed: https://www.ft.com/content/ec2167f0-f903-11e1-8d92-00144feabdc0.
28 According to a Glencore presentation on 3 May 2013, Glencore's 'execu-tive management' owned 24.9% of the enlarged company, while its 'employees and management' owned 35.7%.

29 'Recommended All-Share Merger of Equals of Glencore International Plc and Xstrata Plc to Create Unique $90 Billion Natural Resources Group', Glencore press release, 7 February 2012.

30 Felix Posen, interview with the authors, London, May 2019.

31 Zbynek Zak, interview with the authors, Zug, June 2019.

32 'Enex Float Lifts Veil on Glencore's $10bn Empire', *Sydney Morning Herald*, 1 September 2001.

33 Paul Wyler, interview with the authors, Zurich, June 2019.

34 Philipp Brothers Collection: box 1, folder 11, p. 39.

35 'Cotton Trading Costs Glencore $330 Million', *Financial Times*, 7 February 2012, accessed: https://www.ft.com/content/16af8bfe-51b2-11e1-a30c-00144feabdc0.

36 'How a Last-Minute Raid Derailed Noble Group's Story of Rebirth', Bloomberg News, 20 December 2018, accessed: https://www.bloomberg.com/news/articles/2018-12-20/how-a-last-minute-raid-derailed-noble-group-s-story-of-rebirth.

37 David Tendler, interview with the authors, New York, August 2019.

38 David Jamison, interview with the authors, Graffham, February 2019.

39 'Inside Vitol: How the World's Largest Oil Trader Makes Billions', *Bloomberg Markets*, 1 June 2016.

40 'Louis Dreyfus Looks to IPO or Partial Sale', *Financial Times*, 16 October 2011, accessed: https://www.ft.com/content/f8499efe-f813-11e0-a419-00144feab49a.

41 Jeremy Weir, interview with the authors, Geneva, May 2019.

42 'Cargill to Give Up Mosaic Stake in $24.3 Billion Deal', *Wall Street Journal*, 19 January 2011.

43 Tan, Ruth S. K., and Wiwattanakantang, Yupana, 'Cargill: Keeping the Family Business Private', National University of Singapore and Richard Ivey School of Business Foundation, Case Study, 2015.

44 'Commodity Daily: Putting a price on Glencore', *Financial Times*, 20 January 2011.

45 'Cargill agrees $24 billion spin-off of Mosaic', *Financial Times*, 19 January 2011.
46 Annual number of articles mentioning at least one of Cargill, Glencore, Vitol or Trafigura, published in *The New York Times*, the *Wall Street Journal*, the *Financial Times* or *The Economist*, via Factiva's database.
47 Zbynek Zak, interview with the authors, Zug, June 2019.

第十三章 拥有权力的商人

1 'Oilflow SPV 1 DAC: Company Announcement', Cayman Islands Stock Exchange, 19 March 2018, accessed: https://www.csx.ky/companies/announcement.asp?Id=6518.
2 As of mid-2020, there were 198 companies registered at 32 Molesworth Street, according to a list published by the Spanish central bank, accessed: https://www.bde.es/webbde/en/estadis/fvc/fvc_ie.html.
3 Constitution of Oilflow SPV 1 Designated Activity Company, Memo-randum of Association, Companies Registration Office, Ireland, 25 October 2016.
4 CSX admits Oilflow SPV 1 DAC to the official list, 13 January 2017, accessed: https://www.csx.ky/companies/announcement.asp?Id=5850.
5 Audited Annual Report, Franklin Templeton Series II Funds, p. 7, accessed: http://www.ftidocuments.com/content-common/annual-report/en_GB/FTSIIF-annual-report.pdf.
6 The 2017 financial statements of Oilflow SPV 1 DAC state that the company is ultimately controlled by Glencore.
7 Jim Daley, interview with the authors, London, August 2019. Daley was the chief financial officer for oil at Marc Rich + Co from 1977 to 1980, and from 1983 to 1990 was the global head of oil trading.
8 Arango, Tim, 'For Iraq's Long-Suffering Kurds, Independence Beckons', *New York Times*, 9 September 2017, accessed: https://www.nytimes.com/2017/09/09/world/middleeast/iraq-kurdistan-kurds-kurdish-referendum-independence.html.
9 'Pakistani broker fuels Iraqi Kurdistan oil exports', *Financial Times*, 29

October 2015, accessed: https://www.ft.com/content/02a7065a-78cd-11e5-933d-efcdc3c11c89.

10 'Manafort Working on Kurdish Referendum Opposed by US', *New York Times*, 20 September 2017, accessed: https://www.nytimes.com/2017/09/20/us/politics/manafort-kurdish-referendum.html.

11 'Under the mountains: Kurdish Oil and Regional Politics', Oxford Institute for Energy Studies, January 2016, p. 12, accessed: https://www.oxfordenergy.org/wpcms/wp-content/uploads/2016/02/Kurdish-Oil-and-Regional-Politics-WPM-63.pdf.

12 Ben Luckock, interview with the authors, Geneva, May 2019.

13 Ibid.

14 Ibid.

15 Chris Bake, interview with the authors, London, April 2019.

16 Iraqi output rises despite threats to KRG oil, International Energy Agency, Monthly Oil Market Report, October 2017.

17 'Iraq Turmoil Threatens Billions in Oil Traders' Kurd Deals', Bloomberg News, 18 October 2017, accessed: https://www.bloomberg.com/news/articles/2017-10-18/iraq-turmoil-threatens-billions-in-oil-trader-deals-with-kurds.

18 The Kurdistan Region Statistics Office estimates the regional GDP at $20 billion in 2011, accessed: http://krso.net/files/articles/240816061824.pdf.

19 Oilflow SPV 1 DAC investor presentation dated 1 December 2016.

20 According to people who had done business with Exmor. Details on Drujan's career are based on his LinkedIn profile, accessed 25 October 2019.

21 Raval, Anjli, 'Kurds defy Iraq to establish own oil sales', *Financial Times*, 23 August 2015.

22 Preliminary results published by the Kurdistan Independent High Elec-tions and Referendum Commission, 27 September 2017, accessed: http://www.khec.krd/pdf/173082892017_english%202.pdf.

23 Email to the authors from PSERS spokesman, April 2019.

24 NBC interview with Rich, 1992.

25 Chris Bake, interview with the authors, London, April 2019.
26 'Iraq's Kurdistan oil minister "pleads" for international support', *Financial Times*, 19 October 2017, accessed: https://www.ft.com/content/586dbee9-8899-39e1-9e9e-82bc8e2d4bff.
27 'Iraq's Kurdistan negotiates new terms, raises oil pre-payments to $3 billion', Reuters, 28 February 2017, accessed: https://www.reuters.com/ article/us-iraq-kurdistan-oil-idUSKBN1671F5.
28 'In conversation with Ian Taylor, Chairman and Group CEO, Vitol', Chatham House, 5 October 2017, accessed: https://www.chatham house.org/file/conversation-ian-taylor-chairman-and-group-ceo-vitol.
29 Oilflow SPV 1 DAC, investor presentation.
30 Interview with Marc Rich in 'The Lifestyle of Rich, the Infamous', *Fortune*, 1986, accessed: https://fortune.com/2013/06/30/the-lifestyle-of-rich-the-infamous-fortune-1986/.
31 Ian Taylor, interview with the authors, London, February 2019.
32 Transparency International Index. Chad is ranked 165 out of 180 nations. Accessed: https://www.transparency.org/cpi2018.
33 The French government's Chad expert described Déby's 'chronic over-indulgence in Chivaz Regal [sic]' in a conversation described in a US diplomatic cable published by WikiLeaks, 16 November 2005, accessed: https://wikileaks.org/plusd/cables/05PARIS7792_a.html.
34 US diplomatic cable published by WikiLeaks, 13 December 2005, accessed: https://wikileaks.org/plusd/cables/05NDJAMENA1761_a. html.
35 World Bank data for 2018. Only the Central African Republic and Lesotho had a lower life expectancy. Accessed: https://data.worldbank. org/indicator/sp.dyn.le00.in?most_recent_value_desc=false.
36 World Bank data, accessed: https://data.worldbank.org/indicator/ SI.POV.NAHC?locations=TD.
37 'Tchad Rapport EITI 2016', Extractive Industries Transparency Initia-tive, August 2018, p. 52, accessed: https://eiti.org/sites/default/files/ documents/rapport_itie_tchad_2016.pdf.

38 Ibid.

39 Ibid.

40 'Glencore arranges $1 billion oil loan for Chad', *Financial Times*, 16 June 2014, accessed: https://www.ft.com/content/1061fc0a-f539-11e3-91a8-00144feabdc0. The interest rate of the loan was revealed on EITI, op. cit., August 2018, p. 175.

41 'Bank Accounts Pledge Agreement between Glencore Energy UK and Natixis and The Original Beneficiaries', Glencore Energy UK Ltd, 9 August 2018, Schedule 1, 'Original Beneficiaries', pp. 12–13, via UK Companies House, received for electronic filing on 16 August 2018.

42 The Glencore debt was consolidated and rescheduled in December 2015 for a total value of $1.488 billion, see 'First Review Under the Extended Credit Facility', International Monetary Fund, April 2018, box 1, p. 11, accessed: https://www.imf.org/~/media/Files/Publications/CR/2018/ cr18108.ashx; the GDP of Chad stood at $10.1 billion in 2016, according to the International Monetary Fund.

43 'First Review Under the Extended Credit Facility', International Mon-etary Fund, April 2018, p. 4.

44 'Idriss Déby: "Je ne suis pas un aventurier, un guerrier, je suis un homme seul"', *Le Monde*, 25 June 2017.

45 'Tchad Rapport EITI 2016', Extractive Industries Transparency Initia-tive, August 2018, p. 54.

46 'Second Review Under the Program Under the Extended Credit Facil-ity', International Monetary Fund, Chad, August 2018, p. 6, accessed: https://www.imf.org/~/media/Files/Publications/CR/2018/cr18260. ashx.

47 Op. cit., *Le Monde*, 25 June 2017.

48 Vitol's prepayments involved a total of $4 billion in exchange for future supplies from the Tengiz field, and $2.2 billion in exchange for future supplies from Kashagan. KMG investor presentation, October 2019 (http://ir.kmg.kz/storage/files/ad9d29e757f04f5e/NDR_ppt_01112019. pdf).

49 KMG's accounts show its single largest lender, other than its prepay-ment deal

with Vitol, as Eximbank of China with a $1.13 billion loan. Kazakhstan's total external government and SOE debt was 25.5% of GDP, or about $40 billion, at the end of 2017 according to the IMF, making Vitol's prepayments equivalent to well over a tenth of the total.

50 Vitol says the deals were awarded after open and competitive tenders in which other large traders participated. Vitol, email to the authors, February 2020.

51 TH KazMunaiGaz Holding SA, consolidated financial statements 2005, p. 5. The IPO prospectus of KMG EP provides further evidence for Vitol's role: it shows that roughly half of its oil exports were sold to a trading subsidiary called KMG TradeHouse at the port of Odessa in Ukraine, and then 'resold by KMG TradeHouse AG to Vittol [sic]'.

52 Vitol Central Asia SA entry on the Swiss corporate registry, accessed: https:// www.monetas.ch/en/647/Company-data.htm?subj=1769122.

53 Vitol's consolidated financial statements, 2005. At the time of writing, Vitol's stake was 42.5%, and Tiku's stake had been reduced to just under 50%.

54 Kulibayev and Tiku had a number of 'shared business interests', accord-ing to Nostrum Oil & Gas prospectus, 20 May 2014, accessed: https:// www.sec.gov/ Archives/edgar/data/1608672/000119312514207809/ d728917dex991.htm.

55 Hywel Phillip, AT Capital, email to the authors, February 2020.

56 Ingma Holding BV's annual financial statements. Total payments to shareholders during the period were $1.12 billion.

57 TornbjÖrn Törnqvist, interview with the authors, Geneva, May 2019.

58 'Commodities: Tougher Times for Trading Titans', *Financial Times*, 2013, accessed: https://www.ft.com/content/250af818-a1c1-11e2-8971-00144 feabdc0.

59 'Announcement Of Additional Treasury Sanctions on Russian Govern-ment Officials And Entities', US Treasury press release, 28 April 2014, accessed: https://www.treasury.gov/press-center/press-releases/Pages/ jl2369.aspx.

60 'Trafigura Becomes Major Exporter Of Russian Oil', *Financial Times*, 27 May 2015.

61 'Russian State Bank Secretly Financed Rosneft Sale After Foreign Buy-ers

Balked', Reuters, 9 November 2018, accessed: https://www.reuters.com/article/us-rosneft-privatisation-exclusive/exclusive-russian-state-bank-secretly-financed-rosneft-sale-after-foreign-buyers-balked-idUSKCN1NE132.

62 A video of the meeting is available at http://en.kremlin.ru/catalog/persons/61/events/53774/videos.

63 Russian presidential order, dated 10 April 2017, accessed: http://publication.pravo.gov.ru/Document/View/0001201704100002?index=1&rangeSize=1.

64 'US warns Kurdistan over independence referendum', *Financial Times*, 21 September 2017, accessed: https://www.ft.com/content/69b5b776-9e58-11e7-8cd4-932067fbf946.

结　论　丑闻满天飞

1 'BNP Said to Reduce Commodity-Trading Finance to Trafigura', Bloomberg News, 8 September 2014, accessed: https://www.bloomberg.com/news/articles/2014-09-07/bnp-paribas-said-to-curb-commodity-trade-finance-to-trafigura.

2 'BNP Paribas Agrees to Plead Guilty and to Pay $8.9 Billion for Illegally Processing Financial Transactions for Countries Subject to US Econ-omic Sanctions', US Department of Justice press release, 30 June 2014, accessed: https://www.justice.gov/opa/pr/bnp-paribas-agrees-plead-guilty-and-pay-89-billion-illegally-processing-financial.

3 Statement of Facts, US District Court Southern District of New York, United States of America *v.* BNP Paribas, 30 June 2014, accessed: https://www.justice.gov/sites/default/files/opa/legacy/2014/06/30/statement-of-facts.pdf.

4 Two former Trafigura senior executives with direct knowledge of the situation confirmed, under condition of anonymity, that the Dutch company was Trafigura. Although Trafigura largely operates from its headquarters in Geneva, the company was at the time formally incor-porated in the Netherlands. It later moved its incorporation to Singapore.

5 Eric de Turckheim, interview with the authors, Geneva, March 2019.

6 According to a former Trafigura executive, who declined to be named.

7 Email from BNP Paribas employee quoted in Statement of Facts, US District Court Southern District of New York, United States of America v. BNP Paribas, 30 June 2014, p. 25, accessed: https://www. justice.gov/sites/default/files/opa/legacy/2014/06/30/statement-of-facts.pdf.

8 'Attorney General Holder Delivers Remarks at Press Conference Announcing Significant Law Enforcement Action', US Department of Justice statement, Washington, 30 June 2014, accessed: https://www. justice.gov/opa/speech/attorney-general-holder-delivers-remarks-press-conference-announcing-significant-law.

9 'What Are Economic Sanctions?', Council on Foreign Relations, 12 August 2019, accessed: https://www.cfr.org/backgrounder/what-are-economic-sanctions.

10 'Vitol trades Iranian fuel oil, skirting sanctions', Reuters, 26 September 2012, accessed: https://www.reuters.com/article/us-iran-oil-sanctions-vitol-idUSBRE88P06C20120926.

11 'Unlawful Corporate Payments Act of 1977', US House of Representatives, 28 September 1977, accessed: https://www.justice.gov/sites/ default/files/criminal-fraud/legacy/2010/04/11/houseprt-95-640.pdf.

12 'Report of the Securities Exchange Commission on Questionable and Illegal Corporate Payments and Practices', US Securities and Exchange Commission, May 1976, p. B-4, accessed: https://www.sec.gov/ spotlight/fcpa/sec-report-questionable-illegal-corporate-payments-practices-1976.pdf.

13 Ibid., p. 44.

14 'Fines and bribes paid to private individuals should not be tax deduct-ible', Confédération Suisse, Federal Council press release, 18 December 2015, accessed: https://www.admin.ch/gov/en/start/dokumentation/ medienmitteilungen.msg-id-60078.html.

15 Phase 4 report on Switzerland, OECD Working Group on Bribery in International Business Transactions, 2018, accessed: http://www.oecd. org/corruption/anti-bribery/Switzerland-Phase-4-Report-ENG.pdf.

16 'Switzerland – 2019 Article IV Consultation', International Monetary

Fund, p. 22, accessed: https://www.imf.org/~/media/Files/Publications/CR/2019/1CHEEA2019001.ashx.

17　'Jamaica: a Trafigura Scandal Primer', US State Department, 12 October 2006, in Public Library of US Diplomacy, 06KINGSTON2021_a, WikiLeaks, accessed: https://search.wikileaks.org/plusd/cables/06 KINGSTON2021_a.html.

18　'ADM Subsidiary Pleads Guilty to Conspiracy to Violate the Foreign Corrupt Practices Act', US Department of Justice, 20 December 2013, accessed: https://www.justice.gov/opa/pr/adm-subsidiary-pleads-guilty-conspiracy-violate-foreign-corrupt-practices-act.

19　Paul Wyler, interview with the authors, Zurich, June 2019.

20　'Remarks of Secretary Lew on the Evolution of Sanctions and Lessons for the Future at the Carnegie Endowment for International Peace', US Department of the Treasury, 30 March 2016, accessed: https:// www.treasury.gov/press-center/press-releases/pages/jl0398.aspx.

21　Ibid.

22　'HSBC Holdings Plc and HSBC Bank USA NA Admit to Anti-Money Laundering and Sanctions Violations', US Department of Justice, 11 Dec 2012, accessed: https://www.justice.gov/opa/pr/hsbc-holdings-plc-and-hsbc-bank-usa-na-admit-anti-money-laundering-and-sanctions-violations.

23　'Credit Suisse Pleads Guilty to Conspiracy to Aid and Assist US Tax-payers in Filing False Returns', US Department of Justice, 19 May 2014, accessed: https://www.justice.gov/opa/pr/credit-suisse-pleads-guilty-conspiracy-aid-and-assist-us-taxpayers-filing-false-returns.

24　'Treasury Designates Russian Oligarchs, Officials and Entities in Response to Worldwide Malign Activity', US Treasury, 6 April 2018, accessed: https://home.treasury.gov/news/press-releases/sm0338.

25　'United States Sanctions Human Rights Abusers and Corrupt Actors Across the Globe', US Treasury, 21 December 2017, accessed: https:// home.treasury.gov/news/press-releases/sm0243.

26　'Treasury Targets Russian Oil Brokerage Firm for Supporting Illegiti-mate

Maduro Regime', US Treasury, 18 February 2020, accessed: https://home.treasury.gov/news/press-releases/sm909.

27 US Treasury press release, 20 March 2014, accessed: https://www.treasury.gov/press-center/press-releases/pages/jl23331.aspx.

28 Torbjörn Törnqvist, interview with the authors, Geneva, May 2019.

29 'Trafigura, Glencore and Vitol Probed in Brazil Graft Scandal', Bloomberg News, 5 December 2018, accessed: https://www.bloomberg.com/news/articles/2018-12-05/trafigura-glencore-and-vitol-ensnared-in-brazil-bribery-scandal.

30 'Ex-Petrobras Trader "Phil Collins" Says Vitol Bribed Him', Bloomberg News, 23 November 2019, accessed: https://www.bloomberg.com/news/articles/2019-11-23/ex-petrobras-trader-phil-collins-tells-judge-vitol-bribed-him.

31 'Trader Gunvor Pays $95 Million to Swiss in Corruption Probe', Bloomberg News, 17 October 2019, accessed: https://www.bloomberg.com/news/articles/2019-10-17/gunvor-strikes-95-million-deal-with-swiss-to-end-congo-probe.

32 Glencore's annual report 2018, p. 126.

33 'SFO Confirms Investigation Into Suspected Bribery at Glencore Group of Companies', Serious Fraud Office, 5 December 2019, accessed: https://www.sfo.gov.uk/2019/12/05/sfo-confirms-investigation-into-suspected-bribery-at-glencore-group-of-companies/.

34 'Investigation by the Office of the Attorney General in Switzerland', Glencore press release, 19 June 2020, accessed: https://www.glencore.com/media-and-insights/news/investigation-by-the-office-of-the-attorney-general-of-switzerland.

35 'Glencore Drops as US Orders Documents in Corruption Probe', Bloomberg News, 3 July 2018.

36 'Glasenberg's Legacy Threatened By Long List of Corruption Probes', Bloomberg News, 5 December 2019, accessed: https://www.bloomberg.com/news/articles/2019-12-05/glasenberg-s-legacy-threatened-by-long-list-of-

corruption-probes.
37 'Back to the Marc Rich Days as US Probes Commodity Traders', Bloomberg News, 25 March 2019, accessed: https://www.bloomberg.com/news/articles/2019-03-25/back-to-the-marc-rich-days-as-u-s-probes-commodity-traders.
38 David Tendler, interview with the authors, New York, August 2019.
39 Ian Taylor and David Fransen, interview with the authors, London, February 2019.
40 Bloomberg, Michael, *Bloomberg by Bloomberg* (John Wiley & Sons, 2001), accessed: http://movies2.nytimes.com/books/first/b/bloomberg-bloomberg.html.
41 'Ian Taylor: the oilman, his cancer, and the millions he's giving the NHS', *The Times*, 8 June 2019, accessed: https://www.thetimes.co.uk/article/ian-taylor-the-oilman-his-cancer-and-the-millions-hes-giving-the-nhs-wnwbtpq2h.
42 'State Commodity Traders Grow to Take On Glencore, Cargill', Bloomberg News, 1 June 2015, accessed: https://www.bloomberg.com/news/articles/2015-05-31/state-commodity-traders-grow-to-take-on-glencore-cargill.
43 'Trader who tapped Tehran to power China', *Financial Times*, 27 June 2014, accessed: https://www.ft.com/content/4ed3edd6-fc69-11e3-86dc-00144feab7de, and 'Iranian Oil, arms, sanctions ... and China's 'Crazy Yang'', Reuters, 16 January 2012, accessed: http://news.trust.org//item/20120116002600-enu80/.
44 For the 2012 sanctions, see: 'Three Companies Sanctioned Under the Amended Iran Sanctions Act', US State Department, 12 January 2012, accessed: https://2009-2017.state.gov/r/pa/prs/ps/2012/01/180552.htm. The US State Department called Zhuhai Zhenrong 'the largest supplier of refined petroleum product to Iran' at the time. For the 2019 sanc-tions, see: 'The United States to Impose Sanctions On Chinese Firm Zhuhai Zhenrong Company Limited for Purchasing Oil From Iran', US State Department, 22 July 2019, accessed: https://www.state.gov/the-united-states-to-impose-sanctions-on-chinese-firm-zhuhai-zhenrong-company-limited-for-purchasing-oil-from-iran/.
45 Ian Taylor, interview with the authors, London, February 2019.

46 This account of Glencore's trading in 2020 is based on an interview with a senior executive, who declined to be named, as well as the company's statements, and publicly-available information on ship movements.
47 'Texas Regulators Weigh Historic Oil Cuts as Coronavirus Pandemic Saps Demand', *Wall Street Journal*, 14 April 2020, accessed: https://www.wsj.com/articles/texas-regulators-weigh-historic-oil-cuts-after-coronavirus-11586886293.
48 Steve Kalmin, Glencore's chief financial officer, told journalists in August 2020 that the return on equity on the company's contango deals was as much as 100% 'in some cases'.
49 According to the estimates of several leading oil traders. For example, Mercuria's Marco Dunand estimated the stock build at 1.25 billion barrels. 'Trader Mercuria Says Oil Has Bottomed With More Shut-ins Coming', Bloomberg News, 29 April 2020.
50 White House Coronavirus Task Force press briefing, 31 March 2020, accessed: https://www.youtube.com/watch?v=c2TRmlsmMNU.
51 Glencore, 2020 Half-Year Report, 6 August 2020, accessed: https://www.glencore.com/dam/jcr:50ad1802-2213-43d8-8008-5fe84e3c65ed/GLEN-2020-Half-Year-Report.pdf.
52 Trafigura, 2020 interim report (https://www.trafigura.com/media/2648/trafigura_interim_report_2020.pdf), and 'Mercuria scores record profit amid oil market chaos', *Financial Times*, 13 July 2020 (https://www.ft.com/content/72300405-20bc-4dde-b145-9ff28f9da69d).
53 Muriel Schwab, interview with the authors, Geneva, August 2019.
54 Muriel Schwab, interviews with the authors, Geneva, August 2019, and by telephone, February 2020.
55 David MacLennan, interview with the authors, Minneapolis, August 2019.
56 Ivan Glasenberg, interview with the authors, Baar, August 2019.
57 Torbjörn Törnqvist, interview with the authors, Geneva, August 2019.
58 Ian Taylor, interview with the authors, London, February 2019.